Mathias Bröckers

INSPIRATION – KONSPIRATION – EVOLUTION

FIFTYFIFTY

Die Deutsche Nationalbibliothek verzeichnet diese Publikation in der Deutschen Nationalbibliografie; detaillierte bibliografische Daten sind im Internet über http://dnb.d-nb.de abrufbar.

MIX
Papier | Fördert gute Waldnutzung
FSC® C014889

ISBN: 978-3-946778-53-0
1. Auflage 2024
Verlag fifty-fifty GmbH, Neu-Isenburg 2024
Umschlaggestaltung: Verlag fifty-fifty
Satz: Publikations Atelier, Weiterstadt
Druck und Bindung: Friedrich Pustet GmbH & Co. KG, Regensburg
Printed in Germany

FIFTYFIFTY

Inhalt

»Schreib doch nicht immer so schlimme Sachen!«

»Du kannst doch gut schreiben, aber schreib doch nicht immer so schlimme Sachen« – wenn ich meine Mutter Elisabeth (1927–2016) in den späten Jahren ihres Lebens besuchte, habe ich diese Mahnung öfter gehört. Denn eines meiner Bücher oder Artikel, die gerade erschienen waren, hatte ich meistens für sie dabei. Im Oktober 2001 war ich auch wieder ein paar Tage bei ihr und wir schauten die »Tagesthemen« über die Bombardierung der Höhlen von Tora Bora, wo sich Osama Bin Laden versteckt halten sollte. Ich steckte gerade in den Recherchen zu den Anschlägen vom 11. September 2001 und schrieb an der »WTC-Conspiracy«-Serie auf *telepolis* – und begleitete die Aussagen in dem TV-Bericht mit meinen Kommentaren. Dass die Tora-Bora-Bunker von der CIA gebaut wurden, dass Bin Laden einer ihrer Agenten war, dass die 19 »Hijacker« gar nicht richtig fliegen konnten, und so weiter ... Mutti runzelte die Stirn und schaute mich an: »Stimmt das, was du da erzählst?« – »Es ist, glaube ich, näher an der Wahrheit als das, was sie da im Fernsehen erzählen«, antwortete ich. »Wirklich? ... Ach, mir wird das zu kompliziert, Mathias, da halte ich mich lieber an das, was sie im Fernsehen sagen. Und der junge Herr Bush scheint doch eigentlich ganz in Ordnung.« Ich unternahm keine missionarischen Versuche, sie zur 9/11-Skepsis zu bekehren, nahm ihre Aussage aber *pars pro toto* für den mentalen Zustand der Republik nach den Anschlägen: So wie meine damals 74-jährige Mutter, die morgens die lokale Tageszeitung las, die Nachrichten im Deutschlandfunk hörte und abends Tagesschau und Talkshows im Fernsehen schaute, tickten einfach die allermeisten. Nicht nur ältere Damen, sondern auch die Kollegen bei den Zeitungen und Radiosendern, für die ich arbeitete. Osama Bin Laden stand als »Mastermind« ebenso fest wie die 19 von ihm ausgesandten »Hijacker« als Täter – Kontext, Geschichte, Hintergründe waren nicht erwünscht. Sie machten die Sache »zu kompliziert«, zumal jeder Zweifel an den offiziellen Verlautbarungen der US-Regierung einer Unterstützung des Terrorismus gleichkam: »Mit uns oder mit den Terroristen!«, hatte Präsident Bush verkündet. Wer aber die »Terroristen« waren, war noch gar nicht ermittelt und die Beweise für eine Täterschaft Bin Ladens und der von ihm angeleiteten »Hijacker« mehr als fragwürdig. Allen voran der Koffer des angeblichen Anführers der »Hijacker«, Mohamed Atta, der als Einziger nicht befördert worden und hängen geblieben war und dann sämtliche Beweisstücke für die »islamistischen« Motive der Täter enthielt, in Form von Koranversen und seines Testaments. Die Frage, warum der »Todespilot« seinen letzten Willen im Gepäck für das Flugzeug mitgenommen hat, mit dem er dann ins World Trade Center krachte, oder warum sich dort auch noch das Handbuch »Wie fliege ich eine Boeing?« fand und ob es sich bei diesem hängen gebliebenen Koffer nicht um eine gelegte, falsche »Elefantenspur« handelt – solche bei einer kriminalistischen Ermittlung eigentlich selbstverständlichen Überlegungen waren in den Großmedien nach 9/11 tabu. Nicht nur in der Schockstarre nach dem unfassbaren Terroranschlag mit 3000 Opfern, sondern auch in den Wochen und Monaten danach hatte die Berichterstattung über 9/11 mit klassischem, kritischem Journalismus kaum mehr etwas zu tun. Statt Nachrichten wurden Narrative verbreitet und statt zur Aufklärung des Verbrechens auf allen Kanälen zum Krieg getrommelt.

Zwei Jahre zuvor hatte ich das »Lexikon der Verschwörungstheorien« von und mit Robert Anton Wilson herausgegeben und saß seit dem Sommer 2001 an einer Fortsetzung, in der ich historische und aktuelle Strukturen von Verschwörungen und der entsprechenden Hypothesen, Theorien, Legenden darüber untersuchen wollte. Am Morgen des 11. September hatte ich gerade notiert: »Verschwörungstheorien reduzieren komplexe Zusammenhänge auf einen einfachen Sündenbock«, und schrieb über diese »Komplexitätsreduktion«, als mein Telefon klingelte und ein Freund mich aufforderte, den Fernseher einzuschalten: »Da ist was in New York passiert.« Etwa eine Stunde später, die beiden WTC-Türme standen noch, hörte ich zum ersten Mal den Namen Osama Bin Laden als möglichen Verdächtigen, der dann im Lauf des Abends und der Nacht immer häufiger genannt wurde und dann quasi schon feststand – als einziger, denn andere Verdächtige wurden gar nicht genannt. Auch am nächsten Morgen nicht – auf allen Kanälen war nur noch von Bin Laden die Rede. Da fiel mir meine Notiz wieder ein und ich schrieb dazu einige »Verschwörungstheoretische Anmerkungen«, die am folgenden Tag in der *taz* und auf *telepolis* erschienen:

Verschwörungstheoretische Anmerkungen zu einem Terroranschlag

Da es der 11.9.2001 war – 11 + 9+ 2 + 0 + 0 + 1 = 23! –, ist für Verschwörungstheoretiker der Fall eigentlich klar. Seit die Romantrilogie Illuminatus von Robert A. Wilson und Robert Shea Mitte der 70er Jahre auf die absurde Beziehung der Zahl 23 mit verschwörerischen Phänomenen hinwies, ist die 23 gleichsam das Signum der Illuminaten, der geheimen Weltverschwörer.

Wer die nun genau sind, darüber geben die gängigen Verschwörungstheorien – sich nahtlos widersprechend – eindeutig Auskunft. Da zieht sich zum Beispiel eine Linie von ägyptischen Mystikern über den Salomonischen Tempel in Jerusalem, die Ritter des Templerordens und ihren multinationalen

Bankkonzern im 12. Jahrhundert, diverse Freimaurerlogen der Renaissance bis zum heutigen »Rothschild-Clan« – oder von den assassinischen Mordkommandos Scheich Sinans, des »Alten vom Berge«, über die gralsuchenden Katharer, die okkulte Thulegesellschaft als Vorläufer der Nazis bis zum aktuellen »Rockefeller-Mob«, wie die Einflussgruppe um die Familie des Standard Oil-Gründers – samt ihren Organen CIA und Mafia – genannt wird. Dass in keiner Nachricht über den Terroranschlag erwähnt wird, wem denn das World Trade Center eigentlich gehört – Rockefeller – und dass darauf sofort England ein Flugverbot über der Londoner City – dem Rothschild-Finanzzentrum – erlässt, ist für den Verschwörungstheoretiker natürlich bezeichnend. Und dass ein ehemaliger Spezi der CIA und Vetter von Bushs Saudi-Geschäftspartner Scheich Salim Bin Laden, der in Afghanistan gegen die Sowjets aufgebaute Osama Bin Laden, jetzt als Oberschurke für den Angriff verantwortlich gemacht wird, passt ins Bild. Hatten die Bushs nicht schon Hitler erst mit Geld von Standard Oil und DuPont gepusht und dann abserviert und Europa neu geordnet; wurde nicht ausgerechnet der Großvater des amtierenden Präsidenten, der Großbanker Prescott Bush, noch 1942 wegen seiner Geschäfte mit Hitlerdeutschland angeklagt und verurteilt? Lief es im Golfkrieg gegen Saddam, den »Wiedergänger Hitlers«, nicht nach demselben Muster ab, wobei er erst gegen Iran aufgebaut, dann zwangsweise abgerüstet wurde und als geopolitische Schachfigur weiter installiert blieb, um den Einfluss des »Mobs« auf den Nahen Osten (und den Ölpreis) – von Papa Bush »Neue Weltordnung« genannt – zu garantieren? Ließ man zuvor Khomeini in aller Gemütsruhe von Paris aus deshalb den ersten islamistischen Gottesstaat installieren, weil man seine Ideologie nicht kannte – oder ging es um die persischen Ölquellen, die der Schah nicht freiwillig drosseln wollte? Sind nicht alle militant-islamischen »Schurken« von ähnlichem, hausgemachtem Kaliber? Schauten Pentagon und Wallstreet dem israelischen Bruch des Völker- und Menschenrechts in Palästina nicht jahrelang ungerührt zu? Wusste nicht schon der erste Kriegstheoretiker Sun Tze vor über 2000 Jahren, dass man einen Gegner nie so weit in die Enge treiben darf, dass ihm nur noch Selbstmordattentate bleiben, gegen die es keinerlei Verteidigung gibt? Während das Pulverfass im Nahen Osten seit einem Jahr zündelt und die Local Trade Center in Palästina nach und nach von Raketen zerlegt werden, macht Rockefeller-Mann Bush seelenruhig vier Wochen Urlaub – und wundert sich jetzt, dass verzweifelte Kamikazekrieger zurückschlagen und eine Katastrophe auslösen?

Damals in Pearl Harbour, als man schon drei Wochen vorher vor einem Großangriff der Japaner gewarnt war, ließ man sie »heimtückisch« angreifen, um das eigene Volk zum Kriegseintritt zu bewegen. Wie kann da jetzt, fragt sich der Verschwörungstheoretiker, drei Monate nach der aus Ägypten kommenden Warnung vor einem Großanschlag, die logistische Meisterleistung gelingen, vier Flugzeuge gleichzeitig zu entführen und unentdeckt zu den Anschlagszielen zu fliegen? Passagiere konnten aus den entführten Maschinen mit ihren Angehörigen telefonieren – aber Flugsicherung und Militär, deren weltweiten Schnüffelsystemen kein Furz eines indischen Reisbauers entgeht, haben nichts mitbekommen? Und das über ihrer eigenen Zentrale im Pentagon? Dieser Skandal wird merkwürdigerweise mit keiner Silbe thematisiert, während ein Dutzend jubelnder palästinensischer Kids zu »world wide news« werden.

Als Bush die Nachricht in einer Schule zugeflüstert wird, bleibt er merkwürdig ungerührt, auch bei seinem ersten Statement keine Sorgenfalten, kein wirkliches Entsetzen. Vielleicht weil die »Schurken« den verabredeten Zeitpunkt eingehalten hatten: Vor 9 Uhr sind im WTC keine wichtigen Banker und keine Besuchermassen, sondern ist nur das »Fußvolk« anwesend. Ein unvermeidlicher »Kollateralschaden« also, wie man Zivilistenopfer seit der Bombardierung Bagdads zu nennen pflegt. Ob es tatsächlich ein Motiv für das Unvorstellbare, eine inszenierte Katastrophe wie in Pearl Harbour, gibt, werden die nächsten Aktionen der Weltordnungsmacht bald zeigen. (13.09.2001)

Auch wenn die Kolumne vielleicht zu wenig pietätvoll angesichts des schrecklichen Terroranschlags war, doch in keiner Weise diffamierend, denunziativ oder herabsetzend, wurde ich dafür umgehend disqualifiziert. Nach der Regel, wie derlei Disqualifikation in Deutschland abläuft – und die mein einstiger *taz*-Kollege Wiglaf Droste einmal auf den Punkt brachte: »Wer zuerst Auschwitz sagt, hat gewonnen!« –, bescheinigte der damalige *Spiegel*-Autor Henryk M. Broder gleich am 14. September 2001 im Radio und auf seiner Website ein »krankes Hirn«, das in einer Reihe mit Auschwitz-Leugnern und den »Protokollen der Weisen von Zion« stehe – und wünschte mir zum Abschluss seiner Suada den Tod als »Fettfleck an einer Hochhauswand«.

Weil ich den selbsternannten Antisemitismusbeauftragten Broder noch nie wirklich ernst nehmen konnte,[1] antwortete ich nur mit einer Mail, dass ich, mit 65 Kilo und 178 Zentimetern, anders als kleine Fettsäcke keine Flecken hinterlasse.

Aber Broder hatte damit schon mal den Kammerton vorgegeben, mit dem sich einige Monate später der *Spiegel* (Nr. 42/02) der Sache annahm, nachdem aus diesen ersten Anmerkungen eine lange Serie auf *Telepolis* und aus dem daraus entstandenen Buch ein Bestseller geworden war. Unter dem Titel »Die Septemberlüge« schaffte es das ehemalige Nachrichtenmagazin, auf drei Seiten über den »Bestseller des Unbehagens« zu berichten, ohne den Titel (»Verschwörungen, Verschwörungstheorien und die Geheimnisse des 11.9.«) und den Verlag des Werks (Zweitausendeins) zu nennen und auf seine Inhalte oder auf meine Aussagen in dem mehr als einstündigen Gespräch einzugehen, das ich im »Café Einstein« mit dem Autor Ulrich Fichtner geführt hatte. Um dann freilich am Ende die definitive Keule auszupacken:

> *»Was für manchen Rechten die ›Auschwitzlüge‹ ist, könnte für manchen Linken die ›Septemberlüge‹ werden. Eine verdrängte Wahrheit, um die Weltanschauung nicht verändern zu müssen.«*

Da hatte ich nun mein Fett weg, die Höchststrafe für einen Autor in Deutschland: mit Antisemiten und Auschwitzleugnern in einem Topf. Begründung: Verdrängung der »Wahrheit« des 11. September. Tatsächlich hatte ich nichts anderes getan, als nach dieser Wahrheit gesucht, weil die offiziell verkündete Version der Ereignisse so viele Ungereimtheiten enthielt, dass sie schlicht nicht real sein konnte, und die Belege und Fakten für diese Lücken und Widersprüche dokumentiert.

»Schlimm« im Sinne meiner Mutter konnte ich daran nichts finden, denn anders als der *Spiegel*, der laut Sonderheft und Buchtitel genau wusste, »Was wirklich geschah«, hatte ich Behauptungen über die »wahren« Täter nirgendwo aufgestellt, sondern nur den Nachweis erbracht, dass es sich bei der offiziellen Version von Osama und den 19 Hijackern als Alleintätern um eine Verschwörungserzählung handelt, die von gerichtsfesten Beweisen und der Realität nicht gedeckt ist. DAS war die »Septemberlüge« im Jahr 2001 und nicht die mit Hunderten Quellen und Links belegten Bruchstellen des Lügengebäudes, die Politik und Medien verdrängen mussten, um ihre »Wir sind die Guten« – Weltanschauung für die illegalen Kriege in Afghanistan, Irak und den »War on Terror« zu behalten.

Mir hingegen blieb – als »verbranntes Kind« für die ARD-Sender und die »seriösen« Zeitungen, für die ich geschrieben hatte – nichts anderes, als nach der goldenen Regel für Rufmordopfer nunmehr »gänzlich ungeniert« zwei weitere Bücher über das nicht-ermittelte, nicht-aufgeklärte Verbrechen des Jahrhunderts zu schreiben. Seitdem ist 9/11 für mich ein Lackmustest: Wer es für historische Wahrheit hält, dass mit Teppichmessern bewaffnete »Islamisten« aus einer afghanischen Höhle gesteuert am 11. September 2001 mit zwei Flugzeugen drei Wolkenkratzer dem Erdboden gleichmachten, hat in der Branche des Journalismus eigentlich nichts zu suchen. Und: Eine Branche, die diese Fake News des Jahrhunderts zum Dogma erhebt, hat sich von ihrer Rolle als Institution der Aufklärung und »vierte Säule der Demokratie« komplett verabschiedet. Wie sich diese These zum 20. Jahrestag der Ereignisse im Zuge der »Pandemie« 2021 bewahrheitet hat, wird im letzten Essay dieses Buchs »Mythos 9/11« beleuchtet. Das ist dann aber auch (fast) schon alles an »schlimmen Sachen«, die meine Mutter erschreckten, weil Dreckschleudern wie Broder oder Fichtner aktiv wurden. Wer an meinem »Best of Böse« über das Verbrechen des Jahrhunderts interessiert ist, wird auf den 1182 Seiten von »11.9. – 20 Jahre danach – Einsturz einer Legende« (2021) fündig. Im Folgenden wird es aber nicht um das politische Geschäft mit seinen Abgründen und Intrigen gehen, nicht um Geheimdienste und ihren Terror unter falscher Flagge, nicht um Macht- und Geopolitik und nicht um »antisemitische« und »antiamerikanische« Verschwörungstheorien. Meinem Ruf als Verschwörungstheoretiker werden die folgenden Essays aber dennoch gerecht, wenn auch nicht in dem abwertenden Sinn, der dieser Herangehensweise landläufig zugesprochen wird, sondern als brauchbare Methode, ungeklärten Sachverhalten und möglichen Zusammenhängen durch Hypothesenbildung auf die Spur zu kommen. Und das wortwörtlich von Anfang an, denn schon bei der ungelösten Frage, wie mit dem fortpflanzungsfähigen Einzeller auf diesem

Planeten einst Leben entstanden ist, stoßen wir auf eine molekulare Verschwörung (Seiten 25–31). Diese »Bio-Konspiration« war der Anfang der Besiedelung einer toten Steinkugel, aus der sich im Lauf von 3,5 Milliarden Jahren dann ein intelligentes planetares System entwickelte: »Gaia«, die lebendige Erde (Seiten 32–61). Dieser Text basiert auf einem 1993 für den Sender Freies Berlin entstandenen Radio-Feauture, das von vielen ARD-Sendern wiederholt wurde und die wissenschaftliche »Gaia-Theorie« von James Lovelock und Lynn Margulis erstmals einem breiten Publikum bekanntmachte. Er erscheint hier in der Druckfassung für »Das sogenannte Übernatürliche – Aufbruch zu einem neuen Naturverständnis« (1998) und wurde nicht verändert, was im Übrigen für sämtliche hier versammelten Essays gilt, die alle in ihrer Originalversion erscheinen.

Das Verständnis der Erde als selbstorganisiertes, intelligentes, lebendiges System ist eine Standortbestimmung, die nicht nur die Rolle des Menschen als »Krone der Schöpfung« neu definiert, sondern auch seine Vorstellung der natürlichen Evolution, die ihn in diese nur vermeintlich »königliche« Position brachte. Selbst im Vatikan, wo kosmologische Revolutionen traditionsgemäß auf inquisitorische Ablehnung stoßen, scheint man das zu spüren, hat doch Papst Franziskus unlängst auf einen entscheidenden Übersetzungsfehler in dem biblischen Gebot »Macht euch die Erde untertan!« hingewiesen: »Macht euch DER Erde untertan!«, müsse es heißen. Unabhängig davon, was Sie von Päpsten und ihrer Fehlbarkeit halten, macht die planetare »Gaia«-Perspektive klar, dass die Menschheit gar keine andere Chance hat, als dieses System zu verstehen und sich anzupassen: »So wenig wir der Natur ein Ende setzen können, so wenig können wir sie bewahren – was wir retten können, ist nur unsere eigene Haut und die einiger liebenswerter Verwandter. Indem wir das Grundgesetz Gaias befolgen, das gleichzeitig die erste Regel der Selbstregulierung der Biosphäre darstellt: Alle Parasiten streben danach, zu Symbionten zu werden.«

Die aus dem ursprünglichen Chaos geborene »Gaia« personifiziert als Mutter Erde in der griechischen Mytholgie den Planeten, während ihre jüngere »Kollegin« Demeter, die ebenfalls als Erdmutter bezeichnet wird, die Fruchtbarkeit der Ackerfurche, des Humus repräsentiert. Auf ihren Spuren, ihrer Suche nach der verlorenen Persephone, der »Tochter im Elysium«, gehen wir auf den »Weg nach Eleusis« (Seiten 63–117), dem wichtigsten Heiligtum der griechischen Antike. Und wie bei Lynn Margulis und James Lovelock, die ihrer Hypothese zwar einen mythischen Namen gaben, sie aber streng wissenschaftlich begründeten, folgen wir auch hier drei Forschern – dem Naturstoff-Chemiker Albert Hofmann, dem Pilzforscher Gordon Wasson und dem Gräcisten Carl Ruck –, die einen Mythos, in diesem Fall den »Kykeon«, den »heiligen Trank« von Eleusis, mit wissenschaftlichen Methoden untersuchten. Und zu dem für die abendländische Religions- und Kulturgeschichte revolutionären Schluss kamen, dass im Zentrum des eleusischen Mysteriums eine psychedelische Erfahrung stand: Der Kykeon, das der Demeter gewidmete Gebräu, enthielt die Wirkstoffe des Mutterkorns, jenes Pilzes, in dem Albert Hofmann 1943 das LSD (Lysergsäure-Diäthylamid), die stärkste bewusstseinsverändernde Substanz überhaupt, entdeckt hatte.

Doch diese Fundierung des griechischen Geisteslebens und damit der abendländischen Kultur und Religion in einer mystischen Drogenerfahrung im Zusammenhang mit der seit 1965 illegalen und skandalisierten Substanz LSD war ein zu heißes Eisen, als dass es vom damaligen Wissenschaftsbetrieb aufgenommen werden konnte. Es glüht bis heute im Verborgenen, auch wenn damit erstmals die immense Bedeutung und Funktion erklärt werden, die Eleusis mehr als 1000 Jahre lang bis zur Zerstörung des Tempels durch christliche Barbaren im 4. Jahrhundert zukamen. Es war kein Theater, kein Mysterienspiel, keine Art »Oberammergau antik«, sondern ein inneres Erleben der Teilnehmer, die eigene Erfahrung der immateriellen, geistigen Welt und ihrer unsterblichen Seele. Die Entdeckung des »Sakraments«, das diese Erfahrung bescherte, räumt dem Mysterium von Eleusis keine Sonderstellung ein, vielmehr verbindet es den Ursprung der Religion des Abendlands mit der Geschichte anderer Erdteile, denn überall auf der Welt haben die Völker für den Blick über den Zaun von Raumzeit und Sterblichkeit auf die Hilfe von »heiligen« Pflanzen und »magischen« Pilzen zurückgegriffen.

Über die Lehrstunden, die mir ein solcher Pilz erteilt hat, erzählt der Bericht über die »Satellitenschüsseln des spitzkegeligen Kahlkopfs« (Seiten 117–124), die den Receiver in unserem Gehirn ein unglaubliches Spektrum von Programmen empfangen lassen und das Bewusstsein in die Lage versetzen, den vom Normalbewusstsein konstruierten Tunnel ebenso zu verlassen wie den Körper. Klingt fantastisch, ist aber wahr. Für das »World Psychedelic Forum«, das zum 100. Geburtstag von Albert Hofmann mit ihm und 2000 Teilnehmern in Basel stattfand, entstand der Bericht über die Rolle, die LSD bei der Computerrevolution und der Geburt von »Silicon Valley« spielte: »Von Open Mind To Open Source« (Seiten 124–136).

Zur überfälligen Wiederentdeckung des Hanfs habe ich einige Bücher geschrieben, über deren Entstehen und die weitreichenden Folgen hier berichtet wird (Seiten 137–158). Die Broschüre von Jack Herer, die Mitte der 1980er auf meinem Schreibtisch landete, wurde 1993 zu der auf Hanfpapier gedruckten »Hanfbibel« (Herer/Bröckers/Katalyse-Institut: »Die Wiederentdeckung der Nutzpflanze Hanf-Cannabis-Marihuana«) und einem Meilenstein für das Ende der Prohibition. Wie ein Leuchtreklamen-Vertreter im Polyester-Anzug dazu kam, zum Marihuana-Aktivisten Nr. 1 der USA zu werden, erzählte Jack Herer in einem Gespräch, das wir 1999 in Los Angeles führten (Seiten 250–268).

Johann Wolfgang Goethe war im Jahr 1786 weder bekifft noch sonstwie berauscht, als er beim Anschieben einer Kutsche zwischen Hanau und Gelnhausen, die im Schlamm stecken geblieben war, ein UFO sichtete. In einer Senke am Rand des Weges erblickte er ein »wundersam erleuchtetes Amphitheater« mit »leuchtenden Gestalten«, was in der unbewohnten Gegend am Fuße des Vogelsbergs sicher kein Wanderzirkus war (Seiten 158–181). Die detaillierte Beschreibung des späteren Licht- und Farben-Experten Goethe nimmt die blinkenden Hollywood-UFOs zweihundert Jahre vorweg. Ob er damals Gespenster gesehen hat, ist unklar; sicher scheint aber, dass seine oft verlachte Farbenlehre gar nicht so falsch war und zur Entdeckung der farbigen Polaroid-Fotografie führte: »Newtons Gespenst und Goethes Polaroid« (Seiten 397–410).

Einen Nobelpreis gab es zur Goethezeit noch nicht, mit seinem europaweit erfolgreichen »Werther« wäre der junge Stürmer und Dränger aus Frankfurt zweifellos ein Kandidat gewesen. So wie 200 Jahre später der junge Sänger und Songwriter Bob Dylan lange ein Kandidat war, bis er als größter US-amerikanischer Lyriker des 20. Jahrhunderts dann 2016 den Nobelpreis für Literatur erhielt. Schon einige Jahre zuvor war sein berühmtestes Stück von einer kompetenten Fachjury als bester Rocksong aller Zeiten gekürt worden – der um ein Haar nie erschienen wäre, nachdem der Barde nur mit ein paar Akkorden und einem Zettel mit gekritzelten Versen im Studio angerückt war. Aber dann brachte eine unverhoffte Idee die Musik ins Rollen: »Like a Rolling Stone« (Seiten 182–190).

Als Zwanzigjähriger hatte Bob Dylan in den 1960ern mit seinen Liedern die »Masters of War« angeklagt, die Kriegstreiber und die Waffenschieber, als 78-Jähriger dann – noch immer mit seiner Band auf »Never Ending Tour« – schließt er den Kreis. Im tiefsten globalen Lockdown, mit der Anklage des »übelsten Mords«, der sein Land heimgesucht hat: des Mordes an John F. Kennedy: »Murder Most Foul«. Würde man den Songwriter über die mit subtilen Anspielungen gespickte Ballade »Murder Most Foul« befragen, die ihn als Kenner der Materie ausweisen, käme als Antwort vermutlich nur sein kryptisches Grinsen. Mit Fußnoten und Quellenangaben wäre Dylans lyrische Ballade ein dickes Buch über den Königsmord, der das demokratische Amerika 1963 zu Fall brachte und dessen Aufklärung auch 60 Jahre nach der

Tat noch vertuscht und verhindert wird. Wie auch der Mord an der Frau, die für den erstaunlichen Gesinnungswandel Kennedys vom Kalten Krieger zur Politik der Abrüstung und Versöhnung verantwortlich war: Mary Pinchot Meyer, »die Göttin hinter dem Thron« (Seiten 191–210).

Weil ich über Verschwörungen und Verschwörungstheorien geschrieben und mich auch mit der pathologischen Form des Verschwörungsdenkens, der Paranoia, beschäftigt hatte, bekam ich die Einladung zu einem Vortrag bei der Veranstaltungsreihe »Hinter den Spiegeln – Zur Kultur des Spiels und der Schönheit des tiefen Denkens«, die im November 2006 in der Kunsthalle Bonn stattfand. Diese fand im Rahmen einer Weltmeisterschaft zwischen dem damals besten Schach-Computerprogramm und dem amtierenden Weltmeister Wladimir Kramnik statt und da konnte mein Thema nur der gefallene Held meiner Jugend im »Schachclub Limburg« sein: Bobby Fischer. Der »Mimofant« (Arthur Koestler), der 1972 im Alleingang den Kalten Krieg (gegen Boris Spasski) gewann und den sein Land ins Exil und in die Paranoia trieb (Seiten 211–227).

Für meine Beschäftigung mit kritischem konspirativem Denken waren die Bücher von Robert Anton Wilson, allen voran der Roman »Illuminatus«, aber auch seine zahlreichen Sachbücher über den Weltraum des Bewusstseins eine große Anregung. Für die deutsche Ausgabe seines »Everything Under Control?« (deutsch: Lexikon der Verschwörungstheorien, 2000) habe ich dann auch mit ihm zusammengearbeitet. Dabei entstand 1999 auch ein Gespräch über das Wachstum von Verschwörungen und die Ängste vor einer Weltregierung (Seiten 228–243). Wegen Wilsons Krankheit konnten wir eine Fortsetzung des »Lexikons« nicht schreiben, die der Verlag sich wünschte, und ich musste mich 2001 alleine ans Werk machen.

Mehr als nur eine große Anregung für mich war Wolfgang Neuss, der wachste und witzigste Mensch, den ich je kennengelernt habe. Ich hatte ihn 1981 als Kolumnisten für die *taz* gewonnen und bis zu seinem Tod 1989 regelmäßig besucht. Und nicht nur für meine Arbeit als Schreiber viel gelernt, sondern auch – weil ich immer mit ihm rauchen musste –, wie man mit Cannabis umgeht. Er sprach mir wöchentlich seinen aberwitzigen, buddhadaistischen Monolog auf Band, in dem Lokalklatsch und Globalstrategie, Privatclinch und Weltkrieg, Kleinkunst und Großkultur, Tagesaktualität und Ewigkeit auf holografische Art kollidierten. Spritzig, witzig und weise. Klaus Theweleit, Chef-Analytiker deutscher Männerfantasien, hat Neuss' »geniale Zeilen« zum Faschismus später zitiert – neben Benn, Jünger, Pound, Hamsun, Elvis – im »Buch der Könige«. Da gehört er hin, der Neuss, als Schlachtergeselle zu den Dichterkönigen, als deutscher Trommler neben den Rock-'n'-Roll-King. Paradebeispiel für einen, der *nicht* Faschist geworden ist (oder, wie Elvis, als Drogenwrack zu den Narcs überlief) (Seiten 244–249).

Die wichtige Botschaft, die Eleusis hinterlassen hat – »Wenn du stirbst, bevor du stirbst, wirst du nicht sterben, wenn du stirbst« –, ist in jüngster Zeit mit der Renaissance der »psychedelischen« Medizin wieder aufgegriffen worden. Das größte Geburtstagsgeschenk für Albert Hofmann zu seinem 100. Geburtstag war, dass sein »Sorgenkind«, die Wunderdroge LSD, wieder eine medizinische Zulassung durch die Schweizer Gesundheitsbehörden erhielt, zur Anwendung vor allem bei terminal erkrankten Menschen, um ihnen die Angst vor dem Sterben zu nehmen. Mit diesem großen Weisen unserer Zivilisation und Pionier im Weltraum der Seele befreundet gewesen zu sein, zählt zu den Glücksmomenten meines Lebens. Nach dem Gespräch über sein Leben, das wir im Sommer 2005 für ein Buch mit seinen letzten Essays und Vorträgen führten, gingen wir über die »Rittimatte«, die Almwiese an seinem Haus, und ich fragte ihn: »Albert, hast du eigentlich Angst vor dem Sterben?« Da schaute er mich zweifelnd an, so wie ein Lehrer einen schwer begriffsstutzigen Schüler: »Schau dich doch mal um, Mathias, die Wiese, die Blumen, die Sträucher, die Vögel, die Bienen. Ich bin doch schon immer Teil von dem und werde es immer bleiben. Es gibt in der Natur kein Ende, es gibt nur Transformation.« (Seiten 269–284)

Dass Leben und Sterben in der Natur nur Ausprägungen eines geistigen Netzwerks sind, das kein Ende kennt, würde sicher auch Rupert Sheldrake unterschreiben. Als der englische Biologe Rupert Sheldrake 1981 für eines der großen Rätsel der Naturwissenschaft, die Entstehung der Formen (Morphogenese), ein morphogenetisches Feld vorschlug, das die Erinnerung jeder Spezies weitergibt – hätte der Ahnherr Goethe wahrscheinlich bekundet, dass er so etwas ja schon immer geahnt hätte. Der amtierende Herausgeber des führenden Wissenschaftsorgans *Nature* indessen verdammte Sheldrakes Arbeit nicht nur als »gefährliche Irrlehre«, sondern empfahl sie auch noch einer unfeinen Spezialbehandlung: »Dieses ärgerliche Traktat ist ein Spitzenkandidat für eine Bücherverbrennung.« Wenn Derartiges von den Kanzeln der herrschenden Meinung dröhnt, lohnt sich immer genaueres Hinschauen. Was ist so gefährlich an der These, dass nicht ewige, unverrückbare Naturgesetze das Universum und das Leben regieren, sondern ein sich durch die Gegenwart ständig veränderndes, evolutionierendes Gedächtnis der Vergangenheit? – »Das Gedächtnis der Natur« (Seiten 285–314).

Dem Ahnherrn und Entdecker derart »ganzheitlicher« Sichtweisen des Biologischen und der Medizin erging es nicht besser: »Sie trieben mich aus Litauen, danach aus Preußen, danach aus Polen, war nicht genug — ich gefiel den Niederländern auch nicht, den Universitäten nicht, weder den Juden noch den Mönchen. Ich danke aber Gott, den Kranken gefiel ich ...« Die Rede ist von Paracelsus, dem Geistheiler, Gottsucher, Alchemisten und Doktor *on the road*, der die Medizin revolutionierte, nicht nur als Praktiker, sondern mit Theorie: »Die Krankheiten sind nit corpora, drum Geist gegen Geist soll gebraucht werden.« Denn »Leib und Geist sind ein Ding« (Seiten 315–325).

Ein mit der »Forellenturbine« des Oberförsters Viktor Schauberger angetriebenes Modell der »Fliegenden Untertasse des

3. Reichs« segelt in sagenhaften Geschichten von einer hohlen Erde zwar bis heute herum. Aber auch wenn dieser »Wirbelenergie-Motor« nie praktisch funktionierte, war an den Theorien des Wasserforschers und Aquasophen Schauberger einiges dran. Seine Erfindungen von Schwemm-Anlagen hatten aus wertlosen, weil unerreichbaren Waldbeständen »flüssige« Goldgruben gemacht. Und mit seinen Beobachtungen und Theorien zu Wirbeln, Strömungen und Strudeln rührte er an einem der kompliziertesten Rätsel der Wissenschaft der damaligen (und heutigen) Zeit – dem Rätsel des Wassers und der Turbulenz: »Jenseits von H2O« (Seiten 326–348).

Es ist Licht in unseren Zellen. Jede lebende Substanz, jede organische Zelle von Pflanzen, Menschen, Tieren strahlt ein äußerst schwaches, aber kohärentes, das heißt geordnetes, laserartiges Licht ab. Ein Licht, das sich wie Laserstrahlen hervorragend zur Signalübertragung eignet und vermutlich sämtliche Energiefelder des Organismus, der zellularen und interzelluraren Kommunikation steuert. Erstmals in den 20er-Jahren in der Sowjetunion entdeckt, konnte die Strahlung erst 1975 von einer Gruppe deutscher Biophysiker unter Leitung von Professor Fritz A. Popp zweifelsfrei nachgewiesen werden. Doch mit diesen Messungen, die seitdem an vielen Universitäten der Welt bestätigt worden sind, wurde nicht nur eines der spannendsten Kapitel der heutigen Biophysik und Life-Sciences aufgeschlagen, sondern auch ein ziemlich düsterer Abschnitt der modernen Wissenschaftsgeschichte: Fritz Popp verlor seine Professur an der Uni Marburg. Einmal mehr für mich ein Grund, genauer hinzuschauen und nachzufragen: »Der Weg eines Pyhsikers zum Licht« (Seiten349–396).

Dieses Buch versammelt Essays aus vier Jahrzehnten meiner Arbeit und der »Dreiklang« des Titels – »Inspiration, Konspiration, Evolution« – umfasst das Spektrum der Themen, denen ich mich in dieser Zeit vor allem gewidmet habe, jenseits des schnellen Tagesgeschäfts als Redakteur und Autor für Zeitungen, Radiosendungen und das Internet. Es geht um so große und tiefe

Fragen, dass die Behauptung vermessen wäre, endgültige Antworten gefunden zu haben. Weder für das Wunder des Bewusstseins und der Wahrnehmung, den materiellen, menschlichen Empfänger geistiger Information – die Inspiration – noch für den Ursprung des Lebens als Kooperation, der ein gemeinsames Inspiriertsein, eine Konspiration, vorausging. Auch für das Rätsel der natürlichen Evolution habe ich keine Lösung, jedoch viele Argumente, dass die landläufige neo-darwinistische Erklärung mit der Werkstatt eines blinden Uhrmachers unter dem Motto »Survival Of The Fittest« keine Lösung ist und ein Perspektivwechsel überfällig, ein neues, erweitertes Naturverständnis, das das materiell-materialistische Bauklötzchen-Denken überschreitet und das sogenannte Übernatürliche als rationales Faktum annimmt. Und wir als vernünftige Beobachter, Füße auf dem Boden, die Haltung einnehmen, dass es eigentlich nichts »Übernatürliches« gibt, sondern wir normalen Menschen schlicht noch ein wenig »unternatürlich« sind, um alles zu verstehen. Und wir deshalb jede Autorität, die das Gegenteil behauptet – nämlich im Besitz der ganzen, endgültigen Wahrheit zu sein – hinterfragen und beginnen müssen, selbst zu denken. Wenn dieses Buch dazu Anregungen vermitteln und neugierig machen, also inspirieren kann, hat es seinen Zweck erfüllt.

Ich danke Markus Karsten und dem Team des Westend Verlags, die diese Ausgabe ermöglicht haben. Sowie allen Kollegen und Freunden, die in all den Jahren mit Rat, Tat und Redigat geholfen haben, meine Texte zu verbessern, sowie den Verlagen, Zeitungen und Radiostationen, die mir die Freiheit gaben, sie zu veröffentlichen. Es deprimiert mich, dass es mit dieser Freiheit – der Kritik, dem Widerspruch, der Dissidenz – in der gesamten Medienbranche so rapide bergab gegangen ist, dass selbst die *taz*, die ich einst als radikal-freiheitliches, friedenspolitisches Organ mit aufgebaut habe, einem dumpfen und totalitären Woke- und Waffen-Kult anheimgefallen ist. Alle einst »liberalen« Medien stecken im Sumpf eines ideologisch immer weiter verengten Meinungskorridors. Nicht nur im Bereich des Politischen, der »Unterhaltungsabteilung des militärisch-industriellen Komplexes« (Frank Zappa), sondern auch der Wissenschaften, die in der »Pandemie« zur Einzahl geschrumpft sind, weil man nur noch auf *die* Wissenschaft hören durfte, als ob diese je eine und einzige gewesen wäre und je sein könnte. Johann Wolfgang Goethe war da 1828 schon weiter, als er schrieb:

»Müsset im Naturbetrachten,
Immer eins wie alles achten
Nichts ist drinnen, nichts ist draußen:
Denn was innen das ist außen.
So ergreifet ohne Säumnis
Heilig öffentlich Geheimnis
Freuet Euch des wahren Scheins.
Euch des Ernsts des Spieles
Kein Lebendiges ist Eins
Immer ist's ein Vieles.«

Was ist das »Geheimnis«, das keines ist, weil »öffentlich« und dennoch »heilig«? Es ist das Staunen vor dem Wunderwerk der Natur, nicht nur als ästhetische Empfindung und Zuneigung, nicht in wild-romantischer Öko-Idylle, sondern im staunenden Wissen über die noch immer kaum ergründete Komplexität der Biosphäre, eine Welt von Kooperationen und Symbiosen all der »Vielen«, die nur zusammen das schaffen, was wir »lebendig« nennen. Ich wünsche Ihnen viel Freude mit den öffentlichen und heiligen Geheimnissen dieses Buchs.

Mathias Bröckers, Zürich im März 2024

Bio-Konspiration – Wie alles anfing …

Am Anfang war die Verschwörung. Einzelne Moleküle schlossen sich zu Gruppen zusammen, um die Ressourcen des Planeten besser auszubeuten. Wann genau sich die ersten Kohlenstoffverbindungen dazu entschlossen, wie sie dabei vorgingen und wie lange es dauerte, bis sie erfolgreich waren, kann die Wissenschaft bisher nicht vollständig rekonstruieren – sicher ist nur, dass vor etwa 3,5 Milliarden Jahren das Ergebnis dieser molekularen Verschwörung erscheint: fortpflanzungsfähige Einzeller … Bakterien … Leben! Und sicher scheint auch, dass es dabei konspirativ zuging.

Conspirare heißt wörtlich »zusammen atmen«, doch zum Zeitpunkt dieser ersten biochemischen Aktivitäten existierte in der globalen Atmosphäre noch gar kein Sauerstoff. Spiritus bedeutet aber nicht nur Hauch und Atem, sondern auch Geist, und ein solcher scheint – konspirativ – schon vor dem Entstehen von Sauerstoff anwesend gewesen zu sein: in Gestalt einer Topagentin namens RNA, die zusammen mit der ihr bald folgenden Kollegin DNA als Mastermind jener Verschwörung gelten muss, die den Planeten Erde nun heimsucht. Wo immer RNA und ihre Partnerin DNA ihren Ursprung haben, ob sie als Eigengewächs oder als außerirdische Eroberer zu bezeichnen sind: Mit dem Auftauchen dieser beiden Supermoleküle beginnt eine neue Geschichte auf der Erde, die Verschwörung des Lebens.

Nun sind diese beiden Topagentinnen keine Lebewesen, sondern chemische Verbindungen, und solchen eine Verschwörungsabsicht – also einen Plan und damit Intelligenz – zuzusprechen, scheint gewagt. Und doch deutet aus heutiger Sicht alles auf eine Konspiration hin. Die RNA-Eroberer lassen jedenfalls in den folgenden vier Milliarden Jahren keinen Zweifel an ihrer Absicht. Jeden Quadratzentimeter der toten Erde und der Wasseroberfläche besiedeln sie mit dem, was wir Leben nennen: Bakterien, Mikroorganismen, Pilze, Pflanzen, Tiere und schließlich Menschen. Die bis vor Kurzem noch weit verbreitete Meinung, dass es sich bei diesem Prozess um eine Kette reiner Zufälle handelte, gesteuert von den bekannten Naturgesetzen und zufälligen Veränderungen (Mutationen), die sich dann als vorteilhaft durchsetzen, wird von der neueren Evolutionsbiologie ernsthaft infrage gestellt.

Wie ist aber nun Leben entstanden? Freeman Dyson nimmt an, dass es zu einer »Symbiose« zwischen der RNA und einem »Proteinwesen« gekommen ist – wobei für eine Säureverbindung wie RNA (Ribo-Nukleinsäure) und eine ebenfalls leblose Eiweißverbindung der Begriff »Symbiose« nicht ganz korrekt ist. Es ist ja noch gar kein »Bios«, kein Leben, vorhanden, das sich zusammentun könnte. Konspiration scheint uns deshalb hier den besseren Begriff zu liefern: Zwei Einheiten, die RNA-Agentin und das »Proteinwesen«, sprechen sich ab, um in einer feindlichen Umgebung zu überleben. Und wie jede richtige Verschwörung hat auch die chemische Konspiration, die selbstreproduzierende, stoffwechselnde Lebewesen hervorbringt, ihr Geheimnis. Bis heute ist es aller Gen- und Biotechnik zum Trotz nicht gelungen, die Kluft zwischen Chemie und Biologie, den Übergang von toten Kohlenstoffverbindungen zu lebendigen Zellen, zu schließen. Wie das Säuremolekül und die Eiweißverbindung sich – hinter dem Rücken aller anderen Verbindungen – zur Kooperation verabredeten, ist unbekannt.

Zuerst allerdings existierten noch überhaupt keine Lebewesen mit einem festen Zellkern, sondern nur die von einer dünnen Membran zusammengehaltenen Bakterien bevölkerten die Weltmeere. Sie hatten sich auf die verschiedenen Ressourcen, wie etwa den reichlich vorhandenen Schwefel, spezialisiert und fraßen fröhlich vor sich hin. Irgendwann freilich gingen ihnen die Nährstoffe aus – doch parallel und unbemerkt hat das RNA-DNA-Protein-Trio ganz offensichtlich seine Fäden gezogen. Denn die bisher allein auf freier Wildbahn agierenden Bakterien schließen sich zu Gruppen zusammen, lösen sich als Einzelwesen auf und ordnen sich einem Funktionszusammenhang, einem mehrzelligen Wesen, unter.

Nach der derzeit noch herrschenden Lehrmeinung in der Evolutionsbiologie, die man als Neo- oder Ultradarwinismus bezeichnet, handelt es sich bei der Tätigkeit von RNA und DNA nur um einen einfachen Replikationstrick, einen Kopiermechanismus, der keinerlei Geheimnis birgt, geschweige denn den Anlass zu einer Verschwörungstheorie. Die Evolutionsfabrik, die das Leben auf diesem Planeten hervorbringt, ist nach dieser Ansicht nichts anderes als ein gigantischer Copyshop, der unter Leitung eines blinden Uhrmachers mechanisch Kopien fertigt. Eine Entwicklungsabteilung gibt es nicht, und das Geheimnis, wie durch simples Kopieren aus einem einzelligen Bakterium drei Milliarden Jahre später komplexe Lebewesen wie Louis Pasteur oder Robert Koch entstehen, verlagert der Neodarwinismus auf den Hinterhof der Kopierfabrik. Dort landen der Ausschuss, die fehlerhaften Kopien, die »Mutationen«. Doch wenn sich die Marktbedingungen, das heißt die Umweltsituationen, ändern, können sich die fehlerhaften Exemplare plötzlich als Renner erweisen und werden in die Massenproduktion übernommen.

Darwin selbst hat nie abgestritten, dass seine Theorie der natürlichen Auslese noch viele Fragen offenlässt und weiterer Ergänzungen bedarf. Er wehrte sich nur – und als Naturwissenschaftler zu Recht – gegen »wundertätige Hinzufügungen«. An solchen war auch einer seiner Zeitgenossen, der russische Graf und Intellektuelle Pjotr Kropotkin, wenig interessiert, der nach der Lektüre der »Entstehung der Arten« auf einer Reise durch Sibirien und die Mandschurei Naturbeobachtungen anstellte und dem auf der Gegenseite des unerbittlichen Existenzkampfs der

Arten ein so strenger Zwang zur Kooperation und gegenseitigen Unterstützung auffiel, dass er schrieb:

»Wenn wir die Natur fragen, ›wer sind die Tüchtigsten: jene, die ständig miteinander im Krieg liegen, oder jene, die einander unterstützen?‹, so sehen wir sofort, dass jene Tiere, die die Gewohnheit gegenseitiger Hilfe erworben haben, zweifellos die tüchtigsten, bestangepassten sind. Sie haben mehr Überlebenschancen und sie bringen es auf ihrer jeweiligen Stufe zum höchsten Entwicklungsgrad der Intelligenz und der Körperorganisation.«

Kropotkins Wahrnehmung wurde nicht weiter ernst genommen, zumal er als Bohemien, Mitglied der anarchistischen Bewegung und wissenschaftlicher Außenseiter ohnehin suspekt war, und doch gibt der Titel des Buchs, das er über seine Beobachtungen verfasste, eine gute Umschreibung dessen, welcher natürlichen (und gar nicht »wundertätigen«) Hinzufügung es bedarf, um mit Darwins Theorie der natürlichen Auslese die Entwicklung des Lebens zu erklären: »Gegenseitige Hilfe in der Tier- und Menschenwelt«. Solange wir bei der Beobachtung des Systems »Evolution« nur den Prozess der Konkurrenz wahrnehmen, bleibt der gegenläufige, völlig andersgeartete Prozess der Kooperation außerhalb des Blickfelds. So wie die Physiker zum Beispiel die Theorie des Lichts experimentell und mathematisch überprüfen können, indem sie Licht als eine große Menge einzelner Lichtteilchen auffassen, versuchen uns die Neo- und Ultradarwinisten in ihren Rechenschaftsberichten ziemlich schlüssig vorzurechnen, dass nur der Zufallsgenerator in der Kopierfabrik und das Konkurrenzprinzip draußen für das Wunder der Schöpfung zuständig sind. Aber Licht hat auch Wellencharakter, verbreitet sich als Frequenz im ganzen Raum und ist überhaupt nicht aufgeteilt in einzelne Teilchen. Wirklich verstehen können wir das Phänomen nur, wenn wir diesen Doppelcharakter akzeptieren. Ähnlich paradox verhält es sich mit der Evolution, in der Konkurrenz und Kooperation zugleich wirksam werden, obwohl sie sich gegenseitig ausschließen. Doch es existiert ein Verbindungsglied, ein verborgenes Netz, ein vereinigendes Prinzip, das zwischen den gegenläufigen Prozessen von Konkurrenz und Kooperation vermittelt: die Konspiration. Erst die konspirative Anstiftung zur Symbiose ist es, die die große Kette der Wesen hervorbringt.

Als die Mikrobiologin Lynn Margulis' Mitte der 1960er-Jahre nachwies, dass die ersten Lebewesen mit festem Zellkern durch eine Kooperation mit einst freilebenden Bakterien entstanden und diese »Symbiogenese« als Motor der Evolution zu sehen sei, wurde dies als wilde Spekulation abgetan; mittlerweile steht ihre Theorie der Zellentstehung in jedem Lehrbuch. Dass sie das herrschende Dogma von Mutation und Selektion aufs Schärfste unterminiert, ist allerdings von der Öffentlichkeit noch weitgehend unbemerkt geblieben.

Die Konspiration, die RNA und Protein in Gang gesetzt haben, hat nur ein Ziel: so viel Leben wie möglich in die Welt zu setzen. Und weil dazu der bisweilen fehlerhafte Kopiermechanismus nicht ausreicht und über das bakterielle Stadium nicht hinausgekommen wäre, wird in der ersten großen Krise des Lebens auf Erden der Kooperationsmechanismus zugeschaltet. Anders als beim Kopierprogramm, das in den Nukleinsäuren codiert ist, ist das Kooperationsprogramm konspirativ – kein Skript, kein Code, keine materiellen Spuren. Und wie bei jeder perfekten Verschwörung werden wir ihre Struktur auch nicht aufdecken, wenn wir uns einzelne der vermutlichen Mafiamitglieder schnappen und zum Geständnis zwingen: Sie kennen die gesamte Struktur gar nicht, haben höchstens vom Hörensagen davon erfahren und sind nur mit einigen anderen Mitgliedern in ihrer Region in direktem Kontakt. Die Raupe kann den Schmetterling nicht verstehen – und die bakteriellen Geißeltierchen, die sich im Archaikum zum Eintritt in einen geschlossenen Zellverband überreden ließen, hatten keine Ahnung, dass sie 1,5 Milliarden Jahre später bei männlichen Säugetieren als Sperma-Rennpferde zum Einsatz kommen sollten.

Das konspirative Element der Evolution ist nicht zu erkennen, solange wir uns einzelne Teile vornehmen. Es wird erst sichtbar, wenn wir ihr Zusammenwirken, den Gesamtzusammenhang ins Auge fassen. »Leben« entsteht erst durch die Kooperation von Lebewesen. Das Kopieren und die Konkurrenz um knappe Ressourcen sind als völlig geistloses Spiel vorstellbar, reine Mechanik, saubere Physik, null »Sozialarbeit« – die einsetzenden Symbiosen aber, die erst all die höheren Arten hervorbringen, sind es nicht. Kooperation aber setzt nicht nur Kommunikation voraus, sondern auch Konspiration: Einverständnis, eine gemeinsame Idee, Geist.

Schon in den Frühzeiten der Erde verfügten die Mikroben über konspirative Kommunikationsmöglichkeiten, von denen wir bis vor wenigen Jahren nicht die geringste Ahnung hatten. Wir mögen Einrichtungen wie Telekommunikation und Datenfernübertragung für große technische Leistungen halten und Demokratie oder Volksabstimmungen für den Gipfel der Zivilisation. Tatsächlich aber verfügten schon die Bakterienkolonien vor zwei Milliarden Jahren über solche Einrichtungen. Für ein einzelnes Bakterium ist der zehn Meter lange Planktonteppich seiner Kolonie, der auf den Meereswellen schaukelt, so groß wie für einen Menschen der Kontinent Amerika – und doch ist es in »Alaska« in der Lage, sich mit seinen Kollegen in »Feuerland« unmittelbar abzustimmen und so das Verhalten der gesamten Kolonie zu koordinieren. Das Verfahren wird »Quorum sensing« genannt, nach dem aus dem römischen Recht stammenden Begriff »Quorum«, der jene Teilnehmerzahl einer Versammlung bezeichnet, die mindestens erreicht sein muss, um beschlussfähig zu sein. Die Bakterien ermitteln ihr Quorum, indem sie einen biochemischen Signalstoff an ihre Umgebung abgeben. Wird ein bestimmter Schwellenwert erreicht, strömen die Stoffe zurück, schalten einige Gene an, andere aus und verändern so die Aktivitäten und das Fortpflanzungsverhalten der Bakterien über den gesamten »Kontinent« hinweg.

Diese medialen Fähigkeiten der Mikroben haben nicht nur eine neue Sichtweise auf diese eben gar nicht so primitiven Lebewesen eröffnet, sondern auch auf die Entstehung »höheren« Lebens insgesamt. Und diese verlief insgesamt so konspirativ, dass der Code ihrer Kommunikation erst vor wenigen Jahren geknackt werden konnte. Wir wissen jetzt, dass schon einfachste Lebensformen in der Lage waren zu kommunizieren; wir wissen auch, dass sich bestimmte Bakterien vor etwa 2,5 Milliarden Jahren zu Verbänden zusammenschlossen, um die ersten mehrzelligen Lebewesen zu bilden – und dass sie seitdem daran arbeiten, immer komplexere Lebensformen hervorzubringen.

Das menschliche Gehirn ist aus dieser Sicht die wahrscheinlich höchstentwickelte, komplexeste Kolonie, die von der Mikrobenintelligenz seither geschaffen wurde – so komplex, dass ihre Träger, die Menschen, es selbst nicht verstehen. »Wenn unser Gehirn so simpel wäre, dass wir es verstehen könnten, wären wir so simpel, dass wir es nicht könnten«, hat der Gehirnforscher Emerson Pugh dieses Dilemma einmal ausgedrückt. Und das spricht dafür, dass es sich tatsächlich um eine Kolonie, die Filiale einer höheren Intelligenz, handelt. Als Kandidat dafür kommt nur das »Gobal Brain« in Frage: das selbstorganisierte, billionenfach vernetzte, seit Milliarden Jahren stabile Netzwerk der Bakterien. Dies, die geheime Absprache verschiedener Mikroben zur Kooperation, ist wahrscheinlich die einzige real existierende Weltverschwörung überhaupt, und ihr einziges Ziel heißt: Leben.

Verschwörungen, so scheint es unter dieser naturgeschichtlichen Perspektive, sind eine evolutionäre Norm, ein Verhaltensmuster, das allen gesellschaftsfähigen Gruppen – also eben nicht nur Trickbetrügern, Geheimdiensten oder ganzen Staatengemeinschaften – eigen ist. Vielleicht ist das der Grund, warum das Thema Konspiration noch nicht ins rechte Licht der Wissenschaft gerückt ist und bis heute keine allgemeine Theorie der Verschwörung existiert.

(2002)

Gaia – Die Intelligenz der Erde

Wir *sind* die Erde. Wir sind der Rhythmus von Tag und Nacht, wir sind die Bewegung der Erde um sich selbst und um die Sonne. Wir sind auch das Gewicht der Erde – wäre sie nur etwas schwerer und die Gravitation stärker, hätte alles eine andere Gestalt, auch unsere Körper. Wir sind die Geschwindigkeit der Erde. Mit über 100 000 Kilometern pro Stunde rast sie um die Sonne, mit Überschallgeschwindigkeit dreht sie sich dabei um sich selbst – und die ganze Galaxie bewegt sich mit dem unglaublichen Tempo von 500 Kilometern pro Sekunde durchs Weltall. Ein kosmisches Karussell – und uns flattert dabei nicht einmal ein Haar. Denn wir sitzen nicht auf ihm – wir *sind* dieses Karussell.

Wir sind auch die Geschichte der Erde, die Geschichte der Mineralstoffe, des Wassers und des Sonnenlichts. Und die aus ihnen hervorgehende Geschichte des Lebens. Des Chaos, aus dem die Ursuppe – plötzlich – in eine neue Ordnung sprang. Und den fortpflanzungsfähigen Einzeller gebar. Wir sind die ganze Evolution, von der Bakterie bis zum Blauwal, und die Milliarden Neuronen unseres Gehirns stellen vielleicht nichts anderes dar als eine hoch organisierte, symbiotische Kolonie von Mikroben. Wir sind auch die Pflanzen, ohne die wir gar nicht sein könnten: Sie vollbringen das dauernde Wunder und verwandeln Licht in Leben.

Wir *sind* die Erde – so sehr, dass wir sie erst verlassen mussten, um ein Gespür dafür zu bekommen: Die Erde lebt.

Ende der 60er-Jahre wurde der britische Mediziner, Klimaforscher und Erfinder James Lovelock von der Weltraumagentur

NASA aufgefordert, Methoden für die Entdeckung von Leben auf dem Mars zu erkunden. Dazu musste er den Blick zuerst einem Planeten zuwenden, auf dem es zweifelsfrei Leben gab – der Erde. Schon die Gaszusammensetzung der Erdatmosphäre war erstaunlich, etwa die gleichzeitige Anwesenheit von Sauerstoff und Methan, die unter normalen Umständen aufeinander reagieren wie Fuchs und Hase und eigentlich in Kohlendioxid und Wasser zerfallen müssten. Um den ständigen Methangehalt aufrechtzuerhalten, so Lovelocks Berechnungen, müssten jährlich eine Milliarde Tonnen Methan in die Atmosphäre gelangen. Auch Kohlendioxid, so fand er bei der weiteren Untersuchung heraus, ist zehnmal mehr vorhanden, als es nach den chemischen Erwartungswerten der Fall sein dürfte – ähnlich ist es bei Schwefel, Methylchlorid und anderen Atmosphären-Bestandteilen. Trotz dieses Ungleichgewichts aber blieb die explosive Gasmischung der Atmosphäre stabil. Das konnte kein Zufall sein, genauso wenig wie die Salzkonzentration der Ozeane, die konstant bleibt, obwohl ihnen jedes Jahr Millionen von Tonnen Salz zugeführt werden. Oder die Temperatur der Erde: In den vier Milliarden Jahren, seit organisches Leben auf dem Planeten erschien, ist die Temperatur der Sonne um mehr als 30 Prozent gestiegen. Auf der frühen Erde hätte danach die mittlere Temperatur eigentlich unterhalb des Gefrierpunkts liegen müssen – Fossilien jedoch zeigen, dass dies nicht der Fall war. Für Lovelock ließ das alles nur eine Erklärung zu: Um diese dauerhaften Nichtgleichgewichtszustände aufrechtzuerhalten, muss die Atmosphäre der Erde von Beginn an und ununterbrochen gesteuert worden sein – durch einen bewussten, lebendigen Prozess.

Die Erdoberfläche besteht zu drei Vierteln aus Wasser. Dass dieser Planet »Erde« und nicht »Ozean« genannt wurde, hat vermutlich nur mit der Unkenntnis seiner Festlandbewohner zu tun: Als die Menschen den Namen »Erde« prägten, wussten sie weder von den gewaltigen Meeren, noch, dass es sich dabei, zusammen mit einigen Inseln, im Ganzen um einen Planeten handelt. Und so nannten sie den Garten, der sie hervorgebracht hatte und der sie umgab, einfach »Mutter Erde«.[2]

Einige Jahrhunderte lang hat eine gebildete Minderheit im Abendland geglaubt, unser Planet sei eine tote Steinkugel, die nach mechanischen Gesetzen durchs All wirbelt. Auf ihrer Oberfläche war ein Automatismus in Gang gekommen, der aus einem organischen Schimmel immer komplexere Formen des Lebens entstehen ließ, aus dem sich dann irgendwann erkennende Wesen – die Menschen – entwickelten. Nach dieser bis heute weit verbreiteten Auffassung hätten unsere Vorfahren die Natur nicht so sehen können, wie sie ist – als ein scheinbar unbelebtes, auf kein Ziel gerichtetes physikalisches System –, weil sie eben ihre Hoffnungen und Ängste auf sie projizierten: Sie statteten die unbelebten Teile des Kosmos mit den Eigenschaften von Lebewesen aus, beseelten die Materie und sprachen nicht nur den Menschen, sondern auch Pflanzen und Tieren, Steinen und Flüssen einen Geist zu. Und sie versuchten, mit diesem Geist durch Rituale, Ekstasen und Gebete in Kontakt zu kommen. Rationale Erkenntnisse und wissenschaftlicher Fortschritt sagen uns, dass sich die physikalischen Abläufe der Natur nicht mit Zaubersprüchen beeinflussen lassen – sie folgen, von einem Zufallsgenerator in Gang gesetzt, den unpersönlichen, ewigen Gesetzen eines Uhrwerks.

In jüngster Zeit allerdings ist diese Uhrmachersicht des Universums ins Wanken geraten – je tiefer die Naturwissenschaftler zu den kleinsten Bausteinen vorstießen, desto heftiger wurden sie auf die Komplexität des Ganzen zurückgeworfen. Die Quantenphysiker entdeckten unter der scheinbaren Einfachheit der Atome eine vibrierende Landschaft von Wechselwirkungen: Die Vorgänge in der beobachteten subatomaren Mikro-Welt waren untrennbar mit der Makro-Welt des Beobachters verbunden. Diese Erkenntnis riss die Wissenschaftler aus einer lange gehegten Illusion: dem Glauben, Natur als eine separierte Außenwelt »objektiv« erforschen zu können. Die Bahn eines Teilchens, die Frequenz einer Welle, entsteht erst dadurch, dass ein Beobachter nach ihr Ausschau hält – woher aber »weiß« das Quantensystem, nach was gerade Ausschau gehalten wird? Für dieses Rätsel hat die Physik bis heute keine Antwort gefunden – und wenig spricht dafür, dass eine einfache Lösung, gar eine »Weltformel«, auf der Suche nach noch kleineren Teilchen – den Quarks, Hadronen oder Superstrings –, jemals gefunden wird. Die Fragen der mysteriösen Kommunikation der Quanten, davon sind immer mehr Wissenschaftler überzeugt, lösen sich nicht im Blick auf die Einzelteile, sondern nur im Blick auf das Ganze.

Die merkwürdige Verbundenheit des Universums auf der subatomaren Ebene wurde lange Zeit leutselig vom Tisch gewischt: Als sogenanntes »Beobachterproblem« sollte sie nur für den Mikro-Kosmos gelten, während auf der Makro-Ebene unseres Alltags weiterhin alles in bester mechanischer Bauklötzchen-Ordnung sei. Die jüngsten Erkenntnisse in zahlreichen Wissenschaftsbereichen – von der Biochemie über die Plasma-Forschung bis zur Wetterkunde – deuten allerdings darauf hin, dass auch ganz alltägliche Naturprozesse sich nicht aus der Aktivität ihrer Einzelteile, sondern nur durch die aktive Kommunikation des Ganzen erklären lassen.

Der Schleimpilz *Dictyostelium* ist kein Pilz, sondern ein amöbenähnliches, einzelliges Lebewesen, das in verwesender Vegetation auf Waldböden vorkommt. Er pflanzt sich durch einfache Teilung fort, sodass die Nachkommen einer einzigen Zelle sich nach einer gewissen Zeit über ein größeres Gebiet ausbreiten. Wenn irgendwann die Nahrung der Umgebung erschöpft ist, geschieht etwas Außergewöhnliches. Die einzelnen Schleimpilze beginnen, sich nach innen zu bewegen, sie rücken immer näher zusammen und verklumpen schließlich zu einem komplexen Organismus. Wie eine kollektive »Schnecke« kriecht dieses Wesen dann in ein neues Nahrungsgebiet und verwandelt sich dort erneut: Es errichtet einen Stängel, an dessen Spitze sich ein Fruchtkörper bildet, von dem sich in großer Zahl Sporen lösen und im Waldboden eine Kolonie bilden. Woher »weiß« die individuelle Zelle, wann es

Zeit ist, die Individualität aufzugeben und einen kollektiven Organismus zu bilden? Die einfache Teilung, der sich der Schleimpilz zur Fortpflanzung bedient, bedeutet, dass wir es bis heute mit einem seit den Frühzeiten des Lebens praktisch unveränderten Exemplar zu tun haben – sein Verhalten repräsentiert ein ebenso altes wie fundamentales Prinzip der Natur: das Prinzip der Selbstorganisation.

Selbstorganisation, auch Auto-Poiesis genannt, ist die Fähigkeit zur spontanen Strukturierung. In seiner reinsten Form ist dieses dynamische Prinzip in offenen, in ständigem Austausch mit ihrer Umwelt befindlichen Reaktionssystemen zu studieren. Der Physiker und Chemiker Ilya Prigogine entdeckte in den 70er-Jahren, dass bestimmte Chemikalien, wenn sie vermischt werden, einen Zustand größerer Ordnung und nicht Unordnung hervorbringen. Er nannte diese aus stetigem Ungleichgewicht spontan hervortretenden neuen Ordnungszustände »dissipative Strukturen« und erhielt für ihre Erforschung den Nobelpreis für Chemie. Ihm hätte eigentlich der Nobelpreis für Optimismus gebührt. Denn diese »dissipativen Strukturen« laufen einem äußerst unangenehmen Gesetz, dem »Zweiten Hauptsatz der Thermodynamik«, zuwider, demzufolge alle Dinge zunehmender Unordnung zustreben und das Universum insgesamt irgendwann unausweichlich im Wärmetod endet. Diese Tendenz wird wissenschaftlich »Entropie« genannt und ist auch den meisten Laien bekannt als das Prinzip von Murphys Gesetz: »Alles, was schiefgehen kann, geht schief.«

Prigogine nun konnte zeigen, dass dieses fundamentale Gesetz von offenen stoffwechselnden Systemen im Zustand hohen Ungleichgewichts unterlaufen werden kann: Sie sind in der Lage, auch äußerst unwahrscheinliche, unstabile Zustände über lange Zeit aufrechtzuerhalten und das vom Zweiten Hauptsatz treffend vorausgesagte Anwachsen von Chaos umzusetzen – nicht das Auseinanderfallen in totale Unordnung ist dann das Ergebnis, sondern die Herausbildung neuer Ordnungsstrukturen.[3]

Schleimpilze ernähren sich am liebsten von Bakterien, und solange genügend vorhanden sind, frisst jede einzelne Zelle munter vor sich hin und vermehrt sich fleißig. Wenn die Nahrung knapp wird, scheiden die einzelnen Schleimpilz-Zellen in rhythmischen Pulsen eine Chemikalie aus, die den anderen Amöben das Signal gibt, ihre Einzelexistenz aufzugeben und einen gemeinsamen Körper zu bilden. Wie diese Formbildung im Detail funktioniert, ist nach wie vor ein Rätsel; was Prigogine fand, ist nur das biochemische Kommunikationssystem, das dazu benutzt wird. Der von Schrittmacherzellen abgesonderte Botenstoff veranlasst die Einzelzelle, ihrerseits Botenstoffe abzugeben; es entsteht ein Rückkopplungsprozess, in dem sich die Zellen zu pulsierenden Wellen aufschaukeln – und an einem kritischen Punkt in eine neue Ordnung springen. Prigogine und seine Kollegen sehen solche selbstorganisierten Strukturen überall auftauchen: in der Biologie, in Fließbewegungen und Wirbeln, im Wachstum von Termitenbauten oder Städten, bei der Bildung von Sternen und Galaxien oder der chemo-elektrischen Signalübertragung des menschlichen Gehirns.

Das wundersame Wirken der Selbstorganisation lässt sich im Prinzip an jedem Wasserhahn beobachten: Beim ganz langsamen Öffnen geht das gleichmäßige Tropfen irgendwann in chaotisches Tröpfeln über, das an einem kritischen Punkt plötzlich wieder einem geordneten Zustand weicht. Dreht man etwas weiter auf, bilden sich Wirbel und bleiben stabil, um dann, wenn der Druck zu stark wird, wieder in eine Phase chaotischen Spritzens überzugehen. Ähnliches geschieht, wenn wir Wasser zum Kochen bringen: Chaotisches Brausen und Sprudeln geht irgendwann in eine regelmäßige Blasenbildung über. Woher »weiß« das einzelne Wasserpartikel, wann es Zeit ist, aus einer individuellen in eine kollektive Fließbewegung überzugehen? Es ist, meint Prigogine, als wäre jedes Molekül über den Zustand des gesamten Systems »informiert«; es ist, als wüssten die Teile, dass sie Teile sind, zugehörig zum Ganzen ...

In diesem Zusammenhang möchte ich Ihnen Emily vorstellen. Sie werden vielleicht noch nichts von ihr gehört haben, aber das macht nichts – Emily ist eine unserer ältesten Verwandten. Mit ihrer Familie, dem alten Adelsgeschlecht derer von *Emiliana huxleyii* – aus dem weitverbreiteten Stamm *Phytoplankton*, der Blaualgen –, entwickelte Emily vor mehr als drei Milliarden Jahren die Fertigkeit, ein schwefelhaltiges Gas, Äthan-Sulfid, zu produzieren. Es mag nicht weiter bemerkenswert erscheinen, wenn ein so winziges Pflänzchen plötzlich beginnt, noch viel winzigere Mengen Abgas zu emittieren – doch wie heutzutage bei den Autos macht es auch bei Emily die Masse. Verglichen mit der Verbreitung ihrer Familie müssen die stinkend zum Stillstand gestauten Benzinkutschen unserer Tage geradezu als aussterbende Art gelten: In einem Liter Meer-Wasser leben Millionen und Abermillionen von Emilys – und jede einzelne von ihnen begann damals, das reichlich vorhandene Kohlendioxid aus der Luft aufzunehmen und es in Schwefelgas zu verwandeln. Die abgegebenen Schwefelpartikel bildeten den Kondensationskern von Wolken und sorgten so dafür, dass um die Erde herum so etwas wie ein Schutzumschlag entstand. Unter diesem erst konnten die chemischen Reaktionen stattfinden, die dann den Sauerstoff, die schützende Ozonschicht und all das hervorbrachten, was wir heute Biosphäre nennen.

Das schweflige Gas, das die Blaualge Emily ausschied, sorgte in der Frühzeit der Erde für die Wolkenbildung – die Wolken reflektierten das Sonnenlicht, das ansonsten die Erdoberfläche erreicht hätte. Wenn es dadurch zu kühl wurde, nahm die Dichte der Blaualgen ab, es bildeten sich weniger Wolken und die Temperatur stieg wieder. Emily funktionierte also wie ein Thermostat, um die Erdtemperatur immer in einem bestimmten Bereich zu halten. Ohne unseren Urahn Emily und ihre Zeitgenossen, die pflanzlichen und tierischen Mikroorganismen, wäre das exakte Gemisch der Luft, die wir atmen, die schmale Bandbreite der Temperatur, in der Leben möglich ist, niemals entstanden. Bis heute managen

Emily und ihre mehrzelligen Nachfahren den Energiehaushalt des Planeten – sie sorgen für die Pufferzone, in der entstehende Wärme gespeichert und die Abstrahlung so reguliert wird, dass keine extremen Temperaturdifferenzen entstehen. Stellten sie morgen ihre Tätigkeit ein – das Weltklima bräche auf der Stelle zusammen. Die Eingriffe des Menschen in die Atmosphäre, Stichwort: Treibhauseffekt, können kurzfristig allergrößte Gefahren heraufbeschwören – erdgeschichtlich spielen sie, verglichen mit den gewaltigen Aktivitäten der Blaualgen, eine eher unbedeutende Rolle. Die Mikro-Organismen sind es, die diesen Planeten seit 3,5 Milliarden Jahren lebensfähig erhalten – allen kosmischen Katastrophen, wie gewaltigen Meteoriten-Einschlägen, und allen Eiszeiten zum Trotz.[4]

Wie kommt es, dass eine größtenteils von Wasser bedeckte Steinkugel derart flexibel reagiert? Wie kann sie ständig dieses wohltemperierte, subtile Gemisch unverträglicher Gase, das wir zum Atmen brauchen, aufrechterhalten, wie ein Umkippen in das tödliche Kohlendioxid-Einerlei ihrer Nachbarn Mars und Venus verhindern? James Lovelock hat auf diese Frage eine so einfache wie geniale Antwort gefunden: Die Erde ist nicht, wie die Geologen behaupten, eine tote Steinkugel, sondern ein Lebewesen, ein einziger großer Organismus, der sich genau die Umgebung schafft, die er braucht. Das Steuerungs- und Rückkopplungssystem, das für diese Aktivitäten zuständig ist, nannte Lovelock nach dem Vorschlag eines Dorfnachbarn, des Schriftstellers und Literatur-Nobelpreisträgers William Golding, *Gaia*. Gaia, das war der Name der griechischen Erdgottheit. Lovelock war sich bewusst, dass seine wissenschaftliche Hypothese mit diesem mythisch klingenden Namen für die Wissenschaftskollegen noch schwerer verdaulich sein müsste als ohnehin – doch schien »Gaia« genau richtig, denn es ging letztendlich um ein autopoetisches, sich selbst regulierendes System: den lebenden Planeten als Ganzes – Mutter Erde.

Im antiken Griechenland hatte Aristoteles gelehrt, dass die Erde nur aus vier Elementen besteht: Wasser, Erde, Luft und

Feuer. Bis heute haben die Naturforscher über hundert chemische Grundstoffe entdeckt, und hinter den Bausteinen dieser Grundstoffe, den Atomen, einen regelrechten Zoo kleiner und immer kleinerer Teilchen – doch wenn moderne Wissenschaftler den Planeten Erden betrachten, sprechen sie in der Regel immer noch von vier Grundelementen: dem Erdboden – der Lithosphäre –, dem Wasser, – der Hydrosphäre, der Luft – der Atmosphäre und dem Leben – der Biosphäre. Die Gaia-Theorie dagegen behauptet, dass die Evolution des Lebens nur aus der aktiven Kooperation dieser vier Sphären erklärbar ist. – »Wir werden die Erdgeschichte nicht eher begreifen, als bis wir das System als Gesamtheit betrachten und unsere Versuche einstellen, einen Teil losgelöst vom anderen verstehen zu wollen« – schrieb James Lovelock, der Mitte der 70er-Jahre seine Gaia-These erstmals veröffentlichte. So viel Beweise und Bestätigung – aber auch harsche Kritik und Ablehnung – seine Theorie seitdem erfahren und so viel Aufregung sie verursacht hat, im eigentlichen Sinne neu war Lovelocks Idee nicht.

Schon im 18. Jahrhundert hatte der Vater der modernen Geologie, der Schotte James Hutton, gefordert, die Erde insgesamt als eine Art Über-Organismus zu betrachten, der nur mit Hilfe der Physiologie erforscht werden könne: Den Kreislauf der Nährstoffe im Boden und die Bewegung der Ozeane zum Land hin verglich Hutton mit der Zirkulation des Bluts. Wenig später klagte der frühe Geo-Wissenschaftler Alexander von Humboldt: »Wir untersuchen die Steine, aber nicht die Berge, wir haben das Material, beachten aber nicht, wie es zusammengehört« – und forderte, die Erde als ein Ganzes zu betrachten, in dem die »Lebenssphäre« untrennbar mit der anorganischen Welt verbunden ist. Doch diese der Naturphilosophie geschuldete Idee Humboldts geriet genauso in Vergessenheit wie James Huttons »harte« Wissenschaft der lebenden Erde. Sie passten nicht in den Zeitgeist des Dampfmaschinenzeitalters, in dem sich der Mensch mit Hilfe der Mechanik gerade zum Herrn und Besitzer der Natur aufgeschwungen hatte. Auch der sowjetische Geo-Chemiker Wladimir Vernadsky, der in den 20er-Jahren dieses Jahrhunderts den neugeprägten Begriff »Biosphäre« mit Leben füllte, indem er auf seine Bedeutung für Gesteinsformationen, die Ozeane und das Klima hinwies, geriet schnell wieder in Vergessenheit. So konnte es kommen, dass James Lovelock, als er seine Gaia-Hypothese erstmals formulierte, von all diesen Vorgängern überhaupt nichts wusste. Genauso wenig wie seine Kollegin, die Mikrobiologin Lynn Margulis, deren Erforschung der Mikroben, Bakterien und Kleinstlebewesen und ihrer zentralen Rolle in der Evolution des Lebens das Standbein der Gaia-Hypothese abgab.

Die klassische, auf Darwin fußende Sicht der Evolution nahm an, dass Leben sich allmählich, über eine lange Reihe von geringen Veränderungen entwickelt hat. Zufällige Veränderungen – Mutationen – mussten sich im allgemeinen »Kampf ums Dasein« als überlegen erweisen und dieser Prozess führte im Laufe von Millionen Jahren zur Entstehung völlig neuer Arten. Diese Sichtweise wird in jüngster Zeit immer stärker angezweifelt – denn anhand von Fossilien lässt sich eine derart lineare Naturgeschichte einfach nicht rekonstruieren; die Fundstücke deuten eher auf das Gegenteil: ein eruptives, sprunghaftes Evolutionsgeschehen. Moderne Evolutionsbiologen wie Stephen Jay Gould oder Niles Eldredge behaupten, dass die Entwicklung des Lebens mit langen Perioden des Stillstands einherging, die von katastrophalen Veränderungen – und dem plötzlichen Auftauchen neuer Arten – unterbrochen wurden. Seitdem laufen konservative Wissenschaftler Sturm gegen die rebellischen Kollegen, die es wagen, den großen Darwin neu zu interpretieren. Auch Lynn Margulis machte sich dieser Ketzerei schuldig, als sie mit ihren Erkenntnissen aus der Mikrobiologie an einem zentralen Dogma des Darwinismus rüttelte: dem Konkurrenzkampf ums Überleben als Motor der Evolution. Die ersten Mikroben mit einem festen Zellkern waren, wie Margulis zeigte, nicht das Ergebnis einer genetischen Mutation, sondern einer Symbiose. Diese neuartige Zelle – der Ausgangspunkt aller vielzelligen Pflanzen und Tiere – entstand nicht durch brutale Konkurrenz im Überlebenskampf, sondern durch Kooperation.[5]

Die größte Umweltkrise des Planeten liegt etwa 2,2 Milliarden Jahre zurück. Sie wurde ausgelöst durch die massenhafte Freisetzung eines giftigen Abfallprodukts, das die Zyano-Bakterien ausschieden, und zwar in einem Ausmaß, das alle bakteriellen Lebensformen bedrohte, einschließlich des damaligen Beherrschers der Erde, der Zyano-Bakterien selbst. Dieses gefährliche Umweltgift war der Sauerstoff. Die meisten Menschen, denen Sauerstoff geradezu als Lebenselixier gilt, mag das überraschen, doch Sauerstoff ist ein tödliches Gift: Es ist hoch reaktiv und zersetzt nicht nur lebendes Gewebe, sondern auch Eisen. Bestünde die Erdatmosphäre nicht zu 21 Prozent, sondern beispielsweise zu 25 Prozent aus Sauerstoff, würde sämtliche Vegetation sofort verbrennen. Das massive Auftauchen des todbringenden Gases führte, so Lynn Margulis' Theorie, zu einem Evolutionssprung: Einzelne Organismen konnten nur dadurch überleben, dass sie Teile von Kollektiven wurden, das heißt, sich symbiotisch zusammenschlossen und so eine neue Fähigkeit erwarben: Sie nutzten das Umweltgift Sauerstoff als Energiequelle.

»Wenn wir die Natur fragen, ›wer sind die Tüchtigsten: jene, die ständig miteinander im Krieg liegen, oder jene, die einander unterstützen?‹, so sehen wir sofort, dass jene Tiere, die die Gewohnheit gegenseitiger Hilfe erworben haben, zweifellos die tüchtigsten, best-angepassten sind. Sie haben mehr Überlebenschancen und sie bringen es auf ihrer jeweiligen Stufe zum höchsten Entwicklungsgrad der Intelligenz und der Körperorganisation.«

Dies schrieb ein Zeitgenosse Darwins, der russische Intellektuelle Peter Kropotkin, der nach der Lektüre von Darwins »Ursprung der Arten« Sibirien und die Mandschurei bereist hatte, wo ihm nirgends ein scharfer Existenzkampf der Tierarten aufgefallen war. Stattdessen fand er vor allem Hinweise auf Kooperation der einzelnen Lebensformen – und der Titel des Buchs, das er darüber schrieb – »Gegenseitige Hilfe« –, könnte heute als Oberbegriff für die Theorien der Selbstorganisation, der Koevolution und der symbiotischen Rückkopplungen stehen, wie sie Lynn Margulis, James Lovelock und andere entwickelt haben.[6]

Nach Lovelocks Gaia-Hypothese sind die etwa vier Milliarden Arten der Erde durch Koevolution und Rückkopplung derart koordiniert, dass der gesamte Planet ein selbstorganisiertes System darstellt. Wie etwa unser Körper durch ausgeklügelte Steuermechanismen unbewusst dafür sorgt, dass seine Temperatur immer bei etwa 37 Grad liegt – gleich ob wir uns in Grönland oder in den Tropen befinden –, so hält auch der »Einzeller Erde« seine Temperatur stets im Gleichgewicht. Die Atmosphäre, so Lovelock, *»ist nicht nur ein biologisches Produkt, sondern eher eine biologische Konstruktion. Sie ist nicht lebendig, sondern wie das Fell einer Katze oder die Federn eines Vogels: die Erweiterung eines biologischen Systems, dazu bestimmt, eine ausgewählte Umwelt aufrechtzuerhalten.«*

Gesteine und Wasser sind ebenfalls ein Teil dieser Konstruktion und arbeiten mit der Biosphäre zusammen, *»um ein komplexes System zu bilden, das als einziger Organismus angesehen werden kann und sicherstellt, dass unser Planet weiterhin ein Ort ist, auf dem Leben existieren kann«.*

Als Lovelock in den frühen 70er-Jahren mit seiner Gaia-Theorie an die Öffentlichkeit ging, erntete er, ebenso wie Lynn Margulis mit ihrer Theorie der Koevolution und Symbiose, von der Gemeinde der Wissenschaftler Hohn und Spott. Selbst Wohlmeinende mochten Gaia allenfalls als eine schöne Metapher, nicht aber als beweisbares Modell gelten lassen, und Kritiker taten es von vorneherein als Anti-Wissenschaft ab. Ihnen schien die Selbstregulierungskraft des Planeten gleichbedeutend mit einer absichtsvollen, zweckgerichteten Voraussicht der Natur – doch eine solche Zielgerichtetheit hatte Lovelock an keiner Stelle behauptet. Trotz der widerwilligen Zustimmung, welche die Gaia-Theorie in Kreisen der Wissenschaft mittlerweile gefunden hat, ist sie für viele nach wie vor völlig inakzeptabel. Als 1991 Lovelocks »Biographie unseres Planeten« auf Deutsch erschien, schrieb der

Rezensent der »Frankfurter Allgemeinen«: »Um sich mit diesem Gedankengebilde anfreunden zu können, muss man radikal sein, radikal unbeleckt.« Ist die Gaia-Theorie tatsächlich so naiv, wie solche Kritiker ihr vorwerfen? Professor Günter Altner, promovierter Biologe und Theologe und Mitbegründer des Freiburger Öko-Instituts, sieht solche Vorwürfe eher als das Resultat eines engen, überkommenen Wissenschaftsbegriffs:

> *»Um die Gaia-Theorie zu verstehen, muss man seine wissenschaftliche, seine disziplinäre Enge aufgeben und muss Zusammenhänge bedenken, ohne dass man seinen wissenschaftlichen Sachverstand dabei an der Garderobe abgibt. Wir haben bisher in den Wissenschaften, und das macht auf der einen Seite ihren Erfolg, auf der anderen aber auch ihre Grenzen aus, detaillistisch gedacht, um möglichst objektive Ergebnisse zu bekommen, und haben Natur zerlegt. Und dabei ist der ganzheitliche Ansatz, der immer von Außenseitern angemahnt worden ist, auf der Strecke geblieben. Und ich sehe die Diskussion um die Gaia-Theorie als eine neue Variante des Versuchs der Einführung ganzheitlicher Kategorien in die Wissenschaft, aber nicht nur aus einem theoretischen Postulat heraus, sondern aus der Erkenntnis, dass der biosphärische Gesamtzusammenhang, dass die Erde, schwerwiegend krankt, weil wir sie als Ganzheit bisher ignoriert haben. Es ist ja gerade das Interessante bei Lovelock, wenn er sagt, dass die großen ›unbelebten‹ Formationen wie Wasser, Boden, geologische Formationen letzten Endes als Produkt von Lebensprozessen zu sehen sind und nicht einfach als der Raum, in den Leben hinein sich angepasst hat. Wenn man das aber so sieht, wird man sagen müssen, das Ganze in seiner Wechselwirkung stellt die eigentliche natürliche Wirklichkeit dar. Ich denke, dass wir das funktionelle Verständnis des Lebens und der nicht-belebten Natur beibehalten können, aber dass wir heute, wenn wir die Gaia-Theorie ernsthaft diskutieren wollen, über*

die Zusammenhänge, aufgrund derer diese verschiedenen Möglichkeiten der Organisation von Natur entstanden sind, heute ernsthaft erörtern müssen. Und das ist etwas, das bisher in der Tat auch ausgeschlossen gewesen ist. Die Biologie hat sich darauf kapriziert, die Besonderheiten der belebten Natur hervorzuheben, und die Humanwissenschaften haben das für den Menschen getan und die Geologie hat die unbelebte Natur beschrieben – das alles muss zusammengezogen werden zu einem umfassenden Wissenschaftsbegriff.«[7]

Einen solchen, das enge Schubladendenken übergreifenden Wissenschaftsbegriff hatte schon der Pionier Vernadsky im Auge, als er seine Forschungen in den 20er-Jahren als »Bio-Geo-Chemie« beschrieb, und James Lovelock meint heute nichts anderes, wenn er von der Naturwissenschaft fordert, sich als »Geo-Physiologie« zu verstehen:

»Sollte sich herausstellen, dass die Gaia-Theorie das Betriebssystem Erde richtig analysiert hat, dann haben wir uns zur Behandlung und Diagnose der globalen Gebrechen ziemlich sicher die falschen Fachleute gewählt. Folgende Fragen stehen zur Beantwortung an: Wie stabil ist das augenblickliche System? Wodurch wird es gestört? Kann man die Folgen von Störungen rückgängig machen? Kann die Welt ihr Klima und ihre gegenwärtige Struktur ohne die natürlichen Ökosysteme in ihrer vorhandenen Form aufrechterhalten? Diese Fragen fallen in den Zuständigkeitsbereich der Geophysiologie. Wir brauchen einen praktischen Arzt der planetarischen Medizin. Ist hier irgendwo ein Doktor?«[8]

Was die Biologen und Geologen, die Paläontologen und Meereskundler, die Kosmologen und Klima-Forscher an vielfältigen Puzzlestücken über die Funktionsweise des Globus zusammengetragen haben, ergibt bis heute kein Bild – die grundlegendste aller wissenschaftlichen Fragen – »Was ist Leben?« – ist nach wie vor unbeantwortet. Je mehr wir wissen über die Erdgeschichte – die Entstehung der Ozeane und Kontinente, die Ruheperioden der Eiszeiten und die aufwühlenden kosmischen Katastrophen, über Luftströme, Klima-Zonen und Temperaturen –, desto weniger fassbar wird ein Bild davon. Stattdessen offenbart sich eine dynamische Struktur, ohne irgendwelche isolierten Einheiten, ein ständig rückgekoppeltes Netzwerk von Wechselbeziehungen, das jede einzelwissenschaftliche Betrachtung sprengt. Dazu noch einmal Günter Altner:

> *»Unter der Perspektive der Biologie finde ich vieles, was Lovelock sagt, befreiend. Weil diese Theorie uns von bestimmten unaufgearbeiteten Gegensätzen befreit: Der Gegensatz zwischen belebter und unbelebter Natur, den wir auf Grundlage der Evolutionstheorie (...) immer wieder so aufheben, dass wir sagen, es ist der Wesenszug des Lebens, sich an die unbelebte Natur anzupassen.(...) Es gibt keine Ansätze, die das Systemganze der Biosphäre als Lebenseinheit betrachten und von daher untergeordnete Funktionseinheiten zu interpretieren versuchen. Insofern empfinde ich diesen Ansatz von Lovelock als etwas befreiendes, das den alten Dualismus aufsprengt. Zum anderen finde ich Lovelock, dort wo er systemtheoretisch, im Sinne der offenen Systeme, argumentiert, auf der Höhe der Zeit und ich finde ihn weit besser als jene biologischen Kollegen, die auf der einen Seite die Theorie der offenen Systeme mittragen und systematisch auf dieser Basis argumentieren, und andererseits so tun, als ob wir mit Hilfe moderner Biotechnologien die Steuerung dieses Prozesses demnächst übernehmen könnten. Das kann man eben nicht, wenn man den Prozess wirklich als einen offenen beschrieben hat, dann fällt man voller Erstaunen in das Loch dieser Offenheit und dann gibt es nur Möglichkeiten, sich tastend darin zu orientieren. Und man kann sich nur orientieren, wenn man den Gesamt-*

zusammenhang zu denken versucht. Natürlich beinhaltet der Prozeß der Selbstorganisation, dass ja gewissermaßen Innovation, Kreativität diesen Prozeß des Werdens in der Zeit ständig auszeichnet. Schöpfung, könnte man sagen, geschieht immer. Ist also nicht nur das Phänomen des Urknalls und des Weltanfangs. Das zweite, was bei der Selbstorganisation auffällt, ist, dass hier in die Naturwissenschaften ein Begriff eingeführt wird, ›Selbst‹, der von seinem Inhalt her geradezu nicht-objektiv ist. Wer ist dieses Selbst, das sich hier organisiert – das ist die große Frage. Friedrich Cramer ist einer der wenigen, der darauf hingewiesen hat, dass dieses Selbst natürlich nicht identifiziert werden kann mit den Strukturen, die wir in diesem Prozess dingfest machen können. Schon gar nicht identifiziert werden kann mit der berühmten DNS, der Erbstruktur, die Strukturen sind immer nur die Matrix, auf der, in der und durch die sich dieses Selbst organisiert. Es ist anwesend und auch wiederum nicht anwesend, es ist wirksam, aber es ist nicht dingfest zu machen – das ist das Geheimnis und insofern kommt man, denke ich, wenn man das sauber, naturwissenschaftlich, systematisch diskutiert, immer wieder auf die Gottesfrage zurück. Wenn man den Prozess der Selbstorganisation radikal interpretiert, steht man vor dem Grundproblem, vor dem die Mystik aller Zeiten gestanden hat, wenn sie den Versuch gemacht hat, das Unfassbare im Fassbaren verstehbar zu machen.«

Was ist dieses Selbst, das sich selbst organisiert und sich ständig selbst überschreitet – sei es als einfache chemische Reaktion, sei es als Schleimpilz-Kolonie oder eben als Gaia, als Lebenssphäre insgesamt? Wie Günter Altner deutlich macht, rüttelt das neue Paradigma der offenen Systeme nicht nur an der reduktionistischen, in Einzeldisziplinen aufgespaltenen Naturforschung, sondern muss, konsequent weitergedacht, auch zu einer neuen Beziehung von Wissenschaft und Religion führen. Ist es deshalb berechtigt, der

Gaia-Theorie religiöse Untertöne zu unterstellen – und sie damit aus dem naturwissenschaftlichen Diskurs zu eliminieren?

»Hüten wir uns«, schrieb Friedrich Nietzsche, »hüten wir uns zu denken, dass die Welt ein lebendiges Wesen sei. Wohin sollte sie sich ausdehnen? Wovon sollte sie sich nähren? Wie könnte sie wachsen und sich vermehren?« Wie vor allem Weiblichen graute dem Philosophen auch vor einer lebendigen Mutter Erde und so forderte er, die Natur zu »entgöttlichen« – und stattdessen das Reich des Über-Menschen zu schaffen. Kaum 80 Jahre nach Nietzsches Tod brachte eine freilich ganz andere Art von Über-Mensch eine völlig andere Botschaft mit: Erstmals sahen Astronauten die Erde von außen, als Ganzes, und berichten von einem mächtigen inneren Eindruck: dass nämlich die Erde ein lebendiges Wesen sei.

Während der Apollo-9-Mission musste der Astronaut Rusty Schweickhart sein Raumschiff verlassen – nur durch eine Art Hundeleine mit der Kapsel verbunden, sollte er freischwebend einige Tests durchführen. Der Lebenserhaltungs-Rucksack, mit dem eine spätere Expedition über den Mond spazieren sollte, musste getestet werden. Doch irgendetwas klemmte, der bis auf jeden Handgriff haarklein geplante Ablauf verzögert sich, und während dieser Pause drängte sich Schweickhart die Frage auf: Wer bin ich, was tue ich hier, was sehen meine Augen? Er sah den blauen Planeten unter sich, die fraktalen Muster der Gebirge und Täler und Wolkenfussel – und realisiert plötzlich: Diese Erde ist ein Lebewesen und ich bin ein verlängertes Sinnes- und Willensorgan dieses Lebewesens – ausgesandt, um die Meldung zurückzubringen, dass die Erde lebt. Als Angehöriger der Nationalgarde und knallharter Cowboy-Typ war der Astronaut Schweickhart alles andere als ein romantischer Schwärmer – die zweiminütige Arbeitslosigkeit im All aber hat sein Weltbild völlig verändert. Zurück auf der Erde, gründete er eine internationale Raumfahrervereinigung, die sich zum Ziel gesetzt hat, die Wahrnehmung der Erde als Lebewesen publik zu machen.

Neue Werkzeuge gebären neue Weltbilder: wie Galileis Blick durch das Fernrohr die Rolle der Erde im Makro-Kosmos zurechtrückte, das Mikroskop die Vielfalt des Lebens im Mikrokosmos offenbarte oder der Computer die Ordnung aus dem Chaos sichtbar machte – so bescherte auch der Blick auf die Erde von außen plötzlich eine neue Wahrnehmung. Wie Rusty Schweikart erging es vielen Weltraumfahrern – sie kamen verwandelt zurück. Als Edgar Mitchell die Erde vom Mond aus betrachtete, wurde ihm der eigentliche Sinn seiner Mission klar: nicht die Erforschung des Monds oder des Weltraums – sondern die Entdeckung der Erde.

Besetzte man eine Jury zur Beurteilung der Gaia-Theorie mit Astronauten – der Urteilspruch dieser Zeugen wäre eindeutig, doch ihr Gefühl für die Ganzheit und Lebendigkeit der Erde hätte noch keine wissenschaftliche Beweiskraft. Dass aus dem Gefühl für Gaia eine ernst zu nehmende Theorie werden konnte, verdankt sich einigen weiteren neuen Werkzeugen, die ebenso wie die Weltraumraketen in den 60er-Jahren erstmals zur Verfügung standen. Gebiete, die auf den Karten der Wissenschaft lange Zeit nur Spekulationen zugänglich waren, wie etwa die Kosmologie, wurden plötzlich erschlossen.

1965 wurde die kosmische Hintergrundstrahlung entdeckt und damit zum ersten Mal die Möglichkeit geschaffen, die Theorien über Struktur und Entstehung des Universums anhand eines Effekts aus seiner Frühzeit zu überprüfen und weiterzuführen.

Im selben Jahr wurde es dank neuer Labormethoden möglich, Fossilien von Mikroorganismen in sehr alten Gesteinsschichten nachzuweisen. Was bis dahin nur Spekulation war, die Früh-Geschichte des Lebens auf der Erde, war nun erstmals der Beobachtung zugänglich. Und ermöglichte es Biologen wie Lynn Margulis, die Rolle der Kleinstlebewesen für die Verwitterung von Gesteinen, den Umbau der Erdkruste und die Beeinflussung der Atmosphäre zu entdecken.

1967 gelang es Ilya Prigogine, die spontanen Ordnungszustände chaotisch vermischter Chemikalien zu erklären, die dem sowjetischen Forscher Belousov schon in den 50er Jahren aufgefallen waren – doch dessen Manuskript darüber war mit dem Argument abgelehnt worden, die »vermeintliche Entdeckung« sei unmöglich. Dank Prigogines »dissipativen Strukturen« ergab sie plötzlich mehr als nur Sinn: Zusammen mit den neuen Erkenntnissen über die chemischen Bausteine der »Ursuppe« , aus denen das Leben in der Frühzeit des Planeten entstand, gaben sie ein völlig neues Bild der Evolution: Wenn chemische Reaktionen die Fähigkeit zur Selbstorganisation zeigen und schon in der Frühzeit der Erde vorkamen, dann ist die Ordnung, die wir Leben nennen, kein Zufallsereignis. Um über zufällige Mutationen eine so komplizierte Konstruktion von Aminosäuren wie die DNS, den Träger der genetischen Information, hervorzubringen, hätte die Natur viel länger als das Weltalter gebraucht. Ihre heutige Vielfalt ist nicht Produkt eines mechanischen Ablaufs, sondern einer ihr innewohnenden Kreativität: »Materie«, verkündete Prigogine, »ist nicht träge. Sie ist lebendig und aktiv.«

Stets sind es veränderte Wahrnehmungs- und Beobachtungsformen, die das alte, sicher geglaubte Wissen erschüttern und eine neue Weltanschauung hervorbringen. Oft waren es neue Werkzeuge oder Messgeräte, die den Sturz überkommener Wahrheiten einleiteten – bei Lovelock war es ein einfacher, aber folgenreicher Wechsel der Perspektive – der Blick von oben, auf die Erde von außen, erwies sich als ein »Bioskop«, das die verästelten Spezialgebiete der Wissenschaft vom Leben zu einer erweiterten Gesamtschau bündelte. Eine Perspektive historischen Ausmaßes: so weit entfernt, dass die Menschen unsichtbar wurden – und sich statt ihrer das wahre »Maß aller Dinge«, die eigentliche »Krone der Schöpfung« offenbarte – eine pulsierende Bio-Sphäre, Leben in planetarischer Dimension. Lovelock schreibt:

»Die *Gaia-Theorie* fordert eine globale Perspektive. Entscheidend ist die Gesundheit des ganzen Planeten und nicht die irgendeiner einzelnen Art von Organismen. Eine partielle Besetzung eines Planeten durch lebende Organismen kann es nicht geben. Ein solches

Phänomen wäre genauso kurzlebig wie ein halbes Lebewesen. Zur Regulierung der Lebensumwelt braucht der Planet eine genügende Zahl lebender Organismen. Bei einer unvollständigen Verteilung würden ihn die unvermeidbaren Kräfte physikalischer und chemischer Entwicklung bald unbewohnbar machen. Wenn die Handlungsweise eines Organismus der Umgebung genauso nützt wie ihm selbst, wird seine Ausbreitung gefördert. Der Organismus und die mit ihm zusammenhängende Veränderung der Umgebung werden schließlich auf der ganzen Erde zu finden sein. Der umgekehrte Fall gilt genauso. Jede Art, die der Umgebung Schaden zufügt, wird untergehen; das Leben aber geht weiter.«[9]

Die Erde lebt – und zwar auch ohne uns. Gaia hat in ihrer Geschichte schwere Meteoriteneinschläge überlebt und atomare Katastrophen, gegen die sämtliche Waffenarsenale und Atomkraftwerke der Menschheit wie ein laues Lüftchen wirken. Beschränkte Öko-Ideologen wollten in Lovelocks Betonung der Stabilität des Lebens ein Entsorgungs-Szenario für eine fortschreitende Umweltverschmutzung sehen – nach dem Motto: Egal, wie viele Arten wir vernichten, Gaia wird's schon richten. Tatsächlich weist die Gaia-Theorie auf eine sehr viel radikalere Ökologie als die einzig auf die Menschen-Gesundheit fixierten Umweltschutzbewegungen. Sie fordert statt eines am Menschen-Nutzen orientierten, immer bloß nachträglichen Naturschutzes eine umfassende Verantwortung für die gesamte Biosphäre. Und dies nicht aus gutem Glauben und moralisch gebotener Ehrfurcht vor der Schöpfung, sondern aus faktischem Wissen heraus: Mutter Erde ist keine animistische Fiktion mehr, sondern wissenschaftliches Faktum.

Warum fällt es so schwer, sich die Erde als Lebewesen vorzustellen? Da ist erst einmal die psychologische Kränkung: Wie bei Kopernikus, der die Menschen ihrer Stellung als Mittelpunkt des Universums beraubte, Darwin, der ihnen die Rolle als Ausnahmeerscheinung nahm, indem er den Affen als Vorfahr identifizierte oder Freud, der das menschliche Ego mit der Bemerkung kränkte, es sei nicht Herr im eigenen Haus – wie alle diese Paradigmen-

Wechsel geht auch das Weltbild der lebenden Erde mit einer Kränkung einher. Wenn Gaia existiert, kann sich der Mensch nicht länger als Herr und Meister der Natur begreifen. Er ist Teil einer Ganzheit, deren Regeln er sich anpassen muss – oder er wird als Spezies verschwinden.

Die zweite Schwierigkeit, sich mit der Vorstellung von Gaia abzufinden, ist unser Verständnis davon, was ein Lebewesen ist: Von der Blattlaus bis zum Blauwal haben wir keine Schwierigkeiten mit der Definition, aber noch vor kaum vierhundert Jahren schien es den Menschen gänzlich unvorstellbar, dass unterhalb der mit bloßem Auge erkennbaren Formen eine wimmelnde Welt von Mikro-Organismen existiert. Das Mikroskop hat das für die Menschheit erkennbare Spektrum des Lebens ganz wesentlich erweitert – und einen ganz ähnlichen Dienst scheint jetzt das »Makroskop« des James Lovelock – sein Blick auf die Erde von außen – zu leisten: Es hat erstmals die Aufmerksamkeit auf einen Makro-Organismus gelenkt, der uns genauso unvorstellbar vorkommt wie unseren Vorfahren die Welt der Mikro-Lebewesen.

Die dritte Schwierigkeit, die Erde als Superorganismus anzuerkennen, ist die fundamentalste: Nicht nur mit ihrer schieren Größe im Raum, auch in der Zeit überschreitet Gaia die menschliche Wahrnehmungsfähigkeit.

»In einem Zeitrahmen von 10^{65} Jahren«, so der Kosmologe Freeman Dyson, »verhält sich jedes Felsstück wie eine Flüssigkeit.« Zehn hoch 65 ist eine Eins mit 65 Nullen – die Erde ist bei Weitem nicht so alt, und in ihrem Zeitrahmen verhalten sich Felsen durchaus nicht wie eine Flüssigkeit. Und doch war das »Dach der Welt« – das Felsmassiv des Himalaya – einmal ein Stück Meeresboden, durch die Verschiebung der Erdplatten wurde es zusammengequetscht und türmte sich zum höchsten Gebirge der Erde auf. Im Zeitrahmen der Menschen mag der Mount Everest als toter, versteinerter Zeuge der Ewigkeit gelten – im Zeitrahmen von Gaia besteht er aus einem zwar robusten, aber durchaus formbaren, flexiblen Material.[10]

Betrachten wir die Erde im Zeitraffer, fällt zuerst der Rhythmus von Tag und Nacht auf, den man mit einem Pulsschlag vergleichen könnte. Bei etwas stärkerer Zeitraffung können wir so etwas wie den Kreislauf erkennen: wirbelnde Luft- und Meeresströmungen, die für die Zufuhr von Nahrungsstoffen sorgen und Abfallstoffe davonführen – ähnlich wie das Blut im menschlichen Kreislauf. Beim weiteren Beschleunigen unserer Zeitmaschine gerät die Hautoberfläche Gaias in den Blick: umherdriftende Kontinente, mäandernde Flüsse, riesige Wälder und Grassteppen, die sich ausdehnen und wieder zurückziehen. Das Gesicht der Erde – wenn wir vier Milliarden Jahre im Zeitraffer zu einem Kurzfilm zusammenfassen, sehen wir, wie es sich ständig verändert – wie es auf seine Umgebung reagiert und seinerseits, mit strengem Mienenspiel, auf sie Einfluss nimmt. Manchmal antwortet es für einen Moment mit eisiger Strenge – und während der Eiszeiten wirkten große Teile des Gesichts tatsächlich wie erstarrt –, doch nachher zeigt sich, dass auch dies nur ein Mittel war, ein Trick, um nicht aus dem Gleichgewicht zu kommen. Wie heute manche Lebensmittel bedurfte auch das Leben selbst auf dem langen Weg der Evolution offenbar bisweilen der Konservierung durch Tiefkühlung.

Die letzte Sekunde des Films zeigt die Erdgeschichte der vergangenen 50 000 Jahre bis heute. In Zeitlupe betrachtet können wir die Menschwerdung des Affen beobachten: durch eine neue Technologie, die Handhabung des Feuers, ist er weniger klima- und standortabhängig als alle anderen Tiere und breitet sich bald überall aus. Dann ist ein weiteres faszinierendes Ereignis zu beobachten: die Entstehung einer Speichertechnologie, mit der sich die Menschen nun auch zeitunabhängig machen – dank der Sprache können sie erworbenes Wissen konservieren und weitergeben. Dieser Informationsvorsprung scheint sie allen anderen Lebensformen nun endgültig überlegen zu machen. Auf den letzten Bildern des Films jedoch werden wir Zeuge einer dramatischen Situation: So plötzlich hat Gaia ihr Gesicht noch nie verändert.

Blitzartig verschwinden die Waldflächen in Afrika, Europa und Nordamerika – und auf dem letzten Bild des Films, dem Beginn des Industriezeitalters, beginnt die Atmosphäre, sich durch Rauch und Abgase zu verdunkeln. Das Licht geht wieder an. Der Film ist zu Ende. Wir sind wieder in der Wirklichkeit.

Rio de Janeiro, Juni 1992. Der Führer der größten Industrienation der Erde tritt bei der internationalen Umweltkonferenz der UNO nur unter einer Bedingung auf: dass eine Reduzierung des CO-2-Austoßes dort nicht beschlossen wird. Dies, so Präsident Bush, könne der Wirtschaft seines Landes nur schaden. Damit hat er zweifellos recht – Amerika stellt zwar kaum 5 Prozent der Weltbevölkerung, produziert aber 25 Prozent des Treibhausgases Kohlendioxid – durch Verbrennung von Erdgas, Kohle und Öl. Und jede ernsthafte Reduzierung bedeutete ein Umdenken in dieser Politik des fröhlichen Verheizens.

Kyoto, Dezember 1997. Der Vizepräsident der größten Industrienationen der Erde tritt bei der internationalen Umweltkonferenz der UNO nur unter der Bedingung auf, dass die von den Europäern vorgeschlagenen, relativ weitgehenden CO-2-Reduktionen nicht beschlossen werden – und verpflichtet sich für die USA zu einem Tropfen auf den heißen Stein: 5 Prozent Reduktion (im Vergleich zu 1990). Allerdings nicht sofort, denn das könnte der Wirtschaft schaden, sondern bis 2012. Dann werden die USA wahrscheinlich nur noch 3,5 Prozent der Weltbevölkerung stellen und 20 Prozent Kohlendioxid – relativ betrachtet also mehr (und nicht weniger) als jetzt.

Einen so starken CO-2 Anstieg wie zur Zeit erlebte Gaia das letzte Mal vor etwa 65 Millionen Jahren: Damals, gegen Ende der Kreidezeit, verwandelte sich die Erde in einen Backofen und mit den Sauriern gingen 90 Prozent aller höheren Arten zu Grunde. Auslöser der CO-2-Katastrophe war, so weiß man mittlerweile, der Aufprall eines größeren Himmelskörpers. Heute müssen über den Auslöser keine Vermutungen angestellt werden – die Menschen, denen die Handhabung des Feuers einst den entscheidenden Evolutionsvorteil sicherte, scheinen an der Perfektionierung ebendieser Technologie jetzt zu scheitern: Sie fahren wider besseres Wissen fort, den Planeten in einen giftigen Backofen zu verwandeln. Das Artensterben, so meldeten unlängst die Zeitungen, hat heute schon wieder dasselbe Tempo erreicht wie in der Kreidezeit – die Saurier indessen leben noch. Und sie reden wie George Bush oder Al Gore.

Wenn James Lovelock sagt: »Kettensägen sind eine schlimmere Erfindung als Wasserstoffbomben«, dann will er damit nicht die Radioaktivität verharmlosen, sondern auf die Schäden hinweisen, die ein harmloses Werkzeug wie eine Säge unter dem Gesichtspunkt von Gaia anrichtet. Aus der Sicht des planetarischen Arztes liegt die Ursache der globalen Klima-Krankheit vor allem in der massiven Verheizung fossiler Brennstoffe, in den künstlichen Monokulturen der Land- und Forstwirtschaft und der fortgesetzten Abholzung der Tropen-Wälder. Diese großflächigen Eingriffe in das weltumspannende Energie-Management der Mikro-Organismen sind für Gaia sehr viel schwieriger auszubalancieren als etwa die durch das Ozonloch hereinkommende UV-Strahlung.

Die Gaia-Theorie ist ein Werkzeug der Wahrnehmung, sie eröffnet eine neue, nie da gewesene Perspektive. Diese Erde ist kein Zufall oder Wunder, sondern *gemacht*, hausgemacht sozusagen, und ohne die aktive Beteiligung von Emily und ihren Verwandten – ohne den Bakterienteppich der Meeresoberflächen und der tropischen Wälder, ohne die wimmelnde und sirrende Vielfalt der Mikro-Organismen – einfach nicht funktionsfähig. Sehr wohl aber ohne den Menschen. Deshalb fördert das Wissen um Gaia, das Wissen um ihre physiologische Intelligenz, nicht die Selbstzufriedenheit – egal was wir verheizen, abkippen, entsorgen, vermüllen, Gaia wird's schon richten –, sondern weist der Ökologie den Blick über die Suppenschüssel des Humanen hinaus, auf eine ganzheitliche, planetarische Dimension. Sie liefert die Erklärung für unsere instinktive Wut über die achtlose Vernichtung von Arten – der Erhalt des Artenreichtums in natürlichen Ökosystemen braucht fortan nicht mehr mit schwachen humanistischen Argumenten, der Vernichtung von Pflanzen zur Heilung menschlicher Krankheiten, verteidigt zu werden. Die Gaia-Theorie zeigt, dass etwa die Regenwälder uns noch weit mehr zu geben haben als nur heilsame Pflanzen: Sie sind Teil der unersetzlichen Klima-Automatik, die diesen Planeten überhaupt erst bewohnbar macht.

»Liegt von der Erde erst mal ein aus dem Weltraum aufgenommenes Foto vor, wird das einen der größten Umdenkungsprozesse der Geschichte auslösen«, meinte 1948 der Astronom Fred Hoyle. Wer heute eine ganz normale Zeitschrift durchblättert, stößt auf Erdkugeln im Dutzend – Symbol für das globale Dorf des Weltmarkts, das sich über Geld-, Waren- und Informations-Ströme längst vernetzt hat. Als Symbol einer globalen Perspektive ist das Bild der Erde überall präsent, doch was die Globalisierung tatsächlich an globalen Umdenkungsprozessen ausgelöst hat, zeigen die Pseudo-Aktivitäten zur Reduzierung des Treibhauseffekts.

Erinnern wir uns an die einzelne Schleimpilz-Zelle auf dem Waldboden, die das über Rückkopplung verstärkte Signal empfängt, ihre Individualität – man könnte auch sagen ihren Egoismus oder Nationalismus – aufzugeben, weil die Lebensbedingungen schlecht werden und diese Katastrophe nur durch einen Synergie-Effekt, eine gemeinsame Anstrengung, gemeistert werden kann. Die Einzelzelle, die darauf antwortet, dies schade ihrer eigenen Wirtschaft, hat zweifellos recht und sie ist vielleicht in der Lage, ihre Ökonomie noch eine Weile am Laufen zu halten – überleben aber werden nur die Zellen, die zur Symbiose – man könnte auch sagen zu globalem, ganzheitlichen Handeln – fähig sind.[11]

Ist der Schleimpilz intelligent? Mit der Frage »Was ist Intelligenz?« verhält es sich ähnlich wie mit der Frage »Was ist Leben?« – je genauer man hinschaut, desto ungenauer fällt die Antwort aus. Das Lexikon definiert diejenigen Dinge als lebendig, die wachsen, funktionieren, sich fortpflanzen. Aber auch Kristalle verfügen über diese Eigenschaften – sind sie deswegen lebendig? Genauere Definitionen des Lebens beziehen Fähigkeit zur Reaktion und zum Stoffwechsel mit ein – aber was ist mit dem 2000 Jahre alten Samen einer Lotusblume, der erfolgreich ausgesät und gezüchtet wurde? War er während dieser zwei Jahrtausende tot oder lebendig? Dasselbe gilt für die Pilzspore, die Jahrmillionen durchs All schwebte und plötzlich, wenn Umgebung und Temperatur stimmen, zu wachsen beginnt.

Anfang der 80er-Jahre schlugen der Physiker Gerald Feinberg und der Biochemiker Robert Shapiro vor, das Problem einer präzisen Definition des Lebens dadurch zu lösen, dass man die Unterscheidung zwischen Leben und Nichtleben aufgibt, weil Leben nicht als isoliertes Einzelphänomen erklärbar sei, sondern nur in Wechselwirkung mit seiner Umgebung. Sie gelangen zu der Schlussfolgerung, dass die beste Definition des Lebens nicht auf der Erforschung der Teile, die ein Organismus enthält, basieren sollte, sondern auf dem Ausmaß der Ordnung, in der diese Teile kombiniert sind, das heißt, wie viel Information in ihnen verschlüsselt ist. Eine folgenschwere Behauptung – sie bedeutet, dass der Hauptunterschied zwischen einer Hauskatze und einem Haufen Kohle nichts ist, was man einfach als eine bestimmte Aminosäure oder DNA-Molekül *begreifen* könnte. Sondern etwas, das ein *Nichts* ist, die Anwesenheit jener mysteriösen Nichtheit, die wir »Information« nennen – Geist.

Ist die Erde intelligent? Die Antworten auf die Frage »Was ist Intelligenz?« haben sich durch neue Werkzeuge und Methoden in jüngster Zeit ebenso erweitert wie das Spektrum dessen, was als Organismus angesehen wird. Die Koli-Bakterie im menschlichen Darm beispielsweise kann Informationen über 20 verschiedene chemische Substanzen gleichzeitig verarbeiten, alle vier Sekunden analysiert sie die komplexe chemische Zusammensetzung ihrer Umgebung neu und bewegt sich in die Richtung der größten Nahrungsmenge. Hat diese unglaubliche Fähigkeit zur Informationsverarbeitung etwas mit Intelligenz zu tun? Die kleinsten Mega-Chips der heutigen Supercomputer jedenfalls wirken, verglichen mit der Kolibakterie, wie schwerfällige Riesen. Und angesichts der Kreativität von 100 000 Exemplaren des Schleimpilzes *Dyctiostelium* können selbst die aufwendigsten Parallel-Rechner der »Künstlichen Intelligenz« nur als dumme Blechkisten gelten.

Es scheint, als ob die Fragen »Was ist Leben?« und »Was ist Intelligenz« letztlich auf dieselbe Antwort hinauslaufen: Es ist die Fähigkeit zur Selbstorganisation. Die Fähigkeit, das Anwachsen des Chaos zu benutzen, um stets neue Ordnungszustände – Gleichgewicht – zu finden. In einer Wechselwirkung mit der Umgebung, die die Grenzen zwischen »Ich« und »Wir«, zwischen Individuum und Umwelt, parasitärem und symbiotischen Verhalten, ständig überschreitet. Je größer die Autonomie eines Organismus ist, umso mehr Rückkopplungsschleifen braucht er: in sich selbst und in seiner Beziehung zur Umwelt. Dies ist das Paradox der Selbstorganisation: Je eigenständiger und kreativer ein Selbst, desto fester muss es in den Informationszyklus des Ganzen eingebunden sein. Anders ausgedrückt: Je subtiler Materie organisiert ist, umso mehr funktioniert sie nur noch durch ihr Gegenteil: die Anwesenheit von Geist.

Nahezu in der gesamten Menschheitsgeschichte war der Geist der Natur ebenso selbstverständlich wie die Vorstellung, dass Mutter Erde lebendig sei und ihre Kinder sich ihren Regeln und Rhythmen anpassen müssen. Eine Verbundenheit, die erst in den letzten 500 Jahren mehr und mehr vergessen wurde – und vielleicht macht es die Erinnerung an dieses alte Menschheits-Wissen, dass uns die Aussage »Die Erde lebt!«, bei aller Unvorstellbarkeit, so merkwürdig banal und selbstverständlich vorkommt. Und wir dieser alten Selbstverständlichkeit unbewusst dadurch nachkommen, dass wir die ganze Erde neuerdings überall – und noch auf der erdfeindlichsten Plastik-Verpackung – als Symbol verwenden. Ohne dabei zu realisieren, dass mit ihrem vermehrten Auftauchen als Symbol ihr Verschwinden in der Wirklichkeit einhergeht. Doch was heißt *verschwinden*? Wenn die Erde ein Lebewesen ist, dann werden wir Menschen, als Läuse im Gaia-Pelz, sie weder zum Verschwinden bringen, noch werden wir sie »retten« können. Lovelock schreibt:

> *»Gaia ist weder die gütige, allesverzeihende Mutter noch eine zarte zerbrechliche Jungfrau, die einer brutalen Menschheit hilflos ausgeliefert ist. Vielmehr ist sie streng und hart. Denen, die die Regeln einhalten, verschafft sie eine stets warme, angenehme Welt; unbarmherzig aber vernichtet sie jene, die zu weit gehen. Ihr unbewusstes Ziel ist ein Planet, der für das Leben bereit ist. Stehen die Menschen diesem Ziel im Weg, werden sie mit der gleichen Mitleidslosigkeit eliminiert, mit der das Elektronengehirn einer atomaren Rakete sein Ziel ansteuert.«*

So wenig wir der Natur ein Ende setzen können, so wenig können wir sie bewahren – was wir retten können, ist nur unsere eigene Haut – und die einiger liebenswerter Verwandter. Indem wir das Grundgesetz Gaias befolgen, das gleichzeitig die erste Regel der Selbstregulierung der Biosphäre darstellt: Alle Parasiten streben danach, zu Symbionten zu werden.

Eine Pilzart namens *Glomus,* ein Parasit wie du und ich, *sah* sich vor 240 Millionen Jahren zu einer evolutionären Wende gezwungen. Bis dahin hatten sich die Pilze auf den Wurzeln von Bäumen eingenistet, dort den Saft abgesaugt und dank dieser Prachtnahrung prächtig verbreitet. Doch irgendwann begannen die Bäume trockener zu werden, das Futter floss weniger reichlich und zwang die Glomus-Gesellschaft zum Nachdenken. Da Pilze kein Gehirn haben, verlief dieses »Denken« auf unbekannte Weise, und auch die Umwelt-Konferenz, dic die Glomusse daraufhin einberief, können wir nur vermuten. Für den dort gefassten Beschluss aber, dass nämlich der Baum ein Lebewesen ist, gibt es eindeutige Indizien. Denn die Glomus-Pilze zogen fortan auf der Baumwurzel einen Stock tiefer, ins Erdreich. Dort filterten sie die Nährstoffe aus dem Boden und führten sie fein sortiert und vorbereitet den Bäumen zu, die dank dieses *room service* wieder kräftig aufblühten. Seitdem haben auch die Pilze wieder ein wunderbares Auskommen.

Wir *sind* die Erde. Und indem das Bewusstsein von Gaia in uns Wurzeln schlägt, beginnen tiefe psychologische Veränderungen stattzufinden. Wir werden die Beziehung Mensch–Erde nicht heilen können, wenn wir uns nicht gleichzeitig selbst heilen. Indem wir uns den Prozessen der Erde zuwenden. Durch ihre Gurus – vollendete Lehrmeister wie der Pilz Glomus – erzählt Gaia von den essentiellen Mustern des Lebens. Wir brauchen nur hinzuschauen und zuzuhören. Alles hängt von uns selbst ab.

(1998)

Wir Klimalügner: Vom Ende des Kaputtalismus und der Zuvielisation

Kaum eine Debatte wird derzeit emotionaler geführt als die um den Klimawandel. Aktivisten von »Fridays For Future« und »Extinction Rebellion« stehen Skeptiker und Leugner gegenüber, die die Gefahren von CO_2 und der Erderwärmung für überschätzt halten oder für nicht einmal vorhanden. Zwar schmilzt Grönland wieder zu Grünland, aber wächst nicht anderswo gerade wieder das Packeis? Und gab es nicht vor 250 Millionen Jahren Unmengen CO_2 in der Atmosphäre und einen rapiden Anstieg der globalen Temperatur und in der Frühen Neuzeit, wo sie gar nicht hingehört, eine kleine Eiszeit? Und war die Erde nicht schon immer klimatischen Zyklen, Veränderungen der kosmischen Strahlung und des Sonnenmagnetfelds ausgesetzt, die dann zu Dürreperioden, Hitzewellen oder Überflutungen führten? Und wenn nachgewiesenermaßen simpler Wasserdampf zu 80 Prozent für den Treibhauseffekt verantwortlich ist, wie können da

Stoffe wie CO_2 oder Methan, die nicht einmal ein Prozent der Atmosphäre ausmachen, eine entscheidende Rolle spielen? Und wenn die Klimaforscher an ihren Kurven, die menschengemachte CO_2-Emissionen als Ursache für den Temperaturanstieg aufzeigen, ein wenig herumgeschraubt haben, ist das nicht ein Beweis, dass diese Klimamodelle falsch sein müssen? Werden wir nicht nach Strich und Faden verschaukelt von Wissenschaftlern, die nicht die wahren Fakten aufzeigen und erklären, sondern einer politischen Agenda folgen? Oder die in einem Gruppendenken verhaftet sind, das durch Forschungsförderung und Schwerpunktsetzung bei Publikationen sowie durch politischen Druck nur die herrschende Lehrmeinung bestätigt, aber mit echter Wissenschaft nichts mehr zu tun hat?

Den Gegenpol zu solchen kritischen, skeptischen Fragen bilden die Gutachten des Weltklimarats (IPCC) und die von den meisten Forschern weltweit unterstützten Klimamodelle, die bei einem weiteren CO_2-Anstieg in der Atmosphäre stark steigende globale Durchschnittstemperaturen und fatale Folgen nicht nur für küstennahe Regionen der Erde vorhersagen. Dazu gehören extreme Hitzewellen, Dürre, Ernteausfälle, Flüchtlingsströme und – in letzter Konsequenz – das Ende der Zivilisation. Doch Panikmacher, Apokalyptiker und Fatalisten lügen sich in Sachen CO_2 genauso in die Tasche wie die Skeptiker und Leugner einer menschengemachten Erderwärmung. Wir haben also »Klimalügner« auf beiden Seiten, die blind geworden sind für die Wirklichkeit.

Denn weder ist der anthropogene CO_2-Ausstoß harmlos, noch ist er der einzige Faktor, der bekämpft werden muss, um den Planeten zu retten. Deshalb ist das fröhliche »Weiter so!« mit fossiler Energie, das die Skeptiker und Leugner vertreten, genauso falsch wie der panische Blick auf die »Parts per Million« (ppm) Kohlenstoffdioxid in der Atmosphäre und die Horrorszenarien, die bei einem weiteren Anstieg drohen. Richtig und entscheidend ist vielmehr: Auf diesem Planeten findet ein großes Sterben statt – die weltweite Zerstörung von Ökosystemen – und es ist unstrittig, dass Menschen dafür verantwortlich sind. Der Streit über menschengemachten CO_2-Zuwachs ist ein Nebenkriegsschauplatz, der im Zuge der Klimadebatte zum einzigen Schlachtfeld geworden ist, während das große Sterben der Wälder, der Meere, der Böden, der Feuchtgebiete und die Vernichtung der Tier- und Pflanzenarten als sekundär gelten. Wer glaubt, dass dieses Problem mit einer Reduktion anthropogener Treibhausgase gelöst werden kann, macht sich etwas vor. Denn fiebersenkende Maßnahmen machen kaum Sinn, wenn Herz, Nieren und Lungen weiter zerstört werden.

Das heißt: Auch wenn die Erderwärmung *nicht* CO_2-bedingt sein sollte, müssen wir dringend etwas tun – und wenn menschengemachtes CO_2 die Ursache ist, erst recht. Nur was wir nicht mehr tun sollten, ist, diese nutzlose Debatte weiterzuführen. Stattdessen müssen wir an den Lösungen arbeiten. Und die können nicht darin bestehen, das Problem zu monetarisieren, aus dem Handel mit Verschmutzungsrechten ein Finanzprodukt zu machen und das Heil in CO_2-Steuern zu suchen, denn das kann allenfalls die Symptome kurieren, nicht aber die Krankheit heilen. Was nottut, ist ein grundlegender Systemwechsel und der kann nicht mit denselben Methoden erreicht werden, die die Zerstörung angerichtet haben.

(2021)

Eleusis – Über die Geburt der Metaphysik aus dem Geist des Mutterkorns

»Ich ist ein anderer« (Arthur Rimbaud)
»Ich ist ein Verbum« (Buckminster Fuller)

Das Mysterium von Eleusis war eines der bestgehüteten Geheimnisse der Antike. Fast zwei Jahrtausende lang, bis zur Zerstörung des Tempels durch christliche Barbaren im 4. Jahrhundert, zogen Wallfahrer jedes Jahr im September auf der Heiligen Straße von Athen nach Eleusis, fasteten und umtanzten den der Göttin Demeter geweihten Brunnen im Vorhof des Heiligtums. Die Nacht verbrachten sie in der Mysterienhalle, einem großen fensterlosen Saal. Priester bereiteten einen »heiligen Trank«, den die Teilnehmer gemeinsam zu sich nahmen – und dann geschah es. Eine so unmittelbare und unaussprechliche Erfahrung, dass sie nur »geschaut«, aber nicht ausgesprochen werden durfte – bei strengen Strafen war es verboten, über das Erlebte zu berichten. Über zwei Jahrtausende haben sich die in Eleusis Initiierten daran gehalten, die Philosophen Sokrates, Platon oder Aristoteles, der Tragödienautor Sophokles – sie waren, wie alle griechisch sprechenden Menschen ihrer Zeit, mindestens einmal im Leben nach Eleusis gepilgert. Sophokles schreibt: »Dreifach glücklich sind jene unter den Sterblichen, die, nachdem sie diese Riten gesehen, zum Hades schreiten; ihnen allein ist dort wahres Leben vergönnt.«

Ehrfurchtgebietende, dunkle Äußerungen wie diese liegen in großer Zahl vor, doch was sie rechtfertigte, welche Offenbarung die Teilnehmer derart überwältigte, dass sie selbst den Tod für überwunden glaubten – dieses Geheimnis blieb auch nach dem endgültigen Niedergang der athenischen Kultur im vierten nachchristlichen Jahrhundert verborgen. Selbst römische Kaiser wie Marc Aurel und Hadrian, die zu den Eingeweihten zählten, hielten sich an das Schweigegebot, und von Cicero, der nach Eleusis gepilgert war, ist gleichfalls nur ein raunendes Zeugnis überliefert: »Nicht nur haben wir dort den Grund erhalten, dass wir in Freude leben, sondern auch dazu, dass wir mit besserer Hoffnung sterben.« Tausende von Büchern über die Mythologie Griechenlands wurden seitdem geschrieben, Hunderte von Abhandlungen über die eminente Bedeutung der dionysischen Kultur und der eleusischen Riten verfasst – doch was im Zentrum dieses Mysteriums stand, blieb bis in unsere Tage ein Rätsel.[12]

Erst Ende der 1970er Jahre gelang es in interdisziplinärer Zusammenarbeit, das Geheimnis zu lüften: Der Ethnobotaniker Gordon Wasson, der Pharmakologe und Chemiker Albert Hofmann sowie der Altertumsforscher Carl Ruck identifizierten den »heiligen Trank« als Zubereitung eines halluzinogenen Pilzes, des »Claviceps purpurea«, der im deutschen »Mutterkorn« genannt wird und als Parasit auf der Gerste und anderen Getreidearten wächst. Der Pilz enthält die Wirkstoffe des LSD, des stärksten bekannten Halluzinogens, das Albert Hofmann 1943 zufällig entdeckte, als er mit den Alkaloiden des Mutterkorns experimentierte. In ihrer Studie »Der Weg nach Eleusis« weisen die Autoren nicht nur nach, dass die gewaltige visionäre Wirkkraft des »heiligen Tranks« in Eleusis höchstwahrscheinlich auf ebendieses Mutterkorn zurückzuführen ist, sie belegen auch, wie eng dieser Pilz mit dem Mythos der Demeter, der Erdgöttin verflochten ist.

> *»Jedes Jahr wandelten neue Kandidaten für die Initiation auf jener Heiligen Straße nach Eleusis, Menschen aller Klassen, Herrscher und Prostituierte, Sklaven und Freie. Jeder Schritt auf dem Weg erinnerte an den Aspekt eines alten Mythos, der erzählte, wie die Erdmutter, die Göttin Demeter, ihre einzige*

Tochter verloren hatte, die beim Blumenpflücken von ihrem Bräutigam, dem Herrn des Todes, geraubt worden war. Wenn die Pilger in Eleusis ankamen, tanzten sie bis tief in die Nacht bei dem Brunnen, an dem Demeter um ihre verlorene Persephone geweint hatte. Sie tanzten zu Ehren dieser beiden Göttinen und ihres geheimnisvollen Gatten Dionysos. Dann durchschritten sie die Tore in den Festungsmauern, hinter denen, abgeschirmt von profanen Blicken, das große Mysterium von Eleusis stattfand. Die antiken Schriftsteller geben einmütig an, dass im großen ›Telestrion‹, der Initiationshalle im Inneren des Heiligtums, etwas zu sehen war. Soviel durften sie immerhin sagen. Die Halle war jedoch, wie man heute anhand archäologischer Reste rekonstruieren kann, völlig ungeeignet für Theateraufführungen. Was man dort zu sehen bekam, war kein Spiel von Schauspielern, sondern, in Platons Worten, ›phantasmata‹, eine Reihe geisterhafter Erscheinungen. Selbst ein Dichter konnte nur sagen, er habe den ›Beginn und das Ende des Lebens‹ gesehen und erkannt, dass sie eins seien.«[13]

Ähnlich ehrfürchtiges Stammeln erlebte Gordon Wasson in den 50er-Jahren, als er die religiösen Rituale mexikanischer Indianer erforschte. Im Mittelpunkt ihres Kults steht die Einnahme eines als heilig verehrten Pilzes, dessen halluzinogener Wirkstoff Psilocybin eng mit dem des Mutterkorns verwandt ist. Ähnlich wie das Meskalin des Peyote-Kaktus, den andere mexikanische Stämme als sakrale Droge verwenden, oder der Wirkstoff des Fliegenpilzes, das »Soma« der archaischen Priester-Schamanen in Sibirien und Indien. Die übereinstimmenden Berichte, auf die der Pilz-Ethnologe Wasson bei diesen Völkern stieß – der Pilz als »Draht« zur Kommunikation mit dem Übernatürlichen – ließen ihn schon damals vermuten, dass auch das klassische Griechenland in seiner rituellen Festung Eleusis Halluzinogene verwandte. Doch die Altertumsforscher, die er daraufhin ansprach, taten seine Vermutung als völligen Unsinn ab. Das »Gesehene«, von dem die

Initiierten berichten, hielten sie für kultische Gegenstände, den »heiligen Trank« für Wein: Nach herrschender Meinung wurde den Pilgern in Eleusis eine sakrale Theateraufführung zuteil, eine Art Oberammergau antik. Selbst wenn ein einfacher griechischer Hirte durch ein solches Mysterienspiel und einen Schluck Wein durchaus zu beeindrucken gewesen sein mag, städtische Intellektuelle wie Platon oder Cicero dürften davon aber kaum derart berührt worden sein. Mit Theater und »Show« waren sie ebenso vertraut wie mit Musik, Tanz und berauschenden Getränken. Dem Wein bei ihren Gelagen und Symposien war häufig Opium zugesetzt, Rausch und Ekstase waren im Griechenland dieser Epoche alles andere als unbekannt. Genauso wenig ist zu erwarten, dass die Philosophen und Schriftsteller ihren kritischen Verstand freiwillig an der Garderobe des eleusischen Tempels abgaben – nein, sie mussten dort etwas erlebt haben, was selbst den kynischen Schandmäulern die Sprache verschlug.

Zu Hilfe bei der Aufdeckung des Rätsels kam ein öffentlicher Skandal im Athen des Jahres 415 v. Chr., von dem in fragmentarisch erhaltenen Prozessakten die Rede ist: Das eleusische Geheimnis war profanisiert worden, aristokratische Bürger hatten ihren Gästen den visionären Trank als Partyvergnügen angeboten und mussten sich dafür vor Gericht verantworten. Einer der Angeklagten war der ruhmreiche Heerführer Alkibiades, der sich nach Sparta absetzte, als man ihn von seinem Kommandeursposten bei der Schlacht von Syrakus zum Prozess nach Athen zurückbeorderte. Er wurde in Abwesenheit verurteilt und sein gesamter Besitz beschlagnahmt. Doch es sind nicht nur diese Spuren antiker Acid-House-Partys, auf die sich die Autoren bei ihrer Beweisführung berufen, sie zeigen auch, dass die Bedeutungsstruktur des Demeter-Mythos auf das Geheimnis psychoaktiver Pflanzen verweist. Es sind keine einfachen Blumen, die Persephone pflückt, als sie ins Reich der Toten entführt wird, es ist der hundertköpfige Narkissos, eine Drogenpflanze. In »Der Weg nach Eleusis« heißt es dazu:

»Es besteht kein Zweifel daran, dass es sich beim Raub der Persephone um einen drogeninduzierten Anfall handelt. Dieser Umstand ist von den Altertumsforschern nie beachtet worden, obschon er aufgrund unseres Wissens über die Religionen der vorgriechischen Ackerbauvölker absolut zu erwarten ist. Das Zentrum dieser Religionen war der Zyklus von Tod und Wiedergeburt in der Pflanzen- und Menschenwelt. Die Frau war die Große Mutter und die ganze Welt ihr Kind. Das grundlegende Ereignis in diesen Religionen war die Heilige Hochzeit, durch welche die Priesterin mit dem Geisterreich im Inneren der Erde kommunizierte, um den Neubeginn des Ackerbaujahrs, des Lebens, zu bewirken. Ihr Gegenstück war ein Vegetationsgeist; er war sowohl ihr auf der Erde wachsender Sohn als auch der Gemahl, der sie in die befruchtende andere Welt entführte. Unter dem Namen Dionysos überlebte der als Gatte der Muttergöttin assimilierte Zeus bis in die klassische Periode hinein.«

Nicht der dionysische Wein, sondern der psychedelische Gerstentrank der Erdgöttin Demeter stand im Zentrum der griechischen Religion – dieser Befund von Wasson, Hofmann und Ruck rückte die gesamte Fachliteratur zu Eleusis in ein völlig neues Licht. Und stempelte all jene Interpretationen, die die tiefgreifende Erfahrung der Initianten auf irgendein beeindruckendes Mysterienschauspiel zurückführten, wenn nicht zur Makulatur, so doch auf das Niveau von Theorien etwa über das Flughafenwesen, denen völlig verborgen geblieben ist, dass der Zweck dieser Einrichtungen im Reisen besteht.[14] Natürlich waren die rauschhaften, ekstatischen Elemente der Demeter- und Dionysos-Rituale keinem Historiker verborgen geblieben, den antiken Interpreten so wenig wie den Wiederentdeckern der hehren Hellenen in der europäischen Klassik. Für Nietzsche steht und fällt sogar die gesamte Kultur mit der Wiederbelebung des Dionysischen, doch so ahnungsvoll er sich als Psychologe hier erwiesen haben mag, so wenig bestand zu seiner Zeit die Möglichkeit einer empirisch-wissenschaftlichen Erforschung »dionysischer« Bewusstseinszustände und pflanzengebundener Ekstasen. Den Grundstein dafür legte erst der Berliner Pharmazie-Professor Louis Lewin, der 1924 mit seinem Werk »Phantastica« eine erste systematische Erfassung der »betäubenden und erregenden Genussmittel« versuchte. Die oft anekdotischen Berichte über die bewusstseinsverändernden Wirkungen dieser Pflanzen konnten erst in den folgenden Jahrzehnten einer genaueren wissenschaftlichen Überprüfung unterzogen werden, als nach und nach die Alkaloide, die chemischen Wirkstoffe, von Meskalin, Peyote und »heiligen Pilzen« identifiziert wurden. Ihre eigentliche Bedeutung aber lässt sich erst seit den 70er-Jahren ermessen, als die Gehirnforscher die Rolle der Neurotransmitter für unsere Bewusstseinszustände – die biochemische Steuerung des Gehirns durch drogenähnliche Botenstoffe – entdeckten. Bis dahin blieb den Kultur- und Religionsgeschichtlern also kaum etwas anderes, als angesichts des heilige Tranks von Eleusis sowie des schamanistischen Pflanzengebrauchs im Allgemeinen in Rätselraten und Mutmaßungen zu verfallen. Vor diesem Hintergrund hätte die Arbeit von Wasson, Hofmann und Ruck eigentlich wie eine Bombe einschlagen müssen, de facto aber blieb sie, abgesehen von ein paar journalistischen Rezensionen, in Wissenschaftskreisen nahezu unbeachtet. Daran haben weder das große Renommee der Autoren in ihren jeweiligen Fachgebieten noch die solide Argumentation und Faktenlage etwas geändert, ihr heißes Eisen – die Fundierung des griechischen Geisteslebens und damit der abendländischen Kultur in einer mystischen Drogenerfahrung – glüht bis heute im Verborgenen. Ist es wirklich ein Skandal, in das Zentrum des Metaphysischen, Übernatürlichen, Göttlichen eine Ausgeburt des »Reichs des Bösen« – die Droge – zu stellen und den profanen Genuss einer Pflanzensubstanz als Quelle des Heiligen zu identifizieren? Genau betrachtet räumt das LSD-Mysterium von Eleusis dem antiken Griechenland gar keine Sonderstellung ein. Im Gegenteil: Es verbindet die Kulturgeschichte des Abendlandes mit der Kultur- und Religionsgeschichte anderer Erdteile, denn überall auf der Welt haben die Völker für den Blick über den Zaun von Raumzeit und Sterblichkeit auf die Hilfe von Pflanzen zurückgegriffen.[15]

In jenen Kriegswochen des Jahres 1943, als Albert Hofmann in Basel die einzigartige psychedelische (das heißt die Seele öffnende) Wirkung des Lysergsäure-Diethylamid (LSD) per Zufall an sich selbst entdeckte, schreibt Gottfried Benn, ausgehend von einem afrikanischen Trance-Gesang, den er in einem Film gesehen hat:

> *»Sein Wesen ist religiös und mythisch, eine erregende, das Einzelwesen steigernde Kommunikation mit dem All. Den Riten- und Bewegungs-, den Rhythmus-Trancen stehen die pflanzenentbundenen Steigerer und Rauscherzeuger gegenüber, ihre Verbreitung ist weit universaler. Mehrere Millionen Erdbewohner trinken oder rauchen indischen Hanf, unzählige Geschlechter, durch zweitausend Jahre. Dreihundert Millionen kauen Betel, die großen Reisvölker würden eher auf diesen als auf die Arekanuss verzichten, mit Kauen aufhören heißt für sie sterben. Die drei größten Weltteile erregen sich durch Koffein; in Tibet rechnet man die Zeit nach einer Tasse Tee; Tee fand man beiden Überresten prähistorischer Menschen. Chemische Stoffe mit Gehirnwirkung, Verwandler des Bewusstseins – erste Wendung des Primitiven zum Nervensystem.(...)*
>
> *Unter tausenden Wurzeln, Sträuchern, Bäumen, Pilzen, Blüten – dieses eine! Wahrscheinlich starben unzählige den Gifttod, ehe die Rasse am Ziel war. Steigerung, Ausweitung – provoziertes Leben.(...) Wer das tierisch nennt, verkennt die Lage: Es ist unter dem Tier, weit unter den Reflexen, hin zu Wurzel, Kalk und Stein. (...)*
>
> *Ob Rhythmus, ob Droge, ob das moderne autogene Training – es ist das uralte Menschheitsverlangen nach Überwin-*

dung unerträglich gewordener Spannungen, solcher zwischen Außen und Innen, zwischen Gott und Nicht-Gott, zwischen Ich und Wirklichkeit – und die alte und neue Menschheitserfahrung, über diese Überwindung zu verfügen. Das systematische ›Atembeten‹ Buddhas, die rituellen Gebetshandlungen der altchristlichen Hesychasten, Loyolas Atemholen mit je einem Wort des Vater unsers, die Derwische, die Jogas, die Dionysien, die Mysterien – es ist alles aus einer Familie, und die Verwandtschaft heißt Religionsphysiologie.«[16]

So gut Benn die Bedeutung des Mysteriums von Eleusis für den Ursprung der europäischen Kultur bekannt war, so wenig wusste er, dass dort einst die stärkste bewusstseinserweiternde Substanz überhaupt zum Einsatz kam. Sonst wäre sein Aufsatz »*Provoziertes Leben*«, der zum Luzidesten gehört, was die europäische Essayistik in diesem Jahrhundert hervorgebracht hat, mit Sicherheit noch ein Stück provozierender ausgefallen. Doch auch so lesen sich die Zeilen, die er als Stabsarzt in der Kaserne in Landsberg an der Warthe zu Papier brachte, wie der synchrone Kommentar zu dem, was Albert Hofmann in Basel gerade entdeckt hatte. Benn: »*Gott ist eine Substanz, eine Droge! Eine Rauschsubstanz mit verwandtschaftlicher Relation zu den menschlichen Gehirnen.*« Wenn aber Religion physiologisch begründbar ist, dann wird Metaphysik zur erfahrbaren Wissenschaft, ist keine Sache des Glaubens und Spekulierens mehr, sondern ein Feld des Wissens und der Empirie. Mystische Erfahrung, so erkennt Benn, hat mit bestimmten Substanzen zu tun, die in verwandtschaftlicher Beziehung mit der Biochemie des Bewusstseins stehen und »Religion provozieren«:

»Die deutsche Mystik nach Jakob Böhme ›das Anheimfallen der natürlichen Ichheit an das Nichts‹ (bemerkenswerterweise: an das Nichts, nicht an Gott), diese Mystik, die ein moderner Forscher ›eine fast experimentelle Religionspsychologie

rücksichtsloser Art‹ nannte, war nichts anderes – hier läge also vor: provozierte Religion.

All dies sind geschichtliche Tatsachen, weit verbreitete Erfahrbarkeiten, selbst biologisch beurteilt: psychologische Fakten. Gleichwohl steht der heutige Staat dem völlig fremd gegenüber. Vielmehr gründete er kürzlich eine Rauschgiftbekämpfungszentrale, und seine Biologen fühlen sich auf der Höhe der Zeit. Es würde schwierig sein ihm zu bedeuten, dass sich diese Zentrale zum Menschheitsproblem verhält wie der Postbote zum Kosmopolitismus. Ferner unterläßt er es nicht, einer Steigerung der menschlichen Höhenfestigkeit für Bergsteiger unter dem Einfluß von Medikamenten im großen Umfang durch beauftragte Physiologen prüfen zu lassen, aber die Möglichkeit einer Steigerung der formal-ästhetischen Funktionen beachtet er nicht. Er pflegt seine Muttermilchsammelstellen, in deren einer (…) 1200 Mütter in 2 Jahren beispielhaft 10 000 Liter gaben … Potente Gehirne aber stärken sich nicht mit Milch, sondern durch Alkaloide.«[17]

Treffender lässt sich nicht kommentieren, was Albert Hofmanns zeitgleich entdeckte und 35 Jahre später als Grundlage des Demeter-Kultes identifizierte: die Alkaloide des Mutterkorns – das magische Molekül am Anfang der Kultur. Hofmann hatte sich die Mutterkorn-Alkaloide, die er schon drei Jahre zuvor isoliert hatte, im Frühjahr 1943 wieder vorgenommen, auf der Suche nach einem frauenheilkundlichen Präparat. Die gefäßverengenden, Wehen auslösenden Wirkungen des Mutterkorns waren der Medizin seit jeher ebenso bekannt wie die schweren, Ergotismus genannten Vergiftungserscheinungen, die der Genuss von Getreide verursacht, das von Mutterkorn befallen ist. Eine der Wirksubstanzen dieses Pilzes jedoch, mit der Hofmann im Labor zufällig in Kontakt gekommen war (LSD-25), verursachte keinerlei toxische Wirkung auf den Körper, dafür umso stärkere auf das Bewusstsein: Wenige tausendstel Gramm reichen aus, um die Wahrnehmung der Außen- und Innenwelt völlig zu verändern. Und ebenjene zerebrale »Kommunikation mit dem All«, jenes Eintauchen in den »Urtraum« herzustellen, die Dr. Benn gerade als einziges Remedium gegen die »abendländischen Schicksalsneurose« rezeptiert hatte. Um »den Zustrom von Erkenntnissen und von Geist zu vermitteln«, fordert er außerdem den »*Ausbau visionärer Zustände durch Meskalin oder Haschisch*«, Meditation zur Freimachung der »Organfunktionen« und »archaischer Mechanismen« sowie: »*Pervitin könnte, statt es Bomberpiloten und Bunkerpionieren einzupumpen, zielbewusst für Zerebraloszillationen in höheren Schulen eingesetzt werden. Das klingt wahrscheinlich manchem abwegig, ist aber nur die natürliche Fortführung einer Menschheitsidee.*«

Das ist es in der Tat – und dass die Forderung noch heute manchem abwegig klingt, liegt zum einen an der fortgesetzten Tätigkeit der Rauschgiftbekämpfungszentralen: »Gott« bzw. die von Benn damit identifizierten Substanzen sind nach internationalem Betäubungsmittelgesetz »nicht verkehrsfähig«. Zum anderen hat es mit einer Geschichte zu tun, die wir im Folgenden kurz beleuchten wollen: Schon im Garten Eden nämlich waren ganz bestimmte Pflanzen verboten, die Früchte vom Baum der Erkenntnis.

»*Gibt es nur einen einzigen Griechen*«, fragte der Rhetoriker Aristides etwa um das Jahr 150 n. Chr., »*einen einzigen Barbaren, der so unwissend, so gottlos ist, dass er Eleusis nicht als gemeinsamen Tempel der Welt ansieht?*« Noch zu diesem Zeitpunkt schien es völlig undenkbar, dass die versprengten jüdisch-christlichen Sekten sich zu einer Großmacht aufschwingen und im Zuge der Eroberung Griechenlands durch den Gotenkönig Alarich die riesige Anlage des Demeter-Heiligtums in Eleusis im Jahr 396 n. Chr. zerstören würden. Sie waren offenbar unwissend (was die Macht des heiligen Tranks angeht), offenbar gottlos (zumindest was die Vielfalt des eleusischen Himmels betraf, dem sie ihren monotheistischen Zentralgott entgegensetzten) und sie gingen bei der Eliminierung »heidnischer« Konkurrenz äußerst brutal vor.

Doch überrascht konnten die Hüter von Eleusis über diesen Angriff eigentlich nicht sein: Das heilige Buch der jüdisch-christlichen Sekten, die ihren wunderbaren Tempel zerstörten und die Fortführung der Mysterien verboten, lässt die gesamte Menschheitsgeschichte mit einer Drogenrazzia beginnen. Erinnern wir uns kurz: Nachdem der Herr Eva aus Adams Rippe geschaffen hat, dürfen es sich die beiden im Garten Eden gut gehen lassen. Alles ist ihnen erlaubt, nur eine bestimmte Frucht ist verboten, und zwar die vom Baum der Erkenntnis: eine bewusstseinserweiternde Pflanze. Dass es sich um eine solche handelt, wurde Eva von einer Schlange vermittelt. *»Als die Frau sah, dass es gut war, die Frucht des Baums zu essen, dass sie schön anzusehen war und ihr gut gefiel, nahm sie eine und aß sie. Auch ihrem Mann gab sie davon, und auch er aß sie. Da wurden ihnen beiden die Augen aufgetan, und sie entdeckten, dass sie nackt waren …«*[18] – Die Geschichte der Paradiesvertreibung im *Buch Genesis* erzählt von einer Frau, die Wissen über psychoaktive Pflanzen besitzt. Bevor sie dieses Wissen mit ihrem Mann teilt, hat sie die Wirkung probiert und für gut befunden – und sie ist tatsächlich gewaltig: Die Augen werden geöffnet, die Sinne für die sexuelle Identität werden geschärft, sie werden sich ihrer selbst bewusst und erkennen Gut und Böse. Gleichzeitig entdecken sie, dass der Herr sie im Stile einer typischen Rauschgiftbekämpfungszentrale belogen hat. *»Wenn du davon issest, musst du sterben!«*, hatte es von den Früchten des Baums der Erkenntnis geheißen, doch Eva und Adam hatten eher das Gegenteil erfahren: Die Pflanze hatte ihr Bewusstsein erweitert und ihnen neue, zutreffende Erkenntnisse und Einsichten geschenkt. Kein Grund eigentlich für den Herrn, so aus der Haut zu fahren – und tatsächlich wird in der gesamten Geschichte der Vertreibung auch kein wirklicher Grund für das Verbot genannt, außer dem einen: *»Der Mensch ist jetzt wie einer von uns geworden, da er Gutes und Böses erkennt. Nun geht es darum, dass er nicht noch seine Hand ausstrecke, sich am Baume des Lebens vergreife, davon esse und ewig lebe. So wies Gott, der Herr, ihn aus* *dem Garten Eden fort, dass er den Ackerboden bearbeite, von dem er genommen war.«*[19] *Über zweitausend Jahre Theologie haben diese Geschichte des ersten Sündenfalls als Sinnbild und Metapher dargestellt, die verbotene Frucht als Apfel und ihren Genuss als Ursünde des sich offenbaren Menschenstolzes. Demnach wäre es mehr oder weniger ein dramaturgischer Kniff, dass die Autoren des Alten Testaments den Genuss einer verbotenen psychoaktiven Pflanze in den Mittelpunkt ihres Menschheitsdramas gerückt haben – jedes andere willkürliche Verbot hätte es auch getan. Im Hinblick auf die pflanzenbefeuerte Naturreligion von Eleusis, die die westliche Welt bis dato zusammengehalten hatte, indem sie alljährlich den Ausgleich zwischen Ego und Nicht-Ego, Mensch und Natur, Erde und Kosmos, den Anschluss an den Geist der Natur, die »Mamamatrix« (James Joyce) herstellte – im Hinblick auf diese uralte Konkurrenz im Gottesgeschäft ist es sicher kein Zufall, dass das einzige Verbot in Jehovas Garten bewusstseinserweiternde Pflanzen trifft. Es waren diese Pflanzen, die einst die neuronalen Antennen der erwachenden Hominiden auf höhere Bewusstseinsschaltkreise ausrichteten und jene Wahrnehmungs-Kanäle öffneten, auf denen die Götter und Geister der Natur überhaupt erst in Erscheinung traten. Der Anfang der Religion war magisch, animistisch, pantheistisch: Götter und Geister waren allüberall anwesend, in Flüssen und Bächen, Bergen und Winden, Sternen und Planeten, Pflanzen und Tieren. Darin sind sich die Gelehrten ebenso einig wie über die revolutionäre Modernisierungsleistung des Ägypters Echnaton, durch »Erfindung« des Monotheismus die verwirrende Vielfalt der Götter und Geister-Stimmen auf einen einzigen Kanal zu reduzieren. Warum dieser Monotheismus, den Moses von Echnaton übernahm, als Notstandsmaßnahme notwendig wurde, hatte mit den »außerirdischen« Katastrophen zu tun, von denen die Menschheit in Form von Meteoren und Sintfluten heimgesucht worden war. Hier, wo wir den inneren, psychischen Bedingungen, der Geschichte der Erleuchtung auf der Spur sind, gilt es nur festzuhalten, dass die Einschränkung der durch Pflanzengebrauch provozierten religiösen Erfahrungen eine Grundvoraussetzung dafür war, dass das Konzept des einen* Zentralgotts überhaupt greifen konnte. Die ganze Rationalisierungsmaßnahme des Monotheismus steht und fällt mit dem Abschalten der magischen Kanäle, auf denen der Vegetationsgeist – Gaia – zum Sprechen kommt.[20]

In einem Spätherbst vor etwa 5300 Jahren wanderte ein Mann über den Similaun-Gletscher in Südtirol. Er war 1,58 Meter groß, hatte schwarzes Haar und trug einen Fellanzug, der mit Süßgras gefüttert war. Der Wanderer war vermutlich auf dem Weg zur »Heiligen Quelle«, einem bis heute sogenannten Kultplatz auf dem Alpen-Hauptkamm, und muss dabei von einem plötzlichen Unwetter mit einem drastischen Temperatursturz überrascht worden sein. Dabei kam er zu Tode und sein Körper wurde in kürzester Zeit tiefgefroren – im Gletschereis auf 3200 Metern Höhe wurde er 1991 von Bergsteigern entdeckt. »Ötzi«, wie die Naturmumie aus dem Eis des Ötztales sofort genannt wurde, gilt seitdem für die Prähistoriker als »bedeutendste archäologische Entdeckung seit Tutenchamun«, denn sie ermöglicht einen direkten Einblick in den Alltag der späten Steinzeit. Das Kupfermesser und das Kupferbeil, das der Mann aus dem Eis bei sich trug, erwiesen sich als die erste Sensation, denn die C-14-Analyse einer Gewebeprobe des Gletschermanns hatte ein Alter von 5300 Jahren ergeben.

Damit stammte er aus einer Zeit, in der es nach der gängigen archäologischen Datierung noch gar keine Kupferbeile, sondern nur Steinäxte gab, von denen Ötzi ebenfalls eine bei sich trug. Außerdem führte er einen Köcher mit 14 Pfeilen, Pfeilspitzen, Feuersteinklingen, Stricke und andere Werkzeuge mit sich – sowie ein mit Ledertroddeln verziertes Stein-Amulett. Dieses Amulett sowie der Fundort der Mumie in der Nähe eines archaischen Kultplatzes ließen die Vermutung aufkommen, dass es sich bei dem Mann aus dem Eis um einen Schamanen oder Medizinmann handelte. Bei der Untersuchung der von ihm in zwei Taschen mitgeführten Gegenstände stießen die Forscher auf eine weitere Sensation, im Juli 1992 meldete die Deutsche Presse Agentur:

»Ötzi war high: Der im September 1991 im Tiroler Ötztal gefundene Gletschermann, eine 5300 Jahre alte Mumie, hatte urzeitliche Rauschmittel bei sich. Innsbrucker Wissenschaftler identifizierten die bei ihm gefundenen Pilze als Halluzinogene.«

Dr. Reinhold Pöder vom Mikrobiologischen Institut der Universität Innsbruck hatte die zwei etwa murmelgroßen Stücke einer Substanz, die Ötzi mit sich führte, als Pilze der Gattung »Lärchen- und Birken-Porling« identifiziert: »Die Schwämme sind Halluzinogene.« Die »Entdeckung des Ur-Zeit-LSD«, kommentierte die Presse, »gilt unter Experten als kleine Sensation.« Im Zusammenhang mit Eleusis, wo das eigentliche »Urzeit-LSD« aus dem Mutterkorn gebraut wurde, darf sie getrost eine große Sensation genannt werden – belegt sie doch erstmals den Gebrauch psychedelischer Pilze in der Vorgeschichte Europas. Der Hypothese, die Gordon Wasson Anfang der 50er-Jahre erstmals aufgestellt hatte, dass Religion (Metaphysik / Transzendenz) aus der Symbiose von Hominiden und bewusstseinserweiternden Pflanzen entstand, bescherte der Mann aus dem Eis eine eindrucksvolle Bestätigung.[21]

Mircea Eliade hat den Schamanismus als »archaische Ekstasetechnik« bezeichnet und auf die erstaunliche Gleichförmigkeit verwiesen, die die schamanistischen Kulturen überall auf der Welt aufweisen. Schamanen sind »Spezialisten des Heiligen«, die fähig sind, ihren Körper zu verlassen und im Geist (in Trance) kosmische Reisen zu unternehmen. Dieser Kontakt mit dem »Jenseits« – den Geistern, den Ahnen, der Matrix der Natur – ermöglichte es ihnen, die Dinge im Diesseits geradezurücken. Dass der Schamanismus heute allgemein als Urform des religiösen Empfindens anerkannt ist, verdankt sich vor allem den großartigen Arbeiten des Religionsforschers Eliade. Gleichzeitig ist er aber auch für das weitverbreitete Missverständnis über den archaischen Gebrauch halluzinogener Pflanzen verantwortlich, den Eliade als dekadenten »narkotischen« Schamanismus bezeichnet. Der Grund für diese Einschätzung mag zum einen in Eliades Feldforschungen liegen, bei denen die Relikte schamanistischer Stammeskulturen durch den Einzug moderner Drogen wie Alkohol und Zigaretten kontaminiert wurden – zum anderen aber auch einfach in seiner persönlichen Abneigung. Noch in den 80er-Jahren bekundete der Professor gegenüber einem Doktoranden: »Ich mag diese Pflanzen nicht, und ich weiß gar nichts über sie.«[22]

Dabei waren die Indizien zu diesem Zeitpunkt schon überwältigend: ob in Sibirien oder in Südamerika, in afrikanischen oder asiatischen Kulturen, fast überall waren Schamanismus-Forscher auf den Gebrauch entheogener Pflanzen gestoßen. Die von Wasson und seinen Mitarbeitern geprägte Klassifizierung »Entheogene« (»inner-göttliche«, »den inneren Gott auslösende« Pflanzen) diente der Abgrenzung von irreführenden Bezeichnungen wie »narkotisch« oder den seit den 60er Jahren im kulturellen Kontext gebrauchten Begriffe »halluzinogen« und »psychedelisch«. Als entheogen werden unter anderen die Alkaloide des Mutterkorns (LSD) und von Pflanzen wie Psilocybin-Pilzen, Fliegenpilzen, Peyote oder Meskalin eingestuft. Allesamt Substanzen, deren Wirkung das Gegenteil von »narkotisch« ist, eines Begriffs, der gewöhnlich für betäubende Mittel und Tranquilizer gebraucht wird. Dort, wo die Ethnobotaniker und Anthropologen auf den rituellen Gebrauch entheogener Pflanzen stießen, war der Schamanismus denn auch lebendig und authentisch.. Das heißt nicht, dass überall, wo Medizinmänner mit schamanistischen Methoden das psychosoziale und kosmologische Gefüge zusammenhielten, Entheogene im Spiel waren. Doch je weiter zurück an den Ursprung wir gehen, zur Menschwerdung des Affen, zur »Wendung des Primitiven zum Nervensystem« (Benn), desto wahrscheinlicher wird, dass die Flamme eines ungeheuren Mysteriums das Bewusstsein des Hominiden nicht aus heiterem Himmel traf, sondern etwa 30 Minuten nach dem zufälligen Genuss einer Handvoll heiliger Pilze …

Der Mensch ist, was er isst, und seine Geschichte ist die einer Jagd nach Nahrungsmitteln. Über die genaue Strategie der frühen Hominiden bei der Nahrungssuche ist wenig bekannt, als Allesfresser werden sie sich vermutlich auf die Methode von Versuch und Irrtum – Verdauen oder Erbrechen – verlassen haben. Zwar brachten schwere kosmische Katastrophen und planetare Klimaveränderungen immer wieder neue Angebote auf den Speiseplan, doch schon vor 3 Millionen Jahren verfügte der *homo habilis* über ein großes gastronomisches und pharmakologisches Wissen. Da zum Beispiel frei lebende Schimpansen in regelmäßigen Abständen bestimmte Blätter mit antibiotischer Wirkung lutschen, kann davon ausgegangen werden, dass auch der Vorgänger des Menschen die Heil- und Genusspflanzen seines Lebensraums kannte. Die Forschungen von Ronald Siegel haben gezeigt, welche ausgeprägten Pflanzenkenntnisse schon bei Tieren vorhanden sind und dass sie nicht nur zu medizinischen, sondern auch zu hedonistischen Zwecken, zum Genuss und zur Entspannung genutzt werden.[23] Mit dem Auftauchen der frühen Hominiden beginnt eines der größten Rätsel der Evolutionsbiologie: das rasende Wachstum seines Gehirns. Innerhalb eines nach evolutionären Maßstäben unwahrscheinlich kurzen Zeitraums von 3 Millionen Jahren mutierte *homo habilis* über den *homo erectus* zum *homo sapiens* und verdreifachte dabei seine Gehirnkapazität. Für diese rasante Entwicklung gibt es bis heute keine schlüssige Erklärung – nach der klassischen darwinistischen Sicht eines langsamen, allmählichen Entstehens neuer Arten ist eine so blitzschnelle Mutation, wie sie das Gehirn des homo habilis vollführte, eigentlich nicht möglich. Welcher Selektionsdruck auch immer für das sprunghafte Wachstum des Gehirns sorgte, er muss dramatisch gewesen sein – er vergrößerte nicht einfach Hirnmasse, sondern sorgte auch dafür, dass auf diesem Netzwerk von Neuronen eine neue Software lief: Bewusstsein. Erst dieser Umschlag von Quantität in Qualität, der Sprung eines komplexen, ungleichgewichtigen Systems in einen höheren Ordnungszustand, lässt den Hominiden aus den Schatten des Tierreichs in das Licht der Selbstreflexion treten.

Schon mehrfach in der Geschichte des Lebens war es zu großen Wachstumsschüben der Hirnkapazität bestimmter Arten gekommen und jedes Mal hatte diese neue Komplexität »Bewusstsein« entstehen lassen. Von der hybriden Fehlannahme, dass diese Eigenschaft einzig dem Menschen vorbehalten sei und der ganze Rest des Universums quasi als bewusstloser Automat Dienst schiebe, hat sich die westliche Wissenschaft nach 300 Jahren Descartes und 50 Jahren Behaviorismus mittlerweile verabschiedet. Wenn Orang-Utans sich von ihrem Spiegelbild unterscheiden können – also über ein Bewusstsein ihres Selbst verfügen –, wenn Paviane Werkzeuge benutzen, Schimpansen zur taktischen Täuschung in der Lage sind und Primatenhorden komplexe soziale Strukturen ausbilden, ist die Anwesenheit eines Bewusstseins in der Gattung *homo* erst einmal gar nichts Besonderes. Was die neue Spezies herauskatapultiert aus dem Schmelztiegel des Primaten-Genpools, ist erst die Herausbildung ihres symbolischen Repräsentationssystems, der Sprache. Stellt schon das exponentielle Gehirnwachstum in der Entwicklung des Menschen für die Evolutionsbiologie ein großes Rätsel dar, so wirft die Entstehung der Sprache noch viel größere Fragezeichen auf. Der Evolutionsvorteil, den eine verbesserte Kommunikation zum Beispiel für die Koordination der Jagdhorde bringt, liegt ebenso auf der Hand wie der entscheidende Vorteil, sich mittels Sprache ein inneres Modell der äußeren Realität zu bilden und die Abläufe in der Realität vorherzusehen. Die Strategie »Heut mach ich mir kein Abendbrot, heut mach ich mir Gedanken« (Wolfgang Neuss) erwies sich für den erwachenden Hominiden bei der langfristigen Abendbrotbeschaffung als sehr viel erfolgreicher als ein planloses »instinktives« Vorgehen. Auch ließen sich mit diesem neuen Kommunikationsinstrument Gruppenverbände besser aufrechterhalten als mit der gegenseitigen Körperpflege, die bis dahin als soziales Bindemittel gedient hatte.[24] Wie im Detail und wann genau dieser

Prozess der Sprachentstehung, die eigentliche Menschwerdung der Gattung *homo*, abgelaufen ist, darüber wissen wir so gut wie nichts, nur dass an seinem Ende, vor etwa 250 000 Jahren, ein Wesen steht, das nicht nur die Sprache beherrscht, sondern auch das Feuer und verschiedene Werkzeuge und das sich offenbar seiner Endlichkeit bewusst ist, denn es bestattet seine Toten. Spätestens hier stößt das Erklärungsmodell der natürlichen Selektion an seine Grenze: Selbst wenn die Ursachen der überdimensionierten Hirnkapazität und der damit einhergehenden Sprachentwicklung im Dunkeln liegen, sind die evolutionären Vorteile einer solchen Ausstattung offensichtlich. Doch welchen Pluspunkt im Kampf ums Dasein bringen Totenbestattung und Ahnenkult? Und, um die entscheidende Frage gleich anzuschließen: Welchen evolutionären Vorteil hatte es, über eine Vorstellung von Transzendenz zu verfügen? Wie kommt das sprechende Tier überhaupt auf die *Idee* von Göttern, Geistern und dem Absoluten?

Gibt man jemandem, der nur von Ochsen redet, Opium, »werden auch seine Träume nur von Ochsen bevölkert sein«, notierte der englische Opiumesser Thomas de Quincey einst über die subjektive Ausstattung künstlicher Paradiese. So wird auch der sammelnde und jagende Hominide, als er den Schlafmohn erstmals zufällig kostete, von beerenüberfüllten Waldlichtungen oder ewigen Jagdgründen geträumt haben … um alsbald als dösender Zeitgenosse von einem Raubtier oder einem wacheren Konkurrenten dahingerafft zu werden. Als Opiomanen hätten die an der Schwelle zur Sprachbeherrschung stehenden, grunzenden und gestikulierenden Frühmenschen in Arnauds Film »Am Anfang war das Feuer« das Drama mit Sicherheit nicht überlebt. Was aber geschah, als ein solcher Hominide psilocybinhaltige Pilze aß, wie sie in den Gras- und Waldlandschaften und vor allem auf dem Dung von Rindern wuchsen? In kleinen Dosierungen hat Psilocybin die Eigenschaft, die Sehschärfe und das Erkennen von Konturen zu erhöhen, eine etwas höhere Dosis führt zu gesteigerter Unruhe und sexueller Erregbarkeit – von einer psychedelischen

Aktivität ist auf diesem Niveau noch kaum etwas zu spüren. Erst eine noch höhere Dosis öffnet die Pforten der Wahrnehmung und erzeugt im Bewusstsein jenen »entheogenen« Zustand, dem die psilocybinhaltigen Pilze Mexikos ihren Namen »Götterspeise« verdanken.

> *»Der von einer vollen Pilzdosis hervorgerufene Geisteszustand ist der von Euphorie und ruhiger Klarheit, ohne den Verlust der Zusammenhänge und der Klarheit der Gedanken. Die mit geschlossenen Augen wahrgenommenen Halluzinationen sind farbig, scharfkantig und überaus deutlich ausgeprägt und können von abstrakten geometrischen Formen bis zu Visionen fantastischer Landschaften reichen. Diese Halluzinationen sind am intensivsten, wenn der Pilz in der von den Mazatekas bevorzugten Weise genossen wird, in einem Raum, nachts, in vollständiger Dunkelheit. Wenn man sich andererseits in natürlicher Umgebung befindet, und die Sinne intensiv nach außen auf die Umgebung richtet, entdeckt man, dass sie auf die höchste Stufe ihrer Empfänglichkeit gestimmt scheinen, dass man mit einer seltenen, wenn jemals zuvor erfahrenen Klarheit und Empfindungsfähigkeit Dinge hört, riecht und sieht.«*[25]

Der Ethnobotaniker Terrence McKenna, von dem diese Beschreibung des Pilzrauschs stammt, hat die Hypothese aufgestellt, dass die Bewusstseinserweiterung durch psilocybinhaltige Pilze nicht nur für das Entstehen von Religion, den ersten Kontakt zum transzendenten Anderen, sondern auch schon für die Evolution des Gehirns und der Sprache von Bedeutung gewesen sein könnte. Psilocybin wirkt vor allem auf die Signale verarbeitenden Regionen des Gehirns und greift tief in die Struktur sprachlicher Prozesse ein. Hernry Munn, der die Pilzkultur der Mazatec-Indianer erforschte, hat auf diesen Zusammenhang ebenfalls aufmerksam gemacht.

»Die Mazatecen sagen, dass die Pilze sprechen. Wenn man einen Schamanen fragt, wo seine Eingebungen herkommen, wird er wahrscheinlich antworten: ›Das habe nicht ich gesagt, das war der Pilz.‹ Kein Pilz kann sprechen, das wäre eine primitive Anthropomorphisierung des Natürlichen, nur der Mensch spricht, aber der, der diese Pilze isst und der Sprache fähig ist, wird mit einer inspirierten Fähigkeit zu sprechen bereichert. Die Funktion der Schamanen, die sie essen, ist zu sprechen, es sind Sprecher, die die Wahrheit singen und aussprechen, die oralen Poeten ihres Stammes, die Ärzte des Worts, die sagen, was falsch ist und wie man es heilt, die Seher und Wahrsager, die Stimmgewaltigen. ›Es bin nicht ich, der spricht‹, sagt Heraklit, ›es ist der Logos.‹ Sprache ist die Ekstase des Benennens. Berauscht von den Pilzen ist man zu einer sprachlichen Gewandtheit und Leichtigkeit fähig, einer Geschicklichkeit im Ausdruck, dass man ganz erstaunt ist von den Worten, die dem Kontakt der Absicht zur Artikulation mit dem Gegenstand der Erfahrung entspringen. Die von den Pilzen freigesetzte Spontanität ist nicht nur kognitiver, sondern auch linguistischer Art ... der Logos in Aktion. Für den Schamanen ist es so, als ob die Existenz selbst sich durch ihn hindurch zu Wort meldet.«[26]

Wir können uns heute ansatzweise vorstellen, wie es den erwachenden Hominiden ergangen sein muss, als die neurochemische Konstellation ihres Gehirns erstmals in Kontakt mit den bewusstseinserweiternden Alkaloiden aus dem Pflanzenreich kam: Eine ungeahnte Informationsflut stürmt auf das Bewusstsein ein, fremdartige Bildwelten steigen aus dem Inneren auf und die äußere Realität sendet nie gesehene, unerhörte Signale. Geräusche werden als Farben sichtbar, Gerüche nehmen Gestalt an und die Grenze von Ich und Nicht-Ich zerfließt in einem Meer von pulsierender Information. »Es bricht den Kopf auf!«, sagen die Fang in Zaire von ihrem Initiationsritus mit der halluzinogenen Ibogain-Wurzel – und wenig anders dürften sich ihre und unsere Urahnen vor einigen Hunderttausend Jahren in der afrikanischen Graslandschaft gefühlt haben, zumal ihr erster Kontakt mit diesen neuen Bewusstseinswelten wahrscheinlich nicht über den relativ seltenen Ibogain-Strauch lief, sondern, wie McKenna gezeigt hat, über den noch weitaus wirksameren und weltweit im Dung von Rindern wachsenden psylocibinhaltigen *Stropharia cubensis* – den sprechenden Pilz.

> *»Ich bin alt, älter als das Denken in Deiner Gattung, und das ist selbst schon fünfzig Mal älter als Deine Geschichte. Obwohl ich seit urdenklichen Zeiten auf der Erde weile, komme ich von den Sternen. Meine Heimat ist kein Planet, denn viele Welten, verstreut in der leuchtenden Galaxis, haben Lebensbedingungen, die meinen Sporen eine Chance geben. Der Pilz, den du siehst, ist der Teil meines Körpers, der der sexuellen Erregung und dem Licht geweiht ist. Mein wahrer Körper aber ist ein feines Geflecht aus Fasern, die in der Erde wachsen. Solche Geflechte können etliche Morgen Land bedecken und mehr Querverbindungen haben als ein menschliches Gehirn. (...) Durch die Äonen von Zeit und Raum treiben viele sporenbildende Lebensformen, die ihr Leben manchmal eingestellt haben, manchmal für Jahrmillionen, solange, bis sie auf eine geeignete Umwelt stoßen. Nur wenige dieser zu neuem Leben erwachten Arten sind mit Geist begabt, nur ich und meine erst jüngst entstandenen Verwandten haben die Fähigkeit zur Hyperkommunikation und die Gedächtniskapazität erreicht, die uns zu führenden Mitgliedern in der Gemeinschaft galaktischer Intelligenz macht. (...) Mein Myzel-Geflecht hat weder Organe noch Hände, um die Welt zu bewegen; aber höhere Tiere mit manipulativen Fähigkeiten können Partner meines Sternenwissens werden und können, wenn sie in gutem Glauben handeln, zusammen mit ihrem demütigen Pilzlehrer zu den Millionen Welten zurückkehren, deren Erben alle Bürger unseres Sternenschwarmes sind.«*[27]

Als mir Terrence McKenna Mitte der 80er-Jahre an Micky Remanns Frankfurter Küchentisch seine Pilz-Kosmologie erstmals darlegte, klang das zwar hochinteressant und der inspirierte Fluss seiner Rede war das lebende Beispiel uralter schamanistischer Sprachmagie – doch andererseits schien mir die These galaktisch weit hergeholt und einer nüchternen Überprüfung nicht lange standzuhalten. Mittlerweile hat McKenna seine Spekulationen in zwei Büchern mit zahlreichen Belegen unterfüttert und im Zusammenhang mit den vorausgegangen Arbeiten von Gordon Wasson und anderer Entheogenforschung ergibt sich ein Schöpfungsszenarium, das einige blinde Flecken in der Geschichte des Planeten und der Menschwerdung des Affen erhellen kann.

Schon die Grundfrage »Was ist Leben?« rückt angesichts einer Millionen Jahre lang »toten« Spore, die dennoch lebt, in die richtige Dimension: »Leben« ist kein isoliertes Phänomen, sondern existiert nur in Beziehungen. Die in der Molekülanballung der Spore enthaltene Information ist so lange wertlos und »tot«, bis sie auf Beziehungen trifft, die ihren biochemischen »Dialekt« verstehen. Dann beginnt die Information plötzlich zu arbeiten, der Code entfaltet sich: Ein Pilz wächst und breitet sich aus. Dieses Wachstum bringt neue Information hervor, in diesem Fall bestimmte Indolalkaloide wie das Psilocybin. Auch die in dieser Molekülanballung enthaltene Information ist so lange wertlos und »tot«, wie sie nicht auf eine geeignete Umgebung trifft. Die Erde, Kleinstlebewesen und auch größere Tiere haben die im Pilz abgelegte Alkaloid-Information über Milliarden von Jahren aufgenommen, ohne sie zu verstehen – erst der Stoffwechsel des Hominiden, das innovative neurochemische Niveau seines sprachbegabten Gehirns, stellte ein Milieu dar, in dem die Alkaloid-Information sich entfalten kann. Dass zum Beispiel Spinnen unter LSD-Einwirkung ihre Netze in einer noch perfekteren Geometrie spinnen, hat die Spinnenheit nicht dazu gebracht, die Nähe des Mutterkorns zu suchen – bei der Menschheit sieht das offenbar anders aus: Wo immer in der Frühzeit Anzeichen menschlicher Kultur auftauchen, finden sich meist auch Spuren eines Gebrauchs psychoaktiver Pflanzen. Dass Drogen nur Verstärker ohnehin vorhandener Bewusstseinsinhalte sind, ist ebenso zutreffend wie banal – ein Radioempfänger ist auch nur der Verstärker ohnehin vorhandener Radiowellen. Worauf es ankommt, ist das Tuning und hier weist die Pflanzenwelt fast ebenso viele psychoaktive Kanäle auf wie ein herkömmliches Radio. So haben die Anthropologen David Lewis-Williams und Thomas Dowson die ältesten bekannten Felsmalereien Südafrikas, die auf etwa 12 000 v. Chr. datiert werden und häufig Tier-Mensch-Schimären zeigen, auf die halluzinogene Bildwelt von Psilocybin zurückgeführt; desgleichen sind bestimmte geometrische Strukturen, Punktmuster und Zickzacklinien der frühen südamerikanischen Kunst als Formkonstanten des Meskalins identifiziert worden; die Bilder von den Peyote-Kaktus nutzenden Indianerkulturen wie der Huichol weisen eine ganz charakteristische Farbigkeit auf – kurz: Jede psychoaktive Substanz spielt auf der Klaviatur des menschlichen Bewusstseins in einer ganz bestimmten Klangfarbe und formt innere Bilder, die nicht aus der »Fantasie« entstehen, sondern in den neuronalen Schaltkreisen des Gehirns geschaffen werden. »Da sie ihren Ursprung im menschlichen Nervensystem haben«, so Lewis-Williams, »werden sie von allen Menschen, die in veränderte Bewusstseinszustände eintreten, unabhängig von ihrer kulturellen Herkunft wahrgenommen.«[28]

Die Programme, die von pflanzlicher Software auf dem Bio-Computer des menschlichen Gehirns zum Laufen gebracht werden, sind also systemübergreifend und kompatibel zu den verschiedensten Betriebssystemen (Kulturkreisen). Dies erklärt auch die vielen rätselhaften, kulturübergreifenden Bezüge, die Archäologen und Kunsthistoriker in den frühen Höhlenmalereien entdeckt haben. So staunten die Entdecker der steinzeitlichen Felszeichnungen auf dem Plateau Tassili-N'Ajjer in Südalgerien über die merkwürdigen stilistischen Parallelen der dort abgebildeten »gehörnten Göttin« mit den späteren Darstellungen der ägyptischen Göttin Isis. Die Entstehung dieser der »Rundkopfperiode« zugeordneten Zeichnungen des Tassili-Plateaus ist auf die Zeit zwischen 12 000 und 9 000 v. Chr. datiert worden, lange vor der ägyptischen Hochkultur – sie zeigen, dass im Zentrum der Religion dieses Volks das Rind stand sowie der Pilz, der auf seinem Dung gedeiht. »Wir haben es hier«, so Terrence McKenna, »mit den frühesten bekannten bildlichen Darstellungen von Schamanen mit grasenden Rindern zu tun. Die Schamanen tanzen mit Pilzen in den Fäusten; auch aus ihren Körpern sprießen Pilze. In einem Beispiel werden sie gezeigt, wie sie fröhlich daherrennen und dabei von den geometrischen Strukturen ihrer Halluzinationen umgeben werden. Dieses bildhafte Zeugnis scheint unanfechtbar zu sein.«[29]

McKenna glaubt, dass in dieser frühen schamanistischen Kultur auf dem heute verödeten Plateau der Westsahara, das einst Wälder und Wiesen beheimatete, auch der Hintergrund des historischen Garten Eden lokalisiert werden kann. Eines vorgeschichtlichen goldenen Zeitalters der Fülle, der Partnerschaft und des sozialen Ausgleichs, dessen Verlust eines der hartnäckigsten Motive unserer Mythologien darstellt.[30]

Dass der Wunsch oft der Vater des Gedankens ist, dass ein von Hunger und Durst geplagter Mensch von einem »Land, wo Milch und Honig fließen«, träumt, dass die Vorstellung einer perfekten, idealen Welt die Utopie schlechthin darstellt – all dies bedeutet nicht, dass der Mythos vom Paradies ein Märchen darstellen muss. Unsere Vorfahren fast überall auf der Welt, die über Jahrtausende die Erinnerung an ein wie immer geartetes goldenes Zeitalter tradiert haben, taten dies nicht als Fantasten. Zumal wir in vorschriftlichen Zeitaltern eher davon ausgehen können, dass nur die absolut wichtigsten, unverzichtbaren, essenziellen Informationen weitergegeben wurden: Höhlenmalereien waren keine achtlos hingeschmierten Graffiti, kosmologische Epen keine beliebige Pop-Lyrik. Und in der Tat deuten zahlreiche neuere Studien darauf hin, dass die frühesten menschlichen Gesellschaften egalitär und partnerschaftlich aufgebaut waren, der entscheidende Evolutionsvorteil der erwachten Hominiden waren nicht ihre Bestialität, die Körperkraft und das Jagdgeschick ihrer Alpha-Männchen, sondern die Fähigkeit zu Kooperation und gegenseitiger Hilfe.[31]

Den Übergang von der sammelnden und jagenden Horde zu den Ackerbaugesellschaften, deren erste Spuren 9 000 bis 6 000 Jahre vor unserer Zeitrechnung in Catal Hüyük in Anatolien auftauchen, markieren die Gartenbaugesellschaften. Diese verfügen noch nicht über den Pflug, der Boden wird noch mit der Harke und größtenteils von Frauen bearbeitet, die 80 Prozent aller Nahrungsmittel erzeugen und über großen öffentlichen Einfluss verfügen. Erst mit der Technik des schweren, von Tieren gezogenen Pflugs übernehmen die Männer den Hauptteil der Produktionsarbeit, und an diesem Punkt beginnt, wie die Arbeiten von Rianne Eisler, Marija Gimbutas, Peggy Sanday und anderen Kulturhistorikerinnen gezeigt haben, auch der »Shift« in der Götterwelt – Schritt für Schritt wird die weibliche Schöpferin/Göttin, Gaia, durch männliche Götter verdrängt. Ein Drittel aller Gartenbaugesellschaften besitzt nur weibliche Gottheiten, ein weiteres Drittel weibliche und männliche, erst in den Ackerbaugesellschaften ist der Himmel eindeutig männlich dominiert. Diese Phase ist auch die Zeit des Übergangs der partnerschaftlichen zu den nachfolgenden Zivilisationen, für die Rianne Eisler den Begriff »dominatorische Kulturen« vorgeschlagen hat. Unabhängig von Eislers Belegen für diesen dramatischen Übergang hat James de Meo in jüngster Zeit auf die historischen und geografischen Ursprünge dieser Kulturrevolution aufmerksam gemacht. Nach de Meos »Saharasia«-These waren drastische klimatische Katastrophen, die um das Jahr 4 000 zu einer von Nordafrika über den Nahen Osten bis nach Zentralasien reichenden Wüstenbildung und schweren Hungersnöten führten, der Ursprung für eine wachsende »emotionale Panzerung« der Menschen. Traumatische Kindheitserlebnisse und der Zusammenbruch sozialer Systeme führen zu stärkerer Herausbildung aggressiver, sadistischer

Verhaltensweisen – die erlebte Gewalt schlägt sich in der Folge in schmerzvollen, lusteinschränkenden Riten und grausamen, despotischen Regimen nieder.[32]

Die riesige Siedlung Catal Hüyük, die in ihrer Blütezeit über 7 000 Menschen beherbergte – die übliche Belegschaft eines Steinzeitdorfs betrug 200 Personen –, ist in vieler Hinsicht erstaunlich. Sie weist zahlreiche Ritual- und Kultstätten auf, aber keinerlei Befestigungsanlagen oder andere Bauwerke, die auf kriegerische Auseinandersetzungen, Eroberungen, Sklavenhaltung oder Ähnliches deuten. Die Vielzahl von gefundenen Objekten und Schreinen (bisher wurden erst fünf Prozent von Catal Hüyük ausgegraben) deuten allesamt auf eine sehr ausgefeilte Kultur hin, die ganz auf eine Verehrung der »Großen Mutter« eingestimmt sind. Die Archäologen stellt dies vor zahlreiche zahlreiche Rätsel. Zum einen erscheint die Hochkultur von Catal Hüyük und ihre fortgeschrittene Kunst und Symbolik nach herkömmlicher Datierung mindestens 3 000 Jahre zu früh, zum anderen bemerkt der Ausgräber James Mellaart, dass zwar *»die neolithischen Kulturen Anatoliens die ersten Anfänge der Landwirtschaft und Viehzucht und einen Kult der Muttergöttin, mithin die Grundlage unserer Zivilisation, einführten«*, doch diese Pionierleistungen auf die nachfolgenden Kulturen in der Region offenbar kaum irgendwelche Auswirkungen hatten. Und ebenso wie Nachfolger zu fehlen scheinen, deutet die ausgereifte Kultur an dieser Stelle darauf hin, dass es einen Vorgänger gegeben haben muss, *»von dem wir nicht die geringste Spur haben«*.[33] Wir können jetzt eine Spur identifizieren. Sie weist zurück in das afrikanische Evolutionslabor des Homo sapiens, in die Savannenlandschaft des Tassili-Plateaus, wo 5 000 Jahre zuvor das Geheimnis entdeckt worden war, das mit dem Untergang von Catal Hüyük dann fast vollständig verschüttet wurde: die »schamanische Dreifaltigkeit« (McKenna) von Rindern, Pilzen und der Großen Göttin.

Viele Interpreten der Steinzeit haben die häufigen Tier-Mensch-Schimären der Höhlenmalereien als Ausdruck einer primitiven

Bewusstseinsstufe aufgefasst, als ein »magisches Bewusstsein«, das noch nicht zwischen sich selbst und der Natur unterscheiden kann: Weil die Vorstellung eines Selbst noch nicht vorhanden gewesen sei, hätten die Menschen auf diesem Entwicklungsniveau in direktem Einklang mit der Natur gelebt. Wenn das stimmt, dann wären die steinzeitlichen Darstellungen von Tiermenschen oder die Pilzläufer von Tassili so etwas wie die Zeichnungen von Kindern, die sich als Flugzeug oder Superman zeichnen, naives Wunschdenken. Doch eher scheint das Gegenteil der Fall. Die Arbeiten von Lewis-Williams und Dowson, die den psychedelischen Charakter der Felszeichnungen der südafrikanischen Buschmann-Kultur aufdeckten, haben, so Paul Devereux, »dafür gesorgt, dass die Art, wie wir prähistorische Felsmalerei überall auf der Welt betrachten, revolutioniert wurde«. Diese Bilder waren keine willkürlichen Alltagskritzeleien, sondern wurden oft unter großem Aufwand an bestimmten wichtigen Plätzen angefertigt, um etwas ganz Unerhörtes mitzuteilen: dass es dem Menschen möglich ist, den Körper zu verlassen, sich in ein Tier zu versetzen (oder das Tier in sich zu entfesseln), und das Bewusstsein in direkten Kontakt mit der Natur treten kann. Wenn bereits Gorillas ihr Spiegelbild erkennen können, dann konnten die Zeichner dieser Bilder allemal zwischen sich und der Natur unterscheiden, die Vorstellung eines Selbst oder Ego war durchaus schon ausgeprägt. Die Graffitis aus der Steinzeit zeugen deshalb weniger von einer primitiven, vorbewussten Entwicklungsstufe, sondern dokumentieren vielmehr die erste Herausbildung eines erweiterten, die Grenzen des Ichs überschreitenden Bewusstseins. Dass es sich bei diesen Darstellungen um naive Magie handelt, einen irrationalen Glauben, durch Anfertigen von Bildern an einer Felswand der Jagdtiere habhaft zu werden, diese bisher übliche Interpretation scheint auf diesem Hintergrund ihrerseits ziemlich naiv: Nach 3 Millionen Jahren Sammeln und Jagen war die Härte des Tagesgeschäfts, der Nahrungsbeschaffung, diesen Menschen viel zu vertraut, als dass sie sich jetzt plötzlich auf merkwürdige Bilder verlassen hätten, um ihren Magen zu füllen. Nein, alles spricht dafür, dass es sich bei diesen Höhlen-Bildern um Nachrichten handelt, um Schulungsunterlagen – Over-Head-Folien – für nachfolgende Generationen, denen an diesen Initiationsplätzen im Bauch der Erde die wichtigste Botschaft überhaupt vermittelt wurde: die Existenz eines Bewusstseins, das den Körper verlassen, die Grenzen zwischen Außen und Innen überwinden kann. Diese frühesten Darstellungen schamanischer Tier-Menschen, die sich dann in den nachsintflutlichen Kulturen in der bekannten Vielfalt von Tier-Gottheiten und faunischer Symbolik niederschlagen, haben mit wie immer gearteter Symbolik noch nichts zu schaffen, sie sind nackte, naturalistische Information: Piktogramme.[34]

Die Bilder der in Catal Hüyük erst teilweise ausgegrabenen Ritualstätten zeigen neben weiblichen Rindern auch einige Stiere sowie Leoparden und Geier. Die Verehrung solcher in Anatolien nicht vorhandener Tiere weist ebenfalls auf die afrikanischen Spuren dieser Kultur – den Garten Eden einer gartenbauenden, viehhütenden Zivilisation, die uns das erste Zeugnis einer einzigartigen Errungenschaft überliefert: Transzendenz von Raum und Zeit. Die reale Vertreibung aus diesem Paradies besorgte kein Jehova, sondern der Rückzug der Gletscher, die das afrikanische Grasland langsam austrockneten und die Bewohner nach Osten wandern ließen. Sie hinterließen ihre Spuren in der »natufischen« Kultur Palästinas schließlich auf der anatolischen Hochebene in Catal Hüyük, das kein Ursprungsort, sondern der Schlusspunkt einer Zivilisation war und deshalb keine Nachfolger fand.

So wenig, wie eine vom männlichen Pflug und dem Ackerbau bestimmte Gesellschaft noch weibliche Gottheiten duldet, so wenig ließ sich die Strukturreform, die diese Technologie erforderte, mit einem rituell-religiösen Halluzinogengebrauch vereinbaren. Diese rituellen Feiern, die den Beteiligten lustbetont orgiastische Kollektiv-Verzückungen bescherten, fanden jeweils zum Vollmond statt und McKenna weist darauf hin, dass der Rhythmus des Mondes, der Menstruation und Pilzwachstum steuerte, den

Turnus der sexuellen und religiösen Ekstasen in Konflikt mit der neuen Technologie brachte. Wer nächtens im Mondschein tanzte, sich »Wurzel, Kalk und Stein« (Benn) anverwandte und *communio* mit dem Kosmos feierte, konnte morgens früh schlechter ackern als derjenige, der »nüchtern« zu Werke ging. Wer zudem auf diesen Bewusstseins-Reisen authentisch erlebte, dass der ganze Kosmos aus einem immateriellen Stoff gemacht ist, war für materielle Unsterblichkeits-Simulationen wie Eigentum und Abstammungs- und Erbschaftslinien weniger empfänglich. Das Fehlen von Kriegs- und Verteidigungsanlagen in Catal Hüyük, die Abwesenheit von Waffen und Spuren der Sklavenhaltung oder Unterdrückung zeigen deutlich das andere Wertesystem dieser frühen partnerschaftlichen Kultur. Hochgerüstete Invasoren, die das Pferd domestiziert und Streitwagen entwickelt hatten, übernahmen die Region von Catal Hüyük: Sie ersetzen die Große Göttin durch einen patriarchalen Gott, die Kuh – *»Unsere Liebe Frau der Mammute« (Jospeh Campbell)* – durch einen Stier und den magischen Pilz durch einen verdünnten Metkult, der weitere 3000 Jahre später im christlichen Abendmahlwein mündet. Dass Jesus selbst Anhänger eines geheimen Pilzkults gewesen sei und seine letzten Worte richtig übersetzt »Ich bin ein Pilz« lauten, wie der Sprachforscher und Alt-Hebräist John Allegro behauptet hat, wurde zwar mittlerweile als sensationsheischender Unsinn entlarvt, der Zusammenhang des christlichen Ritus mit der Einnahme einer bewusstseinsverändernden Substanz, der Ursprung des Sakraments in schamanistischen Pilzpraktiken, ist dennoch unübersehbar.[35]

Ebenso unübersehbar ist auch der Zusammenhang der berühmten Geschichte vom Goldenen Kalb mit den Rinder und Pilze verehrenden archaischen Religionen. Zweitausend Jahre Theologie haben uns eingeschärft, dass mit dem Tanz um das Goldene Kalb ein gottloser Tanz ums Geld, um materielle Werte, gemeint ist. Weil es sich um etwas Goldenes handelt und weil offenbar kaum jemand die Geschichte aus dem Buch Exodus nachliest, gilt diese Auslegung heute als selbstverständlich. Wo immer man unter dem Stichwort »Goldenes Kalb« nachschlägt, findet sich die Interpretation, dass mit der Ächtung des Tanzens ums Goldene Kalb die verbotene Anbetung des Mammon gemeint sei. Doch in Wirklichkeit berichtet die Bibel etwas ganz anderes: Während Moses' Abwesenheit hatte das Volk von seinem Bruder Aaron neue Götterbilder verlangt, die dieser verweigerte. Als das Drängen stärker wurde, schob Moses' Statthalter mangelnde Finanzmittel vor, doch das Volk war bereit, dafür alle seine Wertsachen (Gold) herzugeben, aus denen Aaron dann das Bild eines Kalbs gießen ließ. Als Moses dann mit den Gesetzestafeln vom Berg Sinai zurückkommt, hört er sein Volk schon von Weitem »Lärmen und Jauchzen« und ein »lautes Singen«: *»Er näherte sich nunmehr dem Lager und sah das Kalb und die Reigentänze; da entbrannte der Zorn des Moses und er schleuderte die Tafeln aus seiner Hand. Dann nahm er das Kalb, das sie verfertigt hatten, ließ es im Feuer verbrennen und zermalmte es zu feinem Staube, den er in Wasser schütten ließ, und gab den Israeliten davon zu trinken.«* (Exodus, 32) In diesen Sätzen wird deutlich, warum es hier nicht um den schnöden Mammon geht, wie die theologischen Interpreten seit jeher behaupten, sondern abermals um eine Drogenrazzia. Das Volk tanzt nicht um das Gold, es hat im Gegenteil all sein Gold hergegeben, um wieder um das alte Symbol der Kuh tanzen zu können. Die neuen ekstatischen Werte, die die Abkehr vom Gold dem Volk einbringt, sind so gewaltig, dass Moses sie bei seiner Rückkehr zuerst für Kriegslärm hält – so begeistert wie mit der neuen, alten Göttin hatten die Kinder Israels wohl seit Langem nicht mehr gefeiert. Auch wenn von psychoaktiven Pflanzen nicht direkt die Rede ist – die Kuh und die ekstatischen Reigentänze sprechen ebenso für sich wie Moses' unzweideutige Reaktion: Er vernichtet das Kalb und gibt seinem Volk ein verdünntes Ersatzgetränk. Wäre mit dem Tanz um das Kalb wirklich die Verehrung von Gold gemeint, ist dieser Schluss der Geschichte völlig überflüssig und unsinnig, erst der heilige Trank der alten Pflanzenreligion gibt der mosaischen Verteilung einer Ersatzdroge einen Sinn. Vor allem wenn wir den erschreckenden Fortgang dieser Drogenrazzia betrachten, als sich ein großer Teil des Volks mit dem verordneten Ersatzgetränk nicht zufriedengeben will, worauf der Patriarch ihnen »die Leviten« liest. Was sich heute nach beiläufiger Strafpredigt anhört, war in Wahrheit ein brachiales Gemetzel:

> *»Da stellte sich Moses an das Tor des Lagers und rief: Wer für den Herrn ist, trete her zu mir! Da scharten sich die Leviten um ihn. Er sprach zu ihnen: ›Es gürte ein jeder sein Schwert um die Hüfte! Zieht hin und her im Lager von Tor zu Tor! Es töte jeder selbst seinen Bruder, Freund und Nächsten!‹ Die Leviten handelten nach des Moses Befehl. So fielen an jenem Tag vom Volk gegen 3000 Mann.« (Exodus, 32)*

Es ist diese Todesschwadron, die den mosaischen Kult von seinen Ursprüngen in der Pilzreligion der Großen Mutter endgültig abschneidet. Zwar suchen in der Folgezeit auch im Rahmen der jüdisch-christlichen Tradition immer wieder pflanzenbefeuerte Ekstasen den Durchbruch zur Innenwelt, doch gleich ob es sich um die frühchristlichen Gnostiker, die tanzenden Sufis des Islam oder die »Hexen« des Mittelalters handelte, wurden sie stets aufs Unnachgiebigste verfolgt. Überall, wo Menschen künftig auf dem Weg zur Transzendenz den Interspezies-Kanal des Pflanzenreichs anzapfen, schlagen Jehovas Sturmtruppen dazwischen.[36]

Das »Telestrion«, der große Sakralraum des eleusischen Tempels, war nicht von ungefähr fensterlos: eine Höhle. So riesig, dass so viele Menschen darin unterkamen wie in den größten Amphitheatern der Zeit. Die christlichen Eiferer, die das Bauwerk vor 1700 Jahren zerstörten, haben von möglichen Malereien in dieser virtuellen Höhle nichts übriggelassen. Wenn überhaupt welche vorhanden waren – schließlich ging es hier um ein inneres Schauspiel –, dann dürften sie am ehesten den Nachrichten aus der schamanischen Steinzeit entsprochen haben. Denn um nicht mehr, aber auch nicht weniger, ging es in diesem Ritual: Öffnung der Sinne, Überwindung des Körpers, »Kommunikation mit dem All«. Generationen wackerer Gräcisten und Philosophen ohne jede psychedelische Erfahrung haben sich vergeblich bemüht, hinter das Geheimnis dieser Initiation zu kommen, selbst comicreife Vorschläge wie die These, dass im Telestrion ein erleuchteter Phallus sowie ein weiblicher Schoß gezeigt wurden und sich die guten Griechen hernach wieder alle als Demeters Darling fühlten, wurden über Jahrzehnte ernsthaft diskutiert. Erst heute können wir uns ein Bild davon machen, was die in Eleusis Eingeweihten tatsächlich erlebten.

Am Karfreitag 1962, bevor der Gottesdienst in der Kapelle der Universität in Boston begann, verteilte Walter Pahnke Kapseln an 20 Studenten der evangelischen Theologie. Die eine Hälfte enthielt Psylocibin (30 mg), die andere ein Placebo-Präparat. Ziel des Experiments, das der Arzt und Theologe Pahnke im Rahmen seiner Doktorarbeit bei Timothy Leary an der Harvard-Universität durchführte, war die Bewertung von Psilocybin als Auslöser von mystischen Erfahrungen. Die Studie war als Doppelblind-Versuch angelegt – weder die Versuchsleiter noch die Probanden wussten, wer ein echtes Präparat erhalten hatte – und die Bewertung der Erlebnisse während des Gottesdienstes fand später anhand eines Fragebogens statt, auf dem acht verschiedene Kriterien mystischer Erfahrung abgefragt wurden: 1) Erlebnis der Einheit (unity), 2) Transzendenz von Raum und Zeit, 3) Empfinden des Heiligen, 4) Empfinden objektiver Realität, 5) Tiefe, positive Stimmung, 6) Vieldeutigkeit, 7) Unaussprechlichkeit, 8) Vergänglichkeit. Das Ergebnis war eindeutig: 80 Prozent der Psylocibin-Gruppe berichteten von starken Erlebnissen in mindestens sieben dieser Kategorien, in der Kontrollgruppe hingegen erreichte kein einziger diesen Umfang der Erfahrung, und alle blieben in den einzelnen Kategorien hinter den »bepilzten« Probanden zurück. Bei den Studenten handelte es sich um »ziemlich unmystische Persönlichkeiten« (Pahnke), bodenständige Mittelamerikaner, die vorher nicht aufgefordert worden waren, Bücher über mystische Erfahrungen zu lesen, und von einer Ausnahme abgesehen angegeben hatten, eine solche Erfahrung noch nie gemacht zu haben. Umso erstaunlicher war dieses Ergebnis, das später vor allem von christlicher Seite kritisiert worden ist, weil zu einer »echten« mystischen Erfahrung notwendigerweise die personale »Begegnung mit Jesus Christus« gehöre, ein Einwand, den wir freilich eher als schnöde Vereinsmeierei denn als ernsthafte Kritik zu verstehen haben. Viel aufschlussreicher ist da die Langzeituntersuchung, die Rick Doblin ein Vierteljahrhundert nach diesem Karfreitag bei 19 der 20 damaligen Probanden durchführte. Alle Mitglieder der Psilocybin-Gruppe hatten lebendige Erinnerungen an das Ereignis und bezeichneten sie als einen der Höhepunkte ihres spirituellen Lebens, während die Kontroll-Gruppe sich kaum noch an irgendein Detail erinnern konnte:

> *»Jeder der Psilocybin-Gruppe empfand, dass diese Erfahrung sein Leben in einer positiven Weise beeinflusst hat, und war froh, daran teilgenommen zu haben. Die in den Langzeitfolgen-Interviews am meisten erwähnten Effekte drehten sich vor allem um die erweiterte Wahrnehmung des Lebens und der Natur, einen vertieften Sinn für Freude, eine tiefere Verpflichtung für den christlichen Dienst oder den gewählten Beruf, erweiterte Wahrnehmung ungewöhnlicher Erfahrungen und Gefühle, gewachsene Toleranz gegenüber anderen religiösen Systemen, verstärkten Gleichmut in schwierigen Lebenskrisen, größere Solidarität und Identifizierung mit Fremden, Minderheiten, Frauen und Natur. Die Aussage der Versuchsperson K. B. ist repräsentativ für die geschilderten Langzeit-Effekte der Erfahrung:*
>
> *›Sie hinterließ mich mit einer völlig unhinterfragbaren Sicherheit, dass es da eine größere Umwelt gibt als die, der ich mir bewusst bin. Ich hatte meine eigene Interpretation davon, was das ist – aber sie entwickelte sich von einer theoretischen*

Vorstellung zu einer Erfahrung. In mancher Hinsicht hat diese Erfahrung überhaupt nichts geändert, ich entdeckte nichts, von dem ich nicht schon geträumt hätte, aber was ich vorher gedacht hatte, auf der Basis von Lesen und Lernen, war da. Ich wusste es. Irgendwie war es sehr viel realer für mich. Ich erwarte bestimmte Dinge von Meditation, Gebet und so weiter und war vorher etwas skeptischer ... ich habe Hilfe gefunden bei Problemen und ich glaube etwas Richtung und Führung beim Lösen dieser Probleme. Was ich gesehen habe, war nichts völlig Überraschendes, doch es gesehen zu haben, war ein machtvoller Anstoß für mich.‹«[37]

Ein anderer Befragter beendete sein Statement mit der Bemerkung: »*Wir haben nur eine unendlich kleine Menge Psilocybin genommen, aber sie verband mich mit der Unendlichkeit.*« So wie das Essen eines Pilzes ein winziger Schritt für den Hominiden war, aber ein gigantischer für die Menschheit, weil es sie ebenfalls mit der Unendlichkeit verband. In den Langzeitfolgen, die die Teilnehmer dieser experimentellen Initiation verspürten, lassen sich unschwer die Werte jener frühen partnerschaftlichen Zivilisation erkennen, die mit Catal Hüyük ihr Ende fand. Ebenso deutlich erinnern die Sätze an das Raunen der Eingeweihten von Eleusis, die sich wahrscheinlich sehr ähnlich geäußert hätten. Beziehungsweise, und deshalb müsste dieses Experiment heute noch einmal mit einer dritten, einer Eleusis-Kontrollgruppe, durchgeführt werden, noch sehr viel deutlicher und genauer. Denn anders als die mittelamerikanischen Pastoren-Anwärter wurden die Teilnehmer der eleusischen Feiern zuvor in Athen bei einem sechswöchigen Kursus auf die Erfahrung vorbereitet. Diese Einführungen wurden nur in Griechisch abgehalten, die Kenntnis der Sprache war das einzige Dogma der weltoffenen Erleuchtungs-Höhle von Eleusis.[38]

In seinem Höhlengleichnis berichtet Platon, wie wir uns die Erkenntnis der Welt vorzustellen haben: Wir sind in einer Höhle gefesselt und können nur in eine Richtung blicken; ein rückwärtiges Feuer wirft Licht, vor dem einige Gaukler Gegenstände vorbeitragen, die als Schatten an die Wand geworfen werden. Da wir nur diese Schatten wahrnehmen, halten wir sie für die einzige, »wahrhaft wirkliche« Realität. Was würde nun passieren, wenn einer der Gefesselten sich befreit und gezwungen würde, sich sofort umzudrehen und in das Licht zu schauen? Zuerst wäre er geblendet, doch dann könnte er die Gegenstände des Schattenspiels erkennen – und würde sie nicht verstehen. Noch größer wären sein Augenschmerz und sein wütendes Unverständnis, wenn man ihn aus der Höhle ans Tageslicht zerrte, doch nach einer Weile der Gewöhnung könnte er die Sonne, die Jahreszeiten, die Welt vollständig erkennen.

So weit ist diese Geschichte als Beispiel für den platonischen Idealismus gelesen worden, den Aufstieg ins Reich der Ideen, von deren Klarheit die Materie nur ein schattenhaftes Abbild darstellt. Der Münsteraner Philosoph Hans Blumenberg, der den »Höhlenausgängen« Platons 1989 auf über 800 Seiten in einer wunderbaren, gelehrten Studie nachgegangen ist, kann deshalb schon seine Eingangsfrage: »Wie hat Platon sich entschließen können, von seiner Höhle zu sprechen, wie hat er sie erfinden können?«, nicht richtig beantworten, weil er zwar *»das sprichwörtliche Licht von Eleusis«* kennt, aber nichts weiß von dem psychedelischen Erlebnis, bei dem Platon im fensterlosen Höhlensaal des Demeter-Heiligtums die Realität dieses Lichts erfahren hat. Nicht in Form eines Schattenspiels, einer Sinnestäuschung oder gar einer Peep-Show, sondern als authentische, »wahrhaft wirkliche« Erleuchtung. Über diese Erfahrung hat er nie geschrieben, auch nicht in seinem letzten, autobiografischen Brief, und dies auch begründet:

> *»Von mir selbst wenigstens gibt es keine Schrift über diese Gegenstände, noch dürfte eine erscheinen; lässt es sich doch in keiner Weise wie andere Kenntnisse in Worte fassen, sondern*

indem es, vermöge der langen Beschäftigung mit dem Gegenstand und dem Sichhineinleben, wie ein durch einen abspringenden Funken plötzlich entzündetes Licht in der Seele sich erzeugt und dann von selbst Nahrung erhält.«

Das Eigentliche kann nur selbst, direkt erfahren werden, im »Sichhineinleben« – wo Logos und Mythos verschmelzen, versagt das Medium der Schrift. Dass Platons Schweigen über das Geheimnis der Höhle freilich auch noch andere als nur medientechnische, methodologische Gründe hatte, zeigt der Schluss des Gleichnisses. Den aus der Höhle Befreiten überkommt nämlich Mitleid mit seinen gefesselten Genossen und er überlegt, hinabzusteigen und sie aus ihrer misslichen Lage zu befreien. Doch an dieser Stelle lässt Platon den Sokrates, der die Höhlen-Geschichte erzählt, eine Warnung anfügen: Bei diesem Befreiungsversuch würde er sich, vom Dunkel wieder geblendet, *»zum Gespött machen und sich nachsagen lassen, er käme von seinem Aufstieg mit geblendeten Augen zurück und es könne sich nicht lohnen, sich an diesem Aufstieg zu versuchen«*. Bei dieser Schwierigkeit des Erleuchteten, seine neu gewonnenen Wahrheiten zu vermitteln, bleibt Platon jedoch nicht stehen: *»Wollte er nun Hand anlegen, andere zu befreien und hinaufzuführen, würden sie dann, sofern sie sich seiner bemächtigen könnten, ihn nicht wirklich töten?« (Politeia VII, 514)* Die rhetorische Frage, die er an das Ende des Höhlengleichnisses stellt, ist bisher allgemein als Anspielung auf den Tod des Sokrates verstanden worden, obwohl es eigentlich gar keinen Grund gibt, warum Platon hier, mitten in seiner Abhandlung über den Staat, noch einmal auf den in seinem ersten Buch längst erzählten Tod seines Lehrers zurückkommen soll. Nein, vor dem Hintergrund des geheimen heiligen Tranks von Eleusis als letztem Relikt matriarchaler Weisheitspraxis zielt Platons Warnung nicht auf den (letztlich im Übrigen freiwilligen) Tod des Sokrates, sondern viel eher auf patriarchale Todesschwadronen vom Kaliber der Leviten.

Der Hinweis von Alfred N. Whitehead, dass die gesamte abendländische Philosophie eigentlich nichts anderes sei »als eine Reihe von Fußnoten zu Platon«, kann an dieser Stelle um eine Pointe erweitert werden, nämlich dass die von Platon hinterlassene Philosophie ihrerseits nichts anderes als eine Reihe von Fußnoten zur eleusischen Erfahrung darstellt. Vor der Entdeckung der bewusstseinserweiternden Kraft des eleusischen Tranks konnte Platons Hinweis, über das Eigentliche keine Zeile geschrieben zu haben, für die Philologen nur nebulös bleiben. Man hat erfolglos nach irgendeiner Geheimlehre gesucht oder Platons Besuche bei einigen pythagoreischen Kollegen als Hinweis für eine nur mündlich weitergegebene Numerologie oder Zahlenmagie gedeutet. Selbst wenn es so etwas gegeben haben mag, war es vollkommen belanglos sein verglichen mit der tiefen, mystischen Erfahrung, die Platon mit Hilfe der Mutterkorn-Alkaloide gewonnen hatte. Wie oft er an der Zeremonie teilgenommen hat, ist nicht überliefert, doch dass seine Erlebnisse bewusstseinserweiternd waren, davon ist auszugehen. Einem die Grenze überschreitenden Bewusstsein, einem Bewusstsein, das über alles Sein, alles Manifestierte hinausragt, kann die Welt tatsächlich nur als Schatten, als Kopie, als Illusionstheater vorkommen und nichts anderes erzählt uns Platon im Höhlengleichnis. Bemerkenswert aber ist, in welchen Kontext er diese Geschichte gestellt hat: mitten in seine große Abhandlung über den Staat. Im Zentrum der Diesseitigkeit also erläutert Platon uns seine Vorstellungen über das Jenseits, die Erkenntnis des Absoluten und die Schwierigkeit, sie zu vermitteln – und dies unterscheidet sich damit wesentlich von einer im Dualismus von Materie und Geist stecken gebliebenen Gnosis, deren Weltverneinung letztlich nur der Affirmation des elenden Status quo dient. Für Platon hingegen ist selbst die kleinste lockere Schraube im weltlichen Universum nicht überflüssig und er verlegt sich mit Inbrunst auf die Lösung völlig diesseitiger Probleme wie Recht, Moral und Staatsführung – und unterscheidet sich somit nicht von den

Schamanen der Frühzeit, deren Jenseitsreisen kein ekstatischer Selbstzweck waren, sondern dazu dienten, die Dinge im Diesseits geradezurücken. »Den Urheber und Vater dieses Weltalls aufzufinden ist schwer«, schreibt Platon, *»nachdem man ihn aber auffand,* ihn allen zu verkünden, ist unmöglich« (Timaios 28c/V, 154). »Nachdem man ihn aber auffand« – beiläufiger lässt sich die Frage der Gotteserkenntnis, wegen der sich die »dominatorischen« Zivilisationen seit nunmehr 6 000 Jahren die Seele aus dem Leibe prügeln, wohl nicht beantworten.

Mit der Zerstörung des »gemeinsamen Tempels der Welt«, jener virtuellen Höhle, in der Platon mit einem wohldosierten Anstoß aus dem Pflanzenreich seinen »sichtbaren, fühlbaren Gott«, die Erkenntnis »der Einheit des Vielen« fand, ging die letzte systematische Möglichkeit einer Kulturen, Rassen, Klassen und Spezies überwindenden *communio* verloren. Metaphysik, seit den Tagen von Tassili eine praktische, erfahrbare Wissenschaft, wurde zu einem Disput von Blinden über die Farbe, Theologie von einem kontemplativen »Sichhineinleben« zu einem tyrannischen Dogmatismus und die mystische Erfahrung zu einem Fall für die Irrenanstalten und Rauschgiftbekämpfungszentralen.

Es ist hier nicht der Ort, der Geburt der Philosophie aus dem Geist des Mutterkorns im Detail nachzugehen – dass aber die Grundlegung der Philosophie Platons und damit des abendländischen Denkens diesem Geist geschuldet ist, daran kann nach den vorliegenden Belegen kaum noch ein Zweifel bestehen. Dass Nietzsche, dem wie vor allem Weiblichen auch vor der lebendigen Erde graut, Platons Lehre später als »hehren Schwindel« abtut, wundert nicht, denn sie kommt direkt aus dem Bauch Gaias: *»Denn indem dieses Weltganze sterbliche und unsterbliche Bewohner enthielt, wurde es zu einem das Sichtbare umfassenden Lebenden ...«* So weist uns Platon, als Euro-Schamane, zurück an die archaische Weisheit des Anfangs, jenen Informationstransfer der Pflanzenintelligenz, der einst unter der Schädeldecke des Hominiden das göttliche Licht entzündete.

Die Blindheit gegenüber Platons mystischer Erfahrung hat vor allem auch mit der christianisierten Interpretation zu tun, die ihn als »jenseitigen« Idealisten zurechtbastelte und den integralen Bestandteil der griechischen Kultur – die dionysische Besessenheit, das orgiastische Kultleben, die »abscheulichen« Riten – beständig ignorierte. Von den »hehren Griechen« wurde stets nur das herangezogen, was dem kleinbürgerlichen Humanismus ins beengte Konzept passte. *»Zwei Dinge erfüllen das Gemüt mit immer neuer und zunehmender Bewunderung und Ehrfurcht, je öfter sich das Nachdenken damit beschäftigt: Der bestirnte Himmel über mir uns das moralische Gesetz in mir«*, wundert sich dann Immanuel Kant in seiner »Kritik der praktischen Vernunft«. Dass in Eleusis ebendiese Integration von äußeren und inneren Gesetzen, Himmel und Moral geleistet wurde, ist 2000 Jahre nach Platon vergessen. Auch von Aldous Huxley, der Albert Hofmanns Entdeckung des eleusischen Geheimnisses nicht mehr erlebte, sonst hätte er Platons »Timaios« – das Buch in dem er seine Kosmologie darlegt – mit Sicherheit noch einmal zur Hand genommen. Huxley schreibt in *»Die Pforten der Wahrnehmung« (1958):*

> *»Istigkeit – war das nicht das Wort, das Meister Eckhart zu gebrauchen liebte? Das* **Sein** *der platonischen Philosophie – nur dass Plato den ungeheuren, den grotesken Irrtum begangen zu haben schien, das Sein vom Werden zu trennen und es dem mathematischen Abstraktum der Idee gleichzusetzen. Er konnte nie, der arme Kerl, gesehen haben, wie Blumen von ihrem eigenen, inneren Licht leuchteten und unter dem Druck der sie erfüllenden Bedeutung fast erbebten, nicht mehr und nicht weniger waren, denn was sie waren – eine Vergänglichkeit, die doch ewiges Leben war, ein unaufhörliches Vergehen, das gleichzeitig reines Sein war, ein Bündel winziger, einzigartiger Besonderheiten, worin durch ein unaussprechliches und doch selbstverständliches Paradox der göttliche Ursprung allen Seins sichtbar wurde.«*[39]

Es geht uns mit diesen Hinweisen nicht darum, als Heilmittel für die »abendländische Schicksalsneurose« den direkten Regress-Express in Platons Acid-Höhle oder die psychedelische Steinzeit anheimzustellen. Paradiesische Zeiten, als wilde Kerle noch barfuß jagten, rührige Frauen Beeren sammelten und man abends am Lagerfeuer mit Hanf und Pilzen den lieben Gott eine gute Frau bzw. Jehova einen eifersüchtigen Impotenzling sein ließ, können nicht als Modell für die Zukunft dienen. Nach einem brutalen Zeitalter wie dem der Großen Mutter, mit einem Durchschnittslebensalter von kaum 25 Jahren, können wir uns ebenso wenig zurücksehnen wie nach der auf Sklavenarbeit basierenden Gesellschaft des alten Griechenlands. Auch der Schamane, als geistiger Abenteurer und Kartograph der inneren Landschaften der eigentliche Held am Anfang des Menschengeschlechts, kann als Lebensmodell nicht in das 21. Jahrhundert übertragen werden. Und doch werden wird die drängenden Probleme unserer Zeit nicht lösen ohne die Rückwendung an jenen Punkt, an dem die Differenzierung von Ich und Natur, von Ego und Öko einst begann. »Zurück zur Natur!« kann dabei nicht »Zurück auf die Bäume« heißen, denn zum einen sind viel zu wenig davon da, als dass wir als gute Wilde dort alle Platz fänden, und zum anderen würde das bedrohliche Fortschreiten der Umweltzerstörung dadurch in keiner Weise aufgehalten: Die Probleme des Treibhausklimas, der Artenvernichtung oder des Ozonlochs können durch Handanlegen allenfalls manipuliert werden, gelöst werden müssen sie im Kopf. Nicht Machbarkeit und Technik sind das Problem, sondern fehlende Einsicht.

Der Aufstieg des emotional gepanzerten und mit dem Wunderwerkzeug der Vernunft bewaffneten Egos hat zu einem so fantastischen Zuwachs von Problemlösungen geführt, dass es möglich wäre, noch für die doppelte Menge Menschen auf diesem Planeten ausreichend Nahrung, Energie und erträgliche Umweltbedingungen zu schaffen und diesen Reichtum auch gerecht zu verteilen. Im Prinzip und theoretisch, doch praktisch lassen wir jedes Jahr ein paar Millionen Menschen verhungern, sodass unser »Zeitalter der Vernunft« von den archaischen Ritualen der Steinzeit und dem Sklavenstaat Griechenlands gar nicht so weit entfernt ist. Was die Zahl der täglichen Menschenopfer betrifft, nimmt es der Tempo-Gott Auto allemal mit den alles verschlingenden Ungeheuern der Vorzeit auf. Wie auch immer, dass die rationale und technische *Erfassung* der Welt nicht gleichbedeutend ist mit einer Rationalität des Handels, ist offensichtlich. Der Verhaltensforscher Konrad Lorenz hat dafür einmal das Bild eines Neandertalers gebraucht, der am Abdrücker einer Atomrakete sitzt: Seine technischen Fertigkeiten, die Beherrschung der Details sind immens fortgeschritten, der Durchblick auf das Ganze, auf die Konsequenzen, aber auf der Strecke geblieben. Ebendies zeichnete die frühen, kooperativen Gesellschaften aus, dass ihnen trotz der Ausprägung des Ichs, trotz des Zuwachses an individueller Autonomie, der Blick auf das Ganze nicht verloren gehen konnte, weil die Tunnelrealität des Egos durch den rituellen Gebrauch pflanzlicher Botenstoffe regelmäßig aufgesprengt wurde. Wer derart erfährt, dass der ganze Kosmos aus einem Stück ist, dass alles mit allem zusammenhängt und sich dieses Eine als Eines und gleichzeitig in einer unermesslichen Vielfalt manifestiert, erfährt auch sein Ich nur als eine dem Verstand dienstbare Fiktion. Generationen von Philosophen haben sich darüber gewundert, wie Platon die Existenz eines Guten, eines Schönen sowie einer höheren Wahrheit einfach voraussetzen kann – seit dem »Weg nach Eleusis« wissen wir, woher er seine Sicherheit nahm: Er hat dieses Wahre, Gute, Schöne, das sich aus der Wahrscheinlichkeitswolke des Einen jeden Augenblick neu manifestiert, schlicht und ergreifend erlebt. Die Dynamik eines Naturgeschehens, das von den Nebeln der Galaxien bis in den neurochemischen Mikrokosmos des Gehirns ein einziges selbstorganisiertes System darstellt, das aus dem Ungleichgewicht ständig neue, höhere Ordnungszustände anstrebt. »*Wenn man einen solchen visionären Zustand erfahren hat*«, schreibt Antonin Artaud, »*ist es ausgeschlossen, dass man wie zuvor*

Wahrheit und Lüge verwechselt. Man hat gesehen, woher man kommt und wer man ist. Denn im Bewusstsein ist das Wunderbare, mit ihm gelangt man über die Dinge hinaus.« Der Surrealist und Theaterrevolutionär Artaud, der sein Eleusis bei einem Peyote-Ritual mexikanischer Indianer erlebte, hat sich nicht nur noch drastischer als Platon gegen die schriftliche Übermittlung des Eigentlichen geäußert (»Alles Geschriebene ist Schweinerei«), sondern auch einen wichtigen Hinweis auf die Sprachmagie der mystischen Erfahrung gegeben: *»Die Kruste der Wörter: Man darf sich nicht einbilden, dass die Seele nicht darin eingeschlossen ist«*, heißt es in seinem »Höllentagebuch«. Das Eigentliche ist unsagbar, weil sich die Sprache mit ihrem symbolischen System dazwischenschiebt und eine symbolische Welt erschafft, die nicht mehr identisch ist mit dem Eigentlichen, das nur erfahren werden kann, wenn die »Kruste der Wörter« abgeschüttelt ist.[40]

Dass Studenten des psychologischen Seminars im Garten der ehrwürdigen Harvard-Universität am Rasen schnupperten, Baumrinde knabberten und grunzende, atavistische Geräusche von sich gaben, hielt ihr Professor Timothy Leary zwar für ganz selbstverständlich – sie nahmen, gefördert durch 50 Mikrogramm LSD gerade Kontakt mit den Bewusstseinsebenen der Erde, Bäume und Tiere auf – und im Sinne des Demeter-Mythos war dieser Abstieg ins Elementare ebenfalls ganz normal. (»Oh, dass wir unsere Ur-Ur-Ahnen wären, ein Klümpchen Schleim in einem warmen Moor«,[41] heißt es bei Benn.) Die Harvard-Direktion und die Öffentlichkeit sahen das allerdings etwas anders und so währte die Wiederkehr von Eleusis im westlichen Wissenschaftstempel Nr. 1 nur einige paar kurze Semester lang. Nach einem überwältigenden Erlebnis auf seinem ersten Pilz-Trip bei einem Urlaub in Mexiko hatte 1960 Leary sofort damit begonnen, Halluzinogene in seine verhaltenspsychologische Forschung einzubeziehen. Neben dem Karfreitags-Experiment gehörte dazu auch ein äußerst interessanter Versuch mit Gefangenen eines Staatsgefängnisses, bei denen die Wirkung einer Psilocybin-Therapie auf die Resozialisierungschancen getestet wurde. Während die normale Rückfallquote in diesem Gefängnis bei 80 Prozent lag, sank sie bei den Gefangenen, denen der (nunmehr synthetische) Pflanzenwirkstoff offenbar einen Kontakt zum platonischen Reich des Guten vermittelt hatte, auf 25 Prozent. Es ist Leary später von einigen Forschern vorgeworfen worden, er habe durch seine messianische Propaganda für den individuellen Halluzinogen-Gebrauch selbst dafür gesorgt, dass die Anfang der 60er-Jahre noch legalen Substanzen verboten und dadurch die Fortsetzung solcher vielversprechenden Experimente über Jahrzehnte blockiert wurde. Daran mag einiges richtig sein, doch andererseits löste Leary als gefallener Engel der Wissenschaft eine Kulturrevolution aus, deren soziale und politische Experimente die folgenden Jahrzehnte sehr viel nachhaltiger beeinflusst haben, als es einer kontrollierten, wissenschaftlichen Erforschung dieses chemischen Wunders je möglich gewesen wäre.[42]

Bei den Geheimdiensten und Militärs, die an neurologischen Kampfstoffen stets als Erstes Interesse zeigen, war Albert Hofmanns LSD in den 50er-Jahren durchgefallen: Sowohl als Wahrheitsdroge wie auch als Gehirnwaschmittel oder Chemiewaffe zur Auslösung von Massenpsychosen hatte sich das eleusische Ambrosia als strategisch unkalkulierbar erwiesen. Mit welchen unverantwortlichen Methoden (und üblen Folgen) die CIA diese »Menschenversuche« an unwissenden, unvorbereiteten Versuchspersonen durchführte, kam erst im Zuge des »freedom of information act« in den 80er-Jahren ans Licht – die Anwürfe im Prozess gegen Leary hingegen, dass seine Aufrufe zur neurochemischen Bewusstseinsrevolution »Tausende junger Amerikaner das Leben gekostet hat«, ließen sich mit seinen Schriften und Äußerungen genauso wenig belegen wie mit anderen Fakten. Um ihm als »Verführer der Jugend« dennoch die Leviten zu lesen, wurde er wegen ein paar Gramm Marihuana, die man bei einer Grenzkontrolle bei seiner Tochter entdeckt hatte, zu 38 Jahren Zuchthaus verurteilt – und zu einer Art Sokrates der Gegenkultur. Anfang der 60er-Jahre hatte er noch mit den Weisen der damaligen Zeit psychedelische Symposien abgehalten und über den rechten Weg gestritten, wie das eleusische Wunder der Welt nahezubringen wäre. Aldous Huxley, der mit seinen Büchern über »Die Pforten der Wahrnehmung« und »Himmel und Hölle« gerade so etwas wie das Manifest des anbrechenden Zeitalters geliefert hatte, plädierte für eine diskrete Unterwanderung der intellektuellen und politischen Eliten. Arthur Koestler sah allenfalls rekreative Verwendungsmöglichkeiten, lehnte aber jeden »Instant-Mystizismus« ab: *»Es ist wunderbar, kein Zweifel – aber es ist Fake, Ersatz ... es ist keine Weisheit da. Heute nacht habe ich das Geheimnis des Universums entdeckt, aber heute morgen habe ich vergessen, was es war.«* Der Dichter Allen Ginsberg hingegen war so überwältigt, dass er kaum davon abzubringen war, nackt auf die Straßen zu laufen, um allen New Yorkern die Brüderschaft der ewigen Liebe zu künden. Ihm wäre wohl nichts anderes widerfahren als das, was auch Platons Höhlenflüchtling der Verkündigung der Wahrheit abhielt. Nur William S. Burroughs, der Junkie und Drogen-Magier, blieb gelassen und gab seinen enthusiasmierten Kollegen die nüchterne Weisheit mit auf den Weg: *»Alles, was mit Chemie erreicht werden kann, kann man auch ohne sie erreichen.«* Martin A. Lee und Bruce Shlain haben in ihrer Sozialgeschichte des LSD (*Acid Dreams, New York 1992*) die Wiederentdeckung des eleusischen Rituals – nunmehr in Form der von Leary und seinen Kollegen erarbeiteten Gestaltungs- und Verhaltensregeln (»set« und »setting«) – detailliert beschrieben und auch gezeigt, wie die »Leviten« dieses Mal auf die Wiedereinführung der alten, pflanzenbefeuerten Religion reagierten. Nicht nur indem sie Leary als vermeintlichem Hohepriester einer Art Inquisitionsprozess unterwerfen und jugendliche Anhänger der neuen Kultur (»Langhaarige« und »Gammler«) als parasitären Abschaum ausgrenzen, sondern auch, indem sie ein »Ersatzgetränk« anbieten. Im Jahr 1967 wird die Szene an der Westküste und New York plötzlich mit Heroin überschwemmt und die »Väter« der psychedelischen

Bewegung wie Ginsberg erfuhren recht bald, wer die neue Quelle für das ruhigstellende, tödliche Opiat war: die CIA. Als Ginsberg den Geheimdienst in der *New York Times* öffentlich anklagte, erntete er Beschimpfungen des Herausgebers C. L. Sulzberger, für die dieser sich allerdings zehn Jahr später entschuldigte und nach Durchsicht von Akten über das CIA-Engagement im Goldenen Dreieck gegenüber dem Schriftsteller zugab: »Tatsächlich hatten Sie recht.« Die pharmakologische Befriedung des kulturellen Aufruhrs gelang, die Helden der Gegenkultur – Hendrix, Joplin, Morrison – fielen wie die Dominosteine, Energie und Euphorie des kurzen, eleusischen »Summer of love« wichen einem dumpfen, tranquillierten *burn out*. Der Tanz ums Goldene Kalb war einmal mehr mit Gewalt beendet worden – und der Blick auf die Gegenkultur der 60er-Jahre zeigt einmal mehr die Unsinnigkeit. Nicht der Tanz um das Gold, die Verehrung des Materiellen, wird von den Patriarchen diskriminiert, sondern das Gegenteil: dass das Volk all sein Gold wegwirft, sich mit den Alkaloiden der Pflanzenwelt verbündet und um das Symbol der alten, weiblichen Gottheit tanzt. Es würde den Rahmen dieser Arbeit sprengen, die Folgen des gewaltigen Impakts aufzuzeigen, den das kurze Aufscheinen des eleusischen Lichts für die Kulturrevolution der 60er-Jahre hatte. Einige Stichworte müssen genügen. Feminisierung (langhaarige, weichere Männer/selbstbewusstere, stärkere Frauen), gesteigerte Naturwahrnehmung (»Entdeckung« der Ökologie, aus den Rainbow Gatherings der Hippiebewegung entsteht später »Greenpeace«), allgemeine Sensibilisierung (ganzheitliches Denken, Vegetarismus, Bioenergie) Hedonismus (Entkrampfung der Sexualität, Happenings, Be-Ins), Kollektivierung (Kommunen, Kooperativen/aus der neuen, undogmatischen Linken werden später – Demeter lässt grüßen – »Die Grünen«). Ebenso deutliche Spuren wie in den gesellschaftlichen Strukturen hat die Wiederkehr des eleusischen Tranks in der Ästhetik der westlichen Welt hinterlassen (von den »psychedelischen Beatles« zum Neo-Schamanen Joseph Beuys, vom Stroboskop der Acid-Tests zur Video-

Ästhetik der 90er) – sowie in der Religion (*Jesus Christ Superstar* Spiritualisierung, Yoga) und Wissenschaft (»Neues Paradigma«, New Age). Ich behaupte damit nicht, dass alle diese Entwicklungen allein deshalb stattgefunden haben, weil zwischen 1960 und 1967 plötzlich einige Millionen Menschen LSD nahmen, doch dass ohne diesen mächtigen Katalysator diese Kulturrevolution zu diesem Zeitpunkt und mit dieser Ausprägung nicht stattgefunden hätte, scheint mir so sicher wie das Amen, das die Kirchen dazu verweigern. Auch was sich unter dem Schlagwort »68« in diesen Tagen zum 30. Male jährt, wäre ohne die »eleusische« Vorgeschichte, die mit Hofmanns Entdeckung beginnt und ab 1960 Kreise schlägt, nicht denkbar. Ja, es ließe sich zeigen, dass die Impulse der »Blumenkinder«, wie die geistig wiedergeborenen Geschöpfe Demeters in den Medien tatsächlich genannt wurden, gesellschaftlich sehr viel wirksamer waren als die rein politischen Aktivitäten der studentischen Kader.[43]

Erinnern wir uns noch einmal an das Diktum von Burroughs – alles, was mit Alkaloiden erreicht werden kann, kann auch ohne sie erreicht werden. Tatsächlich ist das Gehirn in der Lage, bestimmte Neuro-Transmitter selbst zu produzieren, deren Wirkung denen pflanzlicher Alkaloide entspricht. So können Marathonläufer und Ausdauersportler ein Lied von der Ekstase singen, die beim Erreichen eines bestimmten Schmerz- und Erschöpfungsniveaus durch den Ausstoß von Endorphinen (körpereigenen Opiaten) ausgelöst wird. Anfang der 90er-Jahre entdeckte Raphael Mechoulam an der Universität Jerusalem einen neuronalen Botenstoff, der dieselbe psychoaktive Wirkung wie Cannabis auslöst und Anandamid (nach dem Sanskritwort *ananda* = Glückseligkeit) genannt wurde.[44] Auch DMT (Dimethyltryptamin), ein dem Psylocibin verwandtes extrem starkes Halluzinogen, das für die Wirkung der heiligen Pflanzentränke im Amazonasgebiet (Yage) sorgte, gehört zur körpereigenen Hausapotheke. Unter bestimmten Bedingungen ist das Gehirn also auch selbst in der Lage, außergewöhnliche Bewusstseinszustände herzustellen, und die verschiedenen »heiligen« Praktiken – vom rituellen Tanzen und Trommeln über Meditations- und Atemübungen bis zu den Techniken der Deprivation (Fasten/Reizentzug) – dienen letzlich nichts anderem als einer solchen Erweiterung des Bewusstseins. Es müsste also nicht zwingend so gewesen sein, dass der Funke der Erleuchtung den Hominiden kurz nach dem Mittagessen traf, wie wir oben behauptet haben – eine durch Naturkatastrophen ausgelöste längere Fastenzeit oder ein kilometerlanger Dauerlauf auf der Flucht vor einem hungrigen Raubtier könnte ähnliche Zustände ausgelöst haben. Doch die ersten Meister dieser Technik, die Schamanen, treten uns nicht als Asketen oder Jogger entgegen, sondern als Pflanzenkundige und die Gründe für die Ausbreitung ihrer Kunst sind mit Sicherheit weniger in Volksläufen oder kollektiven Hungerstreiks zu suchen als in der Anwesenheit magischer Pilze auf dem steinzeitlichen Speiseplan. Wenn, wie wir gesehen haben, die Rationalisierungsmaßnahme »Monotheismus« mit einer stetigen Verdünnung der entheogenen (»den inneren Gott auslösenden«) Substanzen einhergeht, haben sich die verschiedenen kontemplativen Techniken der Gotteserfahrung vermutlich erst als Folge dieser Maßnahmen entwickelt. Seit der Zugang zum Baum der Erkenntnis tabuisiert ist, müssen Adam und Eva sich »im Schweiße ihres Angesichts« kasteien, um zum Eigentlichen durchzudringen, der Lift zur Gipfelerfahrung ist geschlossen ... Der große Erfolg dieser Maßnahme beruhte vor allem darauf, dass er das Einssein mit dem Absoluten vom nächsten Vollmond auf den St. Nimmerleinstag verschob und als Vollstrecker dieser Erlösung einen kommenden Messias installierte; Gott also von einer irdischen, jederzeit erreichbaren Angelegenheit zu einer jenseitigen machte – und dadurch ein ungeheures Arbeitspotenzial freisetzte. Der evolutionäre Vorteil, den dieses Organisationsmodell in der nachsintflutlichen Zeit für das Bio-Überleben mit sich bringt, ist offensichtlich – um den emotionalen Panzer seines Egos stark zu machen, um Trauma und Terror der Katastrophe zu überleben, musste der Mensch für eine Weile vergessen, dass das Werkzeug zur Auflösung des Egos im Absoluten allzeit aus dem Unrat, dem Moder, der Scheiße am Wegesrand wächst.

Die Drogenrazzia im Garten Eden und der Massenmord der Leviten wären insofern auch als eine Art Notstandsmaßnahme zur allgemeinen Mobilmachung zu lesen und nichts anderes sagt das Buch Genesis ja auch mit seiner Anweisung: »Geht und macht euch die Erde untertan.« Weil es aber an der Zeit ist, diese mittlerweile selbstmörderische Mobilmachung zu stoppen, von einem dominatorischen wieder zu einem partnerschaftlichen, symbiotischen Verhältnis zur Erde zu kommen, scheint es auch notwendig, sich wieder der archaischen Techniken dieses Kontakts mit dem Absoluten zu besinnen. Nicht um damit in das Zeitalter des Prärationalen und des Aberglaubens zurückzufallen, sondern um der Tunnelrealität eines an sein Ende gekommenen, destruktiven Rationalismus den Horizont des Transrationalen zu öffnen. Die Eingangspforten zu diesem Bereich stellt das Königreich der Pflanzen den Menschen seit jeher bereit, die Integration der absoluten Erfahrung aber, die Umsetzung dieser ungeheuren Information, die uns Gaia durch ihre Botenstoffe zukommen lässt – dass alles und jedes, Stein und Bein, Pflanze und Tier, Hitler und Saddam, Ich und Du, Teile des Göttlichen sind –, müssen die Menschen selbst leisten. Das Mysterium von Eleusis, dem »als gemeinsamem Heiligtum der Welt« diese Integration 2000 Jahre gelang, könnte dabei als ein Modell für die Weisheitstempel der Zukunft stehen, in denen Wissenschaft und Religion als praktische Metaphysik vereint sind und alle Kinder der Erde ihren Grundkurs in Psychonautik und Gipfelerfahrung – spirituellen Zivildienst – absolvieren. (1998)

»Wenn du stirbst, bevor du stirbst, wirst du nicht sterben, wenn du stirbst«

Nahtod-Erfahrungen, Jenseits-Kontakte und Reinkarnations-Erinnerungen sind mittlerweile umfangreich und seriös erforscht. Was gut an den umfangreichen Beiträgen eines hoch dotierten Essaywettbewerbs des Bigelow Institute for Consciousness Studies zu sehen ist, die einen sehr guten Überblick zum Stand der gegenwärtigen Forschungen geben. Dass nahezu alle Kulturen der Welt davon ausgehen, dass das Bewusstsein des Menschen den körperlichen Tod überdauert, wird von der materialistisch orientierten Wissenschaft gemeinhin als hoffnungsstiftende Illusion angesehen, mit der die Menschen zu allen Zeiten auf die Angst vor dem unausweichlichen Ende reagiert haben – mit der es gleichwohl definitiv zu Ende ist, wenn Gehirn und Kreislauf ihre Arbeit eingestellt haben. In den letzten Jahrzehnten aber ist diese wissenschaftliche Ansicht ins Wanken geraten, weil aufgrund der Fortschritte der Notfallmedizin immer mehr klinisch tote Menschen wiederbelebt werden und unabhängig von Alter, Status, Religion und Kultur von übereinstimmenden Erfahrungen berichten. Diese empirischen Daten lassen es nicht mehr zu, die Forschungen zu diesem Phänomen in den Bereich der Esoterik und Glaubensfragen abzuschieben – mit harten Fakten tanzt der Tod aus der Reihe der materialistischen Bauklötzchenwelt und macht klar: Bewusstsein … Geist … Seele sind nicht an einen Körper gebunden. Sie haben vor seiner Geburt »gelebt« und werden nach dem körperlichen Tod weiterleben.

Der rationale Aufklärer Immanuel Kant setzte sich in »Träume eines Geistersehers« (1766) mit den Schriften seines Zeitgenossen, des Naturwissenschaftlers Emanuel Swedenborg, auseinander, der 1744 begonnen hatte, seine mystischen Offenbarungen auf über 20 000 Druckseiten zu publizieren. Zu Anfang höchst fasziniert fand Kant diese Enthüllungen dann zwar *»ganz abscheulich und voll Unsinn«* und schimpfte den Autor einen »Fantasten«, kam aber nicht umhin, zu Swedenborgs Gesprächen mit Geistern und Engeln festzustellen: »... *in welche erstaunlichen Folgen sieht man hinaus, wenn auch nur eine solche Begebenheit als bewiesen vorausgesetzt werden könnte?«* Diese Voraussetzung scheint mittlerweile anhand Tausender durch die Nahtod-Forschung dokumentierter Begebenheiten durchaus gegeben – und die »erstaunlichen Folgen« sind für das herrschende materialistische Weltbild nach wie vor erschütternd .... wie auch schon Kants Bekenntnis, *»das Dasein immaterieller Naturen in der Welt zu behaupten und meine Seele selbst in die Klasse dieser Wesen zu versetzen. Was in der Welt ein Prinzipium des Lebens enthält, scheint immaterieller Natur zu sein.«* Weil wir es aber nicht erkennen können, hat es für ihn keinen Nutzen, sich Gedanken über die Frage zu machen *»ob eine Seele, die sich geistig ganz in der anderen Welt sieht, in der sichtbaren Welt durch sichtbare Wirkungen erscheinen werde und könne. Dies ist nicht möglich«*, konstatierte Kant, *»denn nur Materie kann sinnlich angeschaut werden, nicht aber ein Geist.«* Womit für Aufklärung und Rationalismus die Untersuchung des Geistigen und Immateriellen quasi erledigt und eine Kernfrage der Existenz auf ein naturwissenschaftliches Abstellgleis verschoben war.

Dort ist sie bis heute weitgehend verblieben, auch wenn sämtliche Fortschritte der Neurologie und Hirnforschung noch immer nicht erklären können, was »Bewusstsein« ist und inwieweit die Aktivitäten von Gehirnzellen dafür verantwortlich sind. Das anhand schwerer Kopfverletzungen im Ersten Weltkrieg häufig beobachtete Phänomen, dass überlebende Hirngeschädigte plötzlich eine andere (ihnen bis dahin fremde) Sprache fehlerfrei sprechen, dass ungebildete Bauernjungen in medialer Trance Diktate komplexer Abhandlungen niederschreiben oder ein fünfjähriges Kind die statischen Probleme nach dem Einsturz eines Neubaus erklären kann, die es aufgrund eines früheren Lebens als Architekt parat hat – all diese Rätsel sind ungelöst und deuten darauf hin, dass das menschliche Gehirn nicht der Produzent, sondern der Empfänger von »Geist« ist, also ein Receiver und Verstärker und nicht die Sendeanstalt. Auch wenn auf der zerebralen Festplatte einiges gespeichert ist, scheint Bewusstsein in einer immateriellen »Cloud« gespeichert, die nach dem Ende der neuronalen Hardware weiterhin erreichbar ist. Und die es verstorbenen Seelen offenbar ermöglicht, Kontakt mit der materiellen Erde aufzunehmen und Lebenden, sofern sie mit besonderen »Antennen« ausgestattet sind, Nachrichten zukommen zu lassen. Das schloss auch Kant, der nüchterne »Alleszermalmer« jeglichen spekulativen Aberglaubens, seinerzeit keineswegs aus, auch wenn normalerweise *»die über die fünf Sinne hinausgehenden immateriellen Sinne während des Lebens verschlossen (bleiben)«*. Besonderen Personen aber, *»deren Organe eine ungewöhnlich hohe Reizbarkeit haben«*, sei es möglich, *»sich bisweilen der Einflüsse von Seiten der Geisterwelt sogar in diesem Leben bewusst zu werden«*.

Eine solche Person, ein »Medium«, suchte der Mediziner und Informatik-Professor Oliver Lazar 2017 auf, als er durch den Unfalltod einer ihm völlig unbekannten Mitschülerin seiner kleinen Tochter in eine unerklärlich tiefe Trauer und seelische Krise gestürzt war. Und die Botschaften und Identitätsbeweise, die ihm von dem verstorbenen Mädchen übermittelt wurden, waren so unglaublich, dass er eine wissenschaftliche Studie auflegte, um solchen Jenseitskontakten auf die Spur zu kommen. Sein Buch »Jenseits von Materie« ist gerade erschienen und mein Kollege Robert Fleischer hat mit Oliver Lazar ein Gespräch über seine Erfahrungen und Forschungen geführt. Wie so oft bedurfte es auch bei Lazar einer intensiven persönlichen Erfahrung, um aus einem materialistischen Mediziner und Wissenschaftler einen Jenseitsforscher zu machen und wie der Neurochirurg Eben Alexander nach seinem Nahtoderlebnis sein Weltbild von Geist und Materie vom Kopf auf die Füße zu stellen.

Schon zu Kants Zeiten, später auf einem Höhepunkt des »Spiritismus« um die vorletzte Jahrhundertwende und bis in unsere Tage haben skeptische Wissenschaftler immer darauf hingewiesen, dass man auf derlei paranormale Phänomene wenig geben sollte, weil sie unbeweisbar seien und es sich dabei um Hirngespinste und Halluzinationen oder um Betrügereien handelt. Beides ist mit Sicherheit nicht auszuschließen und die Geschichte ist voll von geschäftstüchtigen Scharlatanen, Ablassverkäufern und Wunderheilern – und sie ist gleichzeitig voller wahrer Wunder, unerklärlicher Phänomene und immaterieller Aktivitäten. Schon vor hundert Jahren wurde der atomistischen Bauklötzchen-Physik mit der »geisterhaften Fernwirkung« (Einstein) der Quanten ihr materielles Fundament entzogen. Ist »das sogenannte Übernatürliche« gar nicht übernatürlich, sondern wir und unser Wissen schlicht und ergreifend unternatürlich? Und müssten nicht allein die Nahtod-Evidenzen, die massenhaften und übereinstimmenden Daten dieser »Empirie in der ersten Person« dazu führen, dass dieser naturwissenschaftliche Rückstand endlich aufgeholt wird? Wie sinnvoll ist ein »Transhumanismus«, der mit Chips, Implantaten und Gentechnik an der menschlichen Hardware herumschraubt und die entscheidende Software des Humanen – die unsterbliche Seele – ignoriert. Und damit die Tatsache, dass Menschsein per se ein Transitzustand ist: vom aquatischen Wesen im Ozean des Mutterleibs über das Luftwesen nach der Geburt zum unsterblichen Geistwesen nach dem Tod.

»Wenn du stirbst, bevor du stirbst, wirst du nicht sterben, wenn du stirbst« – die Inschrift, die sich am Kloster auf dem

Berg Athos in Griechenland erhalten hat, weist nicht nur zurück auf die antiken Mysterien von Eleusis, sondern könnten auch sehr gut als Zustandsbeschreibung für jene Menschen gelten, die der aktuellen Forschung von Nahtod- und Jenseitserfahrungen als Zeugen zur Verfügung standen: Ihre Angst vor dem Tod schwindet, sie **wissen**, dass es weitergeht, dass es ein Bewusstsein jenseits des Körpers gibt. Das ändert ihr Weltbild und viele ziehen aus dieser Erfahrung entscheidende Konsequenzen für ihr weiteres Leben. Ihr materielles Ego hatte aufgehört zu atmen, aber ihr Ich-Bewusstsein war geblieben und bedauerte es in vielen Fällen, auf die kalte Notfallstation zurückgeschickt zu werden, in der es sich – als wohlig aufgehobenes immaterielles Geistwesen schwebend – auf dem Bett liegen sah. »Wer nicht in Eleusis war, kann Leben und Tod nicht verstehen«, hatten die Griechen geraunt, nachdem ihnen die Initiation mit dem psychedelischen Trank der Demeter eine ähnliche Erfahrung beschert hatte wie den aus dem Jenseits zurückgekehrten Nahtod-Kandidaten: der ozeanischen Entgrenzung, der Auflösung des Ichs, einer Existenz und immateriellen Verbundenheit außerhalb des Körpers.

Diesem Geheimnis des »Sterbens vor dem Sterben« ist Brian Muraresku in seinem Bestseller »The Immortality Key: The Secret History of the Religion with No Name« nachgegangen – den Spuren des in Eleusis gereichten Gebräus mit Mutterkornpilz, das sich in Form des von Frauen zubereiteten dionysischen Weins im gesamten griechischen Großreich verbreitet hatte. Bis in die Katakomben von Rom, wo die bis ins 4. Jahrhundert verfolgte Sekte der Christen ihre Rituale feierte … bis Kaiser Konstantin das Christentum zur Staatsreligion machte, die Priesterinnen aus dem Ritus verschwanden und das psychoaktive Sakrament zum Messwein-Placebo verdünnt wurde. Mit der Zerstörung des Tempels von Eleusis durch den christlichen Barbaren Alarich im

Jahr 395 wurde das Abendland von der Selbstverständlichkeit eines unendlichen, immateriellen Bewusstseins, einer unsterblichen Seele, abgeschnitten.

Bessere Nachrichten als die, dass die gesamte Menschheitsfamilie – Geimpfte und Ungeimpfte – mit einem unsterblichen Bewusstsein geboostert ist, kann es angesichts eines weiteren Corona-Jahrs, in dem die Welt mit der Angst vor einem »Killervirus« in Panik versetzt wird, eigentlich nicht geben. »Ewiges Leben ist machbar, Herr Nachbar, es ist sogar werkseitig eingebaut! ...«, möchte man den maskiert am TV bibbernden Verängstigten zurufen, oder mit dem »Eintracht«-Trainer und hessischen Groß-Philosophen Stepi Stepanovic: »Lebbe gehd weider!« Wer das nicht nur glaubt, sondern weiß, kann den Massenwahn des Coronahorrors fraglos entspannter ertragen, auch wenn diese Gewissheit viele weitere Fragen aufwirft. Zum Beispiel, was sich die unsterblichen Seelen eigentlich dabei denken, sich im gefährlichsten und gierigsten Raubtier dieses Planeten – Homo sapiens – niederzulassen, wo sie doch immateriell und engelartig gelassen über den Dingen schweben könnten, statt sich hinieden mit 8 Milliarden Raubtieren um FFF (Fressen/Ficken/Fernsehn) etc. zu prügeln. Und das ist nur eine von vielen Unklarheiten, die sich beim Neusortieren von Geist und Materie, dem Paradigmenwechsel zu »Mind over Matter«, ergeben. Tröstlich aber bleibt die Nachricht vom ewigen Leben auf jeden Fall ... (broeckers.com, 10.1.2022)

Bewusstseinsantennen – Die »Satellitenschüsseln« des spitzkegeligen Kahlkopfs

Meinen ersten »Trip« machte ich mit sechs Jahren. Ich war mit einer Blinddarmentzündung ins Krankenhaus eingeliefert worden und erhielt vor der Operation die damals übliche Betäubung, Ether. Aus dem Zimmer, in dem ich mit anderen Kindern gelegen hatte, wusste ich schon, dass man eine Maske übergezogen bekam, durch die Nase einen merkwürdigen Geruch einatmen und dabei laut zählen musste, so lange, bis man einschlief. Der Rekordhalter in unserem Zimmer war bis neun gekommen und mein letzter Gedanke, bevor man mir die Maske über die Nase hielt, war die Frage, wie weit ich es wohl schaffen würde. Ich zählte los, bei fünf spürte ich einen leichten Schwindel, bei sechs eine starke Müdigkeit, sieben brachte ich kaum noch über die Lippen, dann hörte ich ein brausendes, sirrendes Geräusch – und war weg. Aber nicht in einer Ohnmacht oder Bewusstlosigkeit, sondern mitten in einer äußerst bewussten, intensiven Erfahrung: Ich schwebte im Weltraum, hatte Arme und Beine v-förmig von mir gestreckt, in einem Ring, an dem ich mich festhielt. Ringsum sah ich einen dunklen Horizont mit glitzernden Sternen und unter mir eine mit vielen Lichtern übersäte große Kugel, die Erde. Als ich nach der Operation in meinem Zimmer aufwachte, hielt ich dieses Erlebnis für einen Traum, einen besonders intensiven vielleicht, weil ich mich an das Gefühl des schwerelosen Schwebens und an die Klarheit, dass es sich bei dem Planeten unter mir um die Erde handelte, so gut erinnern konnte – aber eben einen Traum. Als ich einige Jahre später auf einer Werbetafel eine Figur sah, die in einem Kreis Arme und Beine v-förmig ausgestreckt hatte, dachte ich spontan: »Das bin ja ich, damals im Weltraum.« – Bei der Figur handelte es sich, wie ich später herausfand, um eine berühmte anatomische Zeichnung von Leonardo da Vinci.

Wenige Jahre vor meiner Operation war der erste »Sputnik« in den Weltraum geschossen worden, Raumfahrt und Astronautik waren zu dieser Zeit also erstmals nicht mehr nur Stoff für Zukunftsromane, sondern ein reales Thema und eines, das man kleinen Jungen, wie ich einer war, sicher begeistert erzählt hatte. Als ich mich später an der Universität mit den Arbeiten von Freud und Jung zu Träumen und Traumdeutungen beschäftigte, lernte ich, dass sich Träume sowohl aus dem Unbewussten als auch aus aktuellen Bildern, Erlebnissen und »Tagesresten« speisen. Dies schien meinen Weltraum-Traum zu erklären – ich war zuvor mit Imaginationen des Weltraums gefüttert worden, die auf diesem Ether-Trip dann von der Traumregie für das Ambiente genutzt wurden. Was aber unerklärlich blieb, war die Intensität dieses Erlebnisses, die sich von allen anderen Träumen, die ich bis dahin gehabt hatte, so deutlich unterschied. Dass man im Traum fliegen konnte, war mir nichts Neues, ich hatte öfter schon solche Flugträume gehabt. Aber dieser war anders, deutlicher, klarer – ich flog auch nicht, sondern schwebte und nahm alles viel wacher und bewusster wahr als sonst in Träumen üblich. Aber was sollte das anderes gewesen sein, als ein Traum? Erst etwa 25 Jahre später ahnte ich die Antwort: Was ich als Sechsjähriger erlebt hatte, war wahrscheinlich eine außerkörperliche Erfahrung. Für einen kurzen Moment – außer Schweben und dem Blick über den Horizont und hinunter auf den Planeten sind mir keine »Trauminhalte« erinnerlich – hatte das Bewusstsein meinen Körper verlassen und war in einen anderen Wahrnehmungszustand übergegangen. Ether gehört eigentlich nicht in die Klasse der Substanzen, zu deren Wirkungsspektrum solche außerkörperlichen Erfahrungen zählen, doch was der Schriftsteller Guy de Maupassant über den Ether-Rausch schrieb –

> *»Das war nicht Traum wie mit Haschisch, das waren nicht die ein wenig krankhaften Visionen wie mit Opium, es war eine wunderbare Schärfe des Verstandes, eine neue Art zu sehen, zu urteilen, die Dinge des Lebens einzuschätzen, und die Gewissheit, das absolute Bewusstsein, dass diese Art zu leben die wahre ist.«*[45]

– kann ich, was die Schärfe und Klarheit der Wahrnehmung betrifft, nur bestätigen. Als ich einige Jahre später erneut eine Ether-Narkose bekam, weil ein gebrochener Arm gerichtet werden musste, erlebte ich allerdings nichts Vergleichbares, ebenso wenig wie die Millionen Ether-Berauschten in diesen Jahrzehnten. Aber, um einen weiteren Schriftsteller und Drogenexperten – William S. Burroughs – über die Auslöser solcher außergewöhnlichen Erfahrungen zu zitieren: *»Alles, was mit Chemie erreicht werden kann, kann auch ohne Chemie erreicht werden.«*

Auf die Antwort, dass es sich bei meinem »Ether-Traum« um eine außerkörperliche Erfahrung gehandelt haben könnte, war ich erst viele Jahre später gekommen, nachdem ich durch den Genuss eines heiligen Pilzes – Psilocybin – ebenfalls in einen stark veränderten Bewusstseinszustand versetzt worden war. Anders als bei dem irgendwie raketenartigen und kurzen Ether-Trip war ich dieses Mal auf der Erde geblieben, aber meine Wahrnehmungen und Sinne schienen weit über meinen aktuellen Standort im Raum-Zeit-Kontinuum ausgebreitet. Ich saß an einem Apfelbaum gelehnt auf einer ungemähten Sommerwiese und beobachtete einen kleinen Käfer, der auf einem langen Halm herumkrabbelte. Als ich ihn wahrnahm, hatte ich das unmittelbare Gefühl, dass auch er mich wahrgenommen hätte – und dieser nonverbale, »gefühlte« Kontakt war der Auslöser weiterer solcher Kontakterlebnisse: mit dem Halm, auf dem der Käfer krabbelte, mit dem Baum, an dem mein Rücken lehnte, mit dem Gras, den Blumen, mit den kleinen Mücken, den Hummeln und Vögeln, mit den Pflanzen um mich herum. Und bald erstreckten sich diese Verbundenheit und ihr nonverbaler »Dialog« über meine Umgebung hinaus, von dem Boden, auf dem ich saß, und der Erde, die ich spürte, auf den ganzen Planeten; von der Luft, die ich einatmete, und den Strahlen, die mich wärmten, auf das gesamte Netzwerk des Lebens. Ich weiß nicht mehr, wie lange dieser Zustand der »Kontaktaufnahme« und des Erkennens dauerte, ich hatte dabei auf eine Weise zum ersten Mal erfahren, was »Leben« ist, dass die gesamte Natur lebt und sich dessen bewusst ist, dass alles mit allem in einem Netzwerk des Lichts verbunden ist – und dass ich ein Teil dieses Netzwerks bin. Diese Erkenntnis ließ ein unsagbares Glücksgefühl in mir aufsteigen, mir schossen Tränen in die Augen und ich weinte bestimmt eine Stunde lang: vor Glück, dass mir als kleines Teilchen dieses lebendigen, bewussten, intelligenten Systems gar nichts passieren kann, dass ich als geistiges Wesen aufgehoben bin in einem Ganzen und dass die Energie, die dieses System erzeugt und am Laufen hält, Zuneigung, Empathie, Liebe ist.

Mind over matter

Ich blieb, wie schon gesagt, bei dieser Erfahrung die ganze Zeit auf der Erde, aber die Antennen meiner Wahrnehmung erstreckten sich weit über das normale Programm und über meinen lokalen Standort hinaus. Später las ich, dass Bewusstseinsforscher diesen Zustand »ozeanische Entgrenzung« nennen, und dieser Begriff scheint mir für meine Erfahrung sehr zutreffend zu sein – ich war in den Ozean des Lebens eingetaucht, über die Grenze hinaus, die das Gefäß des Körpers und die Beschränkung der Sinne normalerweise setzen. Meine Identität hatte sich nicht aufgelöst (wie es, wenn die Entgrenzung weitergeht, passieren kann, was ich in solchen Fällen später als eher unangenehm und angstvoll erlebt habe), sondern war in einen veränderten, ungewohnten Wahrnehmungszustand übergegangen, der mir gleichwohl existenzielle

Einsichten bescherte. Seitdem »weiß« ich all das, was ich vorher nur geglaubt oder als irrationalen Glauben abgelehnt hatte; ich verstand, warum das materialistische Weltbild naiv ist; und was auf dem humanistischen Gymnasium damals gemeint war, wenn von Platons »Reich der Ideen« die Rede war, was ich für ebenso ausgemachten Humbug gehalten hatte wie die Reden des Pfarrers von »Gott«, der »Schöpfung« und dem »heiligen Geist«. Jetzt verstand ich mit einem Mal, was sie alle gemeint hatten; und dass unsere Welt nicht einfach aus Bauklötzchen zusammengesetzt ist, sondern von Geist durchflutet ist, ja aus ihm besteht – das Verhältnis von Geist und Materie war keine Frage mehr, sondern Gewissheit: »Mind over matter«. Was die Schulweisheiten der westlichen Religionen und Kosmologien sowie der Wissenschaft über den Menschen, seinen Körper und das Bewusstsein betrifft, reichte dieser eine pilzgeschwängerte Nachmittag aus, um mich vom Glauben ... nicht abfallen zu lassen, sondern von ihm aufzusteigen zum Wissen. Der Erkenntnis, dass die Welt viel mehr ist als das, was wir mit dem Tunnelblick unseres Alltagsbewusstseins üblicherweise wahrnehmen, und dass es möglich ist, diesen Realitätstunnel zu verlassen und mit einer Welt konfrontiert zu sein, die aus Licht, Bewusstsein, Geist zu bestehen scheint und von der unsere materielle Welt tatsächlich nur so etwas wie ein schattenhaftes Abbild darstellt. Ein wunderbares und unfassbares Mysterium einerseits – und andererseits die klare, unverrückbare Erkenntnis und Vergewisserung, als geistiges Wesen ein unsterbliches Teil dieses Ganzen zu sein.

Von diesem Tag an war ich nun keineswegs »erleuchtet«, aber ich hatte erstmals eine Ahnung davon bekommen, was »Erleuchtung« überhaupt bedeutet – nämlich dieses Mysterium, diese aus Geist bestehende Welt zu verstehen und sein Leben in der materiellen Welt danach auszurichten. Es wäre mehr als vermessen zu behaupten, dass mir das Erstere oder gar das Letztere seitdem gelungen sei – was ich aber seit dieser Erfahrung weiß, ist die Richtung, wo die Antwort auf die existenzielle Frage, woher wir kommen und wohin wir gehen, zu finden ist. Mein rationalistisches, materialistisches Weltbild, das ich bis dahin als unerschütterliche Wahrheit angesehen hatte, stellte sich als nachgerade lächerliche Einseitigkeit heraus, vergleichbar der Dummheit eines Beobachters, der, weil er nur eine Seite einer Medaille sieht, steif und fest darauf beharrt, dass die andere Seite nicht existiert und es sich bei den Berichten über diese andere Seite nur um Einbildungen, Halluzinationen, Aberglauben handeln kann. Dass unser materieller Körper so etwas wie ein Gefäß darstellt, das von einem lebendigen, bewussten Wesen – einem Geist, einer Seele – bewohnt wird und auch verlassen werden kann, hatte ich seit der Ether-Erfahrung als Kind irgendwie geahnt; der Pilz hatte mich nun gelehrt, dass auch unser normales Bewusstsein nur eine Art Behältnis ist, ein nur für bestimmte Sendungen geöffneter Empfänger, der aus diesem eingeschränkten Programm das konstruiert, was wir Wirklichkeit nennen. Die kleinen »Satellitenschüsseln« des spitzkegeligen Kahlkopfs aber zeigten, dass der Receiver im Gehirn auch ein unglaubliches Spektrum weiterer Programme empfangen kann und das Bewusstsein in der Lage ist, den vom Normalprogramm konstruierten Tunnel ebenso zu verlassen wie den Körper. Aber – und wegen der Wichtigkeit füge ich ein zweites Aber hinzu – aber was wir hier etwas abschätzig »Tunnel« nennen, muss auch erst einmal vorhanden sein, oder anders ausgedrückt: Man sollte sein Bewusstsein erst erweitern, wenn man eins hat. Insofern ist Günter Amendt unbedingt beizupflichten, wenn er darauf hinweist, dass LSD und andere Psychedelika »Drogen für Erwachsene« sind. Schon die Mysterien von Eleusis vor 3000 Jahren waren nicht nur Erwachsenen vorbehalten, vor der Teilnahme stand auch ein Einführungskurs, der die Initianten auf ihre Erfahrung vorbereitete und es ermöglichte, bei der Zeremonie eine individuell angepasste Dosis des »heiligen Tranks« zu erhalten.

All you need is love

»Ich gehöre zu jenen, die den Aktivismus des Parteikämpfers für reaktionär halten; was revolutionär ist, ist der existenzielle Kämpfer, die Kommune ... das Rock-Festival, das Love-in«, notierte der französische Soziologe Edgar Morin in seinem »Kalifornischen Journal« 1970. Auch wenn die »Kulturgeschichte des LSD« noch nicht geschrieben ist, der kulturrevolutionäre Umbruch, den wir in Deutschland »68« nennen, entwickelte sich fraglos aus der in dem Jahrzehnt zuvor in den USA entstandenen »counterculture« – der Beat-Generation, den Hippies und Yippies. Politisch und in seinem radikal-militanten Extrem schnell gescheitert – wie die Weathermen in den USA und die RAF in Deutschland – stellte sich dieser, von den »Parteikämpfern« als »unpolitisch« abgetane Strang der Jugendbewegung als der tatsächlich revolutionäre heraus: von der Befreiung der Sexualität bis zur Emanzipation der Frauen, von Ökologie und Naturheilkunde bis zum Yoga, vom Kinderladen bis zum Biosupermarkt an der Ecke. Insofern liegen die kulturgeschichtlichen Wurzeln sinnvoller und intelligenter Einrichtungen unserer Tage – von PC und Internet bis zu Katalysatoren und Windrädern – weniger in den roten Fahnen und Parteizentralen, sondern eher in den Räucherstäbchen der Hippie-Kommunen.

Diese Wiederentdeckung der Natur und das Bewusstwerden der zerstörerischen Seiten industriellen Wachstums hat ohne Frage mehr mit der Wiederkehr des eleusischen »Sakraments« Anfang der 60er-Jahre zu tun als mit dem gleichzeitigen Revival marxistisch-leninistischer Politkonzepte. »All you need is love« war nicht nur einfach ein Songtitel oder eine modische Parole, es war die Kurzfassung dessen, was eine neue Generation als Betriebsanleitung des Universums entdeckt hatte – und dass die »Beatles« sich bei Albert Hofmann bedankten und ihm ein »Belegexemplar« ihres »Sergeant Pepper«-Albums schickten, war kein Zufall. Wie die Techniker und Ingenieure in Stanford mit ihren neu eingestellten Bewusstseinsantennen eine Art Quantensprung machten und statt Elektronengehirnen und Raketensteuerungen persönliche Computer und Netzwerke ins Auge fassten, ging im musikalischen Bereich die biertrinkende Liverpooler Boygroup auf die »Magical Mystery Tour« und revolutionierte die Popmusik. Und aus dem Wahlslogan von Timothy Leary, der in Kalifornien gegen Ronald Reagan als Gouverneur kandidierte, – »Come together« – wurde ein Welthit …

»Gibt es nur einen einzigen Griechen«, fragte rhetorisch Aristides etwa um das Jahr 150, »einen einzigen Barbaren, der so unwissend, so gottlos ist, dass er Eleusis nicht als gemeinsamen Tempel der Welt ansieht?« Dass die damals noch bedeutungslose jüdische Sekte der Christen so stark und gottlos werden könnte, dass sie diesen Tempel 200 Jahre später zerstören würde, war noch nicht abzusehen; noch viel weniger war abzusehen, dass sich am 11. September 2001 Babylon wiederholen und die Welt in einen Krieg der monotheistischen Religionen stürzen würde. Umso mehr scheint es Zeit zu werden, sich an Eleusis zu erinnern – und an die Rituale und Pflanzen, die in ihrer polytheistischen »unio mystica« die geistige Welt zwei Jahrtausende lang zusammenhielten. Albert Hofmann hat in vielen Büchern und Vorträgen für eine Re-Vitalisierung von eleusischen Weisheitsschulen plädiert – doch eine nach wie vor barbarische Kultur lässt dies bis heute nicht zu. Und sorgt so auch weiter für das Missverständnis, dass es Erleuchtung für 10 Euro beim Dealer an der Ecke gibt. Die gibt es nicht. Den Anstoß aber, uns auf den Weg zu machen, den Kick, die Navigation durch die Realität und was wir dafür halten, selbst in die Hand zu nehmen; die Mühen, die inneren Schatten und Höllen zu konfrontieren, und das Glück, uns eins zu fühlen mit dem Netzwerk des Lebens – all das wird auf den Eleusis-Akademien der Zukunft gelernt werden können.

(2006)

Die Computerrevolution – Von »open mind« zur »open source«

Kaum ein Kapitel der Technikgeschichte ist ausführlicher beschrieben worden als die Entstehung des Personal Computers. Die üblichen Abhandlungen darüber beginnen mit Steve Jobs, Steve Wozniak und dem ersten Apple-PC 1976, um sich dann, nach einem kurzen Rückblick auf den Altair-Computer (1974), der legendären First West Coast Computer Faire (1977), dem IBM-PC (1981) und allem, was folgte, zu widmen. Die etwas avancierteren Historien berichten dann vielleicht auch noch davon, dass Steve Jobs im »Palo Alto Research Center« (PARC) von Xerox, wo man am Büro der Zukunft herumtüftelte, die Ideen für den ersten »Mac« aufsaugte und umsetzte – um dann seinerseits von einem gewissen Bill Gates beklaut zu werden. Begonnen freilich hat die Geschichte des PCs, lange bevor diese geschäftstüchtigen Gründer und Entrepreneurs die Szene betraten – Ende der 50er-Jahre im Umfeld der Stanford-Universität. Hier legten visionäre Forscher, Ingenieure und Programmierer die Wurzeln für die Entwicklung des PCs und des Internets und wurden zur Keimzelle für das, was sich auf der Halbinsel südlich von San Francisco dann zur Boomtown einer technologischen Revolution entwickelte: des Silicon Valley. John Markoff, der als »Senior Writer« der *New York Times* die Computerindustrie seit drei Jahrzehnten begleitet, ist diesen Anfängen jetzt nachgegangen und hat in einem faszinierenden Buch *(What the Dormouse Said: How the Sixties Counterculture Shaped the Personal Computerindustry, Viking Books, 2005)* eine bisher unerzählte und auf den ersten Blick unerhörte Geschichte festgehalten: die von den psychedelischen Ursprüngen des persönlichen Computers.

»Remember what the dormouse said: fead your head, fead your head« – der Titel von Markoffs Buch entstammt der Zeile des Songs »White Rabbit« von Jefferson Airplane, der mit seiner Anspielung auf die Verwandlung in »Alice in Wonderland« in den 60er Jahren zu einer der Hymnen der Bewusstseinserweiterung wurde. Die Haselmaus, die ermahnte, den Kopf zu füttern – und zwar mit den bis Mitte der 60er Jahre noch legalen Substanzen wie LSD, Psilocybin oder Meskalin – hatte aber nicht erst im »Summer of Love« 1967 Gehör gefunden. Schon Jahre bevor der Harvard-Dozent Timothy Leary den allgemeinen LSD-Gebrauch propagierte und Anweisungen zur sicheren Durchführung von Bewusstseinsreisen veröffentlichte und lange bevor die Popwelt, Bob Dylan, die Beatles und die Jugendkultur nachzogen, hatte sich ein ganz anderer Menschenschlag mit der erstaunlichen Wirkung psychedelischer Substanzen vertraut gemacht. Schon 1957 hatten die ersten Ingenieure, Mathematiker und Wissenschaftler in Stanford im privaten Rahmen damit begonnen und 1961 richtete Myron Stolaroff, der Chef-Designer des Tonaufzeichnungsgeräte-Herstellers »Ampex«, mit dem »International Institute for Advanced Studies« ein Zentrum ein, das sich der Erforschung von Psychdelika und ihrem Einfluss auf kreative Problemlösungen widmete. Myron Stolaroff, der auch an dieser Konferenz teilnimmt, war über Gerald Heard, einen Freund und Kollegen des Autors Aldous Huxley, in Kontakt mit LSD gekommen – und beschreibt dies als entscheidendes Erlebnis seines Lebens:

> *»In den 1950er Jahren hatte ich das große Glück, mit Gerald Heard bekannt zu werden, dem begabten Schriftsteller und Mystiker mit einem tiefen Verständnis der höchsten Bewusstseinszustände. Bei einem meiner Besuche brachte er das Thema LSD auf. Er erzählte mir, dass er und Aldous Huxley es von einem kanadischen Gentleman namens Al Hubbard*

erhalten hätten. Ich traf Al kurz darauf und war so von ihm angetan, dass ich nach Kanada ging, um es selbst zu probieren. Dieses Ereignis sehe ich als den wichtigsten Schritt meines Lebens. An einem Tag erfuhr ich mehr über die Realität und wer wir als menschliche Wesen sind, als ich es vorher auch nur geahnt hatte. Ich betrachtete das als die wichtigste Entdeckung, die je gemacht wurde und es gab nichts Wichtigeres für mich, als das ganze Potential, das LSD bietet, zu verwirklichen.«[46]

Das von Myron Stolaroff gegründete »International Institute for Advanced Studies« führte bis zu seiner nach dem Verbot von LSD 1966 angeordneten Schließung 350 Personen durch geleitete LSD-Sitzungen. In einer Pilotstudie mit den ersten 153 Probanden wurde ermittelt, wie sich diese Erfahrungen auf die persönliche Entwicklung und ihre Arbeit auswirkten – und die Ergebnisse klangen enthusiastisch: 83 Prozent empfanden die Erfahrung als wohltuend, 88 Prozent gaben an, sich selbst und andere besser zu verstehen, weiterhin wurden zum Beispiel eine Verbesserung der Kommunikation (69 Prozent) sowie eine neue Sichtweise der Welt (83 Prozent) konstatiert. Darüber hinaus vermerkten die Forscher, dass nur einer der Probanden angab, durch die Sitzungen mentale Probleme bekommen zu haben, dies aber ein Jahr später revidiert hätte.

So positiv diese Erfahrungen von nahezu allen Probanden auch empfunden wurden, brachten die Experimente, bei denen der direkte Einfluss der LSD-Wirkung auf kreative Problemlösungen gemessen werden sollte, eher bescheidene Ergebnisse. Douglas Engelbart etwa, der Erfinder der Maus und einer der Visionäre des Personal Computing, erfand auf seinem zweiten LSD-Trip ein »tinkel-toy« – ein Ball, der sich bewegt, wenn er von einem Wasserstrahl getroffen wird. Für kleine Jungs, die man zum zielgenauen Pinkeln erziehen will, sicher ein pädagogisch wertvolles Spielzeug, für die große Vision von Doug Engelbart freilich, die

Erweiterung der menschlichen Intelligenz durch Computer, ein eher kleiner Fortschritt. Mit seiner Idee von Computern als »augmentation« (Vergrößerung) der menschlichen Kapazitäten stand Engelbart im Kontrast zur Hauptlinie der Computerforschung, die in den 50er- und 60er-Jahren auf »Artificial Intelligence« setzte, das »Elektronengehirn«, den Computer als Ersatz menschlichen Denkens. Engelbart hingegen ging es um Erweiterung des menschlichen Potenzials und den Computer als Werkzeug und Medium der Kommunikation. Diese Philosophie legte es ihm auch nahe, psychedelische Drogen als Werkzeuge zu akzeptieren, und wie er durchliefen viele andere Professoren und Mitarbeiter der Computerforschung in Stanford die Sitzungen des Instituts, ebenso wie der Dichter Allen Ginsberg und der Fotograf Stewart Brand, der 1968 den ersten »Whole Earth Catalogue« herausgab, welcher zur Bibel und Gebrauchsanweisung der Alternativkultur wurde. Apple-Mitgründer Steve Jobs bekundete gegenüber Markoff, dass für ihn diese LSD-Erfahrungen »zu den drei wichtigsten Erlebnissen meines Lebens« zählten.

»Das eigentliche Erbe 60er-Jahre-Generation ist die Computerrevolution«

In einem Essay für das *Time-Magazin* schrieb Stewart Brand 1995: »Vergesst Anti-Kriegs-Protest, Langhaarige und Woodstock – das eigentliche Erbe 60er-Jahre-Generation ist die Computerrevolution.« Besuchern des »Stanford Reserach Instituts« (SRI) fiel das Mitte der 60er-Jahre sofort ins Auge: In Engelbarts »Arche«, dem »Augmentation Research Center« (ARC), saßen keine typischen Techniker in Schlips und Kragen, sondern Typen in bunten Hemden mit langen Bärten und Haaren, auf dem Boden lagen Teppiche und in der Luft duftete es nach Marihuana. Mit der Bewusstseinserweiterung zum Zwecke technischer Problemlösungen hatte unbemerkt auch ein neuer Geist in die heiligen Hallen der vor allem vom US-Militär finanzierten Forschungsstätte Einzug gehalten: die Anti-Kriegs-Bewegung, das »Free Speach Movement«, die Hippiekultur. Ein Lebens- und Arbeitsstil, der das Denken über die täglichen Routinen hinausbrachte. Aus dieser speziellen Mischung von begabten Wissenschaftlern, inspirierenden Drogenerfahrungen und kulturellen Umwälzungen entstand das kreative Klima, in dem die bahnbrechenden Erfindungen des Computerzeitalters realisiert wurden: Cursor, Maus, Texteditoren, Sounds, grafische Oberflächen sowie die Vernetzung von Computern, die zum Internet führte.

Dass es stets »Verbotenes« wie etwa Pornografie ist, das neuen Medien, von der Fotografie bis zum Videorecorder, zur Massenakzeptanz verhilft, diesem Aspekt der Technikkulturgeschichte fügt John Markoff eine weitere Variante hinzu: Drei Jahrzehnte vor Ebay und Amazon wurde der erste E-Commerce-Handel zwischen Studenten der Stanford Universität und dem Massachusetts Institute of Technology (MIT) getätigt: Sie benutzten die Verbindungen des ARPAnet, des Vorgängers des heutigen Internets, um einen Marihuana-Deal zu arrangieren. Dass es sich bei derlei Nutzung neuer Medien für zivilkulturelle Zwecke historisch stets um einen »Missbrauch von Heeresgerät« handelte, diese These des Medientheoretikers Friedrich Kittler findet in Markoffs Frühgeschichte des Silicon Valley mehr als eine Bestätigung. Schon die 1959 gelungene Miniaturisierung von Transistoren in integrierte Schaltkreisen war im Auftrag des Militärs erfolgt, das die bis dahin zimmergroßen Transistor-Rechner zur Steuerung von Raketen einsetzen wollte, und auch die anschließenden Forschungen zu Computern und Künstlicher Intelligenz wurden weitgehend vom Pentagon und von der NASA finanziert. Auch mit Substanzen wie dem 1943 von Albert Hofmann in Basel entdeckten LSD, der stärksten bewusstseinsverändernden Substanz überhaupt, war zuvor von Militär und Geheimdiensten als Wahrheitsserum und psychologischer Kampfstoff experimentiert worden – doch so wie Myron Stolaroff diesem Gebrauch mit seinem Institut eine neue Wendung gab und

LSD als Werkzeug zur intellektuellen und spirituellen Entwicklung nutzte, so hatten auch die Forscher in Stanford zunehmend die individuelle und persönliche Nutzung des Computers und weniger Militärisches im Sinn. Schon 1961 war der Mathematik-Student Fred Moore mit seinem Hungerstreik gegen Wehrpflicht und Einberufung auf den Treppen des Stanford-Gebäudes zum Pionier des Vietnamkriegsprotests geworden, der ab Mitte der 60er zu einer Massenbewegung wurde. Anhand des Friedenskämpfers Fred Moore, des »human potential«-Aktivisten Myron Stolaroff und des Technikvisionärs Douglas Engelbart zeichnet John Markoff die drei verschiedenen Stränge nach, deren Zusammenfließen 15 Jahre später die Computerrevolution auslöste. Allerdings nicht gradlinig und linear, sondern durch das Chaos und die Konflikte, die durch den Zusammenprall so verschiedener Konzepte und Weltbilder entstanden. Mit dem sich abzeichnenden Vietnam-Debakel spitzten sich auch die Konflikte der Stanford-Forscher mit ihren militärischen Finanziers zu, freilich nicht so weit, dass sie ihren geliebten Maschinen etwas zu Schaden kommen lassen wollten. Als radikale Demonstranten der Hardware des Instituts zu Leibe rücken wollten, verweigerten sie die Solidarität mit der Auskunft: »Computer sind politisch neutral.«

Die Pioniere freilich fühlten sich unter dem Dach ihrer militärfinanzierten Labors zunehmend unwohler und so war es nur eine Frage der Zeit, dass die Computerrevolution auswanderte. Fred Moore gründete 1971 den »Homebrew Computer Club«, eine Vereinigung von Computerfans und Bastlern, aus deren Mitgliedern bald nicht nur über 20 verschiedene Unternehmen, einschließlich Apple, hervorgingen, sondern auch eine Community und ein Geist, deren Spuren bis heute noch spürbar sind. Hier entstand jene Philosophie, die als »Hacker-Ethik« bezeichnet wird und deren fünf Gebote lauten:

- Der Zugang zu Computern sollte unbegrenzt sein.
- Alle Informationen sollten frei sein.

- Misstraue Autoritäten – fördere Dezentralisierung.
- Computer können Kunst und Schönes schaffen.
- Computer können dein Leben verbessern.

Gegen diesen kollektiven Geist des »sharings« und der »open source«, den der »Hombrew Computer Club« pflegte, regte sich bald Widerstand. In einem offenen Brief an die Mitgliederzeitung beschwerte sich ein junger Softwareentwickler, dass die Bastler des Clubs Programme untereinander austauschten, anstatt sie zu kaufen – und er für seine Arbeit deshalb nur auf einen Stundenlohn von nicht einmal 2 Dollar käme. Der Name des unterbezahlten Jammerlappens war Bill Gates.

»Eine kleine anarchistische Gemeinschaft von Tüftlern und Hackern hat den Fehler gemacht, das Feuer den Massen zu geben. Niemand gibt es zurück, es ist ein verlorenes Paradies. Diese wundervolle Gemeinschaft ist keine Gemeinschaft mehr«, stellte Slashdot.org in einer Rezension von Markoffs Buch fest. Shlashdot ist wie Mozzilla.org einer der letzten Fackelträger jenes Geistes, der von Figuren wie Bill Gates und dem Boom der PC-Industrie ab Anfang der 80er-Jahre überrollt wurde. Das dezentrale und führerlose Internet zeigt aber unterdessen, dass diese Ideale nicht totzukriegen sind und sich an entscheidenden Stellen auch immer noch bemerkbar machen; und allen Dollarmilliarden von Computerkonzernen zum Trotz immer noch für Innovationen sorgen, wie in den letzten Jahren mit Programmen wie dem Mozilla-Browser Firefox oder freien Betriebssystemen wie Linux – und wie der freien Enzyklopädie »Wikipedia«, die innerhalb weniger Jahre zur größten Wissenssammlung der Welt wurde. Doch nicht nur in der Quantität ist dieses freie Lexikon der Copyright-bewehrten Konkurrenz mittlerweile überlegen. Auch die Qualität der Informationen kann sich sehen lassen. Dass jeder Benutzer Lexikoneinträge erstellen und bestehende ergänzen kann, scheint der Unzuverlässigkeit auf den ersten Blick Tür und Tor zu öffnen – doch nur, wenn man die Selbstregulierungsfähigkeiten großer, offener Systeme nicht berücksichtigt. Den vielen Millionen Usern, die Wikipedia täglich nutzen, fallen Fehler oder gar mutwillige Fälschungen in der Regel sehr schnell auf und werden umgehend korrigiert. Das britische Wissenschaftsmagazin »New Scientist« hat die Qualität des Wikipedia-Wissens unlängst von einer großen Gruppe Fachwissenschaftler untersuchen lassen – jeder Experte sollte einen WIKI-Eintrag aus seinem Fachgebiet mit dem entsprechenden Eintrag in der »Encyclopaedia Britannica« vergleichen und bewerten. Das Ergebnis war, dass Wikipedia nur unwesentlich schlechter abschnitt als die weltweit als zuverlässigstes lexikalisches Standardwerk geltende »Encyclopaedia Britannica«.

Während Microsoft, Intel & Co. fieberhaft an Schutzfunktionen arbeiten, die den freien Austausch von Informationen über Computernetzwerke verhindern, ist die »Open Source«-Gemeinde dabei, die Idee des Copyrights und des »fair use« neu zu definieren.

»Der Drang der Computerhacker zum Teilen und das Streben der Unternehmen nach Geld – dies ist eine Konfrontation, die unausweichlich die nächsten technologischen Revolutionen bestimmten wird. Die Bühne ist bereitet für einen Zusammenprall von Wertvorstellungen, ein Widerhall jener eigentlichen Kräfte, die das Silicon Valley erschufen«, lautet das Resümee John Markoffs im Ausblick seines Buchs. Sehr gut recherchiert und spannend geschrieben hält es nicht nur ein weitgehend unbekanntes Kapitel der Computerrevolution fest – an mehr als einer Stelle räumt Markoff allerdings auch dem »Klassiker« zum Thema, Steven Levys *»Hackers – Heroes of the Computerrevolution«,* den verdienten Kredit ein –, sondern gewährt vor allem den unkonventionellen Kräften und Methoden, die die bedeutendste Innovation unseres Zeitalters schufen, den gebührenden Raum. Dass dabei auch mittlerweile dämonisierte chemische Hilfsmittel zur Bewusstseinserweiterung im Spiel waren, mag im Zuge des »Kriegs gegen Drogen« wie ein falsches Signal klingen, nüchtern betrachtet zeigt es indessen nichts anderes, als dass Innovationen stets eines befreiten Blicks über den Tellerrand hinaus bedürfen. Ohne »open mind« keine »open source«, könnte man sagen. Denn auch technologische Entwicklungen verlaufen nicht linear und kausal, sondern chaotisch und selbstorganisiert, und kulturelle, soziale und spirituelle Einflüsse sind für technische Innovationen ebenso bedeutsam wie fachliche und wissenschaftliche Faktoren. Insofern ist dieser »archäologische« Bericht aus der Frühzeit des Silicon Valley auch kein bloßer Technikreport, sondern dokumentiert eine entscheidende und prägende Phase der jüngeren Kulturgeschichte.

Wie diese technokulturellen Innovationen von der Westküste der USA mit der üblichen Verspätung nach Deutschland schwappten, erlebte ich zufällig im Herbst 1981 bei der *taz*, als sich der Plenumsraum neben unserer Kulturredaktion zu ungewohnter Zeit mit Leuten gefüllt hatte. »Was ist denn da los?«, fragte ich einen Kollegen. – »Irgendwelche Computerfreaks gründen einen Verein, ich verstehe nur Bahnhof.« Das ging mir ähnlich, als ich später ein bisschen zuhörte, außer bei einem bärtigen Mann in Latzhosen, der von Daten, »Modems«, »Akkustikkopplern« nicht wie ein Techniker sprach, sondern eher wie ein Öko-Gärtner von Pflanzen und Gartenwerkzeugen. Das war Wau Holland, der mit den anderen gerade dabei war, den »Chaos Computer Club« zu gründen, deren Vereinszeitung *Datenschleuder* ich fortan regelmäßig las, ohne mit den meist technoiden Fachartikeln irgendetwas anfangen zu können – sehr wohl aber mit dem Geist, der aus Waus Beiträgen mit so schönen Titeln wie »Daten – Aufzucht und Pflege« wehte. Sowie mit der Empörung über den für Jüngere heute kaum noch vorstellbaren Straftatbestand, den es in dieser grauen IT-Vorzeit noch darstellte, eine Telefondose auch nur aufzuschrauben – geschweige denn irgendetwas anderes als ein amtliches Fernsprechgerät daran anzuschließen. Die kreative Mischung aus antiautoritärer Auflehnung, angetörnter Verrücktheit und euphorischem Innovationswillen, die Markoff als den Humus der PC-Frühzeit beschreibt, ließ sich auch bei dieser ersten CCC-

Sitzung spüren, die bezeichnenderweise an jenem »Revolutions-Möbelstück« stattfand, das das *taz*-Kollektiv von Deutschlands erster »Wohngemeinschaft« geerbt hatte: dem großen Sitzungstisch der »Kommune 1«. Ebenso scheint es kein Zufall, dass die erste »Hackerbibel« mit gesammelten Beiträgen aus der *Datenschleuder* bei der »Grünen Kraft« erschien, dem auf Psychedelika spezialisierten Kleinverlag des ehemaligen LSD-Dealers Werner Pieper … – die Haselmaus hatte auch den deutschen Hackern einiges erzählt.

So viel zur Frühgeschichte des Silicon Valley und den Anfängen dessen, was in Form von weltweit vernetzten PCs mittlerweile eine Selbstverständlichkeit geworden ist. Vor dem naiven Kurzschluss, dass man nur LSD nehmen muss und schwupps so kreativ und genial wird, dass man das Internet erfindet, muss ich hier nicht ausdrücklich warnen. Aber dass der »open mind«, die geöffneten Pforten der Wahrnehmung, bei den Pionieren des Computerzeitalters eine wichtige Rolle spielten, lässt sich nach Markoffs nüchternem Report auch nicht mehr einfach als Hippie-Mythos abtun. Die These, dass ohne Albert Hofmanns Entdeckung diese bedeutendste technische Entwicklung unseres Zeitalters anders verlaufen wäre, ist nicht aus der Luft gegriffen – auch wenn die Idee des persönlichen und des inter-persönlichen vernetzten Computers in der Luft lag. Aber sie wurde nicht aufgegriffen, bis einige Leute ihre Bewusstseins-Antennen neu justierten. Im Blick auf die Technikgeschichte ist es interessant, dass alle technologischen Errungenschaften unserer Zeit von der Science-Fiction-Literatur imaginiert und vorhergesagt wurden. Jules Vernes und andere haben bis zur Raumfahrt alles beschrieben, was wir heute als technische Selbstverständlichkeiten ansehen; wissenschaftliche Prognostiker haben die technischen Entwicklungen und ihre Auswirkungen auf Wirtschaft, Verkehr und Alltag belegt und ausgemalt – und selbst wenn sie sich bisweilen im Zeitraum irrten, in dem eine bestimmte Erfindung oder Entwicklung relevant wird, wurden fast alle bedeutenden technischen Entwicklungen richtig vorhergesehen. Bis auf eine – und erstaunlicherweise ist es die für unsere Zeit bedeutendste überhaupt: die Personalisierung des Computers und das Internet. Kein Science-Fiction-Autor, kein Zukunftsforscher, kein Trendanalyst hat das World Wide Web in seiner heutigen Form in den 50er- und 60er-Jahren beschrieben oder vorhergesagt. Und offenbar bedurfte es irgendwie des Zaubertranks LSD, den Myron Stolaroff in das Tal brachte, das heute Silicon Valley genannt wird, um diesen blinden Fleck zu beseitigen und den Technikern und Ingenieuren die Pforten der Wahrnehmung für die Vision frei fließender, unbegrenzter Information zu öffnen. Die Kulturgeschichte des LSD ist noch nicht geschrieben, die Landkarte der Einflüsse, Anstöße, Inspirationen noch nicht gezeichnet, die das magische Erlebnis der LSD-Erfahrung bei Millionen von Menschen bewirkt hat. Nicht nur, wie unsere Exkursion in die Frühgeschichte des PC gezeigt hat, in der Technologie-Entwicklung, sondern ebenfalls in den Bereichen von Kultur und Gesellschaft insgesamt. Auch wenn Albert Hofmann den leichtfertigen Umgang mit LSD immer bedauert und kritisiert hat – und dieser ein Totalverbot nahezu unausweichlich machte –, hatte die Verbreitung im Untergrund der Hippiebewegung einen unübersehbaren Einfluss auf die kulturellen Entwicklungen. Dass die »Beatles« ihr »Sgt. Pepper«-Album, das als Meilenstein der zeitgenössischen Musik gilt, Albert Hofmann mit einem Dankschreiben zuschickten, war kein Zufall – vielen Künstlern und Kreativen hatte die LSD-Erfahrung neue Perspektiven eröffnet, den Blick über den Tellerrand hinaus, eine neue Welt. Das heißt natürlich nicht, dass man nur einen Acid-Trip unternimmt und schon macht man geniale Musik, dennoch scheint es eine wichtige Aufgabe, die Einflussspuren, den Impakt, den diese außerordentliche Erfahrung hinterlassen hat, nachzuspüren – und sie auch für die Zukunft nutzbar zu machen. Vor genau 20 Jahren – im Januar 1986 – eröffnete die US-Regierung unter Ronald Reagan eine neue Offensive im »war on drugs« mit der Kampagne »Just say no«. Tim Leary und andere haben diesen idiotischen Slogan sofort auf den Punkt gebracht: »Just say know.« Einfach wissen, Bescheid wissen, ist das wichtigste Gebot im Umgang mit jeder Art von geistbewegenden Substanzen und niemand anderes als Albert Hofmann hat einen solchen wissenden, sachgemäßen Gebrauch seiner Erfindung immer wieder angemahnt. Dass die Welt zu einem solchen wissenden Umgang mit den Pflanzen der Götter zurückfindet, ist sein allergrößter Wunsch – und wir können uns dem hier nur anschließen. Die Öffnung des Bewusstseins in den 60er-Jahren hatte revolutionäre Auswirkungen, und wenn wir auf die 68er Kulturrevolution von heute aus zurückschauen, dann waren es tatsächlich nicht die politischen Konzepte und Parolen dieser Zeit, die überlebt haben und heute selbstverständlich sind, es waren die kulturellen Impulse – von der Wiederentdeckung der Natur, die zum ökologischen Denken und zu dem Aufstieg der »Grünen« führte, über die Wiederentdeckung des Weiblichen bis zur Befreiung von Sexualität und Lebensstilen aus bürgerlichen Zwängen und die Hinwendung zu östlicher, ganzheitlicher Philosophie und Spiritualität ... Es waren nicht die »Politköpfe« und ihre Parolen, die die entscheidenden Impulse dafür legten, es waren die Hippies, die Kommunarden, die »Körnerfresser« und Langhaarigen, nicht die politischen, sondern die existenziellen Kämpfer. Und insofern scheint auch für die Zukunft sowohl des Planeten als auch jedes Einzelnen die Reihenfolge wichtig, die sie in diesem Kampf angaben: »Free your mind and your ass will follow!«

(2006)

Cannabis – Die Wiederentdeckung der Nutzpflanze Hanf

Warum Hanf?

Hanf wächst in nahezu jedem Klima, benötigt keinerlei Pflanzenschutzmittel, verbessert die Böden und kann so universell genutzt werden wie keine andere Pflanze auf diesem Planeten.

Hanf liefert als einjährige Pflanze auf derselben Fläche nicht nur vier- bis fünfmal so viel Papier wie Wald, wegen der hohen Reißfestigkeit der Hanffaser kann dieses Papier auch öfter recycelt werden als Holzpapier. Hanf kann den Kahlschlag der Erde stoppen. Hanf liefert auf derselben Fläche zwei- bis dreimal so viel Fasern wie Baumwolle, und dies ohne jeglichen Einsatz von Pestiziden. Allein im Baumwollanbau werden 50 Prozent aller hergestellten Pestizide eingesetzt. Hanf kann die Vergiftung von Böden und Grundwasser beenden.

Hanf liefert mit seinen Samen hochwertige Proteine und eine einzigartige Kombination wertvollster Fettsäuren. Durch sein unproblematisches Wachstum kann er in vielen Weltgegenden dringend benötigte Grundnahrungsmittel liefern. Er ist die Sojabohne des 21. Jahrhunderts.

Hanf kann darüber hinaus so vielfältig genutzt werden wie keine andere Kulturpflanze: als Biomasse und Energieträger ebenso wie als Bau- und Faserverbundstoff. Er kann in jeder Region die Produkte liefern, die sie täglich braucht. Regionale, hanf-basierte Kreislaufwirtschaften plus Solarenergie können die globale Klimazerstörung aufhalten.

Hanf ist last but not least eines der ältesten Heil- und Genussmittel der Menschheit. Gegen Krämpfe, Übelkeit und viele andere Leiden (einschließlich Stress) liefert er eine hochwirksame Medizin und ist gleichzeitig eine der ungiftigsten Pflanzen, die die Pharmakologie kennt. Hanf kann die fortschreitende Vergiftung der Bevölkerung durch schädliche Arzneien und Drogen beenden.

Die Wende zu einer nachhaltigen, naturverträglichen Wirtschaftsweise wird ohne Hanf nicht möglich sein. Die vollständige Rehabilitierung des Biorohstoffs Nr. 1 ist überfällig. Nachwachsende Rohstoffe und die Sonne stellen alles bereit, was die Menschheit im neuen Jahrtausend braucht.

Es gibt viel zu tun, pflanzen wir's an.

Im Herbst 1992 saß ich an den letzten Seiten eines Buchs, das ein halbes Jahr später erschien und etwas erreichte, was nur die wenigsten Bücher schaffen: Es löste tatsächlich ein, was sein Titel behauptete, nämlich: »Die Wiederentdeckung der Nutzpflanze Hanf«. Die Urfassung des Buchs war mir einige Jahre zuvor in einer Fotokopie auf den Schreibtisch geflattert, sie stammte von Jack Herer und hatte den Titel »The Emperor Wears No Clothes – Hemp and the Marihuana Conspiracy«. Also »Des Kaisers Neue Kleider – Hanf und die Marihuana-Verschwörung«. Wie in dem berühmten Märchen von Andersen zeigte das Buch nicht nur, dass der Kaiser – die Hanf-Prohibition – nackt war, indem es sämtliche Argumente, die für das Verbot angeführt worden waren, widerlegte, sondern es dokumentierte auch die politischen und ökonomischen Hintergründe, die überhaupt dazu geführt hatten, dass eine der ältesten und wertvollsten Nutz- und Heilpflanzen der Menschheit derart in Acht und Bann geschlagen werden konnte.

Obwohl ich mich mit dem Hanf-Verbot und der Tatsache, welche absurden dämonischen Eigenschaften der Pflanze in der sogenannten »Reefer Madness«-Ära der 1930er-Jahre angedichtet worden waren, schon beschäftigt hatte, war vieles von diesen Hintergründen neu für mich. Und weil ich als Kulturredakteur der *taz* einige Kontakte zu Buchverlagen hatte, versuchte ich einige von ihnen für eine Übersetzung zu begeistern. Doch die größeren, etablierten schreckten schon bei dem Wort Marihuana zusammen und die kleineren, alternativen vor den Übersetzungskosten und dem Aufwand.

Dann bekam ich einen entsprechenden Auftrag der Zeitschrift *Transatlantik*, einem von Hans Magnus Enzensberger herausgegebenen Magazin, in dem Essays und Reportagen erschienen und für das ich eine Reportage über die Cannabis-Szene in Deutschland schrieb. Die schon lange nicht mehr existierende *Transatlantik* war ein Paradies für Autoren, weil es quasi keine Zeilenbegrenzung und sehr gute Honorare gab. Und weil ich mich bei meinem Artikel nun nicht auf einen kurzen Bericht über Kiffer und ihre Welt beschränken musste, machte ich die Informationen aus Jack Herers Buch zum Kernpunkt des Artikels, der dann unter dem Titel »Hanf Dampf und seine Kriegsgewinnler« im Herbst 1987 erschien. Da ich die Quelle meiner Geschichte ausführlich zitiert hatte, ging ich davon aus, dass nun auch ein Buchverlag anbeißen würde und sich zu einer Übersetzung entschließen könnte. Aber nichts geschah, auch wenn ich noch in ein paar weiteren Zeitungsartikeln auf diese unbekannte Geschichte hinwies. Ich sprach mit Hans-Georg Behr, der Anfang der 1980er-Jahre das wunderbare Buch »Von Hanf ist die Rede« geschrieben und erstmals im deutschen Sprachraum darauf aufmerksam gemacht hatte, dass die »Mörderdroge« Marihuana/Haschisch/Cannabis hier eigentlich »Hanf« heißt und eine lange Tradition als Rohstoff, Medizin und Genussmittel hat. Aber auch er hatte keine Idee, wer die wichtigen und noch weiter als in seinem Buch gehenden Informationen und Dokumente von Jack Herer verlegen könnte. So lagerte das Werk erst mal ein paar Jahre in meinem Bücherregal, bis dann der Zufall, das Schicksal oder die Hanf-Göttin eingriffen … und das kam so.

Wie jedes Jahr war ich 1991 auf der Frankfurter Buchmesse, wo man als Autor von den Verlegern auch gern mal zum Abendessen eingeladen wird. So auch in diesem Jahr, wo der Verleger von Zweitausendeins, Lutz Kroth, ins Interconti Hotel direkt am Messegelände einlud. Außer mir waren auch noch zwei Amerikaner, die Agenten des Comiczeichners Robert Crumb, und andere Autoren zum Essen eingeladen, und nachdem wir fürstlich gespeist hatten und unser Gastgeber fragte, ob wir noch einen Wunsch hätten, meinte einer von ihnen, er würde jetzt gern noch einen Joint rauchen. Das ging in dem feinen Hotel natürlich nicht, aber ich bot an, dass wir für einen solchen Nachtisch kurz in den Hof gehen könnten. Das tat ich dann mit den beiden, während sich der Verleger mit den anderen Gästen an die Bar begab. Als wir dann beschwingt zurückkamen und wir zufällig beim Thema waren, fragte ich ihn, warum er dieses wunderbare Buch von Jack Herer nicht haben wollte, dass ich ihm vor Jahren zur Übersetzung vorgeschlagen hatte. »Was war das noch schnell?«, fragte er, und nachdem ich einen kurzen Überblick gegeben hatte, meinte er: »Schick mir das doch bitte noch mal.«

Zwei Wochen später telefonierten wir: »Wir würden es machen, wenn du es herausgibst und noch ergänzt um die europäische und deutsche Geschichte«, meinte Lutz – und ich antwortete: »Okay, ich mache es, wenn ihr das Buch auf Hanfpapier druckt – als ›hanffesten‹ Beweis. Die Geschichte des Hanfs als universelle Nutzpflanze ist so unglaublich, das glaubt uns kein Mensch.« – »Wenn das machbar ist und du dich darum kümmerst, drucken wir es auf Hanf!«

Mit dieser Auskunft machte ich mich an die Arbeit und recherchierte in der Staatsbibliothek, was an Büchern und Informationen über Hanf als Rohstoff und Medizin vorhanden war. Das war durchaus nicht wenig, aber das meiste war uralt. Die neuesten wissenschaftlichen Informationen über Anbau und Nutzung der Hanfpflanze fand ich in Büchern aus den 1950er Jahren, einem aus der DDR und einem über Nutzpflanzen von einem Professor der FU Berlin. Diesen Herrn Professor Plarre, der schon länger emeritiert war, machte ich ausfindig – und das Erste, was er mir am Telefon empört erzählte, war, dass in dem Museumsdorf Berlin-Düppel, das er wissenschaftlich betreute und in dem eine mittelalterliche Siedlung nachgebaut ist, die Polizei seinen dort historisch korrekt gepflanzten Hanf geerntet hatte. Seine Proteste, dass im Mittelalter in jedem Dorf Hanf angebaut und Bauern ihre Steuern mit Hanfsamen zahlen konnten, hätten auch bei der Senatsverwaltung nicht gefruchtet.

So sah die Lage Anfang der 1990er-Jahre aus – an den Universitäten, weder in den agrarwissenschaftlichen Fachbereichen noch in den medizinisch-pharmazeutischen, kam eine der ältesten Nutz- und Heilpflanzen der Menschheit schlicht nicht mehr vor. Das stachelte meinen Forschergeist mächtig an – und aus den geplanten ca. zehn Seiten als Ergänzung zu Jack Herers Informationen wurden dann weit über 100 Seiten und ein sehr dickes Buch.

Bevor ich dessen Geschichte weitererzähle, gehen wir noch einmal einige Jahre zurück, zu dem Mann, mit dem das alles anfing und den viele junge Leute nur noch als Namensgeber einer der berühmtesten Hanfsorten kennen: Jack Herer. Anfang der 1980er-Jahre hatte er begonnen, die damals nahezu unbekannten und unglaublichen Informationen über Hanf zusammenzutragen, zuerst auf einem Flugblatt, dann in einer Broschüre, die immer größer wurde, und schließlich 1985 in einem schmalen, selbstverlegten Buch – »The Emperor Wears No Clothes«, dessen Kopie zwei Jahre später auf meinem Schreibtisch gelandet war.

Jacks jüdische Eltern waren aus Osteuropa nach New York geflüchtet, wo er 1939 zur Welt kam. Nach der Highschool ging er zur Army und wurde in Korea stationiert. Zurück aus dem Krieg heiratete er, arbeitete als Vertreter für Leuchtreklame, wohnte mit Frau und Kindern in einem Vorstadthaus – und war ein Fan des politischen Rechtsaußen Barry Goldwater. Als seine Frau, die nebenher in einem Café arbeitete, ihm erzählte, dass sie mit ihren Gästen Marihuana geraucht habe, wollte er sie sofort bei der Polizei anzeigen. In der Schule und bei der Armee hatte er gelernt, dass es sich um ein gefährliches »Mörderkraut« handelt, und war entsetzt. Die Ehe ging dann auch aus anderen Gründen auseinander, doch einige Jahre später drohte ihm mit einer zweiten Frau dasselbe – auch sie hatte gekifft, war von der Wirkung begeistert und Jack schon wieder fast auf dem Weg zur Polizei. Doch dieses Mal ließ er sich überreden, einen Joint mit »Acapulco Gold« zu rauchen. Seine Frau setzte ihm Kopfhörer mit seiner aktuellen Lieblingsplatte auf, von dem Trompeter Herb Alpert – und das war der Tag, von dem an Jack Herer nicht nur Musik anders hörte, sondern auch die Welt anders sah. Aus dem Vertreter, der im Polyesteranzug und Nylonhemd mit Krawatte Leuchtreklamen an den Mann brachte, wurde der Hanfaktivist des Jahrhunderts, »The Hempster of the Century«, wie ihn die Zeitschrift *High Times* getauft hat. Dass dieses einerseits ungefährliche, andererseits so wunderbar wirksame Kraut illegal war, konnte er nicht fassen und der Aufklärung, dass die Prohibition auf einer gigantischen Lüge basiert, widmete er den Rest seines Lebens. Bis zu seinem Herzinfarkt nach einer wie immer kämpferischen Rede in Oregon 2010.

Neben all dem Wissen über Hanf, das er zusammengetragen hatte, war an Jack Herer so erstaunlich und einzigartig, dass seine Empörung über den Wahnsinn, die nützlichste Pflanze des Planeten zu verbieten, niemals nachließ. Er war ein »Fighter« – und als ich mit ihm 1996 an seinem Infostand in Venice Beach Flugblätter für die kalifornische Volksabstimmung zu »Medical Marihuana« verteilte und meinte, dass ich nach den vielen Vorträgen und Diskussionen manchmal müde sei, immer nur dasselbe zu erzählen, meinte er eindringlich: »You have to tell it over and over and over again!« Über 50 Jahren Gehirnwäsche durch Desinformation seien nicht an einem Tag rückgängig zu machen. Als wir ein Jahr später über den Erfolg der Kampagne sprachen, brachte er ein Beispiel, warum er recht damit hatte: Im Rahmen der Kampagne war eine Kurzfassung des Buchs auf Zeitungspapier gedruckt und von Aktivisten in den Briefkästen von L. A. verteilt worden – dabei waren einige Bezirke versehentlich zwei Mal beliefert worden. Und dort waren signifikant mehr »Ja« Stimmen für das Volksbegehren zusammengekommen, den ersten Dominostein, der die Prohibition in den USA dann zu Fall brachte. Ohne Jack Herer, das scheint mir sicher, wäre das so nicht gelaufen in den USA – und dass wir in Europa noch hinterherhinken in Sachen Legalisierung hat vielleicht auch damit zu tun, dass hier die Informationen über Hanf mit deutlicher Verspätung ankamen.

Damit zurück zur deutschen Ausgabe. Als ich meine Recherchen zur Geschichte des Hanfs in Deutschland und Europa abgeschlossen, die Übersetzung von Jacks Originaltexten redigiert und einschließlich aller Dokumente und Quellenverweise druckfertig gemacht hatte, kamen auch gute Nachrichten in Sachen Papier. In Spanien hatte ich eine Firma aufgetan, die noch Pulpe aus Hanf zur Produktion von Papier herstellte und über den Papierlieferanten des Verlags hatten wir einen Hersteller in Süddeutschland gefunden, der uns daraus (in 50-prozentiger Mischung mit Recyclingpapier) ein wunderbares Papier für das Buch herstellte. Zuvor aber bekam ich noch einen Anruf des Verlegers, der das komplette Manuskript studiert hatte: »Mathias, das ist alles wunderbar geschrieben und gut dokumentiert und belegt, aber es ist unglaublich. Einem kalifornischen Hippie und einem ehemaligen *taz*-Redakteur wird das die wissenschaftliche Welt nicht abnehmen. Wir bräuchten noch eine Art Gutachten, ein akademisches Institut, das die ganzen Anwendungen und ökologischen Vorteile von Hanf unabhängig bestätigt.« So machte ich mich auf die Suche nach einem solchen Gutachten und fand das Katalyse-Institut in Köln, wo Michael Karus und sein Team nun den Hanf noch einmal unter die Lupe nahmen und seine hervorragenden Eigenschaften als nachwachsender Rohstoff bestätigten. Damit war aus Jack Herers schmaler Broschüre aus dem Jahr 1986 nun ein Wälzer von über 500 Seiten geworden, der im Sommer 1993, gedruckt auf Hanfpapier, erschien. In derselben Woche stand in der Wochenzeitung *Die Zeit* eine Rezension, die unter dem Titel »Sanfter Unsinn« die Behauptungen des Buchs über die Nutz- und Heilpflanze Hanf als plumpen Versuch herunterputzte, die Legalisierung des Genussmittels zu erreichen. Der Autor der Rezension hatte aber die umfangreiche deutsche Fassung gar nicht gelesen, sondern nur ein Blick in die US-Version geworfen. Der Verlag war entsetzt, so ein Verriss in einer angesehenen Zeitung gleich zum Start ... wenn das so weitergeht, wird das Buch ein Ladenhüter, befürchtete man. Doch als eine Woche später im *Spiegel* ein großer Artikel erschien, der die Thesen des Buchs sachlich und ausführlich vorstellte und die »grüne Hoffnung« pries, die eine Nutzung dieses Rohstoffs bedeutete, waren alle Befürchtungen zerstreut. Das Buch wurde umgehend zu einem Bestseller und hätte monatelang den 1. Platz in den entsprechenden Listen gehalten, doch weil Zweitausendeins nicht über den Buchhandel, sondern nur über den Versand und eigene Läden verkauft, wurde es dort nicht gelistet. Allein im ersten halben Jahr gingen über 50 000 Exemplare an die Kunden.

Von den ersten aus der Druckerei kommenden Exemplaren hatte ich sieben nach Karlsruhe verschickt, an jeden der sieben Richter des Bundesverfassungsgerichts ein Exemplar, verbunden mit einem freundlichen Anschreiben, die Informationen dieses Buchs doch bitte bei der Bearbeitung des Falles zu berücksichtigen, der ihnen vom Oberlandesgericht Lübeck zugegangen war. Dort hatte sich der Richter Wolfgang Neskovic geweigert, die im Betäubungsmittelgesetz vorgesehenen Strafen in einem Verfahren wegen Cannabisbesitz auszusprechen, nachdem Gutachter neue Untersuchungen über die vergleichsweise geringe medizinische Gefährlichkeit vorgelegt hatten. Das höchste Gericht hatte nun darüber zu entscheiden, inwieweit die im Strafrecht vorgesehenen Strafen noch angemessen sind. 1994 erging dann das sogenannte »Haschisch-Urteil« des Verfassungsgerichts, das den Besitz geringer Mengen straffrei stellte. Ob die Richter unser Buch gelesen haben, weiß ich nicht, vom Sekretariat des Verfassungsgerichts erhielt ich ein Schreiben, dass Richter keinerlei Geschenke annehmen dürfen, das Buch aber in die Bibliothek des Gerichts aufgenommen worden sei. Bei einem der Richter, der ein sogenanntes Minderheitsvotum abgab, weil ihm die Entscheidung nicht weit genug ging und er für eine generelle Entkriminalisierung von Cannabis plädierte, nehme ich es sicher an, dass er es gelesen hat.

Kurz nach Erscheinen rief mich ein Rechtsanwalt an, der mit einer Agrargenossenschaft in Brandenburg einen Musterprozess zur Genehmigung des Hanfanbaus in Deutschland führen wollte. Zusammen mit den Bauern gründeten wir einen Verein, sammelten Unterstützung und Geld für das Verfahren und verklagten die Bundesrepublik Deutschland – vertreten durch die Bundesopiumstelle –, den Anbau von THC-armen Hanf in Deutschland freizugeben. In der ersten Instanz unterlagen wir, die Vertreter der Bundesopiumstelle hatten die von Faserhanf ausgehenden Gefahren in den schrillsten Farben ausgemalt – in der zweiten Instanz vor dem Oberverwaltungsgericht zog diese Nummer aber nicht mehr, denn in verschiedenen EU-Ländern wurde dieser Hanf ja nicht nur angebaut, sondern sogar subventioniert. Das konnten die Richter nun den deutschen Bauern nicht verwehren und so konnte 1996 in der Bundesrepublik zum ersten Mal wieder Hanf angebaut werden. Im selben Jahr erfolgte auch die Wiederaufnahme von THC (Tetrahydrocannabinol) in den Katalog der zugelassenen Arzneimittel, und das werte ich einen der wichtigsten konkreten Erfolge dieses Buchs.

Ich hatte nach Erscheinen einige Anrufe von Ärzten bekommen: »Bei mir im Wartezimmer sitzen Patienten mit Ihrem Buch und wollen Cannabis verschrieben haben. Ich habe davon noch nie gehört, obwohl ich Medizin und Pharmakologie studiert habe.«

Es war den Prohibitionisten über fünf Jahrzehnte tatsächlich gelungen, Hanf aus sämtlichen Arzneibüchern und natürlich den medizinischen Lehrplänen zu eliminieren – obwohl er seit über 3000 Jahren als Heilpflanze überall auf der Welt benutzt wurde. Es war gelungen, ihm das Image eines teuflischen Mörderkrauts anzuhängen, obwohl in der gesamten Medizingeschichte noch nie ein Mensch davon ums Leben gekommen ist. Weil diese Horrorpropaganda tief in das allgemeine Bewusstsein eingesickert war und Patienten Angst hatten Hanf zu verwenden, wurde ich öfter eingeladen, vor Patientengruppen über die Hintergründe und die Desinformation der ganzen Prohibitionskampagne zu sprechen.

Wie gut diese Pflanze schwerkranken Menschen helfen kann, habe ich in diesem Zusammenhang oft erfahren und umso zorniger machte es mich, welche Schwierigkeiten es gab und bis heute gibt, dass sie sich mit ihrer Medizin versorgen können. Um hier die Informationen aus unserem Buch noch weiter zu unterfüttern, sorgte ich dafür, dass die Übersetzung des wunderbaren Werks des Harvard-Mediziners Lester Grinspoon – »Marihuana die verbotene Medizin« dann schnell bei Zweitausendeins herauskam. Er war an der Uni mit einem Regierungsauftrag befasst, die Gesundheitsgefahren von Cannabis nachzuweisen, als sein Sohn an Krebs erkrankte und eine Chemotherapie machte, bei der ihm Übelkeit extrem zusetzte. Seine Frau hatte gehört, dass Cannabis sehr gut gegen Übelkeit wirkt, und besorgte welches für ihren Sohn. Der hatte nach der nächsten Chemo statt tagelanger Übelkeit sofort Lust auf Hamburger – und Lester Grinspoon cancelte seinen Forschungsauftrag und untersuchte fortan die Heilwirkungen von Marihuana. Mit diesem Buch eines Professors der angesehensten Universität der Welt wurde bestätigt, was Jack Herer und ich über die medizinischen Eigenschaften von Cannabis zusammengetragen hatten – und dass in Deutschland THC zumindest in halb-synthetischer Form (Dronabinol) 1996 wieder zu einer zugelassenen Arznei wurde, hatte sicher mit diesen Veröffentlichungen zu tun.

Ein Problem, das ich damals schon benannt hatte, existiert aber bis heute: Das Patent auf Hanf liegt bei Mutter Natur, und weil es außer einem Samenkorn, Wasser und Sonne nichts braucht, um die Pflanze im Garten oder auf der Fensterbank wachsen zu lassen, sind Hanfblüten äußerst einfach und mit geringen Kosten zu gewinnen. Wir hatten damals mit dem Katalyse-Institut ausgerechnet, dass ein staatliches Hanfgut von ca. 200 Hektar ausreichen würde, um den gesamten Schwarzmarkt mit legalem Cannabis zu beliefern, wobei bei so einem massenhaften Anbau die Gestehungskosten für ein Kilo Hanfblüten etwa bei denen von einem Kilo Biokartoffeln liegen. Nageln Sie mich auf diese 25 Jahre alte Schätzung nicht fest, vielleicht braucht's heute ein paar Hektar mehr und die Kosten liegen etwas über denen von Kartoffeln und bei denen von Kamille oder Lindenblüten ... die Hinweise sollen hier nur dazu dienen, die Dimension und Preisklasse klarzumachen, in der Hanfblüten eigentlich spielen. Und das oben angesprochene Problem verdeutlichen: Für die Pharmaindustrie ist legaler natürlicher Hanf kein Geschäft. Genauso wenig für die organisierte Kriminalität. Dass der seit kurzer Zeit in Deutschland mögliche Bezug von Hanfblüten über Apotheken zu extrem hohen Preisen erfolgt – der Vorsitzende des Arbeitskreises Cannabis Medizin, Dr. Franjo Grotenhermen, ist kürzlich in den Hungerstreik getreten, um auf diesen Skandal aufmerksam zu machen –, hat dazu geführt, dass Patienten weiter auf den Schwarzmarkt angewiesen und dem Risiko polizeilicher Repressionen ausgesetzt sind, weil sie sich die legale Hanfmedizin schlicht nicht leisten können.

Wegen der einzigartigen Wirkung von Cannabis bei vielen Krankheiten, dem verbreiteten Unwissen von Ärzten und Pharmazeuten, aus deren Lehrplänen es Jahrzehnte lang gestrichen war, und dem Lobbyismus der Pharmaindustrie, nur den synthetisch hergestellten Hauptwirkstoff THC zu legalisieren – George Bush senior versuchte als Vizepräsident unter Reagan sogar, medizinisch-wissenschaftliche Forschung mit natürlichen

Hanfblüten zu verbieten und auf das synthetische »Marinol« zu beschränken –, fordern wir in unserem Buch und als allererste Nothilfemaßnahme, den privaten Anbau zur Selbstversorgung zugehend zu entkriminalisieren. Solange die Ärzteschaft noch weitgehend uninformiert und das Gesundheitssystem nicht in der Lage ist, Patienten ihre Medizin zur Verfügung zu stellen, so lange ist Selbsthilfe das Gebot der Stunde.

Um solche Selbsthilfe auch auf dem Gebiet der Nutzpflanze Hanf voranzubringen, hatten wir den ersten Auflagen des Buchs noch einen besonderen Gimmick beigelegt: ein Tütchen mit Hanfsamen einer THC-armen Sorte und dem Hinweis, dass der Anbau in der Bundesrepublik genehmigungspflichtig ist, sowie mit der Adresse der Bundesopiumstelle, die solche Genehmigungen erteilt. Von dort wurde dann der dringende Wunsch geäußert, diese Aktion einzustellen, denn es seien schon Hunderte Anträge eingegangen, die man alle abschlägig bescheiden müsse. Wir setzen sie aber noch eine Weile fort, bis die Behörde dann über das Verfahren beim Verwaltungsgericht gezwungen werden konnte, zumindest Agrarbetrieben diese Genehmigung zu erteilen. Die Auflagen und bürokratischen Formalitäten haben aber dann dafür gesorgt, dass Anbau und Verarbeitung von Hanf in Deutschland bis heute nicht richtig in Schwung kommen konnten, zumal die EU die Subventionen für den Anbau Anfang des Jahrtausends eingestellt hat.

Das Ergebnis konnte ich unlängst bei einem Besuch der Hanfgenossenschaft Uckermark, nördlich von Berlin, besichtigen. Seit 20 Jahren gewinnen die Genossen in ihrer Fabrik rohe Hanffasern für den Bau- und Dämmstoffbereich und haben mit den Bauern in der Umgebung Verträge über die Abnahme geschlossen – 400 Hektar sind es in diesem Jahr. In der agrarischen Einöde der Region – wohin man schaut Raps- und Maisfelder – ist das nur ein Klacks, aber ein sehr entscheidender. Sieben Mal pro Saison müssen diese EU-subventionierten Felder ringsum mit Pestiziden und Herbiziden gespritzt werden, auf den Hanffeldern dagegen wurde noch nie auch nur ein Gramm eines Pflanzenschutzmittels benötigt. Für die Milliardengeschäfte von Bayer, Monsanto & Co. ist die Hanfpflanze uninteressant – auch dies ein Grund, warum der ökologische Nutzhanf gegen die giftige Konkurrenz auf dem Acker nicht vorankommt. Gleichzeitig versuchen diese Firmen vor allem im medizinischen Bereich neue Züchtungen zu patentieren – sich also an einem 10 000 Jahre alten Allgemeingut der Menschheit, der Genetik und Sortenvielfalt des Hanfs, zu vergreifen – und über ihre mächtigen Lobbys Exklusivität für ihre genetisch markierten Hybridsorten zu erreichen. Dies muss politisch verhindert werden, sonst ist in wenigen Jahren Hanf zwar weltweit legal, aber nur in Form solcher von Konzernen kontrollierten Sorten.

Hanf war weltweit über Jahrtausende einer der wichtigsten Rohstoffe der Menschheit. Die Gewinnung von Fasern für Textilien, Seile und Papier war aufwändig, aber unverzichtbar, für die Seefahrt und das Militär ebenso wie für den zivilen Gebrauch. Die Maschinerie für Ernte und Verarbeitung von Hanf war rudimentär und wurde erst in den 1920er Jahren an das Industriezeitalter angeschlossen – und just in diesem Moment, wo das amerikanische Magazin *Popular Mechanics* eine Milliarden-Dollar-Ernte dank dieser neuen Ernte- und Verarbeitungsmaschinen verspricht, setzt in den 1930er Jahren die Verbotskampagne ein, die die Hanfindustrie in den USA und nach dem 2. Weltkrieg weltweit zum Erliegen bringt.

Als wir dann 1996 mit den Brandenburger Bauern, Presse und diversen Fernseh-Teams auf dem Feld bei Potsdam feierlich die erste Hanfernte der Neuzeit beginnen wollten, gab es gleich die erste Panne: Die vier Meter hohen Pflanzen wiegten im Wind, ein Trecker mit einem Mähbalken fuhr los, die Kameras liefen, und es machte KNIRSCH nach kaum drei Metern waren die Messer kaputt. Weil sich 50 Jahre lang kein Ingenieur und Agrartechniker mehr Gedanken darüber gemacht hatte, diese mächtige Pflanze vom Feld zu bekommen, dauerte es dann noch einige Jahre, bis wieder zeitgemäße Erntemaschinen bereitstanden. Ähnlich wie im medizinischen Bereich hat die Prohibition auch im Agrarsektor einen gigantischen Schaden angerichtet und die universelle Nutzpflanze Hanf ein halbes Jahrhundert der wissenschaftlichen Forschung entzogen. Sei es für die Papierproduktion, sei es für die Textilgewinnung, sei es für eine hochwertige Lebensmittelversorgung, sei es für Produktion von Biomasse für Energie – überall ist die Hanfpflanze den derzeit genutzten Konkurrenten auf dem Acker überlegen. Die Zahlen, Daten und Fakten dazu stehen in unserem Buch, sie sind seit 25 Jahren bekannt und es hat in den mittlerweile 42. Auflagen des Buchs keinen Grund gegeben, sie zurückzunehmen oder zu korrigieren. Im Gegenteil. Dafür gibt es aber jetzt noch ein paar mehr Gründe in Sachen Nachhaltigkeit und Klimaschutz, die grüne Revolution auf dem Acker, die mit Hanf möglich ist, endlich anzugehen. Die Entkriminalisierung des Genussmittels Hanf kann nur ein allererster Schritt sein. »Es gibt viel zu tun, pflanzen wir's an!« endeten wir das Buch damals und die Parole gilt immer noch. Wie aber packen wir's endlich an?

Bevor wir in einer Öko-Diktatur enden, weil wirklich gar nichts mehr geht, spiele ich mit einem Ausblick am Ende mal den Hanf-Diktator:

- Erste Sofortmaßnahme ist die Entkriminalisierung des Anbaus für Patienten, ein sofortiger Stopp der absurden THC-Bürokratie für Ärzte sowie die Einstellung sämtlicher Strafverfahren wegen Cannabis und Entlassung aller deswegen Inhaftierten.
- Zweiter Schritt: ein Gesetz zur Regulierung des Anbaus und der Abgabe an alle Bürger unter der Maßgabe des Jugendschutzes und der Prävention. Dies bedeutet ein striktes Werbeverbot, das mit diesem Aufwasch auch auf Genussmittel wie Alkohol und Tabak sowie auf Arzneimittel ausgedehnt wird.

Sowohl für Patienten wie auch für Konsumenten werden regionale Hanfgenossenschaften gegründet mit dem Ziel, ihre Mitglieder mit hochwertigem Cannabis zu günstigen Preisen zu versorgen. Sowohl als Medizin wie auch als Genussmittel wird Hanf damit dem freien Markt entzogen und stärkt die regionale und kommunale Wirtschaft. Die erwirtschafteten Steuereinnahmen werden gezielt für Bildung, Drogenerziehung, Prävention und Rehabilitation eingesetzt.

Mit einem großen Förderprogramm im Rahmen der EU-Klimaschutzmaßnahmen werden auch regionale Genossenschaften für den Anbau und die Verarbeitung von Faserhanf und Hanfsamen ins Leben gerufen – 200 000 Hektar ungenutzter Agrarflächen in der EU nachhaltig wieder begrünt.

Dies wären die ersten Punkte, die sich innerhalb einer Legislaturperiode umsetzen beziehungsweise in Gang bringen lassen – und ich bin sicher, dass in Deutschland mindestens 2/3 aller Bürger sofort dafür sind. Nicht aber die Bremser in der Jamaika-Koalition, an der gerade gebastelt wird, auch wenn Grüne und Liberale dort mitmischen.

Wir müssen ihnen weiter klarmachen, dass es schon längst nicht mehr allein ums Kiffen geht und auch nicht nur um die Gesundheit vieler kranker Menschen – es geht um die Gesundheit des Planeten, der Erde, der Pflanzen, der Tiere, ohne die auch gesunde Menschen nicht leben können. Die wir aber zerstören, wenn wir weiter auf fossile Energien setzen und Jahr für Jahr Millionen Tonnen Pestizide verspritzen. Wenn wir weiter unsere Wälder abholzen für Papier, obwohl Hanf die vierfache Menge besseres Papier auf derselben Fläche liefert. Wenn wir weiter Mais und Raps als »Energiepflanzen« anbauen, obwohl Hanf deutlich mehr Biomasse bringt, wenn wir weiter schädliche Dämmstoffe im Hausbau einsetzen statt natürlichen CO_2-neutralen Hanf, wenn wir weiter Textilien aus konventioneller Baumwolle tragen, die für 50 Prozent aller weltweit eingesetzten Pestizide verantwortlich sind – kurz: Wenn wir fortfahren, die Erde in einen giftigen Backofen zu verwandeln, wird unseren Kinder und Enkeln selbst legales Marihuana nicht mehr helfen. Die längst überfällige Legalisierung kann daher nur der erste Schritt sein. Wenn wir die Zukunft sicherstellen wollen, muss Hanf wieder zu dem wichtigen Rohstoff werden, der er abgesehen vom dunklen Zeitalter der Prohibition auf der ganzen Welt schon immer war.

(2010)

Hanf und die Quantenphysik

Einstein wußte, wenn man kifft,
werden Raum und Zeit umschifft.
Grad wird krumm und früh wird spät,
das ist Relativität.
Dass Nobel-Lorbeer ihn umrankte,
er eigentlich dem Hanf verdankte.
Als einz'ge Pflanze weit und breit
verlangsamt Hanf nämlich die Zeit!
Stundenlang wird ein Minütchen,
raucht man nur ein kleines Tütchen.
Ist man vom Hanfe richtig breit,
wirkts gar wie eine Ewigkeit.

So war sie denn kein Wunderstück,
die »Raumzeit« der Atomphysik,
denn Einstein steckte dem Max Planck:
Hanf macht die Sekunden lang!
Er brachte ihm ein Quantum mit
vom allerbesten Tempelshit.
Dies brachte Heisenberg auf Trab,
der wollte gleich ein Quentchen ab.
Kaum war es aufgelöst in Rauch
entdeckt er:
Hanf macht unscharf auch!

Atome, die elyptisch eiern,
sich plötzlich nebulös verschleiern!
Und da, wo vorher Nebel war,
ist augenblicklich alles klar.
Noch dazu wird dieses Wanken,
allein beeinflusst durch Gedanken!

»Unmöglich!«, rief da Einstein aus,
dann könnt ja eine kleine Maus
allein nur durch ihr Angedenken
den großen Mond am Himmel lenken!
»Wenn niemand hinguckt, ist er fort!«,
gab Heisenberg das Widerwort,
»und erst wenn´s jemand überprüft,
er dadurch aus dem Nichts ihn hievt!«
Da schrie ihm Einstein ins Gesicht:
»Du bist verrückt, Gott würfelt nicht!«
Darauf der Werner Heisenberg:
»Albert, du Gedankenzwerg!
Hast du's noch immer nicht gerafft,
dass der Alte heimlich pafft?
Für unsre Logik ist das Gift.
Gott würfelt nicht, Oh nein, er kifft!«

Natürlich hat sich die Entdeckung der Quantenmechanik nicht so abgespielt, wie es in diesem dramatischen Scherzgedicht (aus: *Mathias Bröckers / Gerhard Seyfried: Hanf im Glück, 1997*) beschrieben wird. Aber die Fakten stimmen – und sie sind so abgedreht, dass die Idee, ihrem Entdecker und Formulierer einen Joint anzudichten, durchaus naheliegt. »Das Atom ist kein Ding!« – 1927 hatte Werner Heisenberg entdeckt, dass die Bahn eines Elementarteilchens erst dadurch entsteht, dass man nach ihr Ausschau hält. Sucht der Beobachter stattdessen nach einer Frequenz, verhält sich das »Teilchen« plötzlich als »Welle«, als eine im Raum ausgebreiteten Schwingung oder Frequenz, die über keinen definierbaren Ort, geschweige denn eine exakte »Bahn« verfügt. Dieser fundamentale Unterschied aber – und das war der Hammer – liegt nicht im Quantenstoff selbst begründet, sondern in dem, was der Beobachter zu sehen beliebt. Im unbeobachteten Zustand existieren sowohl Teilchen als auch Wellen, in einer Art »Wahrscheinlichkeitswolke«, einem virtuellen Set von Möglichkeiten, aus dem sich erst dann eine Wirklichkeit kristallisiert, wenn ein Beobachter Maß nimmt. Dieser erkenntnistheoretische Schock – »Wer von der Quantentheorie nicht entsetzt ist, hat sie nicht verstanden« (Niels Bohr) – wird auch noch nach 60 Jahren in leutseliger Form als »Messproblem« an den Mann gebracht: Die subatomaren Ereignisse seien eben so subtil, dass unsere groben Instrumente sie zwangsläufig beeinflussten, in der makrokosmischen Welt hingegen sei alles nach wie vor in bester Ordnung. Tatsächlich kann von einer Welt »da draußen« nicht mehr die Rede sein: Auch Lastwagen oder Wolkenkratzer zeigen im Prinzip Quanteneigenschaften, nur machen ihre kurzen Wellenlängen es unmöglich, diesen Effekt zu beobachten. Über das, was »da draußen« wirklich ist, kann die Physik keine eindeutige Antwort geben, selbst wenn es sich um gewöhnliche, klotz-materialistische Objekte wie Wolkenkratzer handelt: Unbeobachtet können sie nicht als Objekt, sondern nur als Welle von Möglichkeiten beschrieben werden, ein vibrierendes Potential »zwischen Idee und Faktum« (Heisenberg), das erst im Augenblick der Beobachtung aus seinem halb-realen Dämmerzustand in eine konkrete Form springt. »Der Mond ist nicht da, wenn niemand hinsieht« ist nicht der Titel eines Kindermärchens, sondern sorgt als Diskussionsthema für Zündstoff auf physikalischen Fachtagungen.

Über der Eingangstür zum Landhaus des Quantenphysikers Niels Bohr war ein Hufeisen an die Wand genagelt. Einen Besucher regte dies zu der Frage an, ob der Professor im Ernst daran glaube, dass ein Hufeisen über der Haustür Glück bringe. »Nein«, war die Antwort Bohrs, »ich halte bestimmt nichts von diesem Aberglauben. Aber wissen sie«, fügte er hinzu, »man sagt, es bringt auch dann Glück, wenn man gar nicht daran glaubt.« Seit den Entdeckungen von Planck, Einstein, Heisenberg und Bohr, die in den 20er Jahren dieses Jahrhunderts die Quantentheorie begründeten, ist die Physik in einer ähnlichen Lage wie dieses Hufeisen. Sie »funktioniert«. Neben ihrer erstaunlichen Fähigkeit, subtile Angelegenheiten des Lichts und der Atomstruktur vorherzusagen, hat die Quantentheorie einen ganzen Berg philosophischer Probleme aufgeworfen, oder besser gesagt: ins Rutschen gebracht. Denn die Physiker haben darüber ihre Grundlage verloren, den Halt in der Wirklichkeit. Sie wurden aus einem Jahrtausende alten, dualistischen Denkmuster gerissen, der Annahme einer außerhalb des Menschen existierenden »objektiven Realität«. Die realitätsnostalgischen Beschwörungen Albert Einsteins – »Wirklichkeit ist das wirkliche Geschäft der Physik« – halfen nichts, die Quantentheorie war keine kurzfristige, bizarre Verirrung, sie wurde wieder und wieder bestätigt. Dass dies den Physikern das Geschäft mit der »wirklichen« Wirklichkeit grundlegend verdorben hat, ist – so der Physiker Nick Herbert – »eines der bestgehüteten Geheimnisse der Wissenschaft« (Nick Herbert: »Quantenrealität«, Goldmann-Verlag (1990), ist als Einstieg ins Thema empfehlenswert).

Einstein selbst wollte die Konsequenzen aus dem von ihm selbst mitentdeckten Quantendilemma nie ziehen – er hoffte bis an sein Lebensende auf eine »ordentliche« Lösung. Zusammen mit seinen Kollegen Nathan Rosen und Boris Podolsky entwickelte er 1937 ein Experiment, bei dem sich zwei Teilchen in unterschiedliche Richtungen voneinander entfernen und ihr jeweiliger Zustand gemessen wird – und damit die mysteriöse

»Wahrscheinlichkeitswolke« der Quantenwelt widerlegen sollte. Doch dies gelang nicht, im Gegenteil wurde in den 60er-Jahren durch John Bell mathematisch bewiesen, dass Einstein unrecht hatte. Die beiden Teilchen bleiben in unmittelbarer Verbindung, auch wenn sie Lichtjahre voneinander entfernt sind – wechselt bei dem einen Teilchen der Spin, wechselt er bei dem anderen auch. Nichts Besonderes, sollte man meinen: Aber dieser Wechsel, das heißt die Signalübertragung, die ihn auslöst, findet in Überlichtgeschwindigkeit statt. Und dies ist das Einzige, was in Einsteins relativem Universum absolut ausgeschlossen ist. In den 80er-Jahren wurde durch Alan Aspect der bisher nur mathematisch geführte Beweis auch experimentell belegt: Das einsteinsche Tempolimit des Lichts wurde in mehreren Versuchen überboten. Damit ist klar, dass auch Einsteins Theorie, die wie keine andere dieses Jahrhundert geprägt hat, in Zukunft zu den großen Halbwahrheiten der Vergangenheit zählt. Mit Chuck Berry könnte man es auch so ausdrücken: »Roll over Einstein and tell Podolsky the news ...«

Spätestens Fritjof Capras New-Age-Bibel »Das Tao der Physik« machte deutlich, dass das Weltbild, das sich mit der Entdeckung der Quantenwelt abzeichnete, den spirituellen Erkenntnissen der asiatischen Philosophie entspricht. Die Wissenschaft des Abendlands, die der Materie mit modernsten Instrumenten und höchster Rationalität zu Leibe gerückt war, hatte dasselbe entdeckt, was die Meister des Ostens in der Meditation kontemplativ gefunden hatten. Und sie hatte dasselbe Problem: Über das Paradox von Teilchen und Welle zu sprechen, war genauso unmöglich wie vom eigentlichen Tao.

Zwar stimmen heute nahezu alle Naturforscher überein, dass der Kern aller Dinge im Akt der Beobachtung liegt, aber sie weigern sich, die Konsequenzen daraus zu ziehen, nämlich sich dem zuzuwenden, was da beobachtet: dem Bewusstsein;

sich selbst. »Bewusstsein ist ein Singular, dessen Plural wir nicht kennen« (Erwin Schrödinger) – man kann es nicht in verschiedenen Exemplaren draußen erforschen, sondern nur innen, auf der Wildbahn der eigenen Psyche. Es geht nicht um die Erforschung des Paranormalen, es geht um das Abenteuer der Selbstentdeckung; nicht um eine neue Wissenschaft, sondern um neue Wissenschaftler, Experimentatoren, die Teil des Versuchs werden.

Dass es hinter dieser unheimlichen Welt der Quanten letztlich doch nach den Gesetzen der klassischen Physik zugehen würde und die Naturgesetze nur scheinbar außer Kraft gesetzt sind – diese Hoffnung Einsteins ist durch Bells Theorem und Aspects Bestätigung widerlegt. Seitdem ist klar, dass einiges, wenn nicht das meiste, was gemeinhin Metaphysik genannt wird, zur harten Naturwissenschaft werden muss – oder aber die Wissenschaftler geben unumwunden zu, dass es ihnen einfach nicht möglich ist, die Natur zu erklären. Mit Bells Theorem ist Fiction anscheinend endgültig mit Science verschmolzen: Physiker haben die bizarrsten Spekulationen in den Bereich des Faktischen gerückt, die Überlegung, dass es »Informationen ohne Transportsystem«, nicht-materielle Kommunikation sein könnte, die alles Geschehen regiert, gehört noch zu den einleuchtendsten Schlussfolgerungen. Telepathie, Telekinese, UFOs, Zeitreisen und weitere Paranormalitäten hätten vor diesem Hintergrund einer völligen Neubewertung bedurft – und so nimmt es nicht wunder, dass Bells Entdeckung bis heute eher im Verborgenen blüht. Zumal es ihm selbst sehr viel lieber gewesen wäre, wenn seine Berechnungen zu dem Ergebnis geführt hätten, das Einstein sich seinerzeit wünschte: die Quantenmechanik ad absurdum zu führen. Doch er hat sie bestätigt und ihren Merkwürdigkeiten noch eins draufgesetzt. Es gibt Interaktion in Überlichtgeschwindigkeit – fertig machen zum Beamen! (1998)

Wundersam erleuchtete Amphitheater – Über eine unheimliche Begegnung im Jahr 1768

»Wir waren zur Allerheiligsten-Pforte hinausgefahren und hatten bald Hanau hinter uns, da ich denn zu Gegenden gelangte, die durch ihre Neuheit mein Aufsehen erregten, wenn sie auch in der jetzigen Jahreszeit wenig Erfreuliches darboten. Ein anhaltender Regen hatte die Wege äußerst verdorben, welche überhaupt noch nicht in den guten Stand gesetzt waren, in welchem wir sie nachmals finden; und unsere Reise war daher weder angenehm noch glücklich. Doch verdankte ich dieser feuchten Witterung den Anblick eines Naturphänomens; denn ich habe nichts Ähnliches jemals wieder gesehen, noch auch von anderen, dass sie es gewahrt hätten, vernommen. Wir fuhren nämlich zwischen Hanau und Gelnhausen bei Nachtzeit eine Anhöhe hinauf und wollten, ob es gleich finster war, doch lieber zu Fuße gehen, als uns der Gefahr und Beschwerlichkeit dieser Wegstrecke aussetzen. Auf einmal sah ich an der rechten Seite des Wegs, in einer Tiefe eine Art von wundersam erleuchtetem Amphitheater. Es blinkten nämlich in einem trichterförmigen Raume unzählige Lichtchen stufenweise übereinander, und leuchteten so lebhaft, dass das Auge davon geblendet wurde. Was aber den Blick noch mehr verwirrte, war, dass sie nicht etwa stillsaßen, sondern hin und wieder hüpften, sowohl von oben nach unten als auch umgekehrt und nach allen Seiten. Die meisten jedoch blieben ruhig und flimmerten fort. Nur höchst ungern ließ ich mich von diesem Schauspiel abrufen, das ich genauer zu beobach-

ten gewünscht hätte. Auf Befragen wollte der Postillon zwar von einer solchen Erscheinung nichts wissen, sagte aber, dass in der Nähe sich ein alter Steinbruch befinde, dessen mittlere Vertiefung mit Wasser angefüllt sei. Ob dieses nun ein Pandämonium von Irrlichtern oder eine Gesellschaft von leuchtenden Gestalten gewesen, will ich nicht entscheiden.«[47]

Das »Naturphänomen«, von dem Goethe im sechsten Buch seiner Autobiografie berichtet und das ihm auf einer nächtlichen Kutschfahrt von Frankfurt nach Leipzig erschien, entspricht ziemlich genau dem, was wir heute Unidentifiziertes Flug-Objekt, Ufo, nennen würden. Die »Irrlichter«, die Goethe bei seinem Identifizierungsversuch als mögliche Verursacher in Erwägung zieht, sind mittlerweile als natürliche Gase identifiziert, die sich aufgrund klimatischer Bedingungen selbst entzünden und wie ein Feuerball durch die Luft schweben – sie kommen als Ursache des beschriebenen »Pandämoniums« nicht in Frage. Alles spricht dafür, dass es sich bei dem Erlebnis des Studenten Goethe um eine »Begegnung der Zweiten Art« handelt: die Sichtung einer gelandeten oder über dem Boden schwebenden Untertasse. Zu einem Kontakt mit den »leuchtenden Gestalten«, einer »Unheimlichen Begegnung der Dritten Art«, wie sie Steven Spielberg in seinem Film beschreibt, ist es wohl nicht gekommen – die Details des Lichterphänomens aber lesen sich wie eine Regieanweisung dazu. Sie gleichen aufs Haar den zahlreichen Zeugenaussagen, auf die sich die moderne UFO-Literatur und im Übrigen auch Spielberg beruft, der seinen Film als Dokumentation verstanden wissen wollte. »Wundersam erleuchtetes Amphitheater« – ein treffenderer Ausdruck für ein UFO ist im 18. Jahrhundert kaum denkbar. Alles spricht dafür, dass es sich bei diesem »trichterförmigen Raum«, der »stufenweise« flimmert, nicht um einen im vorelektrischen Zeitalter schwerlich zu simulierenden Trick handelt – genauso wenig wie um eine ambulante (Amphi-)Theater-Truppe, die auf dem Land zwischen Hanau und Gelnhausen gastierte –, sondern um ein schwebendes Lichtobjekt mit außergewöhnlichen Eigenschaften. Was für heutige technische Verhältnisse noch einigermaßen selbstverständlich erscheint, muss im Zeitalter von Öllampen und Kerzen ziemlich sensationell gewirkt haben und der Bericht lässt an der Ungewöhnlichkeit der Erscheinung keinen Zweifel. Dass es sich bei Goethe nicht nur um einen poesiebegabten Dichter, sondern um einen der bedeutendsten Natur-Beobachter und -Forscher seiner Zeit handelte, macht diese Aufzeichnungen zusätzlich interessant. Auch wenn Goethe als junger Jura-Student zum Zeitpunkt dieser unheimlichen Begegnung den Rätseln des Lichts und der Farbe noch keine umfangreichen Studien gewidmete hatte, dass das scheinbar beiläufige Ereignis später in seinen Lebensbericht aufgenommen wurde, zeigt die Bedeutung, die der Autor ihm zumaß.

Dem zur Beurteilung des Phänomens herangezogenen Postillon fällt die klassische Rolle des aufgeklärten, gegen Unerklärliches und Übernatürliches immunisierten »Experten« zu: Zuerst streitet er grundsätzlich ab – er will von der Realität der Erscheinung »nichts wissen« –, und wenn das nicht mehr hilft, weil der Zeuge insistiert, werden rationalisierende Erklärungen nachgeschoben, in diesem Fall ein »mit Wasser angefüllter Steinbruch«. Dass diese Wasseroberfläche Licht reflektiert haben könnte, ist fraglos möglich. Doch gegen diese Erklärung spricht nicht nur die trübe, regnerische Witterung dieser Septembernacht im Jahr 1768, sondern vor allem die Intensität und Regelmäßigkeit des Phänomens: »unzählige Lichtchen«, die »stufenweise übereinander« rhythmisch »hin und wieder hüpften« und so »lebhaft leuchteten, dass das Auge geblendet wurde«. Teiche oder Wasserlöcher veranstalten selbst in klaren Vollmondnächten keine derartigen Lightshows.

Die beiden Hinweise auf Goethes Zustand nach diesem »unerwartet glücklichen Ereignis« – einen »Schmerz« in der Brust, der »erst nach vielen Jahren mich völlig verließ«, und ein merkwürdiger hypnagoger Zustand, »dass ich eigentlich im Gehen schlief« – deuten nicht auf eine jener Entführungen (und operativen Eingriffen durch außerirdische »Ethnologen«), wie sie amerikanische UFO-Forscher neuerdings zahlreich dokumentieren. Goethes Erklärungen für seinen schmerzenden »Verdruss« sind völlig plausibel: Auch damals ließ der ostzonale Straßenzustand zu wünschen übrig (»durch Thüringen wurden die Wege noch schlimmer«) und bei Auerstädt blieb der Wagen stecken. Beim Anschieben »ermangelte (ich) nicht, mich mit Eifer anzustrengen, und mochte mir dadurch die Bänder in der Brust übermäßig ausgedehnt haben«. Dass ihn nach solcher Anstrengung, »des Wachens und der Reisebeschwerden nicht gewohnt«, später im Gasthaus eine »unüberwindliche Schlafsucht« überfällt, als er gerade unterwegs ist, »die erhoffte Suppe zu beschleunigen«, scheint mehr als verständlich. Als Ahnherr der UFO-Entführungsopfer, wie sie sich in den USA mittlerweile in Selbsthilfegruppen organisiert haben, kommt Goethe deshalb vermutlich nicht in Frage. Auch wenn die »Abductees« – die den Psychiater meist wegen einer Erinnerungsblockade aufsuchen, die unter Hypnose bricht und (erschreckend übereinstimmende) Details von Entführungs-Erlebnissen und medizinischen Untersuchungen preisgibt –, auch wenn diese Horror-Erlebnisse von den Patienten durchaus mit positiven »Bewusstseins-Transformationen« verbunden werden, Verwandlungen von Weltbild und Lebenseinstellungen in einer Art, wie sie »goethischer« nicht sein könnte: ganzheitlich, spiritualistisch, kosmisch.[48]

Für die UFO-Forschung ist das Protokoll Goethes von großem Belang – es stammt nicht von einem unglaubwürdigen Zeugen, sondern von einem der größten Licht-Experten seiner Zeit – Goethes nie akzeptierte »Farbenlehre« wurde erst in jüngster Zeit von der neuen Physik und Wahrnehmungsforschung im Grundsatz rehabilitiert, sie war dem mechanistischen Zeitalter Newtons 200 Jahre voraus. Wenn aber ein so deutlich als blinkende Untertasse identifizierbares »Amphitheater« bereits im 18. Jahrhundert landete, dann kann es sich weder um einen »modernen Mythos«

handeln – als welches C.G. Jung das UFO-Phänomen klassifizierte – noch um geheimes militärisches »Stealth«-Fluggerät, mit dem nach Ansicht gläubiger Skeptiker UFOs seit 1946 meistens verwechselt werden. Vielmehr darf »mit Goethe« behauptet werden – ohne den E.-T.-Archäologen v. Däniken zu einem weiteren Werk (»Waren die Dichter-Götter Astronauten?») anregen zu wollen –, dass es »Untertassen« sehr wohl schon gab, bevor sie ihren Siegesflug durch die Yellow Press antraten. Die Spezies WEA – »Wundersam erleuchtete Amphitheater« – kann als legitimer Vorfahr der Gattung UFO gelten.

Arthur Koestler zitiert die Wissenschaftsgeschichte der Meteoriten – »Das Fallen von Steinen vom Himmel ist physikalisch unmöglich«, behauptete die Pariser Akademie der Wissenschaften – als Hinweis auf den Misskredit, in dem heute die Beschäftigung mit fliegenden Untertassen steht: »Man kann sich unschwer vorstellen, dass Meteoriten für die Menschen des 18. Jahrhunderts nicht leichter zu schlucken waren als UFOs für uns. Daher auch das gleiche Gezänk.« In »*Der Mensch-Irrläufer der Evolution*« hat sich Koestler mit dem UFO-Tabu und den staatlichen Desinformations-Kampagnen auseinandergesetzt und für das »Festival der Absurdität« plädiert, das mit der Akzeptanz der Außerirdischen unweigerlich Einzug hält: »Wir müssen immer damit rechnen, an den Grenzen der Wissenschaft – ob bei außersinnlicher Wahrnehmung, bei der Quantenphysik oder der Ufologie – auf Phänomene zu stoßen, die uns paradox und absurd erscheinen.« Weil aber akademischen Autoritäten bei der Beschäftigung mit UFOs Karriereabsturz droht, Exkommunikation aus der »scientific community«, bleibt die Wahrheitsfindung Privat-Forschern überlassen und unerschrockenen Grenzgängern vom Schlage eines Arthur Koestler. »Wenn die parapsychologischen und außerirdischen Erscheinungen wahr oder auch nur plausibel wären, müsste man sich ihnen gänzlich, ohne einen Augenblick zu verlieren, widmen«, heißt es bei Jean Baudrillard. Der skeptische Simulations-Theoretiker kommt mit seinem Realismus-Dogma freilich über das Niveau seiner Pariser Kollegen von 1772 nicht hinaus – denn was heißt schon »plausibel«?[49]

Als im Jahr 1950 die Ethnologen Marcel Griaule und Germain Dieterlen ihre Forschungsergebnisse über die Mythologie der Dogon, eines archaischen Wüstenvolks im heutigen Mali, veröffentlichten, wussten sie nicht, dass sie eine Sensation publizierten: »Ausgangspunkt der Schöpfung ist der als *Digitaria* bezeichnete Sirius-Begleiter, der den Sirius umkreist. Die Dogon betrachten ihn als kleinsten und schwersten aller Sterne. Er enthält die Keime aller Dinge. Seine Bewegung um seine eigene Achse und rings um den Sirius garantiert das Fortwirken schöpferischer Kräfte im Weltraum.« Dass Sirius als nächster (8,6 Lichtjahre entfernter) und hellster Fixstern am Himmel im Dogon-Mythos eine Rolle spielte, schien nicht weiter überraschend, auch für die alten Ägypter, die ihn Sothis nannten, war Sirius der Kalenderstern. Keine Frage aber verwandten die astronomisch laienhaften Afrika-Forscher darauf, ob ein solcher Begleiter des Sirius überhaupt existiert – sie waren nur erstaunt über die detaillierten Himmelskenntnisse der Dogon und darüber, »wie Menschen ohne astronomische Instrumente über Bewegungen und Eigenschaften von Himmelskörpern Bescheid wissen konnten, die kaum sichtbar sind«. Tatsächlich existiert ein Begleiter des Sirius, aber er ist nicht nur »kaum sichtbar«, er ist völlig unsichtbar. Erst Ende des vergangenen Jahrhunderts wurde die Existenz von »Sirius B« aus der Bewegung des Sirius-Hauptsterns überhaupt erschlossen und mit einem starken Fernrohr beobachtet, die erste astronomische Aufnahme des kosmischen Winzlings gelang 1970. Die Dogon kennen nicht nur diesen Stern seit Menschengedenken, sondern auch die Dauer seines Umlaufs um Sirius A (genau 50 Jahre) und seine nicht runde, sondern »eiförmige« Bahn. Zudem wissen sie, was zu den allerneusten Errungenschaften der Astro-Physik zählt: dass es sich bei Sirius B um einen sogenannten »Weißen Zwerg« handelt, das lichtschwache, von extremer Gravitation zusammengedrückte Endprodukt eines ehemaligen Himmelskörpers – den »kleinsten und schwersten aller Sterne«. Wie kommt ein Naturvolk in der Wüste von Mali an ein derartiges Wissen? Die Dogon-Priester berichteten den Ethnologen, dass sie dieses Wissen und ihre gesamte Kultur den »Nommos« (den »Mahnern« oder »Unterweisern«) verdanken, amphibischen Wesen, die in einer drehenden und wirbelnden Arche vom Himmel gekommen seien – von einem Planeten, für den Sirius A und Sirius B eine »Doppelsonne« darstellten. Dieser Planet, dessen Größe und Bahn den Dogon bekannt wurde bis heute nicht gesichtet – Zweifel sind deshalb angebracht, aber auch Zuversicht: Schließlich wussten sie schon lange von Sirius B, als bei uns noch niemand etwas ahnte. Zweifel hatte auch der Sanskrit-Forscher und Orientalist Robert K. G. Temple, als er 1976 in London »The Sirius Mystery« veröffentlichte: nicht an der Echtheit des völlig unverdächtigen Berichts der Ethnologen Griaule/Dieterlen und auch nicht an den amphibischen Kulturbringern, auf die er auch in babylonischen und ägyptischen Mythen gestoßen war. Er hatte vielmehr Angst, sich als UFO-Obskurantist unmöglich zu machen. Doch das Gegenteil geschah: »Es wird schwerfallen, Temples Argumente zu zerpflücken«, schrieb die ehrwürdige *Times* und behielt bis heute recht, für sein Buch wurde der Autor zum Mitglied der »Royal Astronomical Society« ernannt. Das Sirius-Mystery ist nach wie vor serious … wie u. a. auch bei Doris Lessing (»The Sirian Experiments«, London 1982) nachzulesen ist.[50]

»Jede weit genug entwickelte Technologie ist von Magie nicht zu unterscheiden.« Der Schriftsteller Robert Anton Wilson hat diesem Gesetz von Arthur C. Clarke noch einen Absatz hinzugefügt: »Jede genügend fortgeschrittene Parapsychologie ist noch viel weniger von Magie zu unterscheiden.« Als Wilson im März 1976 im *San Francisco Chronicle* in einer Rezension des eben erschienenen Buchs vom Temple von vorzeitlichen Besuchern aus dem System des Sirius las, war er »völlig perplex« – hier behauptete ein angesehener Astronom, dass ein Geschehen real und materiell stattgefunden habe, das er auf einer ganz anderen, nämlich parapsychologisch-halluzinatorischen Ebene vermutete: Wilson, der mit Yoga und anderen Bewusstseinstechniken experimentierte, bildete sich ein, 1973 erstmals am 23. Juli – dem Tag, an dem sich Sirius und Erde am nächsten sind – und danach mehrfach bis Oktober 1974, telepathische Nachrichten von Wesen von einem Planeten des Sirius empfangen zu haben. Er hatte mit Halluzinations-Experten, Psychologen und UFO-Forschern darüber gesprochen und interpretierte das Außerirdische eher als innerpsychische Angelegenheit und Kontakterlebnisse als Manifestation einer interstellaren telepathischen Kommunikation, die das kollektive Unbewusste in diesem Jahrhundert eben mit UFO-Metaphern ausschmückt, während es früher Marienerscheinungen oder Tiergottheiten waren. »Wenn ein Verkäufer in West-Virginia und ein Student in West-Virginia die gleiche ›Halluzination‹ miteinander teilen können – beide wurden in einem UFO ›schneller als das Licht‹ zu einem Planeten namens Lanalus entführt, wo alle nackt herumlaufen –, dann könnte es sich bei diesem Schulbeispiel möglicherweise um eine interstellare Mitteilung handeln«, meint Wilson

UFOs also einerseits als grobstoffliche, hochtechnisierte Flugzeuge von anderen Sternen, andererseits als immaterielle, psychoide Überflieger einer höheren Bewusstseins-Dimension, oder – und das könnte die komplexen Verwirrungen des Themas erklären – beides zusammen? Sicher nicht zufällig (aber bis heute ziemlich umsonst) haben sich die zwei hervorragendsten Schüler Freuds – Wilhelm Reich und C. G. Jung – intensiv mit den Untertassen beschäftigt. Während Jung sie als moderne Variante archetypischer, vom Unbewussten projizierter Bilder zu verstehen suchte, forschte Reich in eine ganz andere Richtung. Bei seinen Experimenten mit »Orgon«-Energie, (in der er den kosmischen Treibstoff allen Lebens gefunden zu haben glaubte) erschienen ihm UFOs (Reich nannte sie EAs – Energie Alpha-Primordial) eher als eine Art außerirdischer Vampire, die uns hienieden die Bio-Energie absaugen. Seine Kontakte mit dieser

Energie hat Reich detailliert beschrieben, das Buch »Contact with Space – The Oranur Second Report 1951–56« wurde nach seiner Verurteilung in Amerika 1957 demonstrativ verbrannt. Erst jetzt, fast ein halbes Jahrhundert später, erscheinen die Aufzeichnungen Reichs aus den letzten 15 Jahren seines Schaffens wieder, das nahezu ausschließlich der Erforschung außerirdisch/innerpsychischer Energie galt.[51]

Hier könnte sich, neben den UFOs aus dem Kosmos der Seele (1) und des Weltalls (2) eine dritte eher organische Variante des Phänomens, Untertassen aus »Psychomaterie« (3), abzeichnen – und die Lage in der Einflugschneise vollends verwickeln.

Spätestens seit der Schwabe Roland Emmerich als »Spielbergle« in Hollywood mit seiner Special Effects-Materialschlacht »Independence Day« die Kassenrekorde brach, sind UFOs und ihre außerirdischen Besatzungen vom Nischen- zum Mainstream-Thema geworden. Die Zahl der UFO-Sichtungen hat in den USA deutlich zugenommen, und spätestens seit Übernahme der US-Fernsehserie »X-Files« blüht an deutschen Himmeln Ähnliches. Wenn außerirdische Lebensformen mit uns Kontakt aufnehmen wollen, warum landen sie dann nicht einfach im Garten des Weißen Hauses, vor den Kameras von CNN? Seit von Däniken die Berufsskeptikerfrage mit der Aufforderung konterte: »Stellen Sie sich vor, Sie müssten diplomatischen Kontakt mit Hühnern aufnehmen«, gilt es, zumindest einen Schritt weiter zu denken. Was wäre, wenn UFOs, Außerirdische, Engel nicht übernatürlich wären, sondern wir Menschen schlicht und einfach unternatürlich? Ein Planet von Hühnern, die sich für die Krone der Schöpfung halten und die sich doch nur permanent behacken, von höherer Intelligenz oder gar kosmischer Weisheit keine Spur. Im Moment könnten superintelligente Außerirdische mit dieser ziemlich dumpfen Hühnerrasse, die sich Homo sapiens nennt, wahrscheinlich wenig anfangen. Dass die Besucher aus dem All, wie die Ufolklore behauptet, ihre medizinischen Operationen wegen unserer Emotionalität treiben, die in ihrer eigenen, hyperrationalen Rasse (Mr. Spock lässt grüßen) auszusterben droht; dass sie deshalb Entführungsopfer schwängern und sich in geheimen unterirdischen Basen mit Menschenmaterial experimentieren – diese Vorstellung wäre absolut typisch für die Hybris des humanoiden Hühnerhaufens: Wenn ausgerechnet dieser »bombensichere« Planet das letzte Refugium für Emotionen, Gefühle, Liebe im Kosmos sein soll, müsste es sich bei diesem Universum fürwahr um eine gigantische Fehlkonstruktion handeln. So unwahrscheinlich es also ist, dass im Kosmos die Emotionen knapp werden und die Erde seit 1946 extraterrestrisch ausgesaugt wird – so wahrscheinlich ist das UFO- und Außerirdischenphänomen sehr viel älter; genauer betrachtet, begleitet es die Menschheit von Anfang an. Nicht »Sie sind da ...!« ist die heißeste Nachricht in Sachen UFOs, sondern die Fortsetzung: »... und zwar schon immer!«

Für die Zitadelle der Wissenschaft gibt es auf die Frage der UFO-Sichtungen und -Kontakte in der Regel nur zwei Antworten, die man unter den Kategorien »Wetterballon« und »Verrückte« fassen könnte. Entweder wurde ein irdisches Flugobjekt für ein UFO gehalten – oder der Beobachter ist verrückt. Der Astrophysiker Jacques Vallée gehört zu den wenigen Wissenschaftlern, die sich nicht mit dem Wegerklären des UFO-Phänomens begnügt haben – seit er einmal Zeuge davon wurde, wie in einem großen Observatorium Computerbänder vernichtet wurden, auf denen Sichtungen ungewöhnlicher Flugobjekte aufgezeichnet waren, hat er sich mit den Geheimnissen des Außerirdischen befasst. In über 25 Jahren hat Vallée genügend Daten gesammelt, die bestätigen, dass das Phänomen real ist und er glaubt, dass wir es bei dieser Frage »mit einer der größten Herausforderungen zu tun (haben), die je an die Wissenschaft, an unsere Phantasie und an die menschliche Vernunft gestellt wurde«. Eine definitive Erklärung der mit UFO-Erscheinungen verbundenen komplexen Probleme hat auch Vallée, doch hat er mit seinen Arbeiten gezeigt, dass jede Erklärung, die erste 1947 mit der ersten modernen Untertassensichtung durch den Piloten Ken Arnold, zu kurz greift. UFOs sind kein Mythos des Medienzeitalters, sondern ein universelles historisches Phänomen, das als Kontakt mit geisterhaften, spirituellen Wesen zu den elementaren Menschheitserfahrungen zählt. In seinen Büchern belegt Vallée dies mit Beispielen aus vielen Kulturen und Zeiten. Um eine archetypische Entsprechung für Entführungen und genetische Experimente durch Außerirdische in unserem Kulturkreis zu finden, müssen wir zum Beispiel nur die von den Brüdern Grimm überlieferte Geschichte vom »Rumpelstilzchen« nachschlagen.[52]

Die arme Müllerstochter, die von ihrem Vater an den König verkuppelt wurde, weil sie angeblich Stroh zu Gold spinnen kann, wird von einem kleinen Außerirdischen aus ihrer Zwangslage gerettet: Er verfügt über die Spindel, die das Wunder vollbringt. In den modernen UFO-Verschwörungstheorien gehört es zu den verbreiteten Annahmen, dass die US-Regierung schon seit Jahrzehnten mit etwa 1,40 Meter kleinen Außerirdischen in Kontakt ist, die sie mit technologischem Wissen versorgen und im Gegenzug die Erlaubnis haben, in supergeheimen, unterirdischen Militäranlagen wie der Dulce-Airbase mit Menschenmaterial zu experimentieren. Nichts anderes hat bekanntlich das Rumpelstilzchen vor: Als Gegenleistung für den Transfer von High-Tech verlangt es »der Königin ihr Kind«. Der amerikanische Volkskundler Walter Evans-Wentz sammelte um die Jahrhundertwende Erfahrungsberichte und Geschichten der keltischen Feen- und Elfen-Tradition in der Bretagne und in Irland, die von ähnlichen Entführungsfällen wimmeln – nur dass die Außerirdischen bei den Kelten und ihren Nachkommen in der Regel »Elfen« heißen.[53]

Interessant ist noch der weitere Fortgang der Rumpelstilzchen-Geschichte. Der kleine Extraterrestrier ist bekanntlich kein Unmensch: Er gibt der mit seiner Hilfe zur Königin aufgestiegenen Müllerstochter eine Chance, ihr Kind zu behalten: wenn sie seinen Namen errät. Die darauf ausgesandten Spione finden zum glücklichen Ende dieses Geheimnis heraus, als sie das kleine

Männchen bei einem Kreisritual beobachten, bei dem es tanzend das geflügelte Wort: »Ach wie gut, dass niemand weiß …« preisgibt. Die Kreistänze der Elfen sind nicht nur vielfach überliefert – noch Erasmus Darwin, der Großvater des Evolutionstheoretikers, widmete ihren Spuren 1789 ernsthafte Forschung: »Es gibt ein Phänomen, das elektrischer Natur sein soll, welches noch nicht geklärt ist; ich meine die sogenannten Elfenringe, die so oft im Gras erscheinen.« Darwin senior erklärt die kreisrunden Spuren durch Wolkenentladungen in »zylindrischer Form«, die einen »2 bis 10 Meter breiten Elektrizitätsstrom an die Erde (abgeben). Nur der äußere Teil verbrennt das Gras.« Vallée, der diese Stelle zitiert, fügt hinzu: »Eifrige Gelehrte sind sicher gern bereit, die Idee in Begriffen der modernen Plasmaphysik zu formulieren, doch sollten sie dabei den Durchmesser der Zylinder beachten, den der ältere Darwin nennt: ›2 bis 10 Meter‹ – der Durchmesser durchschnittlicher UFOs.«[54] Die Kornkreise, die Anfang der 90er-Jahre vor allem in England auftauchten und von denen einige mit spürbarem Aufatmen der Medien als Fälschung entlarvt wurden, sind von daher so wenig ein Fake wie die paranormalen Erlebnisse der UFO-Entführten – sie folgen einer Tradition im Kontakt mit anderen Dimensionen, die wahrscheinlich so alt ist wie die Menschheit. Wahre Legionen von Außerirdischen – von Elfen, Kobolden, Dämonen und Dschinns, von Satyrn, Faunen, Feen, Engeln und Pflanzengeistern – bevölkern die Zivilisationsgeschichte. Schon allein ihre schiere Menge wirft die Frage auf, warum die Menschheit im Corpus ihres Wissens über die Jahrtausende diese fantastische Menge Unfug transportiert? Sollte das damit zu tun haben, dass es sich gar nicht um Unfug handelt? Warum etwa verwandte Reverend Kirk aus Aberfoyle viele Jahre Zeit auf eine Arbeit, die Organisation und Methoden dieser seltsamen Wesen systematisch erfassen sollte und unter dem Titel »*The Secret Commonwealth of Elves, Faunes and Fairies*« (Die geheime Gesellschaft der Elfen, Faunen und Feen) 1691 erschienen. Er wollte den schottischen Bauern, die von den Wesen geplagt wurden, rechtes Verständnis und rechten Umgang mit den »Luftgeistern« lehren. Auch wenn der brave Naturforscher Kirk später noch Professor in Edinburgh wurde, haben unsere heutigen Gelehrten für derlei Grundlagenforschung allenfalls ein mitleidiges Lächeln übrig. Dafür gibt es vor allem zwei Gründe: die Flüchtigkeit der Phänomene, die eine einfache Falsifizierung per Laborexperiment unmöglich macht, und Angst. Stellen wir uns einen ordentlichen Professor vor, der sein glückliches Einkommen und Auskommen mit der Weitergabe abgesegneten Wissens gefunden hat und dem ein solches Wesen leibhaftig begegnet – und mit ihm spricht, wie der Elfenmann, den Walter Evans-Wentz Anfang des Jahrhunderts in der Gegend des irischen Bergs Ben Bulben traf: »Er war in Blau gekleidet und trug eine Kopfbedeckung, die, wie es schien, mit Rüschen besetzt war. Als er nahe heran war, sagte er mit süßer, schmeichelnder Stimme: ›Je seltener ihr in diese Berge kommt, mein Herr, desto besser, denn eine junge Dame hier will euch mit sich nehmen.‹ Dann bat er uns, nicht zu schießen, denn das Elfenvolk hasste laute Geräusche. Er kam mir vor wie ein Soldat auf Wache. Als wir den Berg verließen, sagte er, wir dürften uns nicht umdrehen, und wir gehorchten.«

Fände eine solche unheimliche Begegnung der Ditten Art heute vor den Kameras von CNN statt und lägen zusätzlich ausreichende Beweise für die Echtheit der Aufzeichnung vor, würde schlagartig eine neue Weltreligion entstehen und der Elfenmann (der kleine Graue, der E. T. aus dem Sternbild Reticula, die Jungfrau Maria, der Erzengel Michael) wäre spätestens nach Vorführung einiger übernatürlicher Tricks – ihr Messias. Unser Professor hätte in diesem Fall das Glück, vom Zitierpapierfüllkünstler augenblicklich zum Statthalter und Papst der neuen Religion promoviert zu werden – doch wie schon die Eulen der Minerva auf der Suche nach Weisheit ihren Flug in die Dämmerung starten, so liegen auch die Schnittstellen zum Hyperraum, die Kontaktbereiche zu den anderen Dimensionen der Realität, in der Unschärfe des Zwielichts und Halbdunkels. UFOs haben so wenig die Angewohnheit, vor den Schweinwerfern von Fernsehstudios aufzutauchen, wie Elfen auf den Marktplätzen der Städte Vorträge halten, und so wie schon Jahwe seine Donnerstimme nicht vor versammelter Mannschaft ertönen ließ, sondern Moses in der Einsamkeit eines Berggipfels heimsuchte, wird auch unserem Professor die Offenbarung vermutlich nicht im Labor oder vor 500 Zeugen und Kameras in einem Hörsaal zuteil. Und würde er nach einer Beobachtung wie der von Evans-Wentz Forschungsmittel dafür beantragen, das Erscheinen von blau gekleideten Außerirdischen mit rüschenverzierten Kopfbedeckungen zu untersuchen, drohte statt des Postens eines ersten Apostels einer neuen Wissenschaftsreligion der Abstieg zum letzten Mohikaner in der Klapsmühle.

Warum beginnen die heiligen Pilze, wenn ihre Rituale von amerikanischen Touristen »kontaminiert« werden, auch für die Einheimischen Englisch zu sprechen, warum blieben die Elfen in Island auch nach der Reformation katholisch, warum berichten Kontaktierte in Russland von großen, metallischen Flugapparaten mit Rostspuren, denen drei Meter große E. T.s entsteigen, während in Kalifornien in aller Regel goethisch blinkende Objekte auftauchen, die von kleinen, mandeläugigen Besuchern gesteuert werden? Auch wenn sich diese Fragen wie ein Festival der Absurdität anhören, sie markieren den Punkt, das Ereignisfeld, an dem die eigentlichen Fragen aller Wissenschaft – wer wir sind, woher wir kommen, wohin wir gehen – entschieden werden. Die von der praktischen Raumfahrt und der Science-Fiction-Literatur genährte Annahme, dass es sich bei UFOs um Raumschiffe anderer Planeten handelt, ist dabei längst nicht ausgefallen genug, um die vorliegenden Fakten zu erklären. »Ich wäre enttäuscht«, meint Jacques Vallée, »wenn UFOs nicht mehr wären als Besucher von anderen Planeten. Wir haben es hier mit einer noch unerforschten Ebene des Bewusstseins zu tun, die unabhängig von uns Menschen aber in enger Verbindung zur Erde existiert und die ganz eigene Beziehungen zu kosmischen Kräften unterhält«, schreibt er im Vorwort zu »Dimensionen«. Dass das UFO-Phänomen nach Vallées Sicht auf »einer Ebene des Bewusstseins« angesiedelt ist, heißt nicht, dass es damit auf ein rein psychophysiologisches Geschehen, auf Halluzinationen der Beobachter, reduziert wird. Die physischen Spuren, die diese Erscheinungen hinterlassen, sind für ihn nach drei Jahrzehnten Forschung ebenfalls evident: »Wir wissen jetzt, dass sich UFOs wie ein Bereich des Raums verhalten, mit kleinen Abmessungen (etwa zehn Meter), in dem eine gewaltige Menge Energie gespeichert ist. Diese Energie manifestiert sich in Form pulsierenden, farbigen Lichts und durch andere Art elektromagnetischer Strahlung (...) Die Konfrontation mit diesem Phänomen führt zu Visionen, Halluzinationen, Desorientierungen in Zeit und Raum, physiologischen Reaktionen (darunter vorübergehende Blindheit, Lähmungen. Veränderungen des Schlafzyklus) und langfristige Veränderung der Persönlichkeit.«

In einer Quantenwelt, die aus bewusstseinsgesteuerten Hologrammen besteht und in der die Frage von Materie oder Nicht-Materie ein Frequenzproblem und nicht eine Frage über die Anwesenheit eines Stoffs darstellt, in einer solchen Welt stellen die physischen Spuren psychoider UFOs kein sonderliches Problem dar. Wenn eine maßnehmende Bewusstseinskraft stark genug ist, kann sie aus der »Wahrscheinlichkeitswolke« der Quanten jede beliebige Form herauskristallisieren und in unserer beobachtergeschaffenen Wirklichkeit wahre Wunder bewirken: physikalisch unmögliche Flugbewegungen am Himmel, in der Wüste Wasser in Wein verwandeln oder wie Sai Baba, einer der lebenden Wundermänner Indiens, einfach nur durch das Verstreuen von Asche und die Bonbonproduktion für Kinder.[55] Dank Uri Geller, dem notorisch als Scharlatan entlarvten Magier, haben Tausende von Fernsehzuschauern die Erfahrung gemacht, dass sie allein mit der Kraft ihres Bewusstseins Löffel verbiegen oder defekte Uhren laufen lassen können. Dieser scheinbar paranormale Kontakt mit anderen Bewusstseinsebenen ist ebenso alt wie die »Besucher« dieser eher überirdischen als außerirdischen Ebenen – Heiler und Heilige, die durch geistige Kraft materiell eingreifen und Ordnung stiften, stehen am Anfang der Geschichte. Das UFO-Phänomen steht in einer Linie mit den Elfen, Engeln, Naturgeistern und all den »übernatürlichen« Personalisierungen und Bildern, in denen das Menschengehirn sich den Kontakt mit anderen Dimensionen zurechtlegt. Die Außerirdischen, die uns als »Mainzelmännchen« die Werbeblöcke schmackhaft machen, »Alf« und »E. T.« als Massenerfolge in Kinos und TV, die Hexen, Zauberer und Feen der Märchen- und Fantasy-Kultur sind nichts anderes als gebrochene, vermenschelte Erfahrungsberichte dieses Kontakts mit dem Anderen. Wie das Märchen vom Rumpelstilzchen, das nicht nur den Kern der heutigen Besucher-Erfahrungen birgt – Tausch von »außerirdischer« Technik und Wissen gegen Genmaterial –, sondern auch eine quantenphysikalische Pointe, die deutlich macht, warum für Außenstehende die Beobachtung paranormaler Phänomene so schwierig ist. In dem Moment, wo die Königin den Namen nennt, verschwindet der Spuk – so wie die Wahrscheinlichkeitswolke verschwindet, wenn der Physiker eine Messung anlegt. Die Heinzelmännchen von Köln tun ihre Arbeit nur, solange sie nicht dabei beobachtet werden – sie lassen ihre Anwesenheit in der Dimension unseres Raum-Zeit-Bewusstseins nicht erzwingen. So wie Pflanzen bei bestimmten Versuchspersonen Backster-Effekte verweigern, entziehen sich Heinzelmännchen oder Engel und alle paranormalen Manifestationen der Observation und Kontrolle – was nicht bedeutet, dass nicht mehrere Zeugen in eine solche Erscheinung eingebunden sein können. Wenn wir Existenz und Realität letztlich als Frequenzgeschehen begreifen, dann kann wie beim Radio eine winzige Änderung ein völlig anderes Programm bedeuten und in ein jenseits unseres Raum-Zeit-Gefüges liegendes Parallel-Universum führen. Einen Bereich jenes nach der »Viele-Welten-Theorie« von Hugh und Everett theoretisch möglichen Multiversums, dessen unterschiedlichste Raum-Zeit-Bedingungen jene Zeitverluste erklären, die von Elfen- und UFO-Entführten seit jeher berichtet werden. Auch wenn höhere Wesen in einem nicht-lokalen, immanent verbundenen Multiversum durchaus auch von anderen Planeten stammen könnten und sich wie die Enterprise-Besatzung in unser Raum-Zeit-Gefüge hineinbeamen – die großen Entfernungen also nicht unbedingt ein Hindernis darstellen –, spricht bei genauerem Hinsehen wenig für die extraterrestrische Hypothese und überwältigende Evidenz für die Annahme, dass Außerirdische und Engel ein durchaus irdisches Phänomen darstellen. Sie entstammen, wie wir Menschen, dem Bewusstsein der Erde und sind Teil einer unfassbar komplexen Intelligenz, die kohärente, denkende, fühlende Schwingungseinheiten hervorbringt, aus deren Vernetzung Geist emergiert. Wenn zwischen dem Bewusstsein einer Schleimpilzkolonie und dem Bewusstsein der ungleich komplexer vernetzten Neuronen-Kolonie unseres Gehirns ein großer Unterschied besteht – was kaum jemand wird bestreiten – und sich dieser Unterschied in der erkennenden und gestaltenden Kraft manifestiert, dann können wir uns ungefähr ein Bild davon machen, über welche überlegenen Bewusstseinskräfte ein globales Gehirn verfügen müsste und über welche erkennenden und gestaltenden Möglichkeiten ein Sonnensystem. Für Jacques Vallée sind denn auch UFOs »einer der Wege, auf denen eine fremde Form von Intelligenz auf einer **symbolischen** Ebene mit uns Kontakt aufnimmt. (...) Die UFOs sind physikalische Manifestationen, die getrennt von ihrer symbolischen und übersinnlichen Realität einfach nicht verständlich sind. Es ist ein spirituelles System, das auf Menschen einwirkt und Menschen benutzt. (...) Sie sind Teil unserer Umwelt, ein Teil des Kontrollsystems der menschlichen Evolution.«[56]

Wenn dem so ist, dann wäre es ziemlich unsinnig, dem Rätsel fliegender Untertassen mit Radar und Jagdflugzeugen auf die Spur zu kommen: Zwar mögen sie Spuren auf Radarschirmen hinterlassen und uns durch aberwitzige Flugmanöver, Lichterscheinungen und ihre feststoffliche Präsenz verwirren, doch fällt ihre Phänomenologie so wenig in das Fachgebiet der Aeronautik, wie die der Engel einer erweiterten Vogelkunde zuzurechnen ist. Vor diesem Hintergrund erscheint ein Projekt wie SETI (Search for Extraterrestrial Intelligenz), bei dem seit Jahren mit großem Aufwand der Weltraum nach intelligenten Funksignalen abgehört wird, wie der untaugliche Versuch eines Schwerhörigen, durch stetige Vergrößerung seines Hörrohrs irgendwann Radioprogramme zu empfangen. Die Methoden zur Erforschung des UFO-Phänomens und anderer »übernatürlicher« Erscheinungen liegen deshalb nicht außen, in einer Verbesserung von Abhörgeräten oder Beobachtungs-Apparaturen, sondern eher in inneren Technologien, die die Bewusstseinsantennen auf den Empfang dieser außergewöhnlichen Realitätsprogramme ausrichten. Der Heimat der Engel, Elfen und UFOnauten kommen wir nicht in den galaktischen Weiten des Weltraums auf die Spur, sondern in den Tiefen der Seele; die Spuren, die sie an der Schnittstelle von Geist und Materie hinterlassen, mögen physikalisch messbar sein, vielleicht lassen sie sich sogar kurzzeitig von einem Düsenjet verfolgen, doch sie führen letztlich aus unserem Raum-Zeit-Kontinuum hinaus in einen Hyperraum, der mit irdischen Messapparaturen nicht erschlossen werden kann. Dennoch haben die Menschen seit frühester Zeit Wege gesucht, diesen Hyperraum zu erforschen und zu verstehen, und die ersten Entdecker, denen dies gelang, waren die Schamanen. Die Geschichte dieser Entdeckung, die dem sprechenden Affen Licht unter der Schädeldecke machte und im folgenden Kapitel skizziert wird, geht einher mit der Einnahme psychoaktiver Pflanzen und dem Erlernen von Ekstasetechniken. Nur ein Bewusstsein, das außer sich gerät, kann erkennen, dass es keine Insel in einem bewusstlosen Meer ist, sondern eine (im Alltagszustand eher dumpfe) Zelle in einem unfassbaren Netzwerk aktiver Intelligenz. Über die beharrliche Ignoranz unseres Zeitalters des wissenschaftlichen Materialismus gegenüber dieser Tatsache werden die Anthropologen der Zukunft dereinst genauso staunen wie wir über den Dogmatismus des dunklen Mittelalters – und sie werden vielleicht auch den Zeitpunkt des ausgehenden 20. Jahrhunderts markieren, an dem der Zuwachs an Wissen vor allem über die Vorgänge im Gehirn die experimentelle Erforschung des Hyperraums ermöglichte.

Di-Methyltryptamine (DMT) sind eine stark bewusstseinsverändernde Substanzgruppe, die im Gehirn von Säugetieren und auch von Menschen produziert wird. Sie ähnelt dem Serotin, einem der wichtigsten Botenstoffe des Gehirns, und möglicherweise könnte es sich auch bei DMT um einen solchen Neurotransmitter handeln. Außer vom menschlichen Gehirn (und hier vor allem von der Zirbeldrüse) wird DMT auch von verschiedenen Pflanzen produziert, die seit langer Zeit unter anderem im südamerikanischen Regenwald in schamanistischem Gebrauch sind. Über die genaue Rolle, die DMT im neurochemischen Stoffwechsel des Gehirns spielt, ist bisher wenig bekannt, vielfach belegt ist indessen die überwältigende Wirkung, die es auf das menschliche Bewusstsein hat. Ich selbst habe noch kein UFO gesehen, bin nie einer Elfe begegnet und bei der wunderschönen Fee mit den drei Wünschen fällt mir eher der alte Scherz ein: »Ich hab nur einen Wunsch, aber den drei Mal«, als heilig zu erschauern – was ich aber bei meinen zaghaften »Schnorchelversuchen« mit DMT erfahren und den Berichten mutigerer Psychonauten entnommen habe, ist so ernst, so überwältigend und ehrfurchtgebietend, dass sich jeder Scherz und jedes schnöde Abtun verbieten. Die Wirkung von gerauchtem DMT, die nach wenigen Sekunden einsetzt und nur einige Minuten anhält, verändert die Wahrnehmung auf radikale Weise und macht schlagartige deutlich, dass unser normaler Bewusstseinszustand nur *eine* Möglichkeit darstellt, die Realität wahrzunehmen, und dass neben dieser Realität eine überzeugend reale, völlig fremdartige Welt existiert. Was uns die objektivste aller Wissenschaften, die Physik, neuerdings versichert – dass die sogenannte objektive Realität größtenteils subjektiver Natur ist –, wird durch die winzige Veränderung, die 25 mg DMT an unserem neurochemischen Wahrnehmungsapparat vornehmen, auf dramatische Weise demonstriert.

»Die Atmung ist normal, der Herzschlag stabil, der Geist klar und aufmerksam. Aber was ist mit der Welt? Was ist mit den über die Sinne hereinkommenden Informationen? Unter dem Einfluß von DMT wird die Welt zu einem arabischen Labyrinth, einem Palast, einem alle Möglichkeiten übersteigenden Juwel vom Mars, ungeheuer groß und voller Motive, die den weit geöffneten Geist mit vielschichtiger und wortloser Ehrfurcht überflutet. Farbe und das Empfinden einer ganz nahen, die Realität offenbarenden Geheimnisses durchdringen das Erleben. (…) Es ist eine Audienz bei einem außerirdischen Nuntius. Und in der Mitte dieser Erfahrung und offenbar am Ende der menschlichen Geschichte scheinen sich schwere Schutztüren zu einem heulenden Mahlstrom der unsäglichen Leere zwischen den Sternen zu öffnen; dort ist die Ewigkeit.

Die Ewigkeit ist, wie Heraklit vorausschauend festgestellt hat, ›ein Kind beim Spiel mit bunten Bällen‹. Viele winzig kleine Wesen sind hier anwesend – die ›Würmchen‹, die sich selbst verwandelnden Maschinenelfen des Hyperraums. Sind sie Kinder, die dazu bestimmt sind, dem Menschen Vater zu sein? Man hat den Eindruck, in eine Ökologie der Seelen einzutreten, die hinter den Portalen dessen liegt, was von uns naiv als Tod bezeichnet wird. Ich weiß es nicht. Sind sie unsere synästhetischen Verkörperungen als das Andere oder die Verkörperungen des Anderen als uns? Sind sie die Elfen, die uns seit dem Verblassen des magischen Lichts der Kindheit verloren gegangen sind? Hier ist etwas Ungeheuerliches und Gewaltiges, das sich kaum in Worte fassen läßt, die Erscheinungen einer Gottheit, die unsere wildesten Träume übertrifft. Hier ist der Bereich dessen, was fremder ist, als wir vermuten können. Hier ist das Mysterium, lebendig und unversehrt, und für uns noch genauso neu wie für unsere Vorfahren, die es vor fünfzehntausend Sommern lebten. (…) Das Empfinden einer emotionalen Verbindung ist erschreckend und intensiv.

Die offenbarten Mysterien sind real und werden, wenn sie jemals in ganzer Länge erzählt werden, in der kleinen Welt, in der wir so schwer erkrankten, keinen Stein mehr auf dem anderen lassen.«[57]

Den Ethnobotaniker Terrence McKenna, von dem diese poetische Beschreibung der DMT-Wirkung stammt, führte die Erforschung dieses »intellektuellen Schwarzen Lochs« in den 70er-Jahren zu Studien schamanistischer Techniken im Amazonasgebiet, bei denen DMT-haltiges Ayahuasca verwendet wird. Wer Vorstellungen von Parallel-Universen, Bewusstseins-Welten und einem Hyperraum transmaterieller intelligenter Strukturen für pseudo-wissenschaftliche Spekulationen hält und die Annahme von UFOs, Elfen und Außerirdischen für pathologischen Humbug, kann sich unter DMT-Einfluss in zehn Minuten eines Besseren belehren lassen. Nach Einstein lässt sich die physische Welt am besten als vierdimensionaler Raum begreifen, der in drei Raum-Dimensionen und eine der Zeit getrennt ist, wobei diese Trennung sich mit der Geschwindigkeit des Beobachters verändert. »Es scheint«, so der DMT-Forscher Peter Meyer, »dass DMT das Bewusstsein aus dieser gewöhnlichen Erfahrung von Raum und Zeit löst und einen direkt in die direkte Erfahrung einer vierdimensionalen Welt katapultiert. Dies erklärt das Gefühl der Unglaublichkeit, von dem Erstbenutzer gelegentlich berichten.« Dieses Gefühl kann ich nur bestätigen, und auch wenn meine Angst eine genauere Erforschung dieser wahrlich tiefsten aller Menschheitsfragen bisher unmöglich gemacht hat, so reicht diese erste Erfahrung, um die Berichte furchtloser Pioniere wie McKenna zu validieren – und zu bestätigen, dass es sich dabei nicht um bloß subjektive Halluzinationen handelt, es sei denn, solche Halluzinationen sind in der Lage, autonome Welten zu erschaffen. Hier, an den Milliarden DMT-Synapsen des Gehirns und der Veränderung des normalen Raum-Zeit-Kontinuums, die sie auslösen, hätte ein SETI-Projekt, jede wirkliche Suche nach extraterrestrischer, übernatürlicher Intelligenz anzusetzen. Was wir von ihren Spuren mit Super-Fernrohren und kosmischen Lauscheinrichtungen in Erfahrung bringen können, ist nachgerade lächerlich, verglichen mit dem, was die inneren Teleskope durch eine kleine Verschiebung der neurochemischen Wahrnehmungslinsen zutage fördern.[58]

Diese Suche unterscheidet sich von dem sektoiden Ausschauhalten nach glitzernden Untertassen und erlösenden Sternenwesen ebenso wie von dem elektromagnetischen Chauvinismus der Weltraumhorcher, sie findet auch nicht zu Füßen von Gurus, Roshis oder Lamas statt und will vom Heiligen zuerst einmal gar nicht viel wissen. Sie lässt auch entfernte Planeten als Herkunft des Außerirdischen vorläufig außer acht und wendet sich jenen Schnittstellen zu, an denen sich diese Intelligenz in unserer Realität manifestiert. Sie geht davon aus, dass Parallel- oder Hyper-Universen mit anderer Raum-Zeit-Separation existieren[59] und diese von unabhängigen, intelligenten Wesen bevölkert sein könnten – und dass das menschliche Bewusstsein in bestimmten Zuständen in Kontakt mit diesem Hyperraum treten kann. Auch wenn es wahrscheinlich ist, dass Einheiten dieses Hyperraums als UFOs, Engel, Elfen und dergleichen in unserer Realität physikalisch wirksam werden, sich leibhaftig zeigen und Spuren hinterlassen können, werden die sie betreffenden Fragen nur dort und nicht hier geklärt. Die Opfer von UFO-Entführungen nach Operationsnarben abzusuchen, gleicht insofern der Suche der mittelalterlichen Inquisitoren nach den Stigmata der Dämonen – und die verwackelten Fotos von Flugobjekten, die als Beweise durch die Yellow Press und Sensationsliteratur segeln, bewegen sich, sofern sie nicht ohnehin gefälscht sind, auf ähnlichem Niveau. Sie suchen nach Haltepunkten – glitzernden Flugscheiben von anderen Planeten, Ein- und Austrittsorten der Dämonen –, die dem preisgegebenen, verständnislosen Ich ein rettendes Erklärungsnetz stiften, einen handfesten Stützpunkt in einer unbegreiflichen, transmateriellen Welt. Viele DMT-Reisende beschreiben vor dem Eintauchen in den Hyperraum eine etwa 30-sekündige Phase, in der eine Art Check des Betriebssystems vorgenommen wird, hier wird, so meint McKenna, je nach kultureller Vorprägung entschieden, ob die Jungfrau Maria, eine fliegende Untertasse oder ein anderes Symbol Gestalt annimmt. Das Zurückgehen der Erscheinungen von Elfen und Feen und die starke Zunahme der Sichtung fliegender Untertassen und von Kontakten mit ihrem Personal wären dann nur eine Art Kostümwechsel, mit dem sich die Erscheinungen dem Zeitgeist ihrer Beobachter anpassen. Goethes wundersam leuchtendes Amphitheater freilich deutet darauf hin, dass es sich bei spiralförmigen, blinkenden Frequenzgeschehen um eine (hyper-)physikalische Konstante handeln könnte, mit der sich Geschöpfe des Hyperraums in unsere Raum-Zeit-Dimension hineinschrauben. So wie auch die Verbindung von DMT-Molekülen mit Rezeptoren der Gehirnzellen eine Konstante zu sein scheint, die für die Realitätswahrnehmung verantwortlich ist – wobei kleinste Änderungen beim Fein-Tuning dieses Receivers dramatische Änderungen der wahrgenommenen Realität mit sich bringen. So kommt es zum Beispiel, dass nicht alle der 70 000 Menschen, die bei der vorhergesagten letzten »Marienerscheinung« von Fatima (Portugal) am 13. Oktober 1917 zugegen waren, etwas Außergewöhnliches wahrgenommen haben, doch Tausende glaubten, ihr letztes Stündlein habe geschlagen, als eine leuchtende Scheibe scheinbar »im Zickzack auf die Erde und die erschrockenen Zuschauer herabstürzte«. Viele andere berichten übereinstimmend von weiteren ungewöhnlichen Ereignissen und Erscheinungen wie der Heilung chronischer Krankheiten oder offenbarten Prophezeiungen, darunter auch nüchterne Reporter, solide Wissenschaftler, skeptische Priester und gläubige Skeptiker. Die Entdeckung, dass DMT-getunte Gehirnantennen einen Empfang dieser »übernatürlichen« Programme erleichtern, sollte es künftiger Forschung ermöglichen, mit dem Rätsel des Hyperraums auch wunderähnliche Zwischenfälle wie Fatima, das Sirius-Problem oder das UFO nebenan aufzuklären. Weder spielen sich diese Zwischenfälle allein auf seelischen Projektionsfeldern ab, noch sind sie ausschließlich im physikalischen Raum angesiedelt – sie äußern, manifestieren und verwickeln sich auf beiden Ebenen. Fast scheint es, als müsste die Psyche der Physis nur ein kleines Stück entgegenkommen, und wie von Zauberhand wird die andere Realität wahrnehmbar. Dass eine solche Zukunftswissenschaft als Neurokosmologie letztlich wieder archaische Techniken aufgreifen muss, ist Gegenstand des anschließenden Kapitels. Die angemessene Forschungshaltung solcher teilnehmenden Beobachtung der (Über-)Natur hat die Lichtgestalt Goethe ein für alle Mal festgelegt:

Müsset im Naturbetrachten
Immer eins wie alles achten
Nichts ist drinnen, nichts ist draußen:
Denn was innen, das ist außen.
So ergreifet ohne Säumnis
Heilig öffentlich Geheimnis
Freuet Euch des wahren Scheins.
Euch des Ernsts des Spieles
Kein Lebendiges ist Eins
Immer ist's ein Vieles.
(1998)

Bob Dylan –
Like A Rolling Stone

Der größte US-Lyriker des 20. Jahrhunderts, Bob Dylan, hat den Nobelpreis für Literatur bekommen. Und man kann nur mit einem seiner berühmtesten Titel zustimmen: Don't think twice it's allright! Zum 40. Geburtstag schrieb ich 2005 über seinen ersten großen Hit, der um ein Haar gar nicht erschienen wäre und später zum besten Rocksong aller Zeiten gewählt wurde: »Like a rolling stone«. Im Studio A im Obergeschoss des Columbia-Buildings in New Yorks Seventh Avenue nahmen die Top-Stars von Columbia Records ihre Platten auf. Frank Sinatra hatte hier »New York, New York« und Dutzende weitere Klassiker eingespielt und jüngere Künstler wie Barbara Streisand oder Andy Williams (»Moon River«) gerade ihre ersten Hits produziert. Die Musiker, die sich am 15. Juni 1965 dort mit Bob Dylan versammelt hatten, entsprachen nicht dieser amerikanischen Mainstream-Musik, die Columbia großgemacht hatte. Nach vier Folk-Alben mit Balladen wie »Blowin' in the wind« und »The times they are a'changin« hatte Dylan im April 1965 seinen ersten Rocksong »Subterrean Homesick Blues« aufgenommen, doch war dieser unterirdische Heimwehblues – eine Litanei, die heute von Historikern als Ur-Musikvideo und Vorgänger des Rap gefeiert wird – nicht im Entferntesten in die Chartränge vorgestoßen, die die Hits dieses Frühjahrs belegten: die Beatles mit »Eight days a week« und die Rolling Stones mit »Play with fire«. Die britischen Bands hatten dem uramerikanischen Rhythm & Blues neues Leben eingehaucht, doch an den »Majors« wie der CBS-Tochter Columbia-Records war dieser

Trend vorbeigerauscht. Schon 1955 hatte man dem Rock 'n' Roller Elvis Presley keinen Vertrag gegeben und 1963 auch das erste Beatles-Album abgelehnt. Und dass Bob Dylan an diesem Junitag 1965 mit »Like a rolling stone« gerade den besten Rocksong aller Zeiten einspielte, wollten die Plattenbosse nicht hören – jedenfalls nicht sofort.

Und schon gar nicht konnten sie sich vorstellen, dass es im November 2004 in dem führenden Fachblatt *Rolling Stone* heißen würde: »Kein anderer Popsong hat die kommerziellen Gesetze und künstlerischen Konventionen der Zeit so herausgefordert, für alle Zeiten.« So kommentierte die Musikzeitschrift *Rolling Stone* das Ergebnis einer Wahl, bei der Redakteure, Musiker und Kritiker Bob Dylans »Like a rolling stone« zum besten Song aller Zeiten gewählt hatten. Vor »Satisfaction« von den »Rolling Stones«, John Lennons »Imagine« und 497 weiteren Popklassikern. »Es ist eine Schande, dass der politische Liberalismus den Rock 'n' Roll in Beschlag genommen hat«, kritisierte der rechts-konservative *American Spectator* die Wahl, zudem sei Dylan musikalisch nicht einmal gut genug, »einem Elvis Presley die Gitarre zu stimmen«. Für Empörung sorgte die Auszeichnung freilich nur in Kreisen, für die Bob Dylan, die Beatles und die Rolling Stones schon damals ein rotes Tuch waren – Exponenten der Gegenkultur, die den 60er-Jahren ihren Stempel aufdrückten: Bürgerrechtsbewegungen, Studentenproteste, Woodstock-Festival. Bob Dylan stand dabei für eine neue Generation von Künstlern, die anders als Elvis, der 1958 noch mit viel staatstragender PR und »Muss I denn zum Städele hinaus ...« zur Armee gegangen war, Militär und Krieg ablehnten. Wegen der massiven Bombardements in Vietnam war es Anfang 1965 zu den ersten Großdemonstrationen in Washington gekommen, die beginnende Rekrutierung von Bodentruppen drohte vielen jungen Männern mit Einziehung, im Süden der USA reagierten weiße Kapuzenmänner auf die offiziell aufgehobene Rassentrennung mit Terroranschlägen auf Schwarze – nach der Ermordung John F. Kennedys zwei Jahre zuvor schien der

Aufbruch in ein besseres, gerechteres Amerika in ein Rollback umzuschlagen. Aber die Jugendkultur hatte ein neues Medium entdeckt und nutzte es zum Widerstand: Verstärker, elektrische Gitarren, Schallplatten, Radio.

Diese Vereinigung von Protest und E-Gitarre, Pop und Politik, Musik und Botschaft bahnte sich Anfang 1965 gerade an, war aber noch nicht zu hören. Doch dann wachte der Stones-Gitarrist Keith Richards im April in einem Hotelzimmer in Florida auf, weil ihm mitten in der Nacht ein Gitarren-Riff eingefallen war. Er stellte das Tonband an, hielt die Eröffnungsakkorde von »Satisfaction« fest – und definierte damit einen Musikstil, der fortan nicht mehr »Rock 'n' Roll«, sondern »Rock« genannt wurde. Und Bob Dylan beschloss zur selben Zeit, seine Rolle als schrammelnder Folk-Barde mit Wanderklampfe und Holzfällerhemd abzulegen und diese neue Art von Musik mit Inhalt zu füllen. Seit diesem Frühjahr 1965 klang Popmusik nicht nur anders – sie erzählte auch andere Geschichten. Und die Aufnahme von »Like a rolling stone« markierte diese Zeitenwende.

Shaun Considine, damals Koordinator der Neuveröffentlichungen bei »Columbia«, erzählte der *New York Times*, dass die Single um ein Haar gar nicht erschienen wäre, weil sie den Verkaufs- und Marketingmanagern nicht ins Konzept passte: »Ihre Ablehnung kam von zwei Seiten. Zum einen mochten sie keinen Rock – aber das wurde natürlich nicht gesagt. Sie hängten sich an der Länge des Songs auf. 1965 lag die übliche Länge einer Single, die im Radio gespielt wurde, bei drei Minuten. ›Like a Rolling Stone‹ kam eine Sekunde unter sechs Minuten ins Ziel – und der salomonische Rat der Verkäufer lautete: ›Schneide das Baby in zwei Teile.‹« Als man Dylan diesen Beschluss präsentierte, lehnte er ab. Der Veröffentlichungstermin der Platte wurde daraufhin von »sofort« auf »unbestimmt« verschoben, was nichts anderes bedeutete als die Vorhölle für beerdigte Projekte. Zudem stand ein Umzug in ein anderes Gebäude an, und als ihm beim Kistenpacken eine Kopie des eben »verschobenen« Dylan-Songs in die Hand fiel, nahm

Considine die Platte mit nach Hause. Er spielte sie am Wochenende so oft und so laut, dass die Nachbarn sich beschwerten – und dann fiel ihm ein, wo man solche Musik zu schätzen wüsste. Ein paar Wochen vorher war der heißeste Musikclub der Stadt eröffnet worden, das »Arthur« in der 54th Street – jeder wollte da hin, doch Dylan war mit seinen Jungs und ihren bierbesprenkelten Klamotten aus dem Army-Store an der Tür abgewiesen worden. Dank Shaun Considine erging es seiner Platte besser – weil er Clubmitglied war, erfüllte der DJ ihm den Wunsch, das Stück zu spielen. Den Namen des Sängers nannte er nicht und sagte dazu, dass das Stück sehr lang sei und ruhig abgebrochen werden könnte, wenn die Tänzer sich langweilten. Doch als die Platte dann nach einer Pause gespielt wurde, geschah das Gegenteil: »Die Wirkung war erdbebenartig. Die Leute stürmten die Tanzfläche und die, die sitzenblieben, hörten zu. ›Wer ist das‹, rief der DJ in meine Richtung. ›Bob Dylan‹, schrie ich zurück und der Name machte die Runde im Saal.«

Unter den Gästen waren auch die DJs von zwei großen New Yorker Radiostationen, die am nächsten Morgen bei Columbia Records anriefen und sich darüber beschwerten, dass sie noch keine Kopien der neuen Dylan-Single erhalten hätten. Eilsitzungen wurden einberufen und am 15. Juli 1965, vier Wochen nach der Aufnahme, wurde die Platte an Läden und Radiostationen verschickt, gepresst auf rotes Vinyl, um den DJs zu zeigen, dass es sich um ein »heißes« Produkt handelte, – und mit dem Label: »Like a rolling stone (Part 1), timing 3:02«, sowie der B-Seite »Part 2 (timing 3:02)«. Die Verkaufsabteilung hatte einmal mehr zugeschlagen – aber konnte sich dennoch nicht durchsetzen. Die DJs schnitten beide Seiten auf Band und spielten den kompletten Song im Radio, eine Woche später kam »Like a rolling stone – full version« in die Billboard Charts, Anfang September war er bis auf Platz zwei geklettert. Hinter »Help« von den Beatles und vor den Rolling Stones, die den ganzen Juli über die Nr. 1 mit »Satisfaction« belegt hatten. Mit dem Titel hatte Dylan nicht nur auf seine historischen Wurzeln verwiesen, Muddy Waters Bluesklassiker »Rollin' stone« von 1948, sondern auch auf die britische Band, die sich nach ihm benannt hatte. »Doch das Rennen lief nicht nur zwischen den Beatles, Bob Dylan und den Stones und allen anderen. Die Popwelt war im Rennen mit der größeren Welt, der Welt der Kriege und Wahlen, der Arbeit und Einkommen, der Armen und Reichen, der Schwarzen und Weißen, der Männer und der Frauen – und 1965 war zu fühlen, dass die Popwelt gewann«, schreibt der Musikhistoriker und Dylanologe Greil Marcus, der »Like a rolling stone« ein ganzes Buch gewidmet hat.

Die »Biografie« eines Songs, mit dem die Emanzipation der Popmusik von Schubidu und Themen wie Herz und Schmerz begann, obwohl er auf der Oberfläche doch eigentlich von nichts anderem erzählt. Ein enttäuschter Verehrer, der eine abgestürzte »Miss Lonely« fragt, wie es ist, arm und homeless zu sein: »How does it feel?« Doch dahinter erzählte Dylan noch ganz andere Geschichten: die eines ganzen Landes, das im Wohlstandsrausch die Realität auf der Straße ausgeblendet hatte, das Intoleranz und Selbstgefälligkeit pflegte und sich über die Wirklichkeit mit Illusionen und Alibis hinwegtäuschte. Und er sang davon, dass diese Wirklichkeit weniger auf den »finest schools« gelehrt wird, sondern von den Freaks auf der Straße, nicht von »Diplomaten in Chromschlitten«, sondern von »verlumpten Napoleons«, die merkwürdig reden, und »mysteriösen Tramps«, die merkwürdige Psychedelika verkaufen. Mit dem »napoelon in rags« , dem »mystery tramp« und den anderen Gestalten, die Dylans Sechs-Minuten-Dramolett bevölkern – die Verse entstammten einem längeren Text, den er nach eigenen Angaben an einem Abend »herausgekotzt« hatte –, hatte Dylan nicht einfach irgendeine rätselhafte Personage erstellt, sondern Figuren und Situationen, in denen sich das Publikum wiederfand. Wie das auf seine Zuhörer wirkte, erzählt Jann Wenner, der gerade als Musikjournalist anfing – und wie fast jeder junge Mensch im Kalifornien dieser Zeit an den »Acid-Test« genannten Partys teilgenommen hatte, auf denen der Autor Ken Kesey (»Einer flog übers Kuckucksnest«) und seine »Merry Pranksters« mit Musik, Lightshows und LSD das Hippie-Zeitalter der Bewusstseinserweiterung einläuteten: »Ich dachte immer, das ist meine Geschichte ... Ich war auf den besten Schulen, niemand lehrte mich, wie man auf der Straße lebt ... Und dann rennst du plötzlich mit Leuten wie Ken Kesey, den Hells Angels und Drogendealern rum, und einer von denen ist der Mystery Tramp. Und auf so einem Acid-Test kommt dann irgendein Verrückter mit einem Bart und einem Hut und du schaust in das Vakuum seiner Augen und sagst: ›Do you want to make a deal.‹« Wenner fand sich nicht nur im Subtext von Dylans Zeilen wieder, sondern auch in der direkten und fordernden Sprache dieser Aufbruchszeit, mit der er aber als Journalist in den etablierten Medien kaum landen konnte und deshalb 1967 eine eigene Zeitschrift gründete, den »Rolling Stone«. Zu diesem Zeitpunkt waren die protestierenden Buhs, die Dylan beim ersten Auftritt mit der Elektro-Gitarre für »Like a rolling stone« von seiner alten Folklore-Gemeinde noch erhalten hatte, schon verstummt – er hatte nicht nur sich neu erfunden, er hatte auch der Musikwelt einen entscheidenden Impuls verpasst und ein neues Genre erfunden: Folk-Rock. Die »Beatles« hatten ihm dabei demonstriert, wo es musikalisch langgeht – Dylan half ihnen im Gegenzug, inhaltlich über »She loves you – yeah yeah yeah« hinauszukommen. Am 24. August 1964, so ist es in der Beatles-Chronologie festgehalten, probierten die bis dahin nur mit Alkohol und Aufputschmitteln vertrauten Pilzköpfe im Haus von Bob Dylan erstmals Marihuana – zu »Lucy in the Sky with Diamonds« war es von da nicht mehr weit. So wie Dylan die Folk-Klamotten legten sie die Showanzüge bald ab, aus der unterhaltsamen Liverpooler Boygroup wurden die engagierten »Beatles« ...

Der Song des mittlerweile als Poesie-Professor der Oxford-University und wegen seiner Lyrik mit dem Nobelpreis-Kandidat geadelten Dylan mag für die Ohren heutiger Jugendlicher wie ein Relikt aus der musikalischen Mottenkiste klingen – 1965 hingegen elektrisierte das Stück die Hörer. So zufällig und auf Umwegen freilich, wie es seinen Weg aus der »Columbia«-Ablage zum Welthit gefunden hatte, so zufällig war auch sein Sound entstanden. Außer dem Gitarristen Mike Bloomfield, mit dem Dylan vorher ein bisschen geprobt und ihn angewiesen hatte »ja nicht so einen B. B. King-Scheiß zu spielen«, brachte er nur einen Haufen Text-Zettel (letztes Jahr für 2 Mio. $ versteigert) mit ins Studio, keine Noten. Die Musiker, die der Produzent Tom Wilson für Bass, Schlagzeug und Piano bestellt hatte, wussten nicht so recht, wo es langgeht und am ersten Tag der Session kam nichts Brauchbares heraus. Am zweiten Tag saß dann zufällig ein junger Studio-Gitarrist, Al Kooper, hinter der Scheibe, der die anderen Musiker kannte. Die Takes schleppten sich dahin, das Stück nahm keine richtige Fahrt auf. Als der Produzent zum Telefon gerufen wurde, ging Kooper in den Aufnahmeraum, setzte sich an die Orgel und machte einen Vorschlag, wie man den Chorus aufladen könnte – mit jenen nach Garagen-Gospel klingenden hohen Orgelakkorden, die dem Refrain nach dem »How does ist feel« mit einem Zauberstreich ein neues Gepräge gaben. Als der Produzent nach dem Telefonat zurückkam, wunderte er sich: »Hey, was machst du denn da an der Orgel ...« – Kooper grinste zurück und der Produzent rief: »Awright, here we go ...« – und dieser Take war es dann. Die Band, die den Song des Jahrhunderts aufnahm, spielte danach nie wieder zusammen. Der grandiose Gitarrist Mike Bloomfield scheiterte in den 80er an Alkohol und Heroin, Al Kooper gründete und produzierte später Bands wie »Blood, Sweat & Tears« und »Lynard Skynard« – und alle anderen sind vergessen. Nur Bob Dylan – »für die Popmusik das Gleiche wie Einstein für die Physik« (Newsweek) – ist immer noch unterwegs, ein Gestirn, das seine Kreise zieht, seit 1988 auf einer »Never Ending Tour« mit bis zu 200 Konzerten pro Jahr (aktuelle Daten: www.bobdylan.com), with no direction home, strahlend und funkelnd, aber auch düster und traurig – wie das nun mal so ist, in Himmel und Hölle auf Erden. Like a rolling stone … (2005)

»Der kann ja gar nicht singen«

Musikpädagogisches Scheitern – mit Hannah und Boris Bröckers (10) bei Bob Dylan (51) in der Berliner Waldbühne (1992)

»Der sieht ja aus wie ein Opa«, kommentieren die Kinder, als der Meister endlich auf die Bühne kommt. Und wie er den »Song for Woody« gequält näselnd aus sich herausjaunscht, scheint ihnen unfassbar: »Der kann ja gar nicht singen!«

Nun machen Sie mal zwei Zehnjährigen, die auf Kris Kross und Michael Jackson stehen, klar, dass dieser Barde der traurigen Gestalt als *der* Super-Mega-Star schlechthin gelten muss, ein Genius, ohne den die ganze Popmusik gar nicht vorstellbar ist. Ich versuche es mit einer Entschuldigung: Bob Dylan hat immer das gemacht, was gerade nicht angesagt war.

Als in den 50ern alle nur von Herz und Harmonie sangen, sang er von Unterdrückung und Krieg, als er in den 60ern zum Star mit der Wandergitarre wurde, nahm er die elektrische und verjagte die Fans mit Heavy-Rock, als in den 70ern politische Botschaften angesagt waren, sang er von Jesus und Liebe, und heute, wo zum 30-jährigen Plattenjubiläum alle Welt zuschaut und einen bombastischen Auftritt erwartet, kommt er mit der Wanderklampfe und schrammelt ein simples Lied aus seinen Anfangstagen.

Das ist nicht die einzige Entschuldigung, die ich dann später – während der dreistündigen Aufzeichnung des Jubiläums-Konzerts im TV – gegenüber den jugendlichen Musik-Kritikern anbringen muss; dass diese älteren Herren, die den Jubilar im

Madison Square Garden mit einem Geburtstagsständchen ehren, so bedeutend für die aktuelle Kultur waren wie kaum eine andere Menschengruppe, die je gemeinsam auf einer Bühne stand, ist ihnen heute weder anzusehen noch anzuhören.

George Harrison zum Beispiel, im lila Jackett, sieht aus und singt wie ein Versicherungsvertreter – meine Erläuterung, dass er mit den »Beatles« einst kaum überschätzbare Heroen-Taten vollbrachte, wird überraschend schnell akzeptiert, an den »Beatles« muss was dran sein: »Michael Jackson hat alle Rechte an ihren Platten gekauft«, wissen die Experten. Auch Eric Clapton, der aussieht wie der späte Reinhard Mey, erhält einen Bonus – seine neue Version von »Layla« ist aus der aktuellen Hitparade bekannt; dass die geilen Akkorde aus der Opel-Reklame ebenfalls von ihm sind, stößt auf Respekt. Dass aber Lou Reed, optisch und akustisch monoton wie ein Filialleiter, einst als »Rock 'n' Roll Animal« Meilensteine setzte oder Neil Young, der gitarrenhackende Mann im Holzfällerhemd, zusammen mit Crosby, Stills und Nash den sanften Groove der 70er initiierte – diese musikpädagogischen Überredungsversuche wollen ebenso wenig fruchten wie meine Lobpreisungen der wunderbar grauenhaften Gestalt des definitiven Interpreten von »Johnny B. Good«: Johnny Winter.

Dafür kann ich aber befriedigt feststellen, dass »Mr. Tambourine Man« von den Byrds immerhin bereits als Klassiker registriert ist, und will gerade zu einer kleinen Ansprache über Dylans Bedeutung als Komponist ausholen, da kommt bei »Knockin' on heaven's door« ein Wiedererkennungsschrei: »Das kenn' ich, das ist von Mike Krüger: Nackt, nackt, nackig an der Himmelstür.« Mein aufklärerisches Bemühen findet schlagartig ein Ende: Dass dieser Herr dafür eigentlich erschossen gehört – solche Unterweisungen gehen ja dann doch zu weit …

(*taz*, 20.10.1992)

JFK – »Die Göttin hinter dem Thron«

Der als Kalter Krieger ins Amt gekommene John F. Kennedy hatte innerhalb von 900 Tagen einen Wandel zum Friedenspolitiker vollzogen, der so radikal weder von seinen Freunden noch gar von seinen Feinden erwartet worden war. Er hatte sich über alte Doktrinen und Dogmen hinweggesetzt, er hatte mit der Politik seiner Vorgänger gebrochen, er hatte die Widerstände auf diesem Weg beseitigt und die unvermeidlichen Niederlagen aufrecht ertragen und in Stärken umgemünzt, er war in kurzer Zeit zum mit Abstand beliebtesten US-Präsidenten seit Franklin Roosevelt geworden – nicht weil er, wie Roosevelt, einen großen Krieg gewonnen, sondern weil er in der Kuba-Krise einen solchen verhindert hatte. Im Frühjahr hatte er ein Memorandum zum Abzug von US-Truppen aus Vietnam erlassen und im Juni 1963 an der Washington University eine Rede gehalten, die seinen Gegnern die Kinnlade bis in den Keller fallen ließ. Sie lässt die Stigmatisierung und Dämonisierung des »Bösen« und damit die typische Rhetorik des Kalten Kriegs weit hinter sich und schwingt sich zu einer empathischen Humanisierung des vermeintlichen Feindes, des russischen Volks, auf. Sie beschwört das Gemeinsame und Versöhnende, statt mit der Betonung von Angst und Schrecken die Spaltung voranzutreiben, und sie appelliert in psychologischer Tiefe an beide Seiten, ihre innere Haltung und Eigenwahrnehmung einem Prozess der Selbsterforschung zu unterziehen. Wie es zu diesem erstaunlichen Wandel von Kennedys Grundüberzeugungen kam, wie er, der von seinem ehrgeizigen, millionenschweren Vater auf den Thron gehievte junge »König«, eine eigenständige Politik der Versöhnung und des Friedens entwickelte? Wie so oft im Leben großer Männer spielte dabei eine Frau eine wichtige Rolle.

»Ich habe nur geheiratet, weil ich 37 war und die Leute sonst gedacht hatten, ich sei schwul«, hatte er zu einem engen Berater gesagt, der sich wegen der sexuellen Eskapaden seines Chefs Sorgen um die Ehe der Kennedys machte. Zu Recht, denn Jacqueline Lee Bouvier, die 1953 Jackie Kennedy geworden war, ertrug die Schürzenjägerei ihres Mannes zumindest in den ersten Jahren nicht mit der stoischen Kälte ihrer Schwiegermutter Rose, die Joe Kennedys permanente Untreue akzeptiert hatte, solange nicht darüber gesprochen wurde und die Familie zusammenblieb.

Für die hyperkatholische Rose hatte Sex einzig und allein der Fortpflanzung zu dienen, und ihr Gefühlshaushalt belief sich auf das Temperaturniveau eines Eisschranks. Mit ihren acht Kindern kommunizierte die Patriarchin des Kennedy-Clans vorzugsweise über Zettel, die sie an ihre Zimmertüren heftete, und die Tage in der Kennedyschen Sommerresidenz in Hyannis Port verbrachte sie am liebsten in ihrem eigenen Strandhäuschen, während ihr Nachwuchs von Kindermädchen betreut wurde. Vater Joe hingegen überraschte den 14-jährigen aus dem Internat nach Hyannis Port gekommenen John damit, dass er Pornohefte auf dessen Bett deponiert hatte und seinem Sohn in der Folge frühzeitig klarmachte, dass Ehe- und Sexleben nicht unbedingt etwas miteinander zu tun haben müssen.

Dass er diese Botschaft des Vaters übernommen hatte, wusste Jackie schon vor ihrer Ehe, ihre Mutter und einige Freundinnen hatten sie vor dem Hallodritum des jungen Senators ausführlich gewarnt, doch die Anziehung des Geldes und der Macht sowie der unwiderstehliche Charme Kennedys waren stärker als diese Warnungen. »Ich denke nicht, dass Männer ihren Frauen treu sein können«, sagte sie später dazu und einem Interviewer, der sie nach ihren »Theorien für eine erfolgreiche Ehe« befragte, antwortete sie grimmig: »Ich habe befürchtet, dass Sie danach fragen würden, aber ich kann nicht sagen, dass ich bisher so etwas hatte.« Kurz vor Kennedys Nominierung zum Präsidentschaftskandidaten aber war es vorbei mit ihrer Toleranz und sie wollte sich trennen. »Sie war so weit, sich von Jack scheiden zu lassen«, so der Journalist Igor Cassini, der Bruder ihres Hausschneiders Oleg Cassini, »und Joe bot ihr eine Million Dollar, um zu bleiben, bis Jack es ins Weiße Haus geschafft hätte. Dann fand sie Geschmack daran, die First Lady zu sein. Aber sie wusste von all diesen Treulosigkeiten.«[60] Und sie entwickelte ihnen gegenüber in der Folge eine ähnlich steinerne Gelassenheit wie ihre Schwiegermutter und hielt die Fassade des strahlenden »Königspaars« glänzend aufrecht. Als beim letzten großen »Dinner Dance« im Weißen Haus im März 1963 der Präsident auf einmal in den oberen Stockwerken verschwunden war – und mit ihm ein weiblicher Gast –, fragte Adlai Stevenson, Jacks sanfter Kontrahent in der Demokratischen Partei, seine Tischnachbarin Jackie, wie sie das denn aushalte. »Es ist mir egal, wie viele Mädchen er hat, solange er weiß, dass es falsch ist, und ich denke, das tut er jetzt«, antwortete sie.[61]

Die Frau, mit der Kennedy an diesem Abend kurz verschwunden war und die die Party aufgebracht verließ, nachdem ihr Begleiter sie in den oberen Etagen aufgespürt hatte, hieß Mary Pinchot Meyer und war allerdings keines der üblichen »Mädchen«, mit denen sich Kennedy zu vergnügen pflegte. Sie entstammte der blaublütigen Ostküstenfamilie Pinchot, hatte Kennedy schon 1935 auf einem College-Ball kennengelernt, war 1955 mit ihrem Mann Cord Meyer und ihren drei Kindern die Nachbarin von Jack und Jackie auf dem Hickory Hill in Georgetown gewesen und zählte mit ihrer Schwester Tony, die mit dem Chefredakteur der *Washington Post*, Ben Bradlee, verheiratet war, zu den besten Freunden des Präsidentenpaars. 1945 hatten Kennedy und sie sich in San Francisco wiedergetroffen, von wo sie beide als Journalisten über die Gründungskonferenz der UNO berichteten – Mary schon in Begleitung ihres frisch angetrauten Mannes, der gerade in der Zeitschrift *Glamour* neben John F. Kennedy porträtiert worden war, in einem Artikel über den jungen amerikanischen Führungsnachwuchs: »Young men who care«. Cord Meyer hatte in Yale studiert, war wie Kennedy aus dem Krieg als verwundeter und dekorierter »Held« zurückgekehrt – ein japanischer Granatsplitter hatte sein linkes Auge zerstört – und 1947 mit nur 26 Jahren zum Vorsitzenden der United World Federalists (UWF) gewählt worden. Diese unter anderem von Albert Einstein geförderte Vereinigung setzte sich angesichts des Schreckens des Weltkriegs für eine Überwindung des Nationalismus und eine föderale Weltgemeinschaft ein, die Kriege zukünftig unmöglich machen würde. Hochgeschätzt als brillanter Autor und Redner, galt Cord Meyer als einer der »rising stars« am Himmel der amerikanischen Nachkriegspolitik und zusammen mit seiner ausnehmend hübschen Frau Mary, die für die Presseagentur UPI arbeitete, als das Traumpaar einer friedensbewegten demokratischen Zukunft. Doch die Hoffnungen des charismatischen UWF-Chefs auf einen dauerhaften Weltfrieden schwanden recht schnell. Das atomare Wettrüsten mit der UdSSR, die Berlin-Blockade, der Koreakrieg und die Tatsache, dass die Ziele der UWF dem normalen Amerikaner immer weniger zu vermitteln waren, nagten schwer an Meyers ursprünglichem Enthusiasmus. Seinen literarisch-publizistischen Ambitionen als Broterwerb für die Familie mit mittlerweile drei Kindern nachzugehen, schien ihm aussichtslos, und so nahm er 1951 das Angebot von Allen Dulles an, in die CIA einzutreten. Sein Wunsch, dort seinen intellektuellen Neigungen weiter nachgehen zu können, erfüllte sich in der Agency zwar, jedoch nicht so, wie es sich der junge Friedenspolitiker Meyer vorgestellt hatte – und völlig anders als seine Frau Mary es sich wünschte. Bei seinem schnellen Aufstieg zum Chef der Abteilung Internationale Organisationen entwickelte sich Meyer nicht nur zu einem immer harscheren Antikommunisten und Kalten Krieger, sondern leitete als führender Kopf auch eine der perfidesten Operationen der CIA, die Operation Mockingbird, die die geheime Unterwanderung und Manipulation der heimischen und internationalen Medien zum Ziel hatte. Laut Alex Constantine, einem investigativen Journalisten, der diese Operation recherchiert hat, standen Mitte der 50er-Jahre insgesamt fast 3000 Journalisten auf der Payroll der CIA. Carl Bernstein, einer der *Washington-Post*-Journalisten, die die Watergate-Affäre aufdeckten, kam bei einer Recherche 1977 auf insgesamt 400 Kollegen in Führungspositionen der Medien, die direkt oder indirekt der CIA verpflichtet waren.[62]

Meyer stieg als Vordenker der Operation Mockingbird und als Chef der psychologischen Kriegsführung der CIA ebenso schnell zur Position eines Direktors auf, wie er sich von seiner Frau entfremdete. Im Jahr 1956, als es auch bei ihren Nachbarn auf dem Hickory Hill, bei den Kennedys, schwer kriselte, erklärte Mary ihre Ehe definitiv für beendet, 1958 wurde das Paar offiziell geschieden.

Es mutet wie eine ironische und tragische Wendung der Geschichte dieses Paars an, was in den folgenden Jahren geschah: Während Cord zum Meistermanipulator und obersten Spin-Doktor der CIA aufstieg, ließ Mary, die ein Studio hinter dem Haus ihrer Schwester bezogen hatte, die Konventionen des Lebens in den besseren Kreisen Washingtons hinter sich und entwickelte einen freigeistigen, bohemienhaften Lebensstil. Sie studierte Malerei, bewegte sich in Künstlerkreisen und unterzog sich einer Selbsterfahrungstherapie nach den Methoden von Wilhelm Reich. Während Cord Meyer den Trübsinn seiner globalen psychologischen Kriegsführung zunehmend im Whisky ertränkte und wie viele seiner CIA-Kollegen zum Alkoholiker wurde, experimentierte Mary mit bewusstseinserweiternden Substanzen wie Marihuana und LSD. Das Lysergsäurediethylamid (LSD) war zu dieser Zeit noch legal und wurde von Ärzten in der Psychotherapie weltweit eingesetzt – zur Verstärkung innerer Einsichten ihrer Klienten und für den Blick über den Tellerrand des alltäglichen Normalbewusstseins hinaus. Wie der Hollywoodstar Cary Grant, der nach fast 100 Sitzungen sagte: »Ich mag eigentlich keine Drogen, aber

LSD hat mir sehr gutgetan. Ich finde, alle Politiker sollten LSD nehmen«, hatten auch andere Prominente die positive Wirkung der LSD-Erfahrung auf ihr Seelenleben bekannt gemacht – und Mary Meyer hatte in ihrem Studio mit ihren Freundinnen ebenfalls Sitzungen durchgeführt. Während die CIA zur selben Zeit in ihrem nur diabolisch zu nennenden Forschungsprogramm MK ULTRA zur Bewusstseinskontrolle unwissenden Personen LSD und andere bewusstseinsverändernde Substanzen verabreichte, um ihre Eignung als »Wahrheitsdroge« oder als Kampfstoff zur chemischen Kriegsführung und Gehirnwäsche zu testen, gingen die Ex-CIA-Gattin Mary Meyer und ihre ebenfalls mit einflussreichen Persönlichkeiten in Washington liierten Freundinnen auf gezielte Reisen in ihre Innenwelten. Und kamen mit der Erkenntnis zurück, dass auch ihre Männer unbedingt eine solche Erfahrung machen müssten – zum Wohle ihrer privaten Beziehungen wie auch ihres öffentlichen Einflusses und der Politik.

Im April 1962 fuhr Mary deshalb zur Harvard-Universität nach Boston, um sich bei Timothy Leary wissenschaftlichen Rat zu holen, wie man solche psychedelischen Sitzungen am besten leitet. Professor Leary und sein Kollege Richard Alpert hatten zwei Jahre zuvor mit ihrem Harvard Psylocibin Project begonnen, das LSD-ähnliche Psilocybin – den Wirkstoff, der in Südamerika als Sakrament verwendeten magischen Pilze – und seine Wirkung auf die Selbsterfahrung zu untersuchen. In seiner Autobiografie beschreibt Leary den Besuch, den Mary ihm abstattete:

»Ich saß an meinem Schreibtisch, und als ich aufschaute, stand dort, eine reizende Hüfte an den Türrahmen gelehnt, eine Frau, die mich mit frechem Blick musterte. Sie schien Ende dreißig zu sein und sah gut aus. Auffallende Augenbrauen, durchdringender Blick aus grünen Augen, ein fein geschnittenes Gesicht. Amüsiert, arrogant, aristokratisch. ›Dr. Leary‹, begrüßte sie mich kühl, ›ich habe mit Ihnen zu reden.‹ Sie kam ein paar Schritte auf mich zu und reichte mir die Hand. ›Ich bin Mary Pinchot. Ich möchte lernen, wie man eine LSD-Sitzung führt.‹

›Darauf sind wir hier spezialisiert. Würden Sie mir bitte sagen, was Sie sich vorgestellt haben?‹

›Ich habe einen Freund, einen sehr wichtigen Mann. Er ist beeindruckt von dem, was ich ihm über meine eigenen Erfahrungen erzählt habe, wie auch davon, was ihm andere darüber berichtet haben. Er möchte es selbst versuchen, und so bin ich hier, um zu lernen, wie man's macht.‹

›Warum bringen Sie Ihren wichtigen Freund nicht gleich für ein paar Tage mit, damit er sich das Projekt mal ansehen kann? Wenn dann alles passt, werden wir eine Sitzung mit ihm machen.‹

›Das kommt leider nicht in Frage. Mein Freund ist eine Person des öffentlichen Lebens. Das ist einfach unmöglich.‹

›Leute, die mit Macht umgehen, sind oft nicht die besten Versuchsobjekte.‹

›Schauen Sie‹, meinte Mary Pinchot, ›ich habe Allen Ginsberg im Radio und im Fernsehen sagen hören, dass, wenn Chruschtschow und Kennedy zusammen LSD nehmen würden, sie die Konflikte dieser Welt beenden würden. Ist es nicht so, dass wir die mächtigen Männer antörnen sollen?‹

›Das meint Allen, aber ich war da nie einverstanden. Chruschtschow soll seine eigene Frau antörnen, im Komfort und der Sicherheit seines eigenen Schlafzimmers im Kreml. Das Gleiche gilt für Kennedy.‹«[63]

Dass sie eigentlich Meyer hieß und ihr Exmann ein Direktor der CIA war, erwähnte Mary Pinchot gegenüber Leary ebenso wenig wie die Tatsache, dass es sich bei ihrem wichtigen Freund um niemand anderen als John F. Kennedy handelte. Leary lud sie ein, mit zu ihm nach Hause zum Abendessen zu kommen, wo ihnen der britische Forscher Michael Hollingshead einen kleinen Vortrag über die »Probleme der inneren Navigation« bei einer LSD-Reise hielt, bis Mary ihn unterbrach:

»›Ihr armen Kerle‹, murmelte sie, ›ihr habt ja keine Ahnung, wo ihr da hineingeraten seid. Ihr versteht wohl gar nicht, was die in Washington mit Drogen machen? ... Die Typen, die die Dinge in der Hand haben – ich meine die, die die Dinge in Washington *wirklich* kontrollieren –, interessieren sich sehr für Psychologie und ganz besonders für Drogen. Es sind harte Burschen, Timothy. Sie wollen die Drogen für Kriegszwecke einsetzen, um zu spionieren, zur Gehirnwäsche, zur Kontrolle.‹

›Ja‹, sagte ich, ›davon haben wir gehört.‹

›Doch gibt es auch Leute wie mich, die diese Dinge für den Frieden und nicht für den Krieg einsetzen wollen.‹ …

Ich fragte sie nochmals: ›Wer sind diese Freunde von dir, die Drogen für den Frieden brauchen wollen?‹

›Es sind Frauen‹, sagte sie lachend. ›Wie jede andere Hauptstadt der Welt wird Washington von Männern regiert. Diese nach Macht strebenden Männer können nur von Frauen verändert werden. Und du wirst uns dabei helfen.‹

Am nächsten Tag fuhr ich Mary zum Flughafen, nachdem ich sie mit Büchern und Artikeln über unsere Forschung eingedeckt hatte.

›Ich glaube nicht, dass du schon so weit bist, dass du mit den Sitzungen anfangen kannst‹, erklärte ich ihr.

›Das weiß ich. Ich werde bald zurückkommen, um weiter zu üben. Und vergiss bitte nicht, die einzige Hoffnung für die Welt sind intelligente Frauen.‹«[64]

Im Frühjahr und Sommer 1962 kam es zu weiteren Besuchen Marys bei Leary. Der wurde im Jahr darauf von der Harvard-Universität wegen seiner subversiven Forschungen entlassen, weshalb er sie nun auf einem schlossähnlichen Anwesen in Millbrook bei New York fortsetzen musste, das die Millionenerbin Peggy Hitchcock ihm und seiner Gruppe zur Verfügung gestellt hatte. Mary Pinchot nannte bei ihren Besuchen keine Namen, sie sagte bloß: »Wir sind acht intelligente Frauen, die die mächtigsten Männer Washingtons antörnen.« Und weil sie keine Namen nannte, hat Timothy Leary auch nie behauptet, dass es sich bei einem dieser »mächtigen Männer« um John F. Kennedy handelte. Gleichwohl sind diese Passagen aus seiner Autobiografie *Flash-*

backs von vielen Kritikern angezweifelt worden. Einige verstiegen sich gar zu der Behauptung, Leary hätte sie nur erfunden, um seinem 1983 erschienenen Buch mehr Publizität zu verschaffen. So lassen etwa James DiEugenio und Lisa Pease nicht nur an Leary, sondern auch an dem exzellent recherchierten Buch über Mary Meyer von Peter Janney – einem Kindheitsfreund ihres bei einem Autounfall 1956 ums Leben gekommenen Sohnes Michael – kein gutes Haar.[65]

Doch Timothy Leary hatte keinen Grund, diese Geschichte zu erfinden, um sein Buch zu promoten, denn sein Leben und seine Reputation als berüchtigter LSD-Guru waren abenteuerlich genug, um für Publicity zu sorgen. Als ich im Mai 1987 die Gelegenheit hatte, ihn bei einem Besuch in Berlin über sein Leben und seine im Jahr zuvor auch auf Deutsch erschienene Autobiografie zu interviewen,[66] erwähnte er dieses Ereignis mit keinem Wort – auch nicht bei seinem Vortrag im Audimax der Technischen Universität. Als wir am Tag danach noch eine gemeinsame Stadtrundfahrt machten, dabei auch auf einer der Aussichtsplattformen über die Mauer hinweg nach Ostberlin schauten und danach über den Kalten Krieg sprachen, fragte ich ihn explizit, ob man aus der Passage über Mary Pinchot in seinem Buch schließen könne, dass John F. Kennedy mit ihr LSD-Erfahrungen gemacht hätte. Und Leary antwortete, dass er das nicht wisse, dass er keine Beweise dafür hätte, dass es aber gut möglich sei. Nichts anderes teilte er einige Jahre später auch dem Autor Leo Damore mit, der darüber ein ausführliches Gespräch mit ihm führte, aus dem Peter Janney in seinem Buch zitiert. Insofern kann gesagt werden, dass sich Leary in dieser Angelegenheit stets so ausgedrückt hat, wie es sich für einen Wissenschaftler in der Tradition des großen Psychologen William James, als der er sich auch nach seiner Entlassung von Harvard verstand, gehört: nämlich eine Vermutung, für die es deutliche Hinweise, aber keine harten Beweise gibt, als eben solche stehen zu lassen und sie weder als Tatsache zu bezeichnen noch sie einfach zu verwerfen. Und zu Letzterem hatte er erst recht keinen Anlass, nachdem ihn Mary Pinchot am 1. Dezember 1963, eine Woche nach der Ermordung Kennedys, anrief und ihm schluchzend und kaum zu verstehen sagte: »Sie konnten ihn nicht länger im Zaum halten. Er veränderte sich zu schnell.«

Auch wenn es keinen harten Beweis dafür gibt, dass mit »er« John F. Kennedy gemeint war und dass die schnelle Veränderung, die er in seiner kurzen Amtszeit durchlief, von einer den Blick über den Tellerrand gewährenden LSD-Erfahrung befördert wurde, können an seiner engen Beziehung zu Mary Meyer ebenso wenig Zweifel bestehen wie an der Tatsache, dass die von LSD ausgelösten Wahrnehmungsveränderungen zu erstaunlichen Inspirationen führen. Dies ist nicht nur von zahlreichen Künstlern, Literaten und Musikern belegt, sondern auch von Wissenschaftlern wie Francis Crick, der bekannte, dass er der Struktur der Doppelhelix des DNA-Moleküls mit LSD auf die Spur kam, oder von dem Apple-Gründer Steve Jobs, der diese Erfahrungen als eine der wichtigsten seines Lebens bezeichnete. Das Verbot von LSD Ende der 60er-Jahre und dessen durch zahlreiche Medienberichte über »Horrortrips« beförderte schlechte Reputation mögen es heute als unwahrscheinlich erscheinen lassen, dass sich ein Präsident der USA je auf so etwas eingelassen hat, doch wer die vor dem Verbot und der Horrorpropaganda erschienenen Berichte von Ärzten und Therapeuten zur Kenntnis nimmt, kann sehr schnell ein anderes Bild gewinnen. Richtig dosiert, in angemessener Umgebung und unter sachkundiger Leitung ist eine LSD-Reise in die Welten des eigenen Bewusstseins in aller Regel keineswegs ein Horrortrip, sondern – wie es Hunderte von Forschungsberichten und Protokollen belegen – eine höchst beglückende und inspirierende Angelegenheit, die viele Klienten zu vertieften Einsichten in ihr Selbst und die Welt geführt hat. Dass John F. Kennedy unter Führung von Mary Pinchot, seiner Geliebten und Vertrauten, eine solche Erfahrung gemacht hat, ist deshalb keine abwegige Spekulation, um ihm außer seinem notorischen »womanizing« nun auch noch

Rauschgiftkonsum vorwerfen zu können, sondern stellt ihn vielmehr in die Reihe der Pioniere, die den Treibstoff von »love and peace« schon entdeckten, bevor die Generation der Hippies sich diese Substanz und die Parole zu eigen machten.

Dass Kennedy in der Tat zu einem frühen Vertreter dieser »love and peace«-Generation mutierte, werden wir im folgenden Kapitel anhand einer Rede aus dem Juni 1963 nachweisen, zuvor aber soll noch aufgezeigt werden, wie Mary Meyer zur »Göttin hinter dem Thron« wurde – als welche sie der Autor Leo Damore bezeichnet hat – und wie sie wegen dieser Rolle kaum ein Jahr nach dem »König« und unter ebenso ungeklärten Umständen ums Leben kam.

Die beiden hatten sich schon als Teenager 1936 auf einem College-Ball kennengelernt (damals war Mary mit dem »Beau« aus ihrer Klasse, William Attwood, gekommen, der von Kennedy 1963 als Emissär zu diskreten Verhandlungen mit Fidel Castro entsandt wurde) und waren Mitte der 50er-Jahre, wie bereits erwähnt, Nachbarn auf dem Hickory Hill in Georgetown. Die notorische Schürzenjägerei des auf attraktive Frauen fixierten Senators war Mary dabei nicht verborgen geblieben und dieser hatte natürlich auch auf seine schöne Nachbarin ein Auge geworfen. Doch Mary hatte kein Interesse, zu einem der Häschen in Kennedys Playmate-Sammlung zu werden, wies seine Annäherungsversuche zurück und gewann so seinen Respekt. »Jack war verzweifelt über seine Ehe mit Jackie«, erzählte eine Vertraute Leo Damore, »er wollte da im schlimmsten Falle raus, wusste aber, dass dies politischer Selbstmord wäre. Er besuchte Mary, weil er mit ihr reden konnte. Er vertraute ihr. Sie war eine der wenigen Frauen, die er wirklich respektierte, vielleicht die einzige. Ihre Unabhängigkeit hat ihn immer beeindruckt – sie brauchte und wollte nichts von ihm.«[67] Wann genau aus dieser vertrauten Freundschaft ein intimes Verhältnis wurde, ist nicht sicher. Marys damaliger Freund, der Maler Ken Noland, vermutete, dass es im Sommer 1959 war, als Mary für zwei Wochen ein Ferienhaus in Provincetown, nur eine Stunde entfernt vom Kennedy-Anwesen in Hyannis Port, angemietet hatte. Laut Jim Truitt, dem Mann ihrer besten Freundin Anne Truitt und zu dieser Zeit Vizechef der *Washington Post*, der 1976 in einem Interview als Erster etwas über diese Liebesaffäre erzählte, begann ihre intime Beziehung hingegen erst im Januar 1962, nachdem Kennedy schon ins Weiße Haus eingezogen war.

Dass diese Beziehung mehr war als eine seiner üblichen Affären, wird aus vielen Äußerungen von Freunden und Bekannten deutlich, die zum Teil erst Jahrzehnte später bereit waren, darüber zu sprechen. »Jack liebte Mary Meyer. Er war wirklich hingerissen von ihr, schwer hingerissen. Und mir gegenüber«, so ein guter Freund Kennedys, Charles Bartlett, in einem Interview mit Peter Janney 2008, »sagte er sehr offen, dass er sie einfach großartig fand.«[68] Gegen Ende des Jahres 1962, so erzählte der Anwalt des Weißen Hauses, Myer Feldman, der Autorin Nina Burleigh 1998, war Mary Meyer so häufig dort anwesend, dass sie »fast schon ein Teil der Einrichtung« gewesen sei. Im Unterschied zu anderen Besuchern hätte der Präsident sie nicht gebeten, den Raum zu verlassen, wenn es um dienstliche Angelegenheiten ging. »Sie war so häufig in der Nähe des Präsidenten und seine Wertschätzung für sie so offensichtlich, dass Feldman sie als guten Kanal für das Ohr des Präsidenten betrachtete, wenn Kennedy nicht erreichbar war, um Staatsangelegenheiten mit ihm zu besprechen.«[69] Und Kenny O'Donnell, der persönliche Assistent und engste Mitarbeiter Kennedys, der sich nie über diese Beziehung geäußert hatte, sprach kurz vor seinem Tod 1977 mit Leo Damore darüber und machte deutlich, dass Mary sich gegenüber dem Präsidenten ziemlich offen und konfrontativ äußerte, als es zum Beispiel im April 1962 um die Frage des nuklearen Teststopps ging: »Sie forderte ihn offen heraus, etwas anderes zu tun und nicht in die Falle zu gehen und sich auf einen ›pissing contest‹ mit den Russen einzulassen.« So gab Damore 1992 die Äußerungen O'Donnells wieder.[70] Während ihr Exmann Cord Meyer mit seinen CIA-Freunden James Angleton und Allen Dulles, den Mary einmal als »Machiavelli – nur schlimmer« bezeichnet hatte, weiter mit allen Mitteln und verdeckten Operationen an der Konfrontation des Kalten Kriegs bastelte, war Mary ihrer persönlichen Mission eines globalen Friedens so nahe gekommen wie nur möglich: am Ohr des mächtigsten Mannes der Welt. Und diesem war ihr Rat offenbar überaus wichtig, denn – so gab Damore eine Äußerung O'Donnells wieder – wenn sie einmal telefonisch nicht erreichbar war, lief er »fieberhaft« im Oval Office hin und her.

Als diese enge Beziehung durch Jim Truitts Interview in dem Boulevardblatt *National Enquirer* 1976 erstmals bekannt wurde, schlug die Nachricht in Washington ein wie eine Bombe. Truitt enthüllte darin außer der Lovestory auch noch ein politisch höchst brisantes Detail: die mögliche Verwicklung der CIA in den Mord und die Spurenbeseitigung, nachdem Mary Meyer im Oktober 1964 bei einem Spaziergang am Potomac-Ufer in der Nähe ihres Hauses durch zwei Kopfschüsse getötet worden war. Verhaftet und angeklagt worden war nach dem Mord ein in der Nähe aufgegriffener Afroamerikaner, Ray Crump, den ein weiterer Spaziergänger als den Mann identifiziert haben wollte, der sich nach den Schüssen über das am Boden liegende Opfer gebeugt habe. Es lagen jedoch weder Beweise für einen Raub noch für sexuellen Missbrauch oder ein anderes Motiv vor, es konnte auch keine Tatwaffe ausfindig gemacht werden, daher wurde der Verdächtige nach einem langen und aufsehenerregenden Verfahren im Juli 1965 freigesprochen. Da andere Spuren und mögliche Verdächtige nicht ermittelt worden waren, wurde der Fall als unaufgeklärt zu den Akten gelegt. Auch die zwölf Jahre später durch Jim Truitt bekannt gewordene Tatsache ihrer Liaison mit dem Präsidenten und die darauf folgenden Artikel einiger Journalisten trugen nicht zu einer Aufklärung bei. Erst mit den in den 90er-Jahren begonnenen Recherchen des Autors Leo Damore, die nach dessen mysteriösem Selbstmord 1996 von Peter Janney fortgesetzt wurden, ist etwas mehr Licht auf diese rätselhafte

Ermordung der Kennedy-Vertrauten Mary Meyer geworfen worden – und die dabei zum Vorschein gekommenen Dunkelmänner waren nicht schwarz und Mitglieder des afroamerikanischen Prekariats, sondern weiß und Angehörige der CIA-Elite.

Ein Lastwagenmechaniker, Henry Wiggins, der zu einem am Parkrand abgestellten defekten Lkw bestellt worden war, war anfangs der einzige Zeuge gewesen, als die Polizei am Tatort eintraf. Er hatte nach den Schüssen über die Mauer des Parks geschaut und einen Mann gesehen – mit einer beigen Reißverschlussjacke, schwarzer Hose und einer Golfkappe –, der sich über den Körper der Ermordeten gebeugt und dann, als er aufschaute, ihn direkt angesehen habe. Allerdings – was Wiggins wunderte – nicht ängstlich oder erschrocken; er steckte dann etwas in seine Tasche und ging davon. Laut Wiggins' Zeugenaussage vor Gericht sah der Mann nicht aus, als ob er zuvor in einen Kampf oder eine Anstrengung verwickelt gewesen sei, Blut oder sonstige Spuren hatte er auf seiner Kleidung nicht gesehen. Und die Größe und das Gewicht des Mannes, die er geschätzt hatte – etwa 173 cm und 182 Pfund –, trafen auf den deutlich schmächtigeren Angeklagten Crump nicht zu.

Doch am Morgen nach dem Mord meldete sich ein zweiter Zeuge bei der Polizei, der sich als Leutnant William L. Mitchell aus dem Pentagon vorstellte und angab, einen Mann in beiger Jacke und schwarzer Hose gesehen zu haben, der am Pfad den Kanal entlang hinter einer blonden Frau hergelaufen sei. Mit diesem zweiten Zeugen sahen sich die Ankläger auf der sicheren Seite, doch beide waren zu weit vom Tatort entfernt, um den Angeklagten genauer identifizieren zu können, und dank seiner couragierten Anwältin Dovey Roundtree, wegen fehlender weiterer Indizien und weil es überhaupt kein Motiv gab, sprach die Jury Ray Crump frei.

Der Zeuge Mitchell war damals schon der Anwältin suspekt vorgekommen, weil sie mehrfach versucht hatte, ihn vor dem Verfahren zu erreichen, und keiner ihrer Anrufe beantwortet wurde.

Warum das so war, fand erst Leo Damore heraus, als er sich ein Vierteljahrhundert später auf die Spur dieses Zeugen machte. Es gab 1964 überhaupt keinen Leutnant William L. Mitchell im Pentagon oder beim US-Militär, und unter der Privatadresse, die der ominöse Mitchell angegeben hatte, hatte zwar ein Mieter dieses Namens gewohnt, doch das betreffende Appartement fungierte, wie Damore 1992 herausfand, als »CIA safehouse« – eine Deckadresse des Geheimdienstes. Daraufhin wandte sich Damore an Oberst L. Fletcher Prouty, der während Kennedys Amtszeit als Verbindungsoffizier des Pentagon zur CIA für das Netzwerk von verdeckten Agenten zuständig gewesen war, das rund um die Erde paramilitärische Operationen durchführte. Nachdem ihm 1964 die Verwicklungen dieses geheimen Netzwerks in Kennedys Ermordung aufgefallen waren, hatte Prouty den Dienst quittiert und in der Folge zwei Bücher über die geheime Geschichte des Kalten Kriegs geschrieben, die zu Standardwerken wurden.[71]

In Oliver Stones Film *JFK* ist Prouty das Vorbild für die Figur »X«, die von Donald Sutherland gespielt wird.

Was Leo Damore 1992 von dem Insider Fletcher Prouty erfuhr, ist nicht genau bekannt. Seine Suche nach dem merkwürdigen Zeugen des Mords an Mary Meyer schien in einer Sackgasse zu stecken. In einem letzten verzweifelten Versuch verfasste Damore Ende 1992 einen Brief mit seinen gesammelten Informationen – und schickte ihn an die CIA-Deckadresse Mitchells. Auch der Inhalt dieses Briefs ist nicht bekannt, er muss jedoch brisant und motivierend genug gewesen sein, um eine Reaktion zu provozieren. Denn am Abend des 30. März 1993 klingelte Damores Telefon, und der Anrufer stellte sich als »William Mitchell« vor. Die beiden telefonierten vier Stunden miteinander. Am kommenden Morgen rief Damore bei seinem Anwalt und guten Freund James H. Smith an – ehedem auch ein enger Vertrauter Robert F. Kennedys – und erstattete diesem über das Telefonat mit »Mitchell« und seine sonstigen in letzter Zeit gewonnenen Erkenntnisse Bericht. Die sechs Seiten von Smiths Notizen über Damores Bericht hat Peter Janney seinem Buch als Appendix angefügt. Danach war der Mord an Mary Meyer eine »CIA-Operation«, an der »Mitchell« beteiligt war und für die man Ray Crump, der dort am Kanal häufig fischte und sich heimlich mit seiner Geliebten traf, als Sündenbock inszeniert hatte. »Mitchell«, so Damore zu seinem Anwalt, sei ein früherer FBI-Mann, der für die CIA im Inland Aufträge durchgeführt habe. Mary Meyer sei schon längere Zeit von einem »Beobachtungsteam« beschattet worden. Nachdem sie am 24. September ein Exemplar des Warren-Reports erhalten hatte, sei sie angesichts des Ausmaßes der Vertuschung »an die Decke gegangen« und habe ihren Exmann damit konfrontiert, der darüber sofort seinen engen Freund und Nachbarn, den CIA-Gegenspionage-Chef James Angleton, informiert habe. Ob Mary danach auch noch eine direkte Auseinandersetzung mit Angleton gehabt habe – dessen Frau zu ihren Freundinnen zählte –, sei unklar. »Doch es ist nahezu sicher«, schreibt Peter Janney in seiner Zusammenfassung, »dass den beiden Männern, die Mary so gut kannten, klar war, dass sie nicht zu der Art von Menschen gehörte, die darüber Stillschweigen bewahren.«[72]

Obwohl Leo Damore gegenüber seinem Anwalt und einige Tage später gegenüber seinem Assistenten Mark O'Blazney euphorisch und sicher war, »den Fall gelöst zu haben«, ist sein Buch, für das er jahrelang hartnäckig recherchiert hatte, nie erschienen. Er musste sich einen schweren Hirntumor diagnostizieren lassen und nahm sich zwei Jahre nach diesem Telefonat das Leben, nachdem er 1995 die Besprechung des autobiografischen Buchs *A Good Life* von Ben Bradlee – dem ehemaligen Chef der *Washington Post*, Kennedy-Freund und Schwager von Mary Meyer – in der *New York Times* gelesen hatte.

In diesem Buch berichtet Bradlee, dass er am Abend des Mordtages mit seiner Frau Marys Haus aufsuchte, um dort nach dem Rechten zu sehen und nach ihrem Tagebuch zu suchen. Da bemerkten sie plötzlich Geräusche am Haustürschloss, und nach dem Öffnen der Tür standen sie unverhofft James Angleton und dessen Frau Cicely gegenüber, Ersterer mit weißen Handschuhen und einem Dietrich. Diese Suche nach dem Tagebuch hatte auch schon James Truitt in einem ersten Artikel 1976 erwähnt, denn Mary hatte dessen Frau Anne anvertraut, dass sie ein Tagebuch führe, und sie gebeten, es an sich zu nehmen, falls ihr etwas zustoßen würde. Die Truitts weilten jedoch zum Zeitpunkt des Mords in Japan – und in Anne Truitts Version der Ereignisse kommt der Einbruchsversuch des Meisterspions nicht vor. Danach hat sie, als sie von dem Mord erfuhr, bei den Bradlees angerufen, bei denen die Angletons gerade zu Gast gewesen seien, um sich über den Mord an der gemeinsamen Freundin auszutauschen, worauf dann alle vier gemeinsam zu Marys Haus gegangen seien – nachdem sie Angleton gebeten habe, das Tagebuch sicherzustellen. Nachdem nichts gefunden wurde, machte sich das Durchsuchungskommando am nächsten Morgen, dieses Mal unter Beteiligung von Cord Meyer, erneut auf die Suche und fand ein »Sketchbook« Marys, das aber im Wesentlichen nur Zeichnungen enthielt und das Angleton an sich nahm. Er gab es 1976 Marys Schwester Tony zurück, die es im Beisein von Anne Truitt verbrannte.

So weit die offizielle Charade um das wahrscheinlich wichtigste Schriftstück der Journalistin Mary Meyer, die Peter Janney in seinem Buch ausführlich schildert,[73] wobei es bei der Anwesenheit von so vielen Schlapphüten und ihren Gattinnen kaum verwundern kann, dass es sich dabei nicht um die Wahrheit handelte – denn das »Sketchbook« war nicht Mary Meyers eigentliches Tagebuch. Dieses ist bis heute nicht an die Öffentlichkeit gekommen.

Allerdings glaubte Leo Damore, es nach Jahrzehnten endlich aufgespürt zu haben – doch weder sein Anwalt Jimmy Smith noch sein Assistent, denen er begeistert davon berichtete, noch seine Witwe konnten es nach Damores Tod irgendwo finden. Laut Damore war es – wenig verwunderlich – im Besitz James Angletons, der nach der erfolglosen Suche am Mordabend noch einmal allein in das Haus gegangen sei, angeblich um »nach den

Katzen zu sehen«. Nach seiner unrühmlichen Entlassung soll der einst gefürchtetste Abteilungsleiter der CIA eine Kopie des Tagebuchs 1980 dem rechtskonservativen Journalisten Bernie Yoh gezeigt und ihm eine Kopie gegeben haben – im Austausch für einen Artikel, mit dem Yoh einen *Newsweek*-Beitrag kontern sollte, der über Angletons üble Machenschaften und Gesetzesbrüche berichtet hatte.[74]

Doch auch Peter Janney, der nach Damores Tod und basierend auf einem Teil seiner Vorarbeiten die Recherchen akribisch fortsetzte, ist es bis heute nicht gelungen, dieses Tagebuchs habhaft zu werden. Nach dem erneuten Lesen von Ben Bradlees *A Good Life* jedoch wachte er in einer Nacht im Jahr 2006 schweißgebadet und erschrocken auf, denn dort hatte Mary Meyers Schwager etwas geschrieben, was er bei ihrem Mordprozess verschwiegen hatte: dass er schon »kurz nach dem Mittagessen« von dem Mord erfahren habe, telefonisch, von seinem guten Freund Wistar Janney – einem hohen CIA-Beamten und Vater von Peter Janney. Doch »kurz nach dem Mittagessen« war die am Towpad am Ohio-Kanal liegende Frauenleiche, bei der die um 12:20 Uhr eingetroffene Polizei keine Papiere gefunden hatte, noch lange nicht identifiziert. Offiziell stand die Identität der Ermordeten erst kurz nach 18:00 Uhr fest, als ihre Schwester und deren Mann ins Leichenschauhaus gekommen waren. Auch Cord Meyer, der sich bei einer CIA-Konferenz in New York befand, hatte in seinen Erinnerungen 1980 angegeben, durch seinen »alten Freund Wistar Janney« von dem Mord an seiner Exfrau erfahren zu haben. Peter Janney war zu dieser Zeit schon auf dem College und nicht mehr zu Hause, sein jüngerer Bruder und seine Mutter aber waren sich sicher, erst am Abend davon gehört zu haben. Das Telefon habe geläutet, der Vater habe es abgenommen und kurz darauf »Oh nein, oh nein!« gerufen – und ihnen dann mitgeteilt, das sei die Polizei gewesen und Mary Meyer sei ermordet worden. »Wie konnte mein Vater was auch immer über den Tod von Mary Mayer an diesem Tag gewusst haben, außer natürlich, dass er selbst darin verwickelt war?«, schreibt Peter Janney[75] – und ist überzeugt, dass die alten CIA-Freunde James Angleton, sein Vater Wistar Janney und indirekt Cord Meyer diesen Mord auf dem Gewissen haben.

Gründe dafür gab es aus Sicht der CIA genug, denn Angleton – ein Meister illegaler Abhörmethoden – hatte sich nicht gescheut, das Studio und auch das Schlafzimmer der Frau zu verwanzen, deren Söhne seine Patenkinder waren und die eine Freundin seiner eigenen Frau war. Angleton wusste also nicht nur von ihrer Beziehung zum Präsidenten, der sie auch mehrfach in ihrem Studio in Georgetown besuchte, von Marys friedensbewegtem politischen Engagement, von ihren Experimenten mit psychoaktiven Substanzen – dem Journalisten Heymann erzählte Angleton, sie hätten zusammen »eine milde Dosis LSD« genommen und danach »Liebe gemacht«[76] –, er hatte auch ihre entsetzte Reaktion auf die Vertuschungen des Warren-Reports über seine Wanzen vermutlich schon mitbekommen, bevor ihn sein Freund Cord Meyer darüber informierte.

Hier ist die Bemerkung von Robert D. Morrow interessant, einem CIA-Vertragsagenten, der tief in die Aktivitäten der exilkubanischen Gruppen verstrickt war und später in seinem Buch *Firsthand Knowledge* schrieb, dass er nach der Veröffentlichung des Warren-Reports von seinem CIA-Chef Marshall Diggs nach Washington gerufen worden sei, der ihm gesagt habe:

»Da ist so eine prominente Dame in Washington, die zu viel weiß über die CIA, über unsere kubanischen Aktivitäten und im Besonderen über die Ermordung des Präsidenten ... Sie hat eine Insider-Verbindung nach Langley und, ganz wichtig, zu Bobby (Kennedy). Glücklicherweise ist ein enger Freund von mir einer ihrer besten Freunde. ... Und um auf den Punkt zu kommen: (Mary) Meyer sagte meinem Freund, dass sie genau wüsste, dass die mit der Agency (CIA) verbundenen Exilkubaner und die Mafia für die Ermordung von John F. Kennedy verantwortlich sind.«[77]

Morrow wurde aufgefordert, Mario Kohly, den Sprecher der Cuban Liberators, einer einflussreichen exilkubanischen

Gruppe, darüber zu informieren, was er einige Tage später auch tat und zur Antwort bekam: »Sage Diggs, ich werde mich darum kümmern.«[78] Als er eine Woche später von dem Mord an Mary Meyer erfuhr, stürzte dies den Agenten Morrow in heftige Verzweiflung, und wenig später quittierte er seinen Job bei der CIA. Laut John Williams, einem emeritierten Professor an der Universität Wisconsin, der mit dem 1998 verstorbenen Robert Morrow zahlreiche Interviews führte, war dieser aber nach weiteren Recherchen überzeugt, dass nicht seine Nachricht an den Exilkubaner ausschlaggebend für den Mord an Mary Meyer war, sondern der Freund seines CIA-Chefs: »Ich denke nicht, dass Kohly es getan hat, ich denke, Angleton hat es getan.«[79]

Auch wenn einige Kennedy-Forscher Morrows Aussagen für unglaubwürdig und den Zusammenhang des Mords an Mary Meyer mit der Ermordung des Präsidenten für verschwörungstheoretisch inspiriert halten – so etwa Nina Burleigh in ihrer Meyer-Biografie *A Very Private Woman* –, sprechen die hier dargelegten Verbindungen und Belege doch sehr deutlich dafür, dass es sich bei diesem Mord nicht um eine Reihe unglücklicher Zufälle handelte. Er geschah am helllichten Tag, wurde allem Anschein nach nicht im Affekt, sondern professionell ausgeführt und führte aufgrund der Zeugenaussage eines suspekten CIA-Zeugen zur Anklage eines afroamerikanischen Arbeitslosen, der in der Nähe des Tatorts aufgegriffen und dann wider Erwarten freigesprochen wurde. Das Mordopfer war nicht eine zufällige blonde Spaziergängerin, die von einem »Neger« sexuell bedrängt und erschossen wurde, sondern als Geliebte und Vertraute des elf Monate zuvor ermordeten John F. Kennedy eine absolute »Insiderin« des Weißen Hauses, eine Frau, die viel – zu viel? – wusste über die Vorgeschichte und die Umstände des Präsidentenmords, die vor Wut »durch die Decke« gegangen war, als sie die Weißwaschung dieses Mords im Warren-Report gelesen hatte – und die in ihrem selbstständigen, rebellischen Freigeist nicht gedachte, darüber zu schweigen.

(2013/2017)

Bobby Fischer – Schach und Paranoia

Andy Grove, als Mitbegründer von Intel einer der erfolgreichsten Unternehmer unserer Zeit, benannte eine seiner Buchpublikationen mit dem Titel »Only the paranoid survive« – Nur die Paranoiden überleben – und von Henry Kissinger, einem der einflussreichsten Politiker und Politikberater unserer Tage, ist eine andere Weisheit überliefert: »Wer in Washington nicht paranoid ist, spinnt.« Zu den Eigenschaften oder dem Handwerkszeug der Erfolgreichen scheint also die Paranoia durchaus zu zählen, doch gilt sie gleichzeitig auch als eine Geisteskrankheit. »Para« heißt im Griechischen »neben« – und »noia« ist der »Verstand«, der Paranoiker ist also dem Wortlaut nach einer, der sich außerhalb seines normalen Verstands bewegt. Landläufig und allgemein wird Paranoia als Verfolgungswahn bezeichnet:

> *»Der Patient hat das Gefühl, verfolgt zu werden. Ein paranoider Mensch glaubt oft, dass andere beabsichtigen, ihn zu schädigen, zu betrügen oder auch zu töten. Oft kann er dafür auch ›Beweise‹ präsentieren, die für ihn völlig überzeugend scheinen, für Außenstehende dagegen überhaupt nichts besagen. Diese Überzeugungen sind wahnhaft. Der Patient ist durch nichts von ihnen abzubringen, rationale Argumente und Überzeugungsversuche von Außenstehenden haben keinen Erfolg.«*

Nach dieser Definition (aus der Wikipedia Enzyklopädie) scheint es noch schwerer zu verstehen, warum erfolgreiche Manager oder

Politiker die Paranoia zu ihren Patentrezepten zählen. Offensichtlich ist es daher notwendig, zwischen einer gesunden und einer krankhaften Paranoia zu unterscheiden – ähnlich wie bei einer Droge scheint es auch bei der Paranoia auf die Dosis anzukommen, zu viel ist ungesund und macht krank.

Aber ohne Paranoia scheint es auch nicht zu gehen, weder in der Wirtschaft noch in der Politik noch – wie wir sehen werden – im Schach. Zuvor wollen wir aber noch ein wenig genauer betrachten, was Paranoia überhaupt ist und wo die Grenze zwischen gesunder Skepsis und krankhafter Einbildung verläuft. Mit dem Stichwort Skepsis haben wir schon einen wesentlich Aspekt des paranoischen Geistes benannt: »Nichts ist so, wie es scheint!«

Wenn Agent Fox Mulder die Augen aufreißt und seiner Partnerin, Agentin Scully, einen verzweifelten Blick zuwirft – worauf diese vielsagend die schöne Stirn in Falten zieht –, dann wissen die Zuschauer von »Akte X«: SIE haben wieder zugeschlagen oder stecken zumindest dahinter. Wer SIE genau sind, bleibt auch nach hunderten Folgen der »Ungeklärten Fälle des FBI« im Dunkeln, aber dass irgendwer dahinterstecken muss, hinter all diesen mysteriösen Ereignissen – und nicht nur irgendwer, sondern eine machtvolle Struktur oder Organisation –, das ist klar. Zumindest für den Agenten Mulder. Denn der findet Beweise über Beweise, und da, wo keine zu finden sind, findet er Beweise dafür, dass sie vernichtet wurden.

»Ein Paranoiker«, definierte der Schriftsteller William S. Burroughs, »kennt immer alle Fakten« – der unermüdlich Fakten aufdeckende Agent Mulder wäre insofern der perfekte Paranoiker – und tatsächlich ohne die skeptische, erdgebundene Frau Doktor Scully an seiner Seite spätestens in Folge drei im Irrenhaus gelandet. So aber wurde er zu einem der beliebtesten Fernsehhelden und die »X-Files« zu einer der weltweit erfolgreichsten TV-Serien. Ein postmoderner Don Quichotte, der nicht nur den alten aussichtslosen Kampf kämpft – in diesem Fall gegen die Windmühlenflügel mysteriöser Verbrechen und Vertuschungen –, sondern der auch weiß, dass die mit der Aufdeckung dieser Fälle beauftragte Agentur und damit er selbst ebenfalls ein Teil der Vertuschung sind.

Mulders Dilemma ist ein doppeltes: Einerseits hat sich die ganze Welt (einschließlich aller Geheimdienste, Militärs und möglicher extraterrestrischer Zivilisationen) gegen ihn und seine Ermittlungen verschworen – und diese Verschwörung ist so mächtig und universell, dass sie niemals aufgedeckt werden kann. Andererseits aber kann niemand, nicht einmal seine Vertraute Scully, seine Theorien widerlegen – denn jeder Beweis gegen sie funktioniert gleichzeitig auch für sie. Zumindest für Mulder. SIE stecken wieder dahinter ... nichts ist, wie es scheint – gegen derlei doppeltes Blendwerk kämpfen selbst Superhelden vergeblich.

»Wem es gelingt, dir falsche Fragen einzureden, der braucht vor der Antwort nicht zu bangen«, hieß es in Thomas Pynchons großem Verschwörungs-Roman »Die Enden der Parabel« – für den Geheimagenten wie für den Schachspieler ist diese fatale Erkenntnisfalle täglich Brot. Und es ist vielleicht kein Zufall, dass mit Mulder und Scully zwei Fernsehfiguren zu Superhelden wurden, die unentrinnbar in ein Spiegelgefecht von Wahrheit und Lüge, Manipulation und Realität verwickelt sind. Und mit diesem Dilemma sind wir mitten in einer Schachpartie, in der ja ebenfalls nichts ist, wie es scheint: Hinter jedem Zug kann eine Falle verborgen sein, hinter jeder Stellung ein geheimer, unsichtbarer Plan, hinter jeder Figur eine Verschwörung.

Das erste Kennzeichen einer Verschwörung ist die fehlende Offensichtlichkeit: Auf den ersten Blick sieht alles harmlos aus. Aber diese scheinbare Harmlosigkeit kann täuschen – und im Schach lauert das Übel nicht gleich hinter der nächsten Ecke, sondern hinter der über-über-über-nächsten oder noch um viele Ecken weiter, weshalb besonderer Scharfsinn erforderlich ist, die in der Zukunft liegenden Untiefen, die drohenden Übel und tödlichen Fallen vorauszusehen – und die Täuschungen zu durchschauen. Dass nur die Paranoiden überleben und dass, wer nicht paranoid ist, spinnt – diese beiden eingangs genannten Einsichten erfolgreicher Industrie- und Politikberater leuchten im Blick auf das Schachspiel unmittelbar ein. Und so scheint es sicher auch kein Zufall, dass die zwei vielleicht größten Wunderkinder der Schachgeschichte, Paul Morphy und Bobby Fischer, nach ihren genialen Leistungen auf dem Brett im wirklichen Leben einer schweren Paranoia anheimfielen.

Paul Morphy lernte das Spiel als Zehnjähriger von seinem Vater, zwei Jahre später, 1839, schlug er bereits den damaligen Schachkönig von New Orleans und galt kaum über 20 als bester Spieler der Welt. Den Ruf eines Genies brachten ihm vor allem seine spektakulären Simultan-Blind-Partien, bei denen er auch stärkste Gegner reihenweise besiegte: »MORPHY ist großartiger als CAESAR, denn er kam und siegte, ohne zu sehen« – so wurde der 21-Jährige gefeiert, nachdem er als erster Amerikaner in die bis dahin europäische Domäne des Schachs eingedrungen war und auf seinen Transatlantikreisen nahezu alle europäischen Spitzenspieler geschlagen hatte – außer Staunton, dem führenden englischen Spieler, der ihm drei Monate lang einen Zweikampf verweigerte.

Ernest Jones, dem Schüler und Übersetzer Sigmund Freuds, verdanken wir eine ausführliche Studie über Paul Morphy; er sieht in dem immensen Druck, den Schmeicheleien solchen Ausmaßes auf den jungen Mann ausübten, schon den Beginn der Tragödie, die folgte: Morphy verlor jedes Interesse am Spiel. Die folgenden 20 Jahre seines Lebens rührte er kein Brett mehr an, mied die Orte früherer Triumphe und entwickelte zunehmend die Symptome einer schweren Paranoia. Jones schreibt:

> *»Er fühlte sich von Leuten verfolgt, die danach trachteten, sein Leben unerträglich zu machen. Sein Wahn konzentrierte sich auf den Gatten seiner älteren Schwester, der Vermögensverwalter des väterlichen Nachlasses war und von dem er glaubte, er wolle ihn seines Erbteils berauben. Er forderte ihn zum Duell und strengte darauf einen Prozeß*

gegen ihn an, wobei er Jahre damit verbrachte, sich auf diesen Fall vorzubereiten; vor Gericht wurde schnell ersichtlich, dass die Anklagen haltlos waren. Er fürchtete außerdem, dass Menschen, besonders sein Schwager, ihn vergiften wollten, und weigerte sich eine zeitlang, Essen aus den Händen anderer als seiner Mutter oder seiner (jüngeren, unverheirateten) Schwester anzunehmen. (...) Er hatte die Lebensweise angenommen, täglich, pünktlich zur Mittagsstunde und aufs feinste herausgeputzt, einen Spaziergang zu unternehmen. Zurückgekehrt ruhte er bis zum Abend, an dem er die Oper aufsuchte, dabei keine einzige Aufführung versäumend. Er wollte niemanden außer seiner Mutter sehen und es versetzte ihn in Ärger, falls seine Mutter es unternahm, selbst nahe Freunde ins Haus einzuladen. Zwei Jahre vor seinem Tod wurde er um Mitarbeit an einem geplanten biographischen Werk, das Berühmtheiten Louisianas, auch sein Leben, enthalten sollte, gebeten. Er antwortete mit einem entrüsteten Schreiben des Inhalts, dass sein Vater, Richter ALONZO MORPHY, bei seinem Tode die Summe von 146162 Dollar und 54 Cent hinterließ, während er selbst keinem Beruf nachgegangen sei und nichts mit Biographien zu tun hätte. Beständig sprach er vom Vermögen des Vaters und die bloße Erwähnung des Schachs reichte aus, ihn zu irritieren.«

Auch wenn man die psychoanalytische Theorie von Oedipus und Vatermord nicht teilt – Morphys Fixierung auf den König, den Vater, und die Feinde, die ihn seines Vermögens berauben wollen, weist durchaus Parallelen zum Schach auf. Fast scheint es, als hätte sein Genius, das sich von der Schachwelt abwandte, nun eben in der realen Welt jene Verschwörung vor Augen, die nichts anderes im Sinn hat, als den König seines (Bewegungs-)Vermögens zu berauben.

Paul Morphy war nicht nur einfach der beste Schachspieler seiner Zeit, der Geniestatus wurde ihm vor allem wegen der Art und Weise zuteil, in der er seine Partien führte. Er entwickelte die vielleicht aggressivste Eröffnung überhaupt, das nach ihm benannte Morphy-Gambit, bei der Weiß bereits im fünften Zug einen Springer und kurz darauf noch einen Läufer opfert. Doch glücklich werden konnte mit diesem schnellen Materialgewinn nur, wer das folgende Abspiel genaustens beherrschte – und zu Morphys Zeiten waren das nur wenige. Alle anderen vergifteten sich an dem fetten Brocken und erlagen dem folgenden Sturm schnell. Nur wer die materiellen Angebote, die der Opferstratege Morphy machte, genauestens gegen die immateriellen und unsichtbaren Stellungsnachteile abwog, nur wer sehr paranoisch vorging, wer das Nicht-Offensichtliche, das Verborgene, die unsichtbare Falle hinter jeder Ecke wahrzunehmen versuchte, konnte gegen einen Spieler wie Morphy bestehen.

Wir haben oben bereits drei Kernsätze des Verschwörungsdenkens zitiert. Der erste – »Nichts ist, wie es scheint« – trifft auf das Schachspiel unmittelbar zu: Wer nur das Offensichtliche wahrnimmt und die verborgenen Konsequenzen übersieht, ist hoffnungslos verloren.

»Wem es gelingt, dir falsche Fragen einzureden, braucht vor der Antwort nicht zu bange – den Gegner auf falsche Spuren zu locken, ihm Fallen zu stellen und vergiftete Köder anzubieten; Strategien wie diese sind für das Schach als Kunst der Täuschung essenziell.

Und auch der dritte eingangs zitierte Kernsatz: »Der Paranoiker kennt immer alle Fakten«, leuchtet im Zusammenhang mit dem Schachspiel unmittelbar ein. Der Grund, warum viele Experten das derzeitige Match zwischen Mensch und Maschine als das vielleicht letzte ansehen, in dem der Mensch noch eine Chance haben könnte, liegt darin, dass Computer in Sachen Faktenkenntnis mittlerweile ein derartiges Arsenal aufzuweisen haben, dass selbst hochgradig kenntnisreiche und vorsichtige Spieler nicht mehr mithalten können.

Tiefe Skepsis und ständiges Misstrauen gegenüber dem Offensichtlichen, große Vorsicht vor falschen Spuren und verborgenen

Fallen sowie die Kenntnis möglichst aller Fakten – diese Grundzüge des Schachs entsprechen exakt denen der Paranoia, des Verschwörungsdenkens. Deshalb kann es eigentlich nicht wundern, dass besonders geniale Schachspieler auch einen besonderen Hang zur Paranoia haben – auf dem Brett überleben nur die Paranoiden, wer im Schach nicht paranoid ist, spinnt. Erst wenn diese von Spitzenspielern in Perfektion praktizierte Paranoia vom Brett ins wirkliche Leben überschwappt, wenn sie nicht mehr nur der Stellung der Holzfiguren mit permanentem Misstrauen begegnen, sondern auch ihren Mitmenschen und ihrer Umwelt, wird es problematisch.

»Liegen nicht«, fragte der Philosoph George Steiner, »vielfältige Impulse zur Paranoia und Wirklichkeitsentfremdung im Schach höchstselbst, in der Gewalt und autistischen Leidenschaft des Spiels?«

Das scheint in der Tat so zu sein – und dass die Buddhisten einst das Spiel gleichsam als Bollwerk erfanden, weil sie jedweden Krieg und Mord, gleich aus welchem Grund, ablehnten und sich so einen Ersatz schufen, auch diese Legende leuchtet unmittelbar ein. Schach ist, auf höchst sublime Art, der permanente Ausnahmezustand, die akute Bedrohung, die gewaltsame, extreme Maßnahmen erfordert, Leidenschaft, Mut und einen stets alle Fakten wahrnehmenden und analysierenden Verstand. Und es eröffnet schon nach wenigen Zügen eine schwindelerregende Vielfalt von Möglichkeiten eine Komplexität, die es mit der wirklichen Welt allemal aufnehmen kann. Kein Wunder deshalb, dass wissenschaftliche Experimente unlängst herausgefunden haben, dass Schachspieler am ehesten mit Extremsportlern verglichen werden können. Bei einem besonders engen Match schüttet der Körper eines äußerlich ruhigen Grüblers so viel Testosteron aus wie ein Extremkletterer oder Fallschirmspringer. Schach sei weniger ein Spiel als vielmehr »Krieg auf 64 Feldern mit Figuren, die kleinen Kampfeinheiten entsprechen«, heißt es dazu im *Journal of Personality and Individual Differences*. Ähnlich wie Extremsportler würden Schachspieler davon gereizt, am Rand des Abgrunds zu wandeln und im Erfolgsfalle ein starkes Gefühl des Triumphs und der Dominanz zu verspüren. Schachspieler, zumal die der Spitzenklasse, sind also alles andere als blässliche Weicheier, sondern eher extreme Abenteurer. Im Vergleich zu anderen Sportlern, so stellte die Studie fest, punkten »regelmäßige Turnierspieler (...) in den Bereichen unkonventionelles Denken und Paranoia am höchsten – beides gilt auch für Personen, die permanent den Nervenkitzel suchen«.

Um in den Abgründen und Verwicklungen des Spiels zu bestehen, um gegen die Uhr – gegen aufziehende Unwetter – einen schmalen Grat zu passieren, auf dem jeder Fehltritt tödlich sein kann, zumal in einer Höhe von über 8000 Metern oder 2500 ELO ... auch wenn sie zwei Stunden auf einem bequemen Stuhl sitzen, benötigen Leistungs-Schachspieler die Nervenstärke und Fitness eines Extrembergsteigers. Und je weiter die Schlacht voranschreitet, je mehr sich die Lage zuspitzt, umso wichtiger werden Skepsis und Vorsicht – sie sind auf dem Kriegspfad und Paranoia ist ihre erste Pflicht, jede sich darbietende Beute könnte vergiftet sein.

Schachdenken ist Verschwörungsdenken und Verschwörungen sind, wie im Schach, auch in der realen Welt eine Selbstverständlichkeit: A und B verabreden sich hinter dem Rücken von C, um sich einen Vorteil zu verschaffen. Solche geheimen Absprachen kommen dauernd und überall vor – am Arbeitsplatz ebenso wie in Wirtschaft und Politik und, vor allem, im Liebesleben. Dass der oder die Geliebte heimlich noch einen anderen hat, ist wohl die am meisten gehegte Verschwörungstheorie überhaupt.

Verschwörungstheorien sind Annahmen über reale Verschwörungen, die auf Indizien, Verdachtsmomenten, Hinweisen beruhen. Wird die Verschwörungstheorie durch einen definitiven Beweis erhärtet, fliegt die Verschwörung auf und ist beendet. Oft aber ist ein solch definitiver Tatsachenbeweis nicht zu erbringen – deshalb fristen reale Verschwörungen oft ein ebenso langes Leben wie unbewiesene Verschwörungstheorien.

Verschwörungstheorien haben eine besondere Eigenschaft, die sie so attraktiv machen: Sie reduzieren Komplexität. Vielschichtige, komplexe Ursachen von Ereignissen werden auf einen einfachen Mechanismus reduziert: einen Sündenbock. Dieser Sündenbock-Mechanismus ist uns offenbar sogar genetisch eingebaut – schon Schimpansen haben die Eigenschaft, bei Blitz und Donner auf einen Hügel zu rennen und mit der Faust gen Himmel zu drohen.

Dieser Sündenbock-Mechanismus scheint uns das Leben zu erleichtern – mit bedrohlichen, angsteinflößenden Umständen können wir besser umgehen, wenn sie einer zwar fiktiven, aber immerhin konkreten Ursache zugeordnet werden. Deshalb sind Verschwörungstheorien – Schuldzuweisungen an einen bestimmten Sündenbock – seit je auch bevorzugte Mittel der Massenbeeinflussung und Propaganda. Sie helfen, die verunsicherte Herde zusammenzuhalten und auf einen gemeinsamen Feind einzuschwören. Insofern gehören die Behauptung drohender Verschwörungen, die propagandistische Präsentation von Verschwörungstheorien, die Beschwörung innerer oder äußerer Feinde zum selbstverständlichen Standardrepertoire von Regierenden und Machthabern – Paranoia ist gewissermaßen ein Staatsstil.

Historisch wurden zum Beispiel zuerst die Juden, später die Ketzer und danach die Hexen über lange Jahrhunderte als Inkarnation der Weltübel und »Anti-Christ« schlechthin betrachtet. Nach der Französischen Revolution kamen dann die Freimaurer, Kommunisten und Kapitalisten sowie die Geheimdienste dazu. Hitler kombinierte zwei der beliebtesten Hassgruppen zur »jüdisch-bolschewistischen Weltverschwörung«, hetzte seine willigen Vollstrecker damit zum Weltkrieg und wurde zum schreckensreichsten Verschwörungstheoretiker des Jahrhunderts. Neben Stalin, der seinen Verfolgungswahn mit Massenliquidierungen bekämpfte und von dem das psychopathisch-paranoide Diktum schlechthin stammt: »Ich traue niemandem, nicht einmal mir selbst.«

Seitdem sind Auswahl und Kombinationsmöglichkeiten potenzieller Hassgruppen noch viel größer geworden – und weil der menschliche Geist offenbar die Angewohnheit hat, alles, was er permanent in einer bestimmten Perspektive wahrnimmt, in dieser Perspektive zu vergrößern, lässt sich das Böse im Prinzip überall entdecken. Man muss nur lange genug hinsehen (… dann entdeckt man sogar ganze »Achsen des Bösen«).

Insofern überleben auch Verschwörungstheorien jede Kritik – als populäre Dämonologie teilen sie diesen erhabenen Zustand mit ihrem klassischen Zwitter, der Theologie. Dass Gott überall ist, lässt sich mit wissenschaftlichen Experimenten so wenig beweisen, wie man die These widerlegen kann, letztlich und allerletzten Endes habe das Böse doch die Kontrolle über die Welt. Hängen also die zahlreichen Zeitgenossen, die ihren Regierungen, Finanzämtern, Institutionen, Wissenschaftlern, Medien, kurz: allem und jedem, misstrauen, nur einer Art materialisiertem Aberglauben an, der nicht mehr Teufel, Dämonen und Übersinnliches für alle Missgeschicke verantwortlich macht, sondern leibhaftige Personen oder Gruppen?

Auch wenn jeder Verschwörungstheoretiker die These von sich weist, dass es sich bei seinem Fall um eine Glaubensangelegenheit handelt, und sogleich Fakten, Dokumente, Beweise präsentiert, sind die strukturellen Parallelen zwischen altem Dämonenglauben und neuem Verschwörungsdenken nicht zu übersehen. Sie reduzieren eine komplexe, unbegreifbare Realität auf ein simples Ursache-Wirkungs-Schema.

Da diese Komplexitätsreduktion der entscheidende Effekt des Verschwörungsdenkens ist, wundert es noch viel weniger, dass ausgerechnet große Schachspieler ihm anheimfallen, sind sie doch die Komplexitätsreduzierungs-Meister schlechthin – wo Deep Fritz 10 Milliarden Stellungen nachrechnen muss, berechnet Wladimir Kramnik gerade mal 30 oder 40 und spielt – fast – genauso gut. Wenn es gelingen würde, diese Reduktionsleistung des menschlichen Gehirns nur ansatzweise in die Rechenoperationen eines Computers zu implementieren – die Rechner also mit diesen Abstraktions- und Reduktionsleistungen zu Verschwörungsthereotikern zu machen, dann wären Wettkämpfe wie dieser für Menschen allemal aussichtslos. Doch wie programmiert man paranoides, verschwörungstheoretisches Verhalten und wie steuert man es dann, dass nur die genau richtige Dosis zum Einsatz kommt? Vielleicht bleibt das der nächsten Generation von Quantencomputern vorbehalten, die mit Unschärfen wie Ahnungen, Intuitionen, Gefühlen besser umgehen können als die jetzigen Rechenmaschinen. Allerdings sollten sie nicht so sensibel sein, dass sie dann von übersinnlichen Kräften beeinflussbar werden. So wie bei der Weltmeisterschaft 1978, bei der die Kontrahenten Kortschnoi und Karpov sich jeweils mit Medien und Parapsychologen bestückten, um vermeintliche hypnotische Beeinflussungen im Publikum mit dem entsprechenden Gegenzauber zu bekämpfen. Mittlerweile haben sich die Zeiten geändert, statt der mentalen Tricks von in den 70ern angesagten Yogis und Schamanen werden mittlerweile eher die Segnungen von Mobiltelefonen gefürchtet, wie der Toilettenkrieg bei der unlängst absolvierten Weltmeisterschaft gezeigt hat. Da der berufsbedingte Hang zur Paranoia die Schachcracks auch für solche Spielchen aus der Abteilung psychologische Kriegsführung anfällig macht, werden wir sie auch bei künftigen Titelkämpfen noch häufig erleben. Denn Schachgenies sind zwar Matadoren der angewandten Mathematik, sie sind Extremsportler und Krieger, aber sie sind auch oft Mimosen.

»Ein Mimofant« – auf diese Kurzformel aus Mimose und Elefant brachte der Schriftsteller Arthur Koestler die Persönlichkeit, die er 1972 bei einem in seinen Augen »bizarren Stierkampf« erlebte: Bobby Fischer. In keinem anderen Spieler offenbart sich die Affinität von Schach und Paranoia in einem solchen Extrem und in solcher Tragik. Bobby Fischer war das jüngste und hochfliegendste Schachgenie aller Zeiten – und er ist einer der durchgeknalltesten Verschwörungsfanatiker unserer Tage. Ich muss vorausschicken, dass ich über Bobby Fischer nicht wirklich unbefangen urteilen kann, er war ein Held meiner Jugend und die Tatsache, dass ein 13-Jähriger Erwachsene schlagen und Großmeister werden kann, machte mich so neugierig, dass ich dieses Spiel richtig lernen wollte und Mitte der 60er-Jahre in die Jugendgruppe eines Schachclubs eintrat. Bis mit 17 oder 18 andere Dinge, vor allem Mädchen, wichtiger wurden, blieb ich dabei – und auch wenn es nie zu mehr reichte als zum 3. Platz einer Jugend-Kreismeisterschaft im Blitz –, dass Bobby Fischer ein absolut genialer Spieler war, konnte ich verstehen und entsprechend bewundern. Und wie das so ist mit den Idolen der Jugend, man verzeiht ihnen vieles, wenn nicht alles – und selbst wenn sie sich völlig unmöglich machen, ist ihr Bonus an Hochachtung und Bewunderung kaum aufzuzehren.

Wenn es stimmt, dass den tragischen Helden, den gefallenen Engeln letztlich mehr Zuneigung zuteilwird als den im Olymp verbliebenen Göttern, dann ist er ein klassischer Fall. Kein lebender Schachspieler wird mehr geliebt als Bobby Fischer – obwohl (oder weil?) er seit über 30 Jahren ein Dasein als Eremit und Exzentriker führt und offiziell nicht mehr spielt; und obwohl er sich mit seinen Äußerungen zu Politik und Weltgeschichte disqualifiziert hat. Als Bewunderer von Hitler, Leugner des Holocaust und als Paranoiker, der sich von einer jüdisch-bolschewistisch-kommunistischen Weltverschwörung, die auch Washington und die Wallstreet unterwandert hat, persönlich verfolgt fühlt.

Man tritt ihm nicht zu nahe, diese Einschätzung als gaga zu bezeichnen, aber wie jeder Paranoiker hat Fischer natürlich Fakten über Fakten parat, die er in gelegentlichen Radio-Interviews und im Internet präsentiert. Die beiden jüngsten Fälle, in denen er diese Weltverschwörung am Werke sieht, betreffen einen Einbruch in einem Lagerhaus in Kalifornien, wo er Mobiliar und persönliche Gegenstände eingelagert hatte, die angeblich »Millionen« wert und gestohlen worden seien; der zweite Fall betrifft die Schweizer UBS-Bank, die in diesem Sommer Fischers dortiges

Konto und Depot einfach schloss, die deponierten Münzen zum Tagespreis verkaufte und das Geld seiner Bank im isländischen Reykjavík überwies, wo er seit zwei Jahren lebt. Hinter beidem steckten, nach Fischers Aussage, die »Juden«, deren langer Arm über die Wall Street bis in die neutrale Schweiz reichte. Die naheliegende Tatsache, dass die Kontoschließung nicht mit einer »Weltverschwörung«, sondern damit zu tun hat, dass Fischer sich in den USA gerichtlich verantworten muss und dass die internationalen Konten aller flüchtigen, polizeilich gesuchten Personen eingefroren werden – auf diese simple Erklärung konnte Fischer nicht kommen. Denn dass das Steuervergehen und der Embargoverstoß, den er 1992 in Belgrad begangenen haben soll, als er beim Re-Match gegen Boris Spasski 2 Mio. Dollar kassierte, kriminell gewesen sein sollen, will ihm einfach nicht in den Kopf. Ich muss gestehen, dass es mir auch nicht recht einleuchtet – vor allem vor dem Hintergrund, dass sich die USA, als sie in den 90er-Jahren das sozialistische Serbien isolieren wollten, Hilfskräften bedienten, die mindestens so kriminell waren wie der Steuerflüchtling Bobby Fischer, nämlich der islamistischen Brigaden eines gewissen Osama Bin Laden. Das »Fuck You, USA«, das Fischer nach den Anschlägen des 11. September 2001 neben anderen schadenfrohen Invektiven einem Radiosender in Manila (und der Welt) zu Protokoll gab, bleibt unverantwortlich – doch wenn wir Bobby Fischers Lebensgeschichte genauer anschauen, können wir ihn vielleicht ein bisschen besser verstehen.

Seine Mutter Regina Wender stammte aus einer jüdisch-polnischen Familie in der Schweiz und wuchs in St. Louis auf. Sie begann in den 30er-Jahren ein Medizinstudium in Moskau, wo sie den aus Berlin stammenden Biochemiker Hans-Gerhardt Fischer kennenlernte und heiratete. Als 1938 ihre Tochter Joan geboren wurde, war der Vater im Spanienkrieg, wo er als Mitglied der internationalen Brigaden gegen den faschistischen Putsch Francos kämpfte. 1939 floh die Familie in die USA, 1943 kam ihr Sohn Robert James-Bobby – auf die Welt; zwei Jahre später lassen sich die

Eltern scheiden – Regina Fischer schlug sich als Krankenschwester und Lehrerin durch und studierte nebenbei weiter – meistens musste die Schwester Joan den kleinen Bobby hüten und brachte ihm im Alter von sechs Jahren das Schachspiel bei. Bald schon interessierte den Jungen nichts mehr anderes – die Mutter beklagte diese Manie einerseits, was zu wachsenden Spannungen führte, unterstützte aber das Talent des Jungen auch nach Kräften. Dies alles unter den wachen Augen des FBI, das Regina Fischer von 1946 bis 1973 observierte, da man sie wegen ihrer Zeit in Moskau und wegen ihrer pazifistischen Aktivitäten für eine sowjetische Spionin hielt. Dafür fand sich nie ein Beweis. In den Spitzelberichten über Regina Fischer – einer 900-seitigen FBI-Akte, die erst vor wenigen Jahren freigegeben wurde – wird sie als »resolut« und »paranoid« beschrieben, sie soll mit sämtlichen Nachbarn im Haus im Streit gelegen haben, das städtische psychiatrische Institut attestierte ihr eine angegriffene Persönlichkeit, »krankhaft streitsüchtig, aber nicht psychotisch«. Wenn man die polternden Auftritte ihres genialischen Sohnes betrachtet, der wie ein halbstarker Marlon Brando gerade die distinguierte Schachwelt aufmischte, Veranstalter mit Gagenforderungen eines Rockstars pikierte und sich über kurz oder lang mit jedem Freund oder Berater überwarf, wird deutlich, dass Mutter und Sohn einfach zu ähnlich waren, um es lange miteinander auszuhalten. Zum definitiven Bruch soll es gekommen sein, als Regina 1961 an einem achtmonatigen Friedensmarsch nach Moskau teilnahm und ihrem Sohn dann das bis dahin gemeinsame Apartment überließ und mit einer Freundin zusammenzog, ein Jahr später übersiedelte sie in die DDR, studierte dort bis 1968 Medizin und ließ sich 1973 in Kalifornien nieder. Zur Weltmeisterschaft, die ihr Sohn 1972 in Reykjavík gewann, soll sie nicht gratuliert haben. Erst in den 90ern fand eine Versöhnung statt, nach der die beiden wieder regelmäßig telefonierten – an der Beerdigung seiner Mutter 1997 konnte Fischer allerdings nicht teilnehmen, ohne eine sofortige Verhaftung zu riskieren.

Dass aus dem Sohn eines antifaschistischen Frontkämpfers und einer links-pazifistischen Aktivistin später einmal ein Hitler-Bewunderer und rasender Antisemit werden sollte, war sicher kein Erziehungsziel seiner Eltern – doch dass sich ein alleingelassenes Kind den Antipoden der elterlichen Ideale zuwendet, ist andererseits auch nicht sehr überraschend. Ebenso wenig wie die Tatsache, dass aus einem solchen Kind später ein Soziopath wird, der mit anderen Menschen und im Leben einfach nicht zurechtkommt. Man muss kein Psychologe sein, um zu sehen, dass dem Sechsjährigen König und Dame zum Ersatz für den nie anwesenden Vater und die ständig abwesende und beschäftigte Mutter wurden – und dass die Meisterschaft, zu der er es in dieser virtuellen Welt brachte, mit großen Defiziten in der wirklichen Welt einherging, die eben nicht simpel in Schwarz/Weiß gestrickt ist, sondern aus vielen, vielen Zwischentönen besteht. Ebenen, die der hochsensible und hochintelligente »Mimofant« Bobby Fischer nie richtig wahrnehmen konnte, weil er auch dort nur im simplen Schwarz/Weiß-Schema sieht. Am Tag nachdem er 1972 Weltmeister geworden war und gleichsam den Kalten Krieg im Alleingang gewonnen hatte, schaute er, wie ein Beteiligter berichtet, traurig aus dem Fenster und sagte nach einer Weile: »Das Einzige, was ich kann, ist Schachspielen« – um dann schnell wieder das Strahlemann-Grinsen aufzusetzen: »... aber das kann ich ziemlich gut.«

Dass er nach diesem Jahrhundertmatch mit Boris Spasski nie mehr antrat, um seinen Titel zu verteidigen, zeigt indessen an, dass er seinen Fähigkeiten nicht mehr wirklich traute: »Dass er es hasste, zu verlieren und den Mythos damit zu zerstören, war ein wichtiger Grund, warum er nicht mehr spielte«, vermerkt einer seiner Biografen. Wenn für Fischer Schach das Leben war, dann war dieses Match für ihn ein Kampf auf Leben und Tod – und tatsächlich sahen die Beobachter während der entscheidenden Spiele dieser Meisterschaft den ansonsten stets lockeren und athletischen Fischer in einer ganz ungewohnten Position, nämlich starr und leichenblass. Dass einer, der dem Tod gerade noch von der Schrippe gesprungen ist, eine weitere Schlacht aufs Dringendste zu vermeiden sucht, können wir verstehen.

»Als es nichts mehr zu beweisen gab, überlagerte die Angst vor der Niederlage den Wunsch zu spielen«, schreiben die Autoren David Edmonds und John Eidinow in ihrem Buch »Wie Bobby Fischer den Kalten Krieg gewann« – und resümieren: »Fischers Leben belegt die Behauptung von Scott Fitzgerald, dass es in einem amerikanischen Leben keinen zweiten Akt gibt. Mit dem Erreichen seines einzigen Ziels zerstörte er seinen Daseinszweck. Ohne dieses Ziel scheint er seinen ohnehin schon unsicheren Sinn für die Realität verloren zu haben.«

Und – können wir hinzufügen – er scheint diese Realität nur noch mit dem Instrumentarium begreifen zu können, das er seit seinem sechsten Lebensjahr im Schach gelernt und verfeinert hat: mit Misstrauen, Skepsis und Paranoia. Dass er seine Verschwörungstheorie, nach der die Kommunisten – und hinter ihnen steckend die Juden – für alles Elend der Welt – und sein eigenes – verantwortlich sind, dass er diese Theorie mittlerweile um einen weiteren Bösewicht, nämlich Amerika, erweitert hat, scheint da nur konsequent: Alle, die er liebte und die ihm nicht genug Liebe zurückgaben – seine jüdisch-kommunistischen Eltern und das Land, für das er als One-Man-Army in den Krieg gezogen war –, landen konsequent auf der Fischer-Achse des Bösen.

Als ich einem Kollegen vor zwei Wochen erzählte, dass ich einen Vortrag über Schach und Paranoia und ihre tragische Hybrid-Inkarnation, Bobby Fischer, vorbereite, erzählte er mir, dass er gerade ein paar Tage in Reykjavik gewesen sei. Als er den größten Buchladen der kleinen isländischen Hauptstadt betrat, hätte er sich gewundert, warum in einem Durchgang im Eingangsbereich ein Tisch mit einem Schachbrett aufgestellt gewesen sei. Als er nach einer Weile den Laden wieder verließ, saß an diesem Tisch ein großer, vollbärtiger Mann, der sein Mobiltelefon am Gürtel trug wie einen Colt: Bobby Fischer. »Fahr doch hin und geh einfach in diesen Buchladen. Du kannst bestimmt mit ihm sprechen«, empfahl mir der Kollege. Aber das schaffte ich leider nicht – und ehrlich gesagt wäre mir auch gar nicht wohl dabei. Ich wüsste nicht, wie ich ihm helfen könnte – außer vielleicht mit dem Hinweis, die Welt nicht mehr so dämlich schwarz/weiß wahrzunehmen, weil dies einem Menschen mit einem angeblichen IQ von 180 einfach nicht angemessen ist.

Der Lieblingsspieler des jungen Bobby Fischer war niemand anderer als Paul Morphy, dessen trauriges Schicksal wir oben geschildert haben – und wie seinem Idol ist es ihm nicht gelungen, die rasende Paranoia, das unbedingte Verschwörungsdenken, das ihn zum Schach-Weltmeister machte, daran zu hindern, in die Realität überzuschwappen. Ich glaube, dass wir in diesen beiden extremen Fällen von Schachgenie und Verfolgungswahn einen Beleg für die These sehen könnten, dass nicht Schach verrückt macht, sondern eher potenziell Verrückten erlaubt, eine Weile normal zu bleiben. Erst wenn sie aus Angst vor der Niederlage nicht mehr spielen, wird es ernst. Nicht immer so extrem wie bei Morphy und Fischer, die als die beiden einzigen US-Größen das Signum der Vereinigten Staaten als paranoischer Nation auch im Schach mit zwei Ausrufezeichen versehen, aber in weitaus milderer und manchmal kurioser Form als bei vielen Schachprofis. Tröstlich ist da nur: Solange sie spielen, ist es nicht wirklich ernst …

Literatur

Ernest JONES: Das Problem des PAUL MORPHY. Ein Beitrag zur Psychologie des Schachs, International Journal of Psycho-Analysis, Januar 1931

Robert Anton Wilson – Alles unter Kontrolle

Angefangen mit Ihrem Roman »Illuminatus« in den 70er-Jahren bis zu »Alles unter Kontrolle« Ende der 90er haben Sie sich neben vielem anderem immer wieder mit Verschwörungstheorien beschäftigt. Woher kommt dieses Interesse, was waren Ihre ersten Erfahrungen mit Verschwörungen?

Meine ersten Erfahrungen machte ich in der Anti-Vietnamkriegs-Bewegung der 60er-Jahre, mittlerweile ist der Fall dokumentiert. Das FBI hatte ein CoIntelPro – Counter-Intelligence-Program – gestartet, dessen Ziel es war, die Friedensgruppen nicht nur zu unterwandern, sondern sie dies auch wissen zu lassen. Das sollte dazu führen, dass sich die Leute gegenseitig verdächtigen, weil jeder jeden für einen Regierungsagenten hält. Das ist alles festgehalten in einem Regierungs-Memo über die Untersuchungen dieser Sache in den 70er-Jahren. Und tatsächlich machte die einsetzende Paranoia es damals auch ziemlich unmöglich, dass wir in der Friedensbewegung weiter konstruktiv zusammenarbeiten konnten. Mit dieser Methode ging die Regierung auch gegen die Black Panthers und andere radikale Gruppen vor – und gegen Ende der 60er hatte ich mich dann mehr oder weniger an den Gedanken gewöhnt, dass nahezu jeder, mit dem ich einmal politisch zusammengearbeitet hatte, ein Regierungsagent war. Anstatt nun paranoid zu werden, fand ich das eher komisch. John Adams, einer meiner Lieblinge unter den politischen Philosophen, meinte einmal: »Bei wirklich tiefer Betrachtung der menschlichen Geschichte bleibt nur Weinen oder Lachen – und ich lache lieber.« So halte ich es auch. Die Geschichte der Menschheit ist so fürchterlich, wer das ernst nimmt, muss verrückt werden – deshalb versuche ich, am Lachen zu bleiben.

Hat allein das Streuen des Gerüchts über die Verschwörung gegen die Friedensgruppen damals ausgereicht, Ihre Aktivitäten zu lähmen?

Der wichtigste Beitrag daneben war wohl die Tatsache, dass die Regierung die großen Schallplattenfirmen überredete, nicht mehr in den Medien der Counter-Kultur zu inserieren. Diese Plattenanzeigen waren die Haupteinnahmequellen der alternativen Presse, und als diese ausblieben, gingen die meisten Zeitungen ein – und wir waren wieder auf den einen monolithischen Informationskanal der herrschenden Kreise angewiesen, der uns glauben machen wollte, dass alles mit rechten Dingen zuging. Doch heute gibt es das Internet und die Informationskanäle sind wieder offen. Jede Art von Verschwörung, ob von Menschen, Tieren oder Bergen, hat eine gewisse Lebenszeit, keine währt ewig, und das ist, was die meisten Verschwörungs-Spinner vergessen. Sie denken, dass Verschwörungen lange, ewig dauern, ich denke dagegen, sie sind in der Regel nur von kurzer Dauer. Die bestdokumentierte Verschwörung, die wir kennen, die der P-2-Loge in Italien, war zum Beispiel nur zehn Jahre lang erfolgreich, Mitte der 80er-Jahre waren ihre Führer entweder tot oder im Gefängnis oder untergetaucht. Dennoch können diejenigen, die behaupten, P-2 sei bis heute aktiv, recht haben – nur hat diese Verschwörung dann längst nicht mehr den Einfluss, den sie in den 70er-Jahren hatte. Ich denke, es gibt keine Verschwörungen, die sich über Hunderte oder gar Tausende von Jahren erstrecken, abgesehen davon, dass sie einen guten Stoff für melodramatische Romane abgeben, von denen ich einige geschrieben habe.

Als Sie vor 25 Jahren für den Roman »Illuminatus« recherchierten und in die Geschichte der wichtigsten aller Verschwörungen eintauchten ...

... Du kommst niemals damit zu Ende. Eine Zeit lang dachte ich wirklich, ich hätte alle wichtigen Verschwörungen beisammen, aber dann beschwerte sich jemand, dass die Bilderberger ja gar nicht vorkommen. Von denen hatte ich damals noch nicht allzu viel gehört. Doch bei diesem neuen Buch jetzt wird es mir nicht anders ergehen – denn es gibt Tausende und Abertausende. Der menschliche Geist ist einfallsreich und kreativ, besonders wenn er sich Sorgen macht ...

Sehen Sie in Sachen Konspiration eine Veränderung zwischen der Lage vor einem Vierteljahrhundert und heute ...

Ich denke, mittlerweile sind Verschwörungstheorien durchaus ein Thema des Mainstreams, zumindest in den USA. Als Robert Shea und ich damals »Illuminatus« schrieben, war das noch eine eher entlegene, schräge Sache. Mittlerweile, wir müssen uns nur den Erfolg von »Akte X« und ähnlichen Filmen ansehen, scheint jeder an Verschwörungen zu glauben – und weil die meisten nicht gerade in kritischem Denken geschult sind, sind die verrücktesten Theorien die populärsten.

Im zweiten nachchristlichen Jahrhundert war es der Anti-Christ, im Mittelalter war es Satan, heute sind es Außerirdische oder die Trenchcoat-Mafia – zieht sich durch die Verschwörungen, denen durch die gesamte Geschichte der Menschheit das Böse zugeschrieben wird, ein gemeinsamer Faden, haben sie dieselbe Struktur?

Natürlich erfahren auch Verschwörungen ihre Updates, Mythen werden modernisiert – aber die Grundthemen bleiben dieselben. Gerade habe ich zum Beispiel ein Buch über »Abductions« gelesen, über Leute, die glauben, von Außerirdischen entführt und sexuell belästigt worden zu sein – und diese Berichte haben genau dieselbe Struktur, wie wir sie in der mittelalterlichen Literatur finden, in den Geschichten von Incubi und Succubi, zwei Dämonen, die Männer und Frauen belästigten. Ich weiß nicht mehr, wer für wen zuständig war – aber diese mittelalterlichen Dämonen sind nichts anderes als unsere heutigen E. T.s, sie behandeln ihre Opfer genauso und auch ihr sexueller Appetit scheint ähnlich gelagert. Und die meisten Botschaften, die wir von den Entführungsopfern und Kontaktpersonen erhalten, entsprechen dem apokalyptischen Standard, den wir aus religiösen, hysterischen Endzeitprophezeiungen kennen: Die Welt wird untergehen! Bekanntlich ist ja keines der Endzeit-Szenarien jemals eingetreten, die Trefferquote der Vorhersagen liegt bei 0,00 Prozent, aber niemand gibt die Hoffnung auf, alle diese Leute hoffen, dass ihr Endzeit-Szenario doch noch eintrifft. Vor ein paar Tagen bekam ich eine E-Mail mit über hundert biblischen Prophezeiungen, die alle darauf hinauslaufen, dass die Welt am 11. September 1999, also in zwei Tagen, untergeht.

In Deutschland war der 11. August 1999, der Tag der totalen Sonnenfinsternis, für einige ein apokalyptisches Datum. Einige Interpreten lasen aus Nostradamus diesen Termin als Datum für einen plötzlichen Überfall der russischen Armee auf Westeuropa …

Als ich in den 80ern in Los Angeles lebte, sollte laut Nostradamus die Stadt an einem bestimmten Datum im Meer versinken. Das glaubten tatsächlich so viele, dass es richtige Verkehrsstaus in Richtung Berge und Wüste gab. Als ich einkaufen ging, sah ich auf der Tageszeitung die Headline: »If you read this, Nostradamus again was wrong« – doch dass die Welt nicht unterging, hält niemanden davon ab, darauf zu hoffen. Übrigens: Was heißt eigentlich »Weltuntergang? Wenn dieser Planet zu seinem Ende kommt – und unsere verrückten Regierungen und einige Wissenschaftler scheinen hart daran zu arbeiten, das bald hinzukriegen –, dann heißt das nicht, dass die Welt untergeht. Wir sind ziemlich isoliert im Universum, irgendwo an den äußeren Docks einer zweitrangigen Galaxie – und es gibt, wie Carl Sagan zu sagen pflegte, Millionen und Millionen solcher Galaxien da draußen. Das Universum läuft weiter, auch wenn wir auf unserem kleinen Planeten hier abgefuckt haben … wie übersetzt man »fuck up« ins Deutsche?

Eigentlich überhaupt nicht. »Fuck« und »abgefuckt« sind mittlerweile ins Deutsche gewandert, so wie »Kindergarten« oder »Rucksack« ins Amerikanische. Das bringt mich übrigens gleich zu der Frage nach einem der interessantesten Stichworte in Ihrem Buch, dem Thema »Sprache als Verschwörung«?

Einer der Defekte der indo-europäischen Grammatik-Systeme ist ihre Neigung zu Generalisierungen. Wir sagen »die Blätter« und verwischen damit automatisch die Differenz, die Tatsache, dass es große Unterschiede zwischen einzelnen Blättern, zwischen »Blatt 1«, »Blatt 2« und »Blatt 3« gibt. Jedes ist anders, aber die Struktur unserer Sprache zwingt sie unter einen Oberbegriff. Deshalb behauptet man, wenn man von »den Protestanten« spricht, dass sie alle gleich sind – als sei man ein dogmatischer Katholik. Wir alle kennen die Auswüchse eines Antisemitismus und Rassismus, der nur noch »die Juden« oder »die Schwarzen« kennt. Hätten wir eine andere Sprachstruktur, könnten wir auf diese Weise gar nicht denken – wir hätten dann keinen Begriff für »die Blätter«, sondern müssten von dem individuellen »Blatt 1«, »Blatt 2«, »Blatt 3« sprechen. Einige Sprachen der amerikanischen Indianer kommen dem nahe, sie benutzen weniger Generalisierungen und mehr Spezifizierungen. Und auch eine andere Zeitstruktur. Deshalb lässt sich auch die Einsteinsche Relativität, wie Benjamin Lee Whorf einmal ausgeführt hat, leichter in der Sprache der Hopi diskutieren als in irgendeiner europäischen Sprache. Die Verallgemeinerungen unserer Grammatik werden der wahren Natur der Dinge nicht gerecht. Es gibt ein interessantes Buch, »*Biochemical Individuality*«, in dem auf einer Seite zum Beispiel fünf menschliche Mägen, die Verstorbenen entnommen wurden, abgebildet sind – und auf der anderen Seite »der menschliche Magen« aus einem medizinischen Lehrbuch – und keiner der echten Mägen sieht »dem Magen« im Entferntesten ähnlich. »Der Magen« ist eine Abstraktion. Ich vertrete seit langer Zeit die Sichtweise des »Comittee of the Surrealist Investigation of Claims the Normal« (Komitee zur surrealen Untersuchung von Behauptungen des Normalen), das von meinem Freund Professor Timothy Finnegan in Irland gegründet wurde und davon ausgeht, dass es so etwas wie das Normale nicht gibt. Es wurden sogar 100 000 irische Pfund Preisgeld für den Beweis ausgesetzt, dass es einen normalen Sonnenuntergang, einen üblichen Tag, ein durchschnittliches menschliches Wesen, ein normales Playmate des Monats oder eine typische Beethoven-Sonate tatsächlich gibt. Nichts davon existiert, es gibt nur individuelle Fälle. Das Normale ist das, was niemand wirklich ist – eine Fiktion, die von unserer Sprachstruktur geschaffen wird.

Könnte man dann die Tatsache, dass Verschwörungsdenken in den letzten Jahrzehnten mehr in den Mainstream gerückt ist, so interpretieren, dass die Bevölkerung auf eine globalisieriende, immer komplexer werdende Welt, die immer schwerer zu begreifen ist, mit immer gröberen Abstraktionen und Verallgemeinerungen reagiert?

Das ist ja überhaupt einer der Grundzüge des Verschwörungsdenkens: dass die Leute nach Erklärungen für Dinge suchen, die sie nicht verstehen. »John hat mich geschlagen«, »Hans war auf dem Schulhof böse zu mir« ... Das ist die Art von eindeutigen Erklärungen, die Kinder verstehen. Und viele Erwachsene behalten diesen kindischen Geist – und damit auch den Hang, immer nach möglichst simplen Erklärungen zu suchen, jemandem, den sie für irgendein Übel verantwortlich machen können. Und das macht Verschwörungstheorien für diese Geister so attraktiv. Um eine etwas objektivere Erklärung dafür zu finden, warum die Dinge nicht so richtig laufen, braucht man vielleicht ein gewisses technisches, politisches, sozialwissenschaftliches Verständnis, aber über das verfügen die Leute normalerweise nicht – sie suchen einen Schuldigen. In dem Film »*The Rising Sun*« spielt Sean Connery einen amerikanischen Agenten, der durch seinen langen Aufenthalt in Japan schon so denkt wie die Japaner und zu einem Kollegen sagt: »Wenn ein Problem auftaucht, suchen wir in Amerika immer sofort nach einem Schuldigen, in Japan sucht man sofort nach der Lösung – und hat das Problem schon lange gelöst, während wir noch die Schuld von einer Abteilung zur anderen schieben.«

Verglichen damit ist die Methode, die die jüdischen Stämme vor einigen Tausend Jahren erfanden, ziemlich unbürokratisch: Einmal im Jahr wurden in einer Zeremonie alle Sünden auf einen Sündenbock übertragen und dieser dann in die Wüste geschickt …

Sir James Frazer hat in »The Golden Bow« gezeigt, dass ähnliche Sündenbock-Methoden bei vielen Stämmen in der ganzen Welt Anwendung fanden … ich erinnere mich an einen Stammeskult mexikanischer Indianer, die einmal im Jahr einen Bären fingen, der dann eingesperrt wurde, und jeder musste zu dem Bären gehen und ihm seine Sünden gestehen. Wenn der Bär dann alle Missetaten gehört hatte, wurde er getötet – abgesehen von diesem Schluss hat die katholische Kirche das später als Sakrament der Beichte eingeführt. Wo wir gerade bei den Sünden sind, muss man sich ja fragen, ob Verschwörung wirklich eine Sünde, ein Verbrechen ist oder nicht viel eher – so hat es unlängst ein Staatsanwalt bei einer Bewusstseins-Konferenz ausgedrückt – »die normale Fortsetzung völlig normaler Geschäfts- und Wirtschafts-Praktiken mit ganz normalen Absichten«. Jeder im Business verschwört sich gegen die Konkurrenz, jeder versucht mehr zu wissen als die Konkurrenz, was zur üblichen Industriespionage führt, und jeder versucht die rivalisierenden Firmen in die Irre zu führen und zu täuschen. Das gilt noch verstärkt für die internationalen Beziehungen und die konkurrierenden Geheimdienste, die sich darin überbieten, Desinformation zu produzieren, Lügen, die fast wie die Wahrheit aussehen und vielleicht einiges von ihr enthalten, aber eben doch Lügen sind, um andere zu täuschen. Deshalb bleibt denen, die bei den Geheimdiensten beschäftigt sind, letztlich nichts anderes, als paranoid zu werden – und im Business sieht es kaum anders aus. Gerade hat sich das Europäische Parlament darüber beschwert, dass der amerikanische Geheimdienst NSA europäische Unternehmen ausspioniert. So etwas geschieht dauernd – Lügen und Spionieren sind tägliches Geschäft in Wirtschaft und Politik, insofern ist das Verschwörerische dem Kapitalismus eingeboren. Nichts dass er von der Spitze, von einer supergeheimen Gruppe regiert würde, wie einige Verschwörungstheorien glauben, sondern im Prinzip verhält sich jedes einzelne Individuum als Verschwörer, wie beim Poker.

Was an vielen Verschwörungstheorien auffällt, ist, dass sie nicht nur einen Schuldigen für ein Problem, sondern gleich für sämtliche Weltübel präsentieren ...

Der Feind ist immer eine Reflexion des inneren Schattens, der unterdrückten Teile des Selbst – und er wird allgemein beschrieben als sexuell besessen und abseitig und mit allen Tabus behaftet, die die Gesellschaft aufgestellt hat. Außerdem ist er diabolisch clever – weil sich die meisten Leute gern für diabolisch clever halten, obwohl sie es wahrlich nicht sind. Auch die meisten Verschwörer in der wirklichen Welt sind meiner Meinung nach eher ziemlich dumme Leute, so wie ja auch die meisten Kriminellen ziemlich dumm sind, aber sie müssen auch nicht sonderlich schlau sein, weil ja auch die Polizisten ziemlich dumm sind. O.k. – anderseits leben wir zurzeit in einer idealen Atmosphäre, die das Wachstum von Verschwörungen begünstigt. Der Fluss an zugänglichen Informationen hat sich in den letzten Jahrzehnten auf exponentielle Weise beschleunigt und wächst täglich auf unglaubliche Weise. Das hat eine Beschleunigung der Technologie, der ökonomischen

Systeme usw. nach sich gezogen, die für viele Individuen die Lage unüberschaubar und unsicher macht. Sie können das alles nicht mehr verstehen, fürchten um ihre Jobs oder sitzen auf der Straße. Nicht von ungefähr kam Hitler, der berüchtigste aller Verschwörungstheoretiker, mit seiner Theorie von der jüdisch-bolschewistischen Weltverschwörung zu einer Zeit durch, als die meisten in Deutschland arbeitslos waren und die Weltwirtschaft mitten in einer schweren Depression steckte. Ich glaube, dass wir auch zurzeit in einer Depression stecken, auch wenn uns die Medien in den Vereinigten Staaten weiter erzählen, dass wir in einer »nie da gewesenen Periode des Wohlstands leben« – wessen nie da gewesener Wohlstand, frage ich mich da, denn wenn ich mich umschaue, fühlen sich die Leute anders: suchen verzweifelt einen Job oder haben Angst, ihn zu verlieren. Für höchstens fünf Prozent der Bevölkerung ist eine Periode nie da gewesenen Wohlstands eingetreten – aber der ganze Rest ist angeschmiert.

Dann ist also tatsächlich bald »alles unter Kontrolle« und die Welt wird tatsächlich von einer Handvoll Finanz-Magnaten regiert?

Einerseits haben die traditionellen Machtgruppen in den letzten zehn bis fünfzehn Jahren mehr Geld gemacht als jemals zuvor und sie werden reicher und reicher und reicher – auf diesem Level sind sie erfolgreicher denn je. Aber auf einem sehr grundsätzlichen Level, glaube ich, verlieren sie gleichzeitig die Kontrolle, denn die Welt ist so kompliziert geworden, dass eine kleine Gruppe gar nicht genug davon verstehen kann, um sie zu kontrollieren.

Das wird deutlich, wenn du dir Politiker anschaust: Gerade erschienen zum Beispiel verschiedene Editorials in einigen Computermagazinen über die neuesten Gesetze, die von Politikern in Sachen Computer erlassen wurden: Sie entsprechen der technischen Situation, wie sie vor 15 Jahren herrschte. Politiker sind damit beschäftigt, ihre Popularität aufrechtzuerhalten und Wahlen zu gewinnen, sie verstehen nichts von den Gesetzen, die sie da erlassen, und haben keine Zeit, sich damit zu beschäftigen. Sie verlieren den Kontakt mit der Realität. Und auch die Mega-Konzerne und Banken, denen die Politiker ja gehören, verlieren den Kontakt, weil das Internet etwas völlig Neuartiges in der Geschichte ist. Ich glaube, es ist die revolutionärste Entwicklung, der dramatischste Schritt, seit das Leben einstmals vom Wasser auf das Land gewandert ist. Internet bedeutet die Abwesenheit von Kontrolle über das ganze System, die einzige Möglichkeit, das System aufrechtzuerhalten. Keine kleine Truppe von Verschwörern kann jemals das Netz kontrollieren. Der einzige Weg, das Netz als Ganzes aufrechtzuerhalten, ist die Dezentralisierung der Kontrolle. Es lässt sich nie hundertprozentig verhindern, dass sich jemand die Mühe macht, die Webseite der CIA in »Central Stupidity Agency« umzuwandeln – nur um zu zeigen, dass traditionelle Kontrolle, wie sie die CIA betreibt, nicht mehr funktioniert. Ich denke, das Internet zwingt zur Dezentralisierung, und deshalb sehe ich die Welt im 21. Jahrhundert eher auf ein anarchistisches als auf ein faschistisches System zusteuern. Ich meine nicht total anarchistisches Chaos, aber eher in diese Richtung als zu einem Faschismus der Kontrolle und der strikten Hierarchien. Die Leute überall auf der Welt lassen sich Computer und Internet so wenig verbieten wie Satelliten-Schüsseln und Kühlschränke. Es lässt sich nicht verhindern, dass dann, wie es unlängst in der Zeitung stand, auch in ganz Saudi-Arabien die »Satanischen Verse« von Salman Rushdie über das Internet verfügbar werden.

Verschaffen die unglaublichen Informations-Fluten, die das Internet bereitstellt, dem Individuum wirklich mehr Macht, oder erschlagen sie es nicht eher? Ein wirrer Berg von Information ist so schlecht wie gar keine Information ...

Ganz allgemein ist Macht eine Funktion von Kommunikation, je größer die Kommunikationsfreiheit, desto größere Macht kommt dem Individuum zu. Und die Leute beginnen das Internet zunehmend in diesem Sinn zu benutzen – zum Beispiel indem sie Geschäfte in ihrer eigenen Währung machen, die nur in ihrer Internet-Community Geltung hat. Regierungen und Banken versuchen das natürlich zu verbieten und sind hochgradig alarmiert über diese alternativen Währungen, aber sie können sie letztlich nicht unterbinden. Bei uns, und ich denke auch in Deutschland, wird Geld von der Bundesbank ausgegeben, die Zinsen kassiert für jeden Dollar, den sie ausgibt. Und sie fürchtet natürlich den Wettbewerb einer alternativen, elektronischen Währung im Internet, doch die wird sich nicht verhindern lassen. Auch die Finanzämter sind schwerst beunruhigt, denn sie können verschlüsselte Transaktionen nicht besteuern ... ich sehe viele Regierungsorganisationen und Kontroll-Behörden in Zukunft kollabieren, wegen ihrer Unfähigkeit, mit der Internet-Revolution umzugehen. Und das ist der Grund, warum ich eigentlich sehr optimistisch bin. Die weltweite Vernetzung lässt nicht länger zu, dass Kontrolle an einem Punkt zentralisiert wird, sie wird mehr und mehr dezentralisiert, letztlich bis hinunter zu jedem Einzelnen.

Einige Paragrafen in Ihrem Buch sind der »Verschwörung des Geldes« gewidmet. Glauben Sie, dass diese Macht jetzt im Prinzip gebrochen werden kann, indem wir uns, wenn wir zum Beispiel über das Internet Geschäfte machen, auf die Währungseinheit »Wilson« einigen und dafür Produkte oder Dienstleistungen austauschen? Wenn wir keine Banken mehr brauchen, um Geld auszugeben und in Verkehr zu bringen, wären auch die Konzepte eines zinslosen Geldes, wie sie der Ökonom und kurzzeitige Wirtschaftsminister der Münchner Räterepublik Silvio Gesell vor 80 Jahren entwickelt hat, mit einem Schlag wieder hochaktuell.

Sie sind ungefähr die fünfte Person in meinem Leben, die den Namen Gesell überhaupt kennt. Seine Konzepte waren brillant, doch sie werden heute durch die Möglichkeiten des Internets noch überholt. Geld ist reine Information im mathematischen Sinne, was heute kaum jemand realisiert. Das ist eigentlich komisch, denn wir haben ja schon vor langer Zeit die Gold- und Münzwährung in wertlose Papierfetzen eingetauscht. Ihren Wert haben sie nur durch den Aufdruck und solange die Bank, die ihn abgestempelt hat, nicht zusammenbricht. Geld ist schon mehr und mehr abstrakt geworden – und immer mehr Leuten wird es in Zukunft hochgradig lächerlich vorkommen, endlose, endlose Zinsen dafür zu zahlen, dass Geld in die Zirkulation gebracht wird. Sie können ihr eigenes Geld zirkulieren lassen und sie können sich über das Internet zunehmend selbst repräsentieren. Unsere jetzigen Repräsentanten, die Politiker, gib es doch eigentlich nur, weil nicht jeder dauernd seine Farm oder Arbeitsstelle verlassen konnte, um in der Hauptstadt über die Gesetze zu diskutieren und abzustimmen. Deshalb gibt es diese Repräsentanten, die aber wie gesagt meistenteils damit beschäftigt sind, Spenden für ihre Wiederwahl zu sammeln. Das Internet macht diese Art von Repräsentation überflüssig. Ebenso wie die Banken überflüssig werden, wenn wir unser eigenes Geld schaffen. Ich glaube, das ist eine der brisantesten Ideen der Welt, und ich bin froh, hier noch einmal ausdrücklich darauf hinweisen zu können.

Gesells Theorien, die sich ja auch schon in der Praxis bewährt hatten, wurden in den 40er-Jahren in den Vereinigten Staaten aufgegriffen, als der Ökonom Irving Fisher »Stamp-Money« mit einem negativen Zins empfahl ...

Er kam damals immerhin schon bis zu einem Senats-Komittee mit dieser Sache, aber weiter nicht. Durch das Internet erhalten diese alten Ideen jetzt eine neue, noch brisantere Dimension. Es ist ja sehr interessant, sich mal anzuschauen, wie die Banken überhaupt zu ihrem Monopol im Währungs- und Geldgeschäft gekommen sind. Den meisten Verschwörungstheorien zufolge strebten die Banken planvoll nach der Weltherrschaft, wahrscheinlich war es aber eher so, dass sich die einzelnen Regierungen so an das ständige Gelddrucken gewöhnt hatten, dass sie einander bei ihren Währungen aufs Tiefste misstrauten und deshalb die Banken dazwischenschalteten. So kamen sie zu ihrem Monopol. Mit dem Internet wird das jetzt im Prinzip hinfällig und deshalb versuchen sie, das mit Gesetzen unter Kontrolle zu bekommen, aber das wird nicht funktionieren. So wie es nicht funktioniert, was »meine« kalifornische Repräsentantin, Diane Feinstein, unlängst als Gesetz vorschlagen wollte: dass man die Drogen-Information im Internet zensieren soll. Jede Barriere, die du aufrichtest, wird vom Web drei Tage später umschifft und deshalb haben Regierungen, Banken und alle Machtgruppen so eine Angst vor dem Internet. Wer erfahren will, wie man Amphetamine herstellt und das Rezept nicht von dem Internet-Server in San Jose bekommt, holt es sich eben in Kanada, Oslo oder Frankfurt. Die einzige Möglichkeit, den freien Fluss von Informationen im Netz zu verhindern, wäre eine Welt-Regierung und die Leute, die das Internet gern kontrollieren möchten, hegen auch große Bedenken gegen eine solche Welt-Regierung. Deshalb glaube ich nicht, dass die Macht zukünftig sich hin zu einer Welt-Regierung von einigen wenigen entwickelt, ich denke eher, sie wird eher ins Internet devolvieren.

Was das Thema Verschwörungen betrifft, scheint es im Internet augenblicklich so zuzugehen, dass man zu den verrücktesten Sachen die meisten Files findet – je schriller der Fall einer UFO-Entführung oder der Menschenzüchtung in Area 51 oder was auch immer, desto mehr Interesse zieht er an. Die Fakten interessieren dann bald keinen mehr, aber es entsteht eine neue Folklore, Ufolkolore, es werden Mythen gestrickt.

Ja, nehmen Sie doch nur den Roswell-Fall, der angebliche UFO-Crash bei Roswell 1947. Das ist jetzt 52 Jahre her und es gibt immer weniger Beweise, aber mehr verdammte Bücher über den

Fall als je zuvor. Statt um wirklich harte Fakten geht es da nur um Gerüchte, Hörensagen und um den Onkel, der etwas gesehen hat, das aber nicht mehr bestätigen kann, weil er schon tot ist. Ähnlich ist es mit den Geschichten um Area 51. Richtig ist, dass es sich um ein militärisches Sperrgebiet handelt, das in einem Umkreis von 50 Meilen abgesperrt ist, und dass die Regierung dort einiges treibt. Ich glaube aber nicht, dass sie da außerirdische Alliierte haben und hybride Menschen basteln. Aber was immer sie da Geheimes tun, und sei es nur neue Flugzeuge testen, ist eine solche Story natürlich eine prima Tarnung. Es sind nicht immer nur Verrückte, die diese Geschichten ausspinnen – viele ehemalige Geheimdienst- oder Regierungsangestellte reisen durchs Land und enthüllen abenteuerliche Geheimnisse über die Aktivitäten der Regierung. Das schafft ein Klima der Paranoia und ich habe lange gerätselt, welches Interesse die Regierung daran haben kann, doch das lenkt in jedem Fall sehr gut davon ab, was wirklich verborgen bleiben soll. Zum Beispiel, dass das US-Energieministerium die Bürger radioaktiver Strahlung ausgesetzt hat, um zu testen, wie sie das aushalten – der ganze UFO-Stoff ist da wirklich eine gute Maskerade, um den wirklichen Horror geheim zu halten. So arbeiten Desinformationssysteme: Sie halten dich davon ab herauszufinden, was wirklich los ist.

Das hat dann ähnliche Konsequenzen wie das, was Sie eingangs von der Unterwanderung der Friedensbewegung berichteten: Jeder hält jeden für einen Desinformanten oder Agenten …

Es gibt kaum einen UFO-Forscher, der nicht schon als Regierungsagent oder Desinformant bezeichnet worden ist, und das erschwert natürlich auch da konstruktive Arbeit ungemein. Als ich in den 70ern in der Organisation zur Verteidigung vom Timothy Leary arbeitete, wurde jeder verdächtigt, ein Spitzel der Regierung zu sein, einschließlich mir. Was die Untersuchung von mysteriösen Phänomenen wie UFOs oder Kornkreisen und anderen Rätseln betrifft – ein Teil lässt sich sicher mit natürlichen Ursachen erklären, ein Teil sind sicher Fälschungen und ein anderer Teil Halluzinationen –, aber ein gewisser Teil ist echt mysteriös und bedarf weiterer Erforschung. Doch nur wenige Leute geben gerne zu, dass etwas echt mysteriös ist, und suchen sofort nach kompletten Lösungen: UFOs, Außerirdische, Elfen oder Devas. Ich bevorzuge, solange die Datenlage konfus ist, eher keine Antwort als eine vorschnelle.

Das zeichnet für mich auch Ihr Herangehen an das Thema Verschwörungstheorien aus: dass sie keinen Anspruch auf Vollständigkeit stellen und nicht behaupten, für jedes Problem eine Lösung zu haben – sondern eher die richtigen Fragen stellen und an den richtigen Stellen Witze machen …

Was die Vollständigkeit angeht, halte ich es mit Charles Fort: Mein Magen kann nicht die ganze Welt verdauen – und was das Verstehen betrifft: Ich glaube nicht, dass ich auch nur einen Bruchteil des Universums verstanden habe, und wundere mich über die Leute, die behaupten, sie hätten es verstanden. Diese großen Erörterungen von Fragen, ob Gott die Welt nun erschaffen hat oder ob wir ein Zufallsprodukt sind, amüsieren mich immer wieder, haben meinen Eindruck verstärkt, dass das menschliche Gehirn einfach nicht die Kapazität bietet, das alles wirklich zu verstehen. Aber vielleicht ist ja auch nur mein Gehirn nicht fortgeschritten genug und es mag andere geben, die nicht so dumm sind wie ich und alles verstehen – aber es ist ihnen bisher nicht gelungen, mich von ihren Argumenten zu überzeugen.

Robert Anton Wilson ist berüchtigt dafür, dass er den Dingen immer einige Jahre voraus ist. Wenn das Thema Verschwörung, das du schon vor 30 Jahren entdeckt hast, heute ein Gegenstand des Mainstream ist, was sind dann die Ideen und Fakten, die dich aktuell beschäftigen, und welche Aussichten haben wir für die Zukunft?

Ich fühle mich, auf fast schon blasphemische Weise, fröhlich. Ich glaube, das Internet unterscheidet sich von allen vorherigen Technologien insofern, als es tatsächlich das »globale Dorf« manifestiert, das McLuhan in den 60er-Jahren voraussah. Wir brauchen keine »Weltregierung«, die viele Leute fürchten, weil alle Regierungen schon viel zu machtvoll geworden sind und weil jede Art von zentralisierter Macht die Leute korrumpiert, die an ihr teilhaben. Aber das Internet bietet eine Alternative – eine weltweite Gemeinschaft mit dezentralisierter Kontrolle und wachsenden Fähigkeiten, Entscheidungen zu treffen. Politiker sind obsolet: Im nächsten Jahrtausend werden wir uns selbst repräsentieren.

Das Gespräch wurde im September 1999 in Capitola, Kalifornien, geführt.
(2000)

Wolfgang Neuss – Neuss Deutschland

»An jenem Tag im Frühjahr 1943, als Professor Albert Hofmann in Basel das LSD entdeckte, schoss ich mir bei dem weißrussischen Ort Rshew in meine linke Hand«, antwortete Neuss Mitte der 80er-Jahre auf die Journalistenfrage nach dem wichtigsten Ereignis in seinem Leben – und streckte dem Kollegen die zeigefingerlose linke Hand entgegen: »Symbol für Kunst statt Krieg. Selbstverstümmelung war und ist eine gute Friedensbewegung!«

Zuvor hatte man den Schlachtergesellen und MG-Schützen Hans Otto Wolfgang Neuss nach einer Verwundung mit dem EK 1 ausgezeichnet. Doch er wollte zurück ins Lazarett, Verwundeten Witze erzählen. »Die Feigheit brachte mich zum Fortschritt.« Mit 14 war er aus Breslau nach Berlin abgerückt, um Clown zu werden, der Ausflug endete auf der Wache am Bahnhof Zoo. Jetzt, im Lazarett und später im Internierungslager, versuchte er sich als Truppenbetreuer bei bunten Abenden: »Ich merkte, dass ich Witze besser erzählen konnte als die, von denen ich sie hatte.« Nach der Entlassung tingelt er als »Hansi Neuss« (der »Wolfgang« kam erst ab 1950) mit einem Leiterwagen und einem Geiger durch norddeutsche Gasthöfe, das »Reichs Kabarett der Komiker (ReKaDeKo)« gibt das Programm »Lachkalorien« – Gagenminimum: ein Abendessen. Neuss conferiert, spielt Sketche, reißt Witze, ein US-Kontrolloffizier drückt ihm Tucholsky in die Hand – und legt mit dieser *reeducation* den Grundstein zu einer beispielhaften deutschen Karriere.

»Wolfgang Neuss ist tot, reden wir über die Weltliteratur«

Das schrieb Matthias Beltz 1989 in seinem Nachruf auf den Kabarett-Meister. Das war schon damals kein Witz beziehungsweise einer, der es in sich hatte – jetzt, wo seine gesammelten Werke erschienen sind, lässt sich das auch für Außenstehende ermessen. Der kleine Mann aus Breslau, der in den 50ern zu *der* Berliner Großschnauze wurde, der vom Filmstar und Playboy zur Instanz des politischen Kabaretts mutierte, vom trällernden Räuber aus dem »Wirtshaus im Spessart« zum Schrecken Adenauerscher Rundfunkräte, vom komischen Knallchargen zum Lautsprecher der APO und dann vom Anmacher und Unruhestifter zum Aussteiger, Haschisch-Orakel und Meditationsmeister – dieser »Zwerg Mundwerk«, wie ihn die *FAZ* einst titulierte, war nicht nur ein Hansdampf in allen Gassen.

Wolfgang Neuss hat auch ein Werk hinterlassen, das große Kunst genannt werden muss, auch wenn man hierzulande dafür nur den deutschen Kleinkunstpreis (5 000 Mark, 1983) übrighatte. Viele seiner Schüler und Adepten, allen voran der hochdekorierte Wolf Biermann, dem Neuss einst die erste West-Tournee ermöglichte, wurden vom Kulturbetrieb da ganz anders bedacht. Wenn jemand wirklich gute Witze macht, sitzt eben immer noch halb Deutschland auf dem Sofa und nimmt übel – Neuss war zu roh, zu radikal, zu rebellisch, um als saturierter Literat zu enden. Und zu konsequent, um nach seinem Rückzug von der Bühne Mitte der 70er als angepasster Alter Ruhe zu geben. Da ging er lieber zum Sozialamt, schnorrte Kollegen und Freunde an und grüßte – zahnlos, aber bissig – als »Drogenwrack aus Charlottenburg«. Und wenn man ihn fragte, woran er gerade arbeite, antwortete er: »An mir.«

»Ich rauche den Strick, an dem ich hängen würde«

Was der Neuss denn so mache, wo er denn stecke, das war, so die *Zeit* 1974, »jahrelang die nationale Frage«. Für Medienskandale sorgte während dieser Zeit allenfalls sein Aussehen, dass die Journaille unter »Zahnloses altes Weib« oder »Indianersquaw« und zur Moritat »Vom Superstar zum Kellerkind« ausschlachtete. Dass dieser frischfrechfröhliche Mann mit der Pauke und Tausendsassa der Medien, die Schandschnauze der Nation sich so einfach zurückzog und schwieg, wollte niemand so recht verstehen. Dabei tat er nichts anderes, als den Protest zu leben, den er zuvor hinausgeschrien hatte: Der schnieke Playboy und »Jaguar E«-Fahrer übte Konsumverzicht, verschenkte seine Habe und ließ sich statt im Luxus-Penthouse auf dem Meditationskissen einer leeren Zweizimmerwohnung nieder. Und er kurierte seine 20-jährigen Tabletten- und Alkohol-Orgien mit Cannabis: »Ich rauche den Strick, an dem ich hängen würde«, verkündete er und wurde nicht müde, den Hanf als Medizin für Körper und Geist zu preisen.

Ich habe nie recherchiert, ob die tapfere »Friedensbewegung« des Humorsoldaten Neuss tatsächlich am selben Tag stattfand wie Albert Hofmanns Zufallsentdeckung des stärksten bekannten Psychedelikums – doch auch wenn das Datum nicht stimmt, bringt es die zwei einschneidenden Ereignisse seines Lebens auf den Punkt. Den Schuss ins eigene Fleisch, um die Haut zu retten und als Witzbold zu überleben – und die spirituelle Erleuchtung, die ihm Anfang der 70er-Jahre durch LSD zuteilwurde. Und die selbst dem Großmaul und Lautsprecher erst mal die Sprache verschlug: »Stell dir vor, ganz Frankfurt entdeckt, dass der Mensch ein geistiges Wesen ist, und überlebt. Die Leute bringen sich um vor Glück. (...) Nicht ungefährlich, denn du kannst dir vorstellen, was passiert, wenn Frau Müller aus Neukölln plötzlich entdeckt, dass sie mit zum Göttlichen gehört. Die springt vor Glück fünf Meter in die Luft, und es gilt darauf zu achten, dass sie weich landet. Darauf hat Dr. Hofmann immer wieder hingewiesen: Was auch passiert, du bleibst sitzen. (...) Und wenn du sitzenb leibst, kriegst du mit, wie die wirkliche Kommunikation funktioniert: schweigend.«

Diese geistige Aufrüstung war das, was Neuss der martialischen Aufrüstung der 68er Kulturrevolution zur RAF entgegensetzte – das Morden und Brandschatzen hatte er hinter sich. »Das letzte Mal war'n die späteren RAF-Leute bei mir nach der Baader-Befreiung und sagten: ›Wolfgang, du musst uns helfen, wir brauchen dein Auto.‹ Ich hab gebrüllt: ›Seid ihr wahnsinnig‹, und nicht mitgemacht – leider, wie man heute sagen muss. Denn wäre ich Wahnsinniger damals eingestiegen, hätte das ganze Abenteuer keine drei Tage gedauert.« Ein Foto von Ulrike Meinhof und ihren Zwillingen hing dennoch bis zum Schluss in seinem zu einer einzigen Pinnwand ausgewachsenen Zimmer. Für Neuss kam als Konsequenz aus der Radikalität der 60er-Jahre nur das Abenteuer der Selbstfindung in Frage. Und als er wieder auftauchte, aus der inneren Versenkung, bricht er sein Schweigen mit Worten, die den alten Freunden irre und bizarr vorkommen. »Rauch nicht so viel von dem Zeug«, mahnte Uwe Johnson, bevor er sich langsam totsoff. Dass kein Biermann oder Enzensberger, kein Hildebrandt, Hüsch oder ein anderer Kabarett-Kollege es ihm nachtat und asketisch auf der Meditationsmatte Platz nahm, um Einblicke ins Rad der ewigen Wiederkehr zu erhaschen, dass ihm kein Wolfgang Müller (sein Kabarett-Partner in den »goldenen« 50ern, der mit dem Flugzeug abstürzte) nachwuchs, nahm er keifend und zeternd übel.

»Wir müssen Hitler so lange wiederholen, bis er ein Hit ist … ab 5 Uhr 45 wird zurückgelächelt.«

Ganz anders aber die Texte, die Neuss fortan produziert: immer noch der blitzschnelle Assoziations-Artist und Kalauer-König (»Die Nordsee ist umgekippt – hat mal jemand nen Lappen?«), aber er schöpft nicht mehr aus dem »Anti«, der Negation, dem permanenten Protest. Statt wie einst den Gegner mit verbalem Schnellfeuerbeschuss niederzumähen, übt sich der späte Neuss in der Zen-Politik der Umarmung, im »an die Wand lieben«: »Wir müssen Hitler so lange wiederholen, bis er ein Hit ist … ab 5 Uhr 45 wird zurückgelächelt.«

Als ich die ersten Texte des »neuen« Neuss – »Freiwillige Selbstkontrolle« und »Happy End Auschwitz« – zu lesen bekam, richteten wir ihm 1981 im *taz*-Feuilleton sofort eine Kolumne ein. Und er sprach mir wöchentlich seinen aberwitzigen, buddhadaistischen Monolog auf Band, in dem Lokalklatsch und Globalstrategie, Privatclinch und Weltkrieg, Kleinkunst und Großkultur, Tagesaktualität und Ewigkeit auf holografische Art kollidierten. Spritzig, witzig und weise. Klaus Theweleit, Chef-Analytiker deutscher Männerfantasien, hat Neuss' »geniale Zeilen« zum Faschismus später zitiert – neben Benn, Jünger, Pound, Hamsun, Elvis im »Buch der Könige«. Da gehört er hin, der Neuss, als Schlachtergeselle zu den Dichterkönigen, als deutscher Trommler neben den Rock-'n'-Roll-King. Paradebeispiel für einen, der *nicht* Faschist geworden ist (oder, wie Elvis, als Drogenwrack zu den Narcs überlief).

»Auf deutschem Boden darf nie wieder ein Joint ausgehen«

»Auf deutschem Boden darf nie wieder ein Joint ausgehen«, entbot er Richard von Weizsäcker bei seinem legendären Talkshow-Auftritt 1983 zum Gruße – der Spruch war ihm am Nachmittag auf einer Glückwunschkarte zum 60. Geburtstag zugeflogen, von einem Fan aus dem Knast. Ihn gleich am Abend vor einem Millionen-Publikum als Appell an »Häuptling Silberlocke« zu bringen, war nicht nur typisch für die Neussche Methode, es brachte auch das Phänotypische dieser deutschen Biografie auf den Punkt. Nicht der typische Oberleutnant, mit Oberwasser unter aller Regimen, sondern ein deutscher Schweijk und Torpedokäfer: »Ich hab nie aufgehört von unten anzufangen.«

Die gesammelten Werke des Wolfgang Neuss präsentieren nicht nur die Geschichte eines einzigartigen Künstlers, sondern auch eine einzigartige Geschichte dieser Republik, gesehen von einem ihrer wachesten Zeitgenossen. Sie tauchen wieder auf, die militärischen Vierziger *(»Herr Oberst, habe zehn Gefangene gemacht – Na bringen Sie sie her! – Geht nicht, sie halten mich fest«)*, die Fünfziger des Wirtschaftswunders und der Wiederbewaffnung, der Adenauers und Erhardts, die Pinscher und Piefkes (»*Die von der CDU werden noch so lange machen, bis der liebe Gott aus der Kirche austritt*«) und die Protest- und Aufbruchsära der Sechziger, die Neuss mit seinen über Jahre ausverkauften Solo-Programmen – »Das jüngste Gerücht«, »Neuss Testament« und »Asyl im Domizil« – entscheidend anblies (»*Wir können hier richtig deutsch diskutieren, wir haben Verbandszeug im Hause*«). Volker Kühn hat die wichtigsten Texte aus vier Jahrzehnten, darunter auch die Drehbücher zu den Filmen »Wir Kellerkinder« und »Genosse Münchhausen«, zusammengestellt und um zahlreiche Lebenszeugnisse, Interviews und Bilder ergänzt. Ein wunderbares Buch, das freilich nicht den »totalen Neuss« enthält, denn der war kein Schreiber, sondern ein Artist des gesprochenen Worts, weshalb vieles in diesem Buch aufgezeichnet und abgehört wurde. Insofern bietet der Band, trotz seiner Fülle, nur Momentaufnahmen einer Persönlichkeit, die es in der allmählichen Verfertigung von Pointen beim Sprechen zu unerreichter Meisterschaft brachte. So wie einst Tucholsky den braunen Humorsoldaten Neuss zum kritischen Volksaufklärer transformierte, könnte auch dieses Buch eine Bildungslücke schließen. Im Zeitalter der trostlosen Comedy-Inflation sollte für die Akteure mehr denn je die Maxime des großen Vorsitzenden gelten: »Heut mach' ich mir kein Abendbrot, heut mach ich mir Gedanken.«

(1993)

Jack Herer – After Sunset

Über den Weg eines Polyesteranzug-Trägers zum »Hempster des Jahrhunderts« und warum wir die moderne Hanf-Aufklärung einem Verstoß gegen das Verdunklungsgesetz von 1943 verdanken

Jack Herer, von der Zeitschrift *High Times* gerade zum »Hanfaktivisten des Jahrhunderts« gekürt, wurde 1939 in New York geboren, seine jüdischen Eltern waren aus Osteuropa mit letzter Station in Polen in die USA ausgewandert. Nach der High School trat er freiwillig in die Armee ein und diente in Korea, wo er zum Dolmetscher ausgebildet wurde. Seiner ersten Ehe entstammen drei Kinder, zwei weitere den beiden nächsten. Am 9.9.99 entschloss sich Jack zum vierten Mal zur Ehe: Wegen des schönen Datums vollzogen er und seine langjährige Partnerin Jeanie den Akt auf dem Dokumenten-Büro im Postamt an der Ecke.

Wenn der »Emperor of Hemp« (High Times) und Autor der bahnbrechenden Hanfbibel »The Emperor Wears No Clothes« (»Die Wiederentdeckung der Nutzpflanze Hanf«) die Menu-Karte studiert, bestellt er am liebsten Berge von Vorspeisen für alle, die am Tisch sitzen. So auch diesmal, als wir auf der Terrasse von »Gladstones« am Santa Monica Beach zum Abendessen einkehrten. Und weil wir bei unseren seltenen Treffen immer sehr viel zu erzählen hatten, wurden die Fische, Seefrüchte und Salatmassen kaum weniger. Insofern alles wie üblich beim Essen mit dem schwergewichtigen »Hanfkaiser«, der angeblich zwar zehn Kilo runterhat, aber sich bald als Einziger am Tisch noch durch die Schüsseln und

Teller kämpfte. Der entscheidende Unterschied wurde erst ruchbar, als der Kellner das Schlachtfeld geräumt hatte. Denn da zückte Jack sein Gras-Pfeifchen und zündete in aller Seelenruhe seinen Nachtisch an. Das wäre vor vier Jahren, bei meinem letzten Besuch, völlig undenkbar gewesen – doch seit die kalifornische Bevölkerung bei der Wahl im November 1996 mit 56 Prozent für die »Ballot 215« stimmte, ist Marihuana für Patienten legal – und Mr. Herer mit seinem Superstress als führender Hanfaktivist der USA ist ein solcher Patient. »Das war der erste und einzige wirkliche Sieg seit dem Beginn der Prohibition 1937«, meint er – und schildert, wie Bundespolizei und Clinton-Administration mit aller Macht dagegen vorzugehen versuchen. Gerade hat man einen Vietnam-Veteranen wegen seiner mit den lokalen Behörden abgestimmten Marihuana-Plantage vor ein Bundesgericht gezerrt. »Seit wir diese Schlacht gewonnen haben, wird die Schraube im Drogenkrieg wieder angezogen«, so Jack. »Du kommst aus Deutschland, du weißt, was Faschismus ist, und hier kannst du dir ein modernes faschistisches System bei der Arbeit ansehen. Nie gab es mehr Gefängnisse, mehr Gefangene, mehr Verurteilte als unter Clinton, und wegen was? Wegen der nützlichsten, ungiftigsten und gesündesten Pflanze auf diesem Planeten. Wenn du irgendwo in Amerika einen Job haben oder behalten willst, musst du deinen Urin kontrollieren lassen. Die USA sind nicht längst nicht mehr ›The Land of the Brave and the Home of the Free‹ – sie sind the Home of the Pee, die Heimat der Pisse.« Wenn Jack Herer bei seinem Thema ist, kann ihn selbst leckerstes Essen kaum abhalten. Dabei wollten wir unser Interview doch eigentlich erst nach dem Essen beginnen ...

Die Zeitschrift High Times *hat dich gerade zum »Hempster of the Century«, zum Hänfling des Jahrhunderts, gekürt. Was hat es mit diesem Titel auf sich?*

Es sollte die Person ausgezeichnet werden, die den größten Einfluss auf die Hanfbewegung, die Hanfrevolution hatte. Und die den Status dieser Pflanze als irgendein negatives, mexikanisches Drogenkraut entscheidend geändert und wieder respektabel gemacht hat. Das ist alles. In Amerika lernst du nicht in der Schule, dass diese Pflanze in unserer Geschichte 80 Prozent allen Papiers und aller Fasern geliefert hat – und du lernst auch nicht, dass die Regierung unseren Eltern ihr Steuergeld gestohlen und damit auf die übelste Weise dafür gesorgt hat, dass Hanf für illegal erklärt wird. Eine Pflanze, die in über 10 000 Jahren Geschichte überall auf dieser Erde die wichtigste Nutzpflanze war. Was ist von Regierungen, was ist von Politikern zu halten, die so etwas betreiben und die Leute verfolgen und ins Gefängnis werfen, nur weil sie diese Informationen herausfinden und veröffentlichen?

Aber nichts anderes tun sie – und die wahren Informationen werden immer noch unterdrückt.

Da hat dein Buch, das seit Mitte der 80er-Jahre von einem kleinen Flyer zu einer bahnbrechenden Dokumentation herangewachsen ist, aber doch einiges daran geändert …

Aber trotzdem wird Marihuana nach wie vor von den Regierungen verteufelt, und Untersuchungen, die das Gegenteil belegen, wie zum Beispiel die großen Gesundheitsstudien in Costa Rica und Jamaika, werden unter der Decke gehalten. Wer weiß denn schon, dass Hanf das Leben verlängert? Wer täglich Marihuana raucht, lebt im Durchschnitt zwei Jahr länger als jemand, der überhaupt keine Drogen nimmt – das haben die Reihenuntersuchungen von Rasta-Leuten in Jamaica gezeigt. Zwei Jahre Leben – was würden die meisten Leute tun für zwei Lebensjahre mehr? Und die Pot-Raucher lebten sogar 8–24 Jahre länger als die Kontrollgruppen, die Alkohol und Tabak benutzten – tödliche Drogen, die Milliarden von Steuern einbringen, für die niemand ins Gefängnis geht. Aber für Hanf, eine Pflanze, die tausendmal gesünder ist als Tabak oder Alkohol, sitzen in diesem Augenblick allein in den USA 110 000 Menschen im Gefängnis, und 300 000 bis zu einer halben Million hatten Bewährungsstrafen bzw. wurden dann wegen Marihuana eingesperrt. Wenn du eine Bewährungsstrafe hast, wird dein Urin kontrolliert – und weil Spuren von einem einzigen Joint noch nach vier, fünf Wochen nachweisbar sind, fallen bei den Urinkontrollen während der Bewährungszeit viele auf. Und die Bewährungshelfer schicken sie dann ins Gefängnis – nur weil sie, statt sich zu betrinken, ein paar Joints geraucht haben. Eine halbe Million Menschen sitzt in Amerika wegen nichts anderem als Hanf im Gefängnis.

Du hast die letzten 30 Jahre deines Lebens damit zugebracht, die Öffentlichkeit auf diesen Wahnsinn aufmerksam zu machen, indem du die Informationen über Hanf wieder zugänglich gemacht hast. Ich habe heute nachmittag die Bilder aus deinem »vorigen« Leben gesehen: in den 50ern als Soldat in Korea, in den frühen 60ern ein Familienvater mit Vorgarten und einem guten Job als Vertreter für Leuchtreklamen – das macht alles einen absolut normalen, braven Eindruck. Und du fandest damals sogar Barry Goldwater, den Rechtsaußen der Republikaner, gut. Wie, frage ich mich, wird aus einem derart spießigen Otto Normal der aufrührerischste Hanf-Aktivist des Jahrhunderts?

Ich hielt Marihuana wie jeder »gute Amerikaner« für ein Teufelszeug. Aber meine erste Frau begann 1965 Marihuana zu rauchen. Sie arbeitete damals abends in einem Restaurant und brachte es mit. »Jack, du solltest das mal probieren«, sagte sie, »das wird dir gefallen.« Ich war zutiefst entsetzt: »Wie kannst du so etwas tun?«, sagte ich, »wir haben drei kleine Kinder. Und du fängst jetzt an, Drogen zu nehmen.« Für mich gab es keinen Unterschied zwischen Marihuana und Heroin, ich glaubte all das, was mir auf der High-School und beim Militär beigebracht worden war. Wir zogen dann nach Kalifornien um, meine Frau versuchte immer noch, mir es schmackhaft zu machen, sie sagte, »das wird deine Sichtweise der Dinge verändern« – aber ich wollte nichts damit zu tun haben. Sie machte in dieser Zeit ein gewisses Wachstum durch, aber ich wollte nicht mitwachsen. Ich war ein Konservativer zu diesem Zeitpunkt und taufte meinen ersten Sohn tatsächlich nach Barry Goldwater. Darauf bin ich übrigens heute noch stolz, denn Goldwater war zwar rechts, aber ein echter Libertärer. Deshalb hat er sich zum Beispiel auch noch in den 90er-Jahren für die Freigabe von medizinischem Marihuana eingesetzt. Meine erste Frau und ich wurden im Sommer 1967 geschieden – wir hatten uns in entgegengesetzte Richtungen entwickelt, Marihuana war nur eine davon.

Bis dahin hattest du allen Verlockungen widerstanden?

Ja. Es dauerte bis zum Sommer 1969. Da lernte ich eine Frau kennen, die ich sehr gernhatte, und sie fragte mich, ob ich schon mal Pot geraucht hätte. Nein, sagte ich, hör mir auf damit, meine Ex-Frau hat das geraucht, ich will damit nichts zu tun haben, das ist eine üble Droge, führt zum Heroin … all dieser Scheiß, den ich im Hirn hatte. Aber sie sagte, es würde mir guttun. Und weil ich sie wirklich sehr mochte, tat ich ihr den Gefallen.

Und wie war das?

Ich nahm einen kurzen Zug und blies ihn sofort wieder raus. Ich habe nicht inhaliert, obwohl ich damals starker Zigarettenraucher war und drei Päckchen am Tag qualmte …

Also ganz wie Bill Clinton, geraucht, aber nicht inhaliert …

Genau. Auch beim zweiten oder dritten Mal habe ich nicht inhaliert. Ich fürchtete mich ja wirklich vor dieser gefährlichen Droge, blies sie immer sofort wieder aus und behauptete dann meiner Freundin gegenüber, dass das auf mich nicht wirkt. »Das wollen wir doch mal sehen«, sagte sie und sie ging los, um wirklich gutes Marihuana zu besorgen. Das war gar nicht so leicht zu dieser Zeit, aber sie brachte eine halbe Unze »Acapulco Gold«, das beste mexikanische Gras. Sie setzte sich an den Tisch und drehte vier oder fünf Joints – und die rauchten wir dann zusammen, einen nach dem anderen.

Dieses Mal hast du dann auch inhaliert?

Ich hatte nicht mehr so viel Angst, weil ich ja erlebt hatte, dass sie rauchte und nichts Schlimmes geschah. Also wir rauchten und ich merkte erst mal gar nichts. Und »Acapulco Gold« sagte mir auch nichts, außer, dass Sammy Davis junior im Fernsehen darüber so merkwürdige Witze machte. Aber dann setzte sie mir Kopfhörer auf – und ich hörte plötzlich Musik, wie ich sie noch nie im Leben gehört hatte ...

Was war das für eine Musik ...

Sie hat mir verschiedene Sachen vorgespielt, ich erinnere mich nur noch an eine Platte von Herb Albert and the Tijuana Brass – aber ich konnte diese ganze Musik plötzlich mit den Ohren sehen, jede Note, jede Melodie hatte eine Farbe. Ich visualisierte und erlebte Musik, wie ich sie noch nie in meinem Leben gefühlt hatte. Ich war bis dahin kein besonderer Musikliebhaber, Musik hatte nicht den großen Stellenwert in meinem Leben wie bei vielen meiner Freunde, zur Entspannung nutzte ich eher Bücher. Aber jetzt, nach dieser großen Menge des besten »Acapulco Gold«, entdeckte ich die Sprache der Musik völlig neu, und ich konnte kaum glauben, was ich da erlebte. Plötzlich hörte sich auch dieser näselnde, nölende Bob Dylan kristallklar an und jedes Wort, jede Note drang in mein Bewusstsein.

Die Musik also hat dich überzeugt, dass Hanf doch eine Wirkung auf dich hat ...

Ja, und dann sagte meine Freundin: Jetzt rauchen wir noch einen und dann gehen wir ins Schlafzimmer – dabei berührte sie mich leicht

– und woooow. Die ersten Male, wenn du stoned bist, ist es ja fast eine psychedelische Erfahrung, wenn dich jemand nur kurz auf der Haut berührt. Wuuuuuh, so eine Sensitivität hatte ich noch nie erlebt – jede Pore, jedes Haar, jede Körperöffnung ... ich erspare mir die Beschreibung, wie es im Detail weiterging, jedenfalls erlebte ich den Orgasmus in einer Stärke und Dimension, die mir bis dahin unbekannt war. Es war nicht mehr Zack, Bum – sondern es war Bssssssssssss, ein lang anhaltendes Fließen, ein Verströmen im Hyperspace. Eine körperliche Sensation, über die ich gehört und gelesen, die ich aber nie erlebt hatte bis dahin. Und als wir wieder zurück waren, hatte ich nur eine einzige Frage: »Warum ist das illegal?«

Nach der musikalischen kam die aphrodisiakische Sensation ...

Ich würde nicht sagen, dass Hanf ein Aphrodisiakum in dem Sinne ist wie etwa Viagra. Er ermöglichte mir eher Erfahrungen des Genießens und Wohlfühlens, die für mich vorher einfach unbekannt waren – und ich fühlte mich schon wie im Nirwana. Aber dann gingen wir in die Küche und ich machte den Kühlschrank auf. Es stand gar nichts Besonderes darin, aber alles, was ich aß, war absolut delikat – selbst das langweiligste Sandwich schmeckte paradiesisch, mit völlig ungeahnten Nuancen und Feinheiten. Ich entdeckte die Welt des Geschmacks, des Genusses völlig neu. Und das war genauso aufregend wie die Erfahrungen mit dem Hören der Musik oder mit der Liebe. Alkohol hatte bis dahin keine große Rolle für mich gespielt, doch seit diesen aufregenden, die Sinne weckenden Erfahrungen im Sommer 1969 hab ich kaum mehr einen Tropfen getrunken, einmal im Monat vielleicht ein Bier.

Diese Erfahrung hat dein Leben umgekrempelt?

Das dauerte noch ein, zwei Jahre. Ich fragte meine Freundin weiter, warum diese Sache illegal sei – je besser ich sie kennenlernte, umso weniger wollte mir das einleuchten. Am Anfang rauchte ich ein, zwei Joints die Woche, dann drei bis vier, dann jeden Tag einen oder zwei und ein paar am Abend – und dann fängst du schon an, dir einen Vorrat zuzulegen, kaufst ein halbes Pfund und gibst es in kleinen Mengen mit Aufschlag an ein paar Bekannte weiter, sodass eine Unze für dich gratis abfällt. 1971 jedenfalls war ich plötzlich Dealer und verkaufte Gras, nicht um groß damit zu verdienen, sondern um meinen eigenen Bedarf zu decken.

Deinen Job hast du weitergemacht ...

Ja, ich war weiter in Sachen Werbeschilder und Leuchtreklamen unterwegs. Dann, 1972, geriet ich in eine Diskussion mit einem Freund, der mir gerade etwas verkauft hatte. Er sagte, auf einer Qualitäts-Skala von 1 bis 10 sei dieses Gras Klasse 9, ich aber sagte: Nein, das ist höchstens Klasse 6, ich habe jetzt drei Jahre Erfahrung, es gibt noch viel besseres als das hier, das ist höchstens Klasse 6. Um uns zu einigen, nahmen wir ein Blatt Papier und versuchten, die Skala von 1 bis 10 mal zu definieren ...

Um dem üblichen Dealer-Latein ein Ende zu setzen ...?

Ja. Die Leute hatten zu dieser Zeit doch noch keinerlei Ahnung und ließen sich irgendwelches Grünzeug ohne jede nennenswerte Wirkung andrehen, das waren unsere Stufen 1 und 2: Shit-Weed. Auf Stufe 3 und 4 setzten wir dann minderwertiges Nebraska-Gras oder aus Low-Grade-Mexiko. Stufe 5 war durchschnittliches mexikanisches Gras, mit vielen Samen und grünlich, aber trocken und manchmal o. k. Das war schon das beste, was die meisten Leute damals bekommen konnten. Auf Stufe 6 und 7 fing dann an, was damals ganz neu gezüchtet war und heute selbstverständlich ist: Sinsemilla-Sorten, also ohne Samen und mit einem deutlich höheren THC-Gehalt. Als wir unsere Skala fertig hatten, kamen ein paar Freunde vorbei und gaben ihre Kommentare dazu ab – und wir machten aus dieser Skala eine große Wandzeitung. Die sah Malcolm, ein anderer Freund, der damals gerade die TV-Serie »Roots« produzierte, und meinte: »Hey Jack, aus diesem Poster da solltest du ein Buch machen.«

So entstand dein allererstes Buch, »Grass«?

Ja, aber nicht sofort. Wir boten es verschiedenen Verlegern an, dem des *Rolling Stone* in San Francisco und ein paar anderen, aber niemand wollte es haben. Da kam so ein junger Typ, gerade mal 20, der just einen Super-Deal abgewickelt hatte und die Taschen voller Geld und sagte: Hier sind 10 000 Dollar, ich drucke das Buch. Ja, und das machten wir, und ich stieg aus meinem Job aus – und fuhr jetzt nicht mehr wegen Werbeschildern durch die Gegend, sondern wegen des Buchs. Ich klapperte alle Freak-Läden und Head-Shops in den Vereinigten Staaten ab und brachte es auch in einigen Ketten unter. Nach zwei Jahren hatte ich 35 000 Exemplare verkauft. Das war jetzt mein Leben und in dieser Zeit lernte ich auch Captain Ed kennen ...

Deinen verstorbenen Freund Ed Adair, dem du die entscheidende Verwandlung verdankst ...

Ja, wie gesagt, ich kam ja aus der ganz biederen, spießigen Ecke und sah zu dieser Zeit auch noch ziemlich so aus, mit meinem Polyester-Anzug, mit meinen Nyltest-Hemden, den grauenhaften Krawatten usw. Und Captain Ed, als echter Hanf-Aktivist, musterte mich erst mal von oben bis unten – er war skeptisch, ob so ein Typ überhaupt cool sein konnte oder nicht doch ein verkappter Bulle. Aber wir wurden Freunde und Ed nahm mich im Sommer 1973 mit zu meiner ersten Marihuana-Demonstration. Da lernte ich auch andere Leute aus der Bewegung kennen, darunter auch Michael Aldrich, der wie ich auf dem College in Buffalo war, und so hatten wir einiges zu erzählen. Von ihm hörte ich das erste Mal, dass man aus Hanf Papier hergestellt hat und Seile und Segel und Bekleidung.

Zu diesem Zeitpunkt, mit 34 Jahren, erreichten dich zum allerersten Mal Informationen über die Nutzpflanze Hanf …

Auf der Schule hatte ich nichts davon gehört – ich hatte all diese Piratenfilme gesehen als Kind, Columbus' Entdeckung Amerikas, die Bürgerkriegs- und Western-Geschichten, aber ich hatte natürlich keine Ahnung, dass all die Segel und Seile, die Planwagen und Uniformen aus Hanf waren.

Stattdessen war ich mit 20 so weit gebildet, dass ich voll akzeptierte, jeden Hanf-Konsumenten ins Gefängnis zu werfen. Dass Hanf einmal die zweitwichtigste Nutzpflanze der USA war, davon wusste ich genauso wenig wie von der Tatsache, dass die Natur, die Umwelt ein schützenswertes Gut ist. Wir dachten damals, ich und alle, die ich kannte: Das Land ist groß genug, es gibt kein Umweltproblem, wir kippen unser Gift, unseren Müll einfach irgendwo ab. Ich wuchs ganz in der Nähe des Love-Kanals im Staat New York auf, in den riesige Chemie-Firmen jahrzehntelang einfach ihr hochtoxisches Abwasser laufen ließen. Grundwasser, Böden, alles wurde verseucht – die Anwohner bekamen Krebs und grauenhafte andere Krankheiten. Erst Ende der 70er-Jahre wurde der Kanal geschlossen.

Aber damals fanden das alle in Ordnung. Niemand regte sich auf …

Niemand. Ich weiß noch meine Reaktion, als in den 60ern das Buch von Rachel Carlson, der »Stumme Frühling«, erschien, das erste Buch, das auf die Katastrophe des Pestizideinsatzes aufmerksam machte. Ich hielt das für naives, liberales Geschrei und fand es lächerlich, über tote Vögel oder aussterbende Biber nachzudenken.

Das änderte sich erst durch die Freundschaft mit Capatin Ed nachhaltig?

Ja, Captain Ed packte mich erst mal aus meinen Polyester-Klamotten aus. Er hatte seit 1970 einen Headshop in L. A. und 1972 die erste Gesetzesinitiative zur Legalisierung von Cannabis gestartet. In seinem Laden sammelte er sage und schreibe 100 000 Unterschriften – und die Initiative erreichte bei der Wahl auf einen Schlag 34 Prozent der Wählerstimmen. Das war ein sensationelles Ergebnis und deshalb sprachen sich plötzlich auch viele Politiker dafür aus – das war der Beginn einer sehr liberalen Ära, die von Ende 1972 bis zur Wahl Reagans 1980 andauerte. Durch Captain Ed kam ich in die Hanfpolitik, er war einer ihrer Motoren. Außerdem war er sehr engagiert in der Anti-Atomtest-Bewegung und fuhr mit seinen Leuten immer auf das Testgelände nach Nevada, wenn wieder ein Test angesagt war. Dann kletterten sie über die Zäune, lösten Alarm aus und bewegten sich auf Ground Zero, um die unterirdische Sprengung zu verhindern. Sie gruben sich in dieser schwer radioaktiven Erde ein, um sich vor den Suchtrupps und ihren Hunden zu verstecken. Ich habe das nie mitgemacht. Die Leukämie-Art, an der Ed dann 1991 starb – vorher war er ein Muster an Gesundheit –, wird auch von radioaktiver Strahlung ausgelöst.

Warst du dann, neben dem politischen Engagement, weiterhin noch Kleindealer?

Nein. Damit hörte ich auf, ich hatte eine Holzpfeife entdeckt, die es in Kalifornien noch nicht gab, und stieg mit einer Pfeifenfirma ins Paraphernalia-Geschäft ein. Außerdem war ich wegen meines Buchs in der Szene jetzt ein bekannter Autor und schrieb als Pot-Experte Artikel für verschiedene Zeitschriften.

Und in Captain Eds Laden kamen viele Leute und Kids, die mich mit Informationen versorgten. Hey, Jack, wusstest du schon, dass die Unabhängigkeitserklärung auf Hanfpapier gedruckt ist oder dass Pferdewagen mit Hanfplanen die besten und teuersten waren, der Cadillac Eldorado der Pionierzeit, dass Russland damals vom Hanfexport lebte wie heute die Araber vom Ölexport, dass Napoleon damals wegen Hanf nach Moskau marschierte? Als Ed die nächste Wählerinitiative begann, machten wir uns daran, all diese Informationen einmal aufzuschreiben …

Das war die Geburtsstunde von »The Emperor wears no clothes« (»Die Wiederentdeckung der Nutzpflanze Hanf«)?

Ja, auf einem Flyer, auf dem wir alle uns damals erhältlichen Informationen aufgeschrieben hatten. Aber das klang ziemlich unglaublich. Dann brachten mir die Leute Dokumente, die sie gefunden hatten, und ich machte mich auf die Suche in Bibliotheken und Archiven und fand weitere Beweise. Du weißt, wie das ist, wenn man von diesem Informationsfieber gepackt wird. Ich sammelte und sammelte Puzzlestücke und reihte sie aneinander. Seit der ersten Information von Michael Aldrich, dass Marihuana Hanf ist, waren 18 Monate vergangen. Und dann, Anfang 1975, nahmen Ed und ich einen Trip. Wir hatten auch schon vorher LSD oder Pilze genommen, und wir hatten natürlich auch schon vorher über diese ganzen Hanf-Informationen nachgedacht und geredet – aber in diesem Moment fügte sich auf einmal alles zu einem Bild. Innerhalb von ein zwei Millisekunden verarbeitete unser Gehirn all diese Informationen, setzte sie neu zusammen und mit einem Mal checkten wir es und alles war ganz klar: Hanf kann die Welt retten! Wow, das ist es.

Aber man kommt ja wieder runter von dem Trip – und sieht dann, wie absolut bescheuert die Idee war, die man gerade noch für den Gipfel der Weisheit gehalten hatte.

Genau. Aber diesmal war es ganz anders. Als wir runterkamen und darüber nachdachten, wurde die Idee sogar noch besser, brillanter.

Sie war real. Für mich bedeutete diese Erfahrung eine völlige Transformation. Dasselbe Gehirn, das noch vor zehn Jahren all diesen regierungsamtlichen Bullshit nachgeplappert hatte, erkannte jetzt, dass sich diese Regierung der größten Ignoranz und der größten Verbrechen oder einer Mischung aus beidem schuldig macht, weil sie die wertvollste, nützlichste, gesündeste, sauberste Pflanze des Planeten verbietet und das Wissen darüber unterdrückt. Wie gesagt: Wir kannten alle diese Informationen schon länger, aber jetzt erst zogen wir die Schlüsse daraus. Für uns war der Fall kristallklar – und wir dachten, dass es nach Veröffentlichung dieser Informationen höchstens noch sechs Monate dauern könnte, bis Hanf wieder vollständig rehabilitiert und legal ist.

Es dauerte dann doch ein bisschen länger ...

Selbst unsere Kinder und besten Freunde, denen wir es erzählten, dachten: Die zwei sind jetzt übergeschnappt. Und die sogenannten Marihuana-Experten von NORML und der »High Times« dachten dasselbe. Über fünf Jahre lang konnten wir so gut wie niemanden überzeugen. Ich eröffnete 1979 einen Info-Stand auf der Promenade in Venice Beach, wo ich die Flyer und Broschüren mit der Hanf-Information verteilte und Unterschriften für die Wählerinitiative sammelte.

Dort entdeckte mich ein Reporter der L. A. Times und der schrieb 1981 einen großen dreiseitigen Artikel über Ed und mich, den Info-Stand und die ganzen Hanf-Informationen. Die Zeitung hatte ihn verpflichtet, alle unsere Behauptungen in einem Kasten zu prüfen und zu dokumentieren. Dies war der erste Artikel in einem Mainstream-Medium, der zugeben musste, dass wir in jedem Punkt recht hatten. Und hatten wir bis dahin vielleicht hundert Leute überzeugt, waren es jetzt schon einige tausend.

Aber es gab noch kein Buch, nur Flugblätter, Broschüren und diesen L. A. Times Artikel ...

Ich fand gar keine Zeit, mich hinzusetzen und ein Buch zu schreiben. Aber 1984 ging ich ins Gefängnis, nicht wegen Pot, sondern weil ich schon vorher zehnmal wegen meines Info-Stands mit Bußgeldern belegt worden war. Auf der Strand-Seite der Venice-Promenade waren damals keine Stände erlaubt, nur auf der Land-Seite, aber diese Buden musste man teuer mieten. Ich aber bestand darauf, dass mein Hanf-Stand nicht-kommerziell und eine politische Information sei und baute jedes Wochenende dort auf. Ja, und nachdem man mich zehnmal gezwungen hatte, ihn wieder abzubauen, wurde ich dann verurteilt: weil ich nach Einbruch der Dunkelheit auf öffentlichem Gelände Stimmen für die Wählerinitiative gesammelt hatte. Die Strafe betrug 5 Dollar, der Tarif aus dem Jahr 1943. Seitdem wurde er wohl auch nicht mehr angewendet, weil dieser Straftatbestand etwas mit der Verdunklung während des Zweiten Weltkriegs zu tun hatte, aber für mich, für den Hanf-Krieg, wurde er wieder ausgepackt. Ich verweigerte die Zahlung und auch die einjährige Bewährung, die damit verbunden war, und wurde deshalb zu 14 Tagen Gefängnis verurteilt, in Terminal Island, Long Beach.

Den Info-Stand aber gibt es bis heute, auf der Strand-Seite, die jetzt auch voll ist mit anderen Ständen …

Ja, das haben wir dann gegen die Stadtverwaltung endgültig durchgesetzt, der Prozess wurde gewonnen.

Aber erst mal gabs Knast wegen des Verstoßes der Hanf-Aufklärung gegen das Verdunklungsgesetz …

Am ersten Tag im Gefängnis las ich Cowboy-Romane, etwas anderes gabs nicht, von Fernsehen und Radio ganz zu schweigen. 15 Minuten am Tag kam man aus der Zelle: 5 zum Duschen, 5 zum Hofgang, 5 zum Telefonieren. Am zweiten Tag wurde mir das zu blöd mit den Cowboy-Romanen, und ich setzte mich hin und begann zu schreiben.

Von morgens um 8 bis abends um 9 schrieb ich in diesen zwei Wochen alle unsere Hanf-Informationen in einer längeren Version nieder – das war die Rohfassung des »Emperors«. Ich war die meiste Zeit völlig ungestört, nur ab und zu wurden mal andere Häftlinge in meine Zelle verfrachtet, meist spanisch sprechende Ladendiebe oder Bankräuber. Die lachten sich tot, wenn sie hörten, weswegen ich saß:

Verstoß gegen das »After Sunset«-Gesetz ...

Gott sei Dank hat man diesen Schwachsinn gegen dich durchexerziert, ihm verdanken wir letztlich das Entstehen des Buchs ...

Ja, diese Isolation im Gefängnis zwang mich zur Konzentration, draußen hätte ich es nie zwei Wochen am Stück geschafft, so ungestört zu arbeiten. Und was noch dazu kam: dass ich im Gefängnis gewesen war, verschaffte mir draußen plötzlich noch ein Stück mehr Glaubwürdigkeit. Aber das Wichtigste war, dass mir in dieser Zeit der Sammlung und Konzentration auf den Stoff die ganze Sache nochmals richtig klar wurde – und ich jetzt auch das System, das hinter der ganzen Prohibition steckte, durchschaute. Die »Association of Prison Guards«, die Lobby der Gefängniswärter, begann zu dieser Zeit gerade, politisch zu werden und sie hat heute den größten Einfluss auf die amerikanische Politik. Sie machen riesige Wahlkampfspenden für Politiker, die ihre Interessen – schärfere Gesetze, höhere Gefängnisstrafen – durchsetzen. Deshalb sitzen heute in den USA mehr Menschen im Gefängnis als irgendwo auf der ganzen Welt.

Fandest du für das Manuskript nach dem Schreiburlaub im Gefängnis gleich einen Verleger?

Ich machte erst einmal 200 Kopien von meiner Rohfassung und schickte sie an Leute wie Michael Aldrich zur Überprüfung. Und dann druckten wir im Dezember 1985 die ersten 10 000 Exemplare.

Ich ging anschließend auf verschiedene Vortragstouren in vielen Städten und brachte es unter die Leute. Innerhalb von drei Monaten war die erste Auflage verkauft.

Eine Kopie dieser Auflage landete 1987 auf meinem Schreibtisch. Doch es dauerte dann noch fünf Jahre, bis sich mit Zweitausendeins in Deutschland auch ein Verlag fand, der das Buch drucken wollte. Ich habe es zuerst ja selbst nicht geglaubt ...

Es hat gedauert – aber dafür habt ihr eine wunderbare Arbeit gemacht. Was das Überzeugen betrifft, machte ich dann eine interessante Erfahrung. Zu mir kamen Leute, die wollten für die Wählerinitiative in Oregon das Buch auf Zeitungspapier drucken und kostenlos unter die Leute bringen – und sie hatten Geld für 90 000 Exemplare. Die brachten wir in insgesamt 12 Gruppen vor der Wahl unters Volk. Weil die Verteilung aber nicht so gut koordiniert war, wurden manche Wahlbezirke zwei Mal, drei Mal, einige sogar vier Mal beliefert. Und nach der Wahl stellten wir fest – wo einmal geliefert worden war, hatten wir 25 Prozent Zustimmung, wo zwei Bücher hingegangen waren, 35 Prozent und in den Bezirken mit vier Lieferungen bis zu 65 Prozent.Das hat mich gelehrt: Wir müssen diese Information nur wieder und wieder und wieder unter die Leute bringen – und wir werden gewinnen!

Die Initiative für medizinisches Marihuana war 1996 in Kalifornien endlich erfolgreich. Der erste wirkliche Sieg über die Prohibition seit 65 Jahren.

Es sind nicht die Leute, die irgendetwas Schlechtes an dieser wunderbaren Pflanze finden, es sind einzig und allein die Politiker.

Und sie halten ihre Lügen nur mit Millionen und Abermillionen von Steuergeldern am Leben.

Dieses Lügen, dieses Zurückhalten von Wissen und Information, ist ein Verbrechen. Jede Regierung, die nicht morgen beginnt

Hanf als Rohstoff, als Nahrungspflanze, als Medizin einzusetzen, müsste eigentlich bestraft werden – weil sie ihrer Bevölkerung wissentlich die gesündere Alternative zu fossilen Brennstoffen, zur Pestizid-Landwirtschaft, zu chemischen und pharmazeutischen Produkten vorenthält. Und sie lieber vergiftet, als ihr die Nummer eins unter den Pflanzen dieses Planeten zurückzugeben. Solange wir diese Politiker nichts aus dem Amt jagen, so lange leben wir weiter in einem Polizeistaat, einem faschistischen System. Und tatsächlich: Die höchsten Wahlkampfspenden für Politiker in den USA kommen nicht von der Ölindustrie, der Chemieindustrie, der Pharmaindustrie. Sie alle spenden Millionen und Millionen, aber am allermeisten spendet die Association of Prisonguards. Und was kriegen sie von Demokraten und Republikanern zurück: immer größere Strafen für immer kleinere Vergehen.

Erstaunlicherweise hat kein Präsident der Vereinigten Staaten in seiner Amtszeit mehr Gefängnisse gebaut als Bill Clinton!

Und niemand hat mehr Leute eingesperrt wegen Hanf als er – gerade und erst recht, nachdem das Volk von Kalifornien 1996 für Hanf als Medizin gestimmt hat, gegen das ausdrückliche Votum von drei Ex-Präsidenten, die mit Clinton deswegen extra im Fernsehen auftraten. Für keine andere Sache hat er solche Unterstützung bekommen – und rächt sich jetzt mit dumpfer Repression. Dennoch haben mittlerweile 300 000 Kalifornier so wie ich eine Bescheinigung ihres Hausarztes, dass sie Cannabis aus medizinischen Gründen benutzen. Und das bedeutet: Sie dürfen es anbauen, besitzen und rauchen, ohne dass irgendein Bundesbeamter und auch nicht Präsident Clinton irgendetwas dagegen tun kann.

Das ist aber doch schon einmal ein riesiger Fortschritt, ich wollte, wir wären in Europa in Sachen Medizin nur ansatzweise so weit.

Wie gesagt: Es ist der erste wirkliche Sieg über die Prohibition seit 65 Jahren. Aber wirklich gewonnen haben wir erst, wenn alle Leute, die nur wegen Hanf im Gefängnis sitzen, wieder frei sind. Und vollständig rehabilitiert werden, weil sie mit ihrem Herzen und ihrer Seele die richtige Sache vertreten haben. Und wenn die Hanf-Industrie, die bis heute sabotiert und behindert wird, von den schikanösen Gesetzen und Auflagen und Kontrollen befreit ist. Du bist mit dem Hanf-Haus seit 1993 an der Pionier-Front der Hanf-Wirtschaft in Europa und kennst diese ganzen Schikanen am besten. Und wegen was? Wegen winziger Mikrogrammspuren THC – einer der ungefährlichsten, ungiftigsten, harmlosesten Substanzen, die die Pharmakologie kennt!

Ich hatte gerade eine Hausdurchsuchung und soll jetzt angeklagt werden, weil wir im Hanf-Haus Vogelfutter verkaufen, das man heimlich zum unerlaubten Anbau verwenden könnte ...

Wegen Vogelfutter, die sind doch völlig wahnsinnig – weil die Gesetze, nach denen das geschieht, von vorne bis hinten auf den alten Lügen über Hanf basieren. Und auf allen Politikern, die sie wider besseres Wissen am Leben erhalten. Regieren bei euch nicht die Grünen?

Ja, aber man merkt absolut nichts davon, und wenn das so weitergeht, werden sie es nicht mehr lange machen ...

Aber ich sage dir und wette darauf: Leute wie du und ich und alle, die sich heute politisch und ökonomisch für die Hanf-Revolution einsetzen, werden mehr und mehr Einfluss bekommen. Schau dir die Respektabilität an, die Hanf in Deutschland in den sechs Jahren gewonnen hat, seit du die Information dort zugänglich gemacht hast, und all diese großartigen Produkte aus Hanf – und wie würde es ohne diese Information aussehen? Am Anfang hielten uns fast alle für durchgeknallte Spinner, aber jetzt?

Macht dich immerhin die »High Times« zum Hempster des Jahrhunderts … fragt sich nur, wann auch das Time-Magazin *und die Mainstream-Medien so weit sind, dich zum Titelhelden zu küren. Dein Freund George meinte heute Nachmittag, das könnte auch nicht mehr lange dauern?*

(lacht) Keine Ahnung. Aber lass dich wegen des Hanf-Vogelfutters ruhig ins Gefängnis werfen: Dann hast du erstens Zeit für ein neues Buch und sie machen dich damit endgültig zum Superhelden des Hanfs in ganz Europa.

(Das Gespräch wurde im September 1999 in Los Angeles geführt.)

»Wenn man im Paradies lebt, will man ja nicht so schnell weg.« – Ein Gespräch mit dem 100-jährigen Albert Hofmann

Was uns alle am meisten interessiert: Wie wird man 100 Jahre alt? Welche Methoden – oder Tricks – hast du angewendet, um ein solches Alter zu erreichen und so rege und geistig wach zu bleiben?

Das hat sich so ergeben. Das kann man nicht planen. Ich hatte irgendwie immer wieder das Glück, Positives zu erleben. Wenn etwas Negatives kam – dann kam, sozusagen wie vom Himmel ... wieder etwas Positives – so hat sich das immer wieder ausgeglichen. Ich glaube, dass ich die Gnade hatte, offene Sinne zu behalten – und unser Bewusstsein wird ja von den Sinnen genährt. Ich habe bis heute keine Brille und keine Hörgeräte ... und ich habe wirklich das Gefühl, dass ich auf die Natur höre, auf das, was uns gegeben ist. Deshalb bin ich auch so skeptisch gegenüber dieser technischen Kultur – weil: Wir verpassen ja das Paradies! Wir vermauern und verbrettern unsere Sinne mit dieser Technisierung. Und ich bin noch zu Hause in der Natur, nicht in der technischen Welt. Ich glaube, das ist einer der entscheidenden Fehler unserer heutigen Welt: Wir kommen immer mehr ab von dem, was da ist, von diesem großen Geschenk, wir nehmen es nicht einmal mehr wahr – und rackern uns ab mit technischen Problemen. Wenn ich in der Stadt hätte leben müssen, wäre ich mit Sicherheit schon lange gestorben, schon lange tot. Ich habe das Glück, das ich hier auf der Rittimatte im Paradies lebe – und wenn man im Paradies lebt, will man ja nicht so schnell weg.

Auf den Bildern im Fotoalbum haben wir gesehen, dass du früher viel Sport getrieben hast ...

Ich war immer ein sportlicher Typ, schon in Baden und später in Basel und an der Universität, Leichtathletik, Laufen ... aber systematisch habe ich das nicht gemacht. Gut, ich habe die ganze Gegend hier abgewandert und bin manchmal gerannt, aber nie mit einem Plan, sondern aus Freude an der Bewegung in der Natur. Das ist leider jetzt wegen der Hüfte (AH musste sich vor zwei Jahren ein künstliches Hüftgelenk einsetzen lassen) nicht mehr möglich.

Hat auch das LSD dabei eine Rolle gespielt, dass du so lange geistig wach und jung geblieben bist?

Ich müsste zwei Leben haben, um das zu beantworten: eines mit und eines ohne LSD – dann könnte man das wissenschaftlich beurteilen. So kann ich das ja nicht. In meinem LSD-Buch (LSD – Mein Sorgenkind) steht ja am Anfang dieses mystische Naturerlebnis als Kind, das ja absolut einem LSD-Erlebnis glich, dieses Einssein mit der Natur. Irgendwie, glaube ich, war mir das angeboren.

Du hast ja schon öfter gesagt und auch in diesem Buch geschrieben, dass du das LSD nicht entdeckt hast, sondern es sei zu dir gekommen ...

Absolut. Das ist tatsächlich so gewesen ...

Zum ersten Mal hergestellt 1938 und dann in der Schublade verschwunden und 1943, bei einer Frühstückspause mit Milch und Honigbrot im Labor, kam dir die Idee, dass an dieser Verbindung möglicherweise etwas dran sein könnte und bei der erneuten Herstellung geschah dann die Entdeckung der erstaunlichen Wirkung ... zum selben Zeitpunkt, als gerade die erste Atombombe konstruiert wurde, auf dem Höhepunkt des Zweiten Weltkriegs. Du warst zu dieser Zeit auch Offizier in der Schweizer Armee und musstest monatlich zum Dienst bei der Grenzsicherung.

Ja, immer für drei Monate war ich weg, im Tessin, die Südgrenze bewachen, gegen Mussolini ...

... um zwischendurch mitten im Krieg die Substanz zu entdecken, die als »geistige Atombombe« bezeichnet worden ist. Würdest du die alte Hippie-Parole unterschreiben, dass, wenn alle Generäle einen erfolgreichen LSD-Trip unternehmen, mehr oder weniger automatisch der Weltfrieden eintritt?

Das kann ich auch nicht beantworten. Man müsste es wissenschaftlich untersuchen. Aber ich denke, es wäre einen Versuch wert. In diesem Zusammenhang fällt mir eine Geschichte ein: Irgendwann kam einmal eine junge Frau in mein Laboratorium. Ich fragte sie, wie sie hier in die Fabrik überhaupt hineingekommen sei, und sie antwortete in Englisch: »I can pass everywhere, I am an angel.« Und sie sagte: »Sie müssen mir helfen, dass der amerikanische Präsident LSD bekommt.« Sie hieß Johanna, wie die Heilige Johanna der Franzosen. Ich wunderte mich immer noch, wie sie überhaupt in das Sandoz-Gebäude hineingekommen war. Aber ich konnte ihr natürlich nichts geben.

John F. Kennedy soll ja, vermittelt von einer seiner vielen Geliebten, eine LSD-Erfahrung gemacht haben ...

Es war nicht Kennedy, sondern einer seiner Nachfolger ...

In den 70er-Jahren hast du mit Gordon Wasson und Carl Ruck in einem Buch (Der Weg nach Eleusis) das Geheimnis der Eleusischen Mysterien gelüftet, mit der These, dass im Mittelpunkt dieses Rituals – der wichtigsten spirituellen Instanz des gesamten antiken Abend-

lands – ein LSD-Erlebnis stand. Auch die dort Initiierten sprechen von einem neuen Verständnis des Einsseins mit der Natur, des Lebens und des Tods. Könnte es sein, dass die Vermauerung der Sinne durch Technik, die wir angesprochen haben, damit zu tun hat, dass mit dem Abbruch dieser Tradition auch ein Faden gerissen ist, der unmittelbare Kontakt mit der Natur?

Das ist sicher so. Die großen Geister, Staatsmänner und Philosophen, die gesamte Elite, war mindestens einmal im Leben in Eleusis – jeder andere konnte natürlich auch daran teilnehmen, aber es war vor allem die Elite. Und wir heute müssen wieder lernen, überhaupt wahrzunehmen, was die Natur, die Schöpfung ist – ich habe das in meinen beiden Büchlein »Einsichten, Ausblicke« und »Lob des Schauens« angesprochen: Wir müssen wieder sehen lernen. Sehen, was wichtig ist und von was wir eigentlich leben: von der Natur oder von der Maschine, von der Technik? Ich habe dort gezeigt, wie wunderbar die Natur ist und wie unfassbar, allein der Aufbau und die Planung der Organismen ... die Schöpfung, das ist das Thema des Chemikers, man schaut tief hinein in die Schöpfung und man sieht dort unerhörte Wunder. Wenn der Naturwissenschaftler kein Mystiker wird, ist er kein Naturwissenschaftler. Und das ist es ja auch, was die Menschen in Eleusis erlebten: Erleuchtung. Erkennen, was wichtig ist. Zu meinen schönsten Erlebnissen zählte immer wieder, wenn junge Leute zu mir kamen, wie einmal ein junger Mann, der sich bedankte und sagte: »Ich bin in der Stadt aufgewachsen, doch seit ich einmal LSD genommen habe, gehe ich wieder in den Wald.« Er hat erkannt, was wirklich wichtig ist: nicht die Häuser, Fabriken, Büros – das brauchen wir und benutzen wir, aber das, von dem wir leben, das sind die Sonne und der Mond und die Erde, die Wiesen und die Blumen – all das, was wächst, das Lebendige, DAS ist es, was wir brauchen. Was wirklich wichtig ist. Was der Mensch gemacht hat, ist wunderbar, aber sekundär – und er macht so tolle Sachen, dass es ihm schadet. Wenn man sich jetzt nicht mehr in die Augen schauen muss, wenn man miteinander redet, wenn man mehr und mehr der Maschine überlässt, die immer perfekter wird, was soll das dann werden? Wir haben nur ein Bewusstsein – und das ist entweder angefüllt mit dem Leben der Maschinen oder dem Wunder der Natur. Um diese wieder sehen zu lernen, muss eine Veränderung des Bewusstseins eintreten. Und LSD ist das stärkste Instrument für eine Bewusstseinsveränderung. Unser Bewusstsein setzt sich aus alldem zusammen, was wir mit den Sinnen aufnehmen, an Licht, Wärme, Nahrung, aus dem, was ich sehe, höre, esse und so weiter – das ist eine ganze Menge, die da aufgenommen wird. Von LSD jedoch braucht es nur eine Spur, eine Spur von der Außenwelt, ein winziges Staubkörnchen – und das verändert unser Bewusstsein völlig. Unsere Welt ist aus Energie und Materie aufgebaut – und mit solch einer winzigen Spur von äußerlicher Substanz, die unser Inneres so verändert, sind wir an der Grenze von Geist und Materie. Das ist etwas ganz Einmaliges ... Und es ist in diesen Pflanzen enthalten, die seit 3000 Jahren als sakrale Drogen verwendet werden und in denen ich dann diese LSD-ähnlichen Verbindungen entdeckt habe. Deshalb gehört auch LSD in die Gruppe der sakralen Drogen. Aber jetzt fange ich an zu erzählen, was ich in den Büchern schon alles und viel besser geschrieben habe ...

Nein, nein, wir sind begeistert, es noch einmal zu hören, und du erzählst wunderbar. Ich würde auch gern noch etwas zu dem Modell des Bewusstseins hören, das mir in seiner Einfachheit sehr eingeleuchtet hat und das du Sender-Empfänger-Modell genannt hast ... der ganze Planet als Sender und jedes einzelne Bewusstsein als Empfänger ...

Unsere Sinne sind die Antennen, darüber kommt alles herein, das Bewusstsein ist der Empfänger. Alles, was wir im Bewusstsein haben, ist irgendwann einmal durch die Sinne hineingekommen – bei Geburt ist es gleichsam ein leeres Bewusstsein und wird dann durch all das gefüllt.

Und ein paar Millionstelgramm LSD verändern die Wahrnehmung dramatisch – es ist nicht nur einfach das bekannte Bild, ein bisschen verzerrter oder bunter, es ist ein völlig anderes Programm ...

Und das deshalb, weil LSD unsere Sinne verändert, man sieht besser, man hört besser, alles wird intensiviert – insofern hatte auch Timothy Leary recht, wenn er behauptet, es sei auch das größte Aphrodisiakum. Der Mechanismus des LSD ist ganz einfach: Die Tore der Wahrnehmung werden geöffnet und wir sehen plötzlich mehr – von der Wahrheit ...

Und das ist manchmal sehr verwirrend ...

Ja, man erschrickt. Man hat ein völlig anderes Bild und das kann einen furchtbar erschrecken. Deshalb sagen die Indianer ja: Bevor ich den heiligen Pilz nehme, muss ich fasten, muss beten, muss rein sein – dann bringt mich der Pilz dem Göttlichen näher. Und wenn ich das nicht mache, tötet er mich oder macht mich wahnsinnig. Das haben die Indianer, lange, lange bevor LSD und Psylocibin entdeckt wurden, gesagt – und die amerikanische Jugendbewegung, die es ja gut meinte, hat sich daran nicht gehalten, sie haben es zu oberflächlich genommen, sie haben sich nicht vorbereitet ...

Dieses alte Wissen wurde anfangs nicht vermittelt, die meisten, die LSD nahmen, wussten nicht, was es ist, und kamen erst mit der Zeit dazu, damit richtig umzugehen ...

Das ging alles zu schnell. Es hätte sich entwickeln müssen, die Erkenntnis, dass es etwas Sakrales ist, das heißt, die Wiederentdeckung, denn eigentlich ist es schon seit mindestens 3000 Jahren bekannt, dass es etwas Besonderes ist.

Das haben Tim Leary und seine Kollegen in Harvard, Ralph Metzner und Richard Alpert, ja eigentlich auch getan, sie haben auf die Wichtigkeit von »Set & Setting« hingewiesen und das alte Ritualwissen gewissermaßen in die Neuzeit transportiert – aber Leary hat LSD gleichzeitig auch, typisch amerikanisch, angepriesen wie ein Wanderprediger oder Handelsvertreter ...

Er hat es ja jedem geradezu aufgedrängt … etwas, was ich nie getan habe. Dennoch bin ich überzeugt, dass die Menschheit lernen wird, damit umzugehen in Zukunft. Und wenn man überlegt, wie so ein modernes Eleusis aussehen könnte, dann wäre das zuerst ein Ort, eine schöne natürliche Umgebung, in der man Meditationsferien macht, wo man fastet, ruht und betet … sich vorbereitet. Und wo dann solche Substanzen ihrem Sinn entsprechend angewendet werden. Der Priester von Eleusis wusste, weil jeder einen Vorbereitungskurs machen musste, die richtige Dosierung für jeden Einzelnen – und wir wissen ja heute eigentlich auch alles, um dafür zu sorgen, dass es nie einen schlechten Trip gibt …

Parallel mit der psychedelischen Bewegung ab Ende der 50er-Jahre hat ja ohnehin eine Hinwendung zu östlicher Philosophie, Meditation, zur Ökologie und Natur stattgefunden. Glaubst du, dass LSD dabei eine Rolle gespielt hat?

Es hat viele Leute auf gute Ideen gebracht, und die, die zur Natur zurückgefunden haben, sind gerettet. Manche sind aber auch in der Hölle gelandet und kamen nicht mehr raus. Viele aber haben etwas entdeckt, was es in unserer Gesellschaft fast gar nicht mehr gibt: das Heilige.

Hat dieses Heilige mit dem, was unsere Kirchen verwalten, etwas zu tun?

Ich glaube sehr viel, wenn man sich an Jesus hält. Ich bin Christ und Jesus hat gesagt: »Seht die Lilien auf dem Felde – sie sind wunderbarer als der Palast von David, seht dic Vögel … der Vater im Himmel sorgt für sie.« Er hat die Händler und Schriftgelehrten aus dem Tempel gejagt und gesagt: Geh in dein Kämmerlein und in den direkten Kontakt zu Gott. Nur der einzelne Mensch kann in Kontakt zu Gott treten, nicht die Kirche. Nur der Einzelne kann sehen, kann erfahren, hat ein Bewusstsein, das die Welt, wie wir sie sehen, hervorzaubert … Auch bei diesem Kontakt mit Gott geht es ja um unser Bewusstsein – und deshalb ist die wissenschaftliche Erforschung des Bewusstseins so wichtig. Damit stehen wir noch sehr am Anfang und das LSD ist das wichtigste Mittel dazu, ein Werkzeug – aber wie gesagt, wir stehen noch ganz am Anfang in der Bewusstseinsforschung. Und ich hoffe sehr, dass sie weitergeht, denn wir brauchen eine Art neues Eleusis, sonst wird unsere Welt untergehen. Unsere politischen Führer heute wissen doch nichts, sie wissen nicht, was auf der Erde wichtig ist, sie haben kein Wissen, was der Mensch wirklich braucht, dass er von und in der Natur lebt. Aber dieses Wissen müssen wir wiedergewinnen, wenn die Menschheit nicht untergehen soll. Der Naturwissenschaftler, der dieses Wunder nicht sieht, nimmt sich nur etwas von der Mechanik der Natur, das, was er für seine Technik brauchen kann – und macht dann Waffen daraus, die Atombombe. Dabei könnten wir aus der Erde einen Paradiesgarten machen, es wäre alles dafür da, die Methoden, die Hilfsmittel … Nur da (fasst sich an den Kopf) – fehlt es noch am Bewusstsein.

Ich würde gerne noch über deine Wegbegleiter und Freunde sprechen, Du hattest ja mit vielen Persönlichkeiten zu tun, wie zum Beispiel mit Ernst Jünger, mit dem zusammen du auch LSD-Reisen gemacht hast.

Mit Jünger verband mich eine über 50-jährige Freundschaft, ich war einer der wenigen seiner Freunde, mit denen er auf »Du« war, mit Klett zum Beispiel, seinem Verleger, war er auch sehr verbunden, aber sein Lebtag auf »Sie«. Diese LSD-Versuche mit Jünger habe ich ja ganz ausführlich beschrieben – und er auch – wenn ich das jetzt alles erzählen wollte, säßen wir morgen früh noch hier …

Mit Laura Huxley, der Frau von Aldous Huxley, verbindet dich ja auch eine lange Freundschaft. Sie gab ihrem Mann, als er starb, auf seinen Wunsch LSD. Huxley benutzte es sozusagen zum Übergang in einen anderen Bewusstseinszustand, er war überzeugt, dass die Seele nach dem Tod weiterlebt. Wie stehst du zu dieser Art von LSD-Verwendung, gewissermaßen als Sterbehilfe?

LSD wurde schon vor Jahrzehnten in dieser Richtung verwendet, bei sterbenden Krebskranken, wo selbst Morphine nicht mehr gegen die Schmerzen wirkten ... Ich bin überzeugt, dass das künftig auch ein Thema werden wird, dass man mit LSD diesen Übergang erleichtern kann. Irgendwann hat jemand Jünger gefragt: »Glauben Sie, dass das Leben nach dem Tod weitergeht?« und er antwortete: »Nein, ich weiß es!« Und das kann man auch als Naturwissenschaftler verstehen: Nichts kann aus nichts entstehen, und aus etwas, was ist, kann nicht Nichts werden – es gibt nur Umwandlungen. Wir können nicht sagen, woher wir kommen – dass irgendeine Supermaterie am Anfang stand und dann knallte und den Raum erzeugte ... das ist doch alles dummer Mist. Darüber wissen wir nichts, das ist das große Wunder. Aus unseren Erfahrungen können wir nur sagen: Es gibt nichts, das aus nichts entsteht, und nichts, das zu nichts zerfällt. Es gibt immer nur den Wandel. Und wenn man die Naturwissenschaft und alle ihre Entdeckungen weiterdenkt, stößt man immer wieder auf ein Geheimnis. Ich habe unlängst eine CD mit den Vorträgen Einsteins gehört, dort spricht er auch darüber, und er sagt wörtlich, ich habe mir den Satz gut vermerkt: »Das Schönste und Tiefste, was ein Mensch erfahren kann, ist das Gefühl des Geheimnisvollen.« Wenn man in das Tiefste der materiellen Wirklichkeit vorstößt, wie Einstein es getan hat, stößt man unweigerlich auf das Wunder, auf das Geheimnisvolle. Weiter kommen wir nicht. Hier stoßen wir auf dasselbe Mysterium, das auch schon die Menschen in Eleusis erfahren haben.

Die in Eleusis Initiierten, die ja über ihre Erlebnisse nicht sprechen durften, haben sich auch nur staunend und raunend geäußert, und Leute wie Platon oder Sophokles oder die römischen Kaiser gaben dann ähnliche Sätze von sich wie die oben zitierten von Jünger ...

Ja. Cicero zum Beispiel spricht davon, dass er »den Anfang und das Ende des Lebens« gesehen habe. Das ist ungefähr dasselbe wie dieser Satz von Einstein. Für alle die Menschen damals war Eleusis das Tiefste und Schönste und gleichzeitig das Geheimnisvollste, was sie je in ihrem Leben erfahren haben.

Ein Interview, das du der der Basler Zeitung *letztes Jahr gegeben hast, war mit dem Zitat überschrieben »Unsere Zeit braucht LSD« …*

Das war ein Nebensatz, den haben sie zum Titel gemacht. Vor zehn Jahren noch wäre das völlig unmöglich gewesen. Also wenn das kein Fortschritt ist, wenn selbst eine brave, brave bürgerliche Zeitung so titelt.

In den ersten zehn Jahren nach seiner Entdeckung galt LSD, unter dem Arzneinamen »Delysid« als wahres Wundermittel in der Psychotherapie, es gab Hunderte wissenschaftliche Arbeiten und Studien dazu; dann kann das Verbot, die Dämonisierung als Teufelsdroge usw. – und jetzt scheint das Pendel wieder zurückzugehen, zu größerer Akzeptanz. Selbst an der Harvard-Universität finden wieder LSD-Studien statt …

Ja, das habe ich verfolgt. Es ist sicher ein Wandel. Vor allem weil man entdeckt hat, dass diese Pflanzen, in denen man schon vor 3 000 Jahren Stoffe wie LSD oder Psilocybin gekannt und benutzt hat, mit den Substanzen in unserem Gehirn, wie Serotonin, sehr eng verwandt sind. Die Pflanzen geben uns Nahrung, sie geben uns Heilmittel und sie geben uns auch Medikamente für das Bewusstsein. Die Pflanze produziert aus dem Sonnenlicht unsere Nahrung und unsere Atemluft. Und unser Bewusstsein ist letztlich nichts anderes als die höchste Umwandlung dieser Sonnenenergie. Wir sind Sonnenkinder! Unsere menschliche Energie ist Sonnenenergie – entstanden aus dem Atomreaktor, den der Herrgott genügend weit weggesetzt hat, dass er uns nicht gefährlich werden kann. Nur das Gute kommt von der Sonne, der Ballast, der Atommüll bleibt oben – nur der Mensch, dieser Idiot, glaubt, er müsste die Sonne auf die Erde holen und hier Atomkraftwerke bauen. Es ist Prometheus, der den Menschen sagt, dass sie die Sonne nicht brauchen und er ihnen das Feuer vom Himmel holt – und für diesen Übermut wird er von Zeus bestraft und muss unendliche Schmerzen erleiden, weil er den Schöpfer beleidigt hat. In diesem Mythos ist schon alles erzählt – die Griechen waren ein geniales Volk.

Doch die Menschheit ist dabei, sich mit diesem Geschenk des Prometheus selbst zu eliminieren, mit dem Feuer aus Öl und Kohle das Klima und die globalen Kreisläufe zu ruinieren und mit Atomkraft Leben auf Jahrtausende zu vernichten ...

Als ich in einem Buch einmal über den »Atomreaktor Sonne« geschrieben habe und die naheliegenden Dinge, die wir hier besprochen haben, erhielt ich eine Einladung von Atomphysikern, darüber einen Vortrag zu halten. Die wussten das ja alles schon, aber sie hatten dieses ganz Einfache aus dem Blick verloren, sie konnten es nicht formulieren: dass doch alles schon da ist, dass die Pflanzen und die Natur alles bieten, was wir brauchen, die Sonne genügend Energie liefert und dass nur die Menschen saudumm sind ...

(Wir sitzen jetzt schon fast zwei Stunden zusammen – und machen uns Sorgen, dass wir mit unseren Fragen, Mikrofonen und Kameras den alten Herrn zu sehr beanspruchen, obwohl er keinerlei Anzeichen von Ermattung oder gar Erschöpfung zeigt.)

Sollen wir vielleicht mal eine Pause machen?

Wie ihr wollt. Ich hab den Tag für euch reserviert und stehe zur Verfügung. Aber wir müssen auch unbedingt noch einmal raus, ich will euch ja mein Paradies zeigen, da müsst ihr auch noch Aufnahmen machen. Die Rittimatte hier war ja die wichtigste Entdeckung in meinem Leben überhaupt ...

Da fällt mir noch ein, zu deiner Frage ganz am Anfang, nach den Methoden des Altwerdens. Unlängst rief mich ein Mann aus

Basel an, der Kunsthändler Beyeler, der da die »art« und das Museum organisiert, und fragte, ob er mich besuchen dürfte. Und ich sagte Ja, und als er dann kam, wollte er wissen, wie ich – wo ich doch so alt bin und es mir noch anscheinend so gut geht – wie ich das gemacht habe, mit welcher Lebensweise und er fragte: »Man sagt von Ihnen, Sie essen jeden Morgen ein frisches Ei, stimmt das?« – Und ich antwortete: »Nein, das stimmt nicht: zwei!«

Er schrieb mir dann später, wie schön er die Rittimatte hier gefunden habe, diesen Platz – auch meinen amerikanischen Kollegen, mit denen ich die Zauberpilze erforschte, ging es so, Gordon Wasson und Dick Schultes, der das botanische Museum in Harvard leitete und als Erster die Pilze beschrieben hat. Gordon Wasson hat sich hier gleich einen Monat eingenistet, weil es ihm so gefiel, und das Vorwort zu einem Buch geschrieben.

Professor Schultes hatte erstmals Ende der 40er-Jahre über diese Pilze und ihren sakralen Gebrauch im Amazonasgebiet geschrieben – aber er hat sie nicht selbst genommen ...

Ja, er hat sie nur beschrieben, aber er hat die Kontakte zu den eingeborenen Indianern hergestellt, in diesen entlegenen Siedlungen, zu denen Gordon dann später reiste.

Gordon Wasson war dann der erste Weiße, der an einem solchen Ritual teilnahm und dann in einem Artikel im Life-Magazin *1955 darüber berichtete ...*

Ja, und in seinen Büchern, damit ging das alles los, und alle sagten: »Der Gordon Wasson spinnt!« Und Gordon war ja ein seriöser Banker und er war beleidigt und sagte: »Nein, ich spinne nicht!«, und er ließ das untersuchen, von Botanikern und von Chemikern in Amerika an verschiedenen Universitäten, aber die haben nichts gefunden. Dann hat er die Pilze an Professor Heim nach Paris geschickt, der auch nichts fand, aber der meine Arbeiten zum LSD kannte und dem auffiel, dass die Berichte Wassons und die Erlebnisse der Indianer dort ganz ähnlich waren wie die

Berichte von LSD-Erfahrungen – und er fragte mich, ob ich diese Pilze nicht einmal untersuchen könnte. Das LSD hat mir also die Pilze gebracht. Als sie ankamen, habe ich es auch sofort gefunden, das heißt, ich habe sie erst mal gegessen. Und dann bin ich zu meinen Kollegen und habe sie gefragt, ob sie die Untersuchung machen wollen und diesen LSD-ähnlichen Wirkstoff finden, aber keiner wollte. Und einer sagte: »Sie wissen doch, dass alles, was mit LSD zu tun hat, beim Management sehr unerwünscht ist – und ich will nicht auf einem Gebiet arbeiten, dass bei der obersten Führung nicht erwünscht ist.« Ja, und dann habe ich es mit einem Laboranten eben selbst gemacht. Und weil ich wusste, worum es ging, haben wir den Wirkstoff, das Psilocybin, schnell gefunden – alle die anderen vorher hatten Tierversuche gemacht, aber da kannst du nichts erkennen, du musst es schon selbst nehmen. So war es ja auch beim LSD, unsere Pharmakologen haben die Wirkung ja zuerst auch nicht entdeckt. Deshalb sage ich ja auch, dass das LSD zu mir gekommen ist, als ich es nach fünf Jahren noch einmal herstellte und es in die Pharmakologie geben wollte – aber die hätten wieder nichts gefunden. Nur weil ich, und ich weiß bis heute nicht wie, beim Herstellen der Substanz damit in Kontakt kam, habe ich die Wirkung bemerkt. Und bin dann nach Hause, habe mich hingelegt und hatte diese wunderbaren Träume – alles, was ich mir dachte, sah ich im Bild. Ich überlegte, mit was ich im Labor zu tun gehabt hatte, und dachte zuerst an dieses Lösungsmittel, so etwas wie Chloroform, das ich vielleicht eingeatmet hätte – aber das konnte es nicht sein. Doch das Lysergsäure-Diäthylmid hatte ich ja nur umkristallisiert und nichts davon eingenommen und du arbeitest doch absolut sauber, dachte ich mir – wenn es das gewesen sein sollte, müsste es ja geradezu saumäßig wirksam sein. Als ich Montag wieder im Labor war, nahm ich dann die kleinste Menge davon ein, die man sich überhaupt denken kann – und das war, wie sich später herausstellte, noch fünfmal zu viel und brachte mich dann auf einen Horrortrip. Aber dieses erste Mal, mit diesen Träumen, dazu kann ich nur sagen: Das LSD hat mich gerufen, ich habe es nicht gesucht. Es ist zu mir gekommen, es hat sich gemeldet ...

Du warst sein Versuchskaninchen, du hattest die nötige Offenheit, von diesem Kindheitserlebnis an, diese Wahrnehmungsfähigkeit für das Wunderbare ...

Wenn sich das LSD nicht von sich aus gemeldet hätte, wäre die Substanz wieder in die Pharmakologie gekommen und die hätte wieder nichts gefunden, und damit fertig, Schluss ... Aber es hat mich erwischt, irgendwie, es hat sich mir offenbart ...

Das hat nicht nur auf dein Leben und dein Bewusstsein, sondern auf das von vielen und auch unsere gesamte Kultur einen sehr großen Einfluss – die kulturelle Transformation der Gesellschaft in den 60er- und 70er-Jahren wurde sehr stark von den massenhaften LSD-Erfahrungen beeinflusst ...

Allein mehr als drei Millionen Amerikaner haben es genommen, aber viele von ihnen auch sehr schlechte Erfahrungen gemacht. Bis dahin war LSD ja sehr erfolgreich in der Therapie eingesetzt worden, etwa bei psychiatrischen Patienten, die nicht mehr ansprechbar, autistisch waren. Im Prospekt war diese das Bewusstsein öffnende, stimulierende Wirkung beschrieben und es wurde dem Arzt empfohlen, das Mittel selbst zu probieren, bevor er es seinen Patienten gibt. Das ist auch etwas ziemlich Einzigartiges und Eigenartiges. Sehr viele Ärzte hatten damit gearbeitet und für viele war es das reinste Wundermittel, vor allem bei solchen Patienten, die nicht mehr ansprechbar, keiner Psychotherapie oder Psychoanalyse zugänglich waren. Ich habe damals rührende Briefe von Patienten bekommen, die durch die LSD-Therapie von jahrelangen Qualen oder Schmerzen befreit worden waren. Solange das alles in wissenschaftlichen Bahnen lief, war LSD also ein Wundermittel – und dann kam das Verbot. Und heute gibt es keine Substanz, die schärfer verboten ist als LSD. Nicht einmal Ärzte haben dazu mehr Zugang, sie können es auch nicht, wie Morphin, kontrolliert beziehen, schon die Herstellung ist verboten. So wie Besitz und Anwendung – ein Totalverbot.

Weil es angeblich keine medizinische Bedeutung hat – was die eben erwähnten Erfahrungen aus den 50er-Jahren ja klar widerlegen ... Nicht nur bei Patienten. Tim Leary hat Therapie-Studien mit Schwerkriminellen und Strafgefangenen gemacht, die erstaunliche Resozialisierungsquoten zeigten ...

Ja, es gibt Hunderte Forschungsarbeiten dazu. Auch dass LSD keine Sucht erzeugt, ist bewiesen. Aber es ist vom Gesetz als Sucht- und Betäubungsmittel deklariert.

Ernst Jünger hat ja dafür plädiert, das LSD nur Auserwählten zugänglich sein soll ...

Ja, er war da ein bisschen ... er wollte das irgendwie nur für die Elite ...

Während Huxley und später Leary sich für die kontrollierte Anwendung für jedermann einsetzten ...

Huxley wollte ja so etwas wie eine neue Religion erreichen. Das hatte Jünger nie im Sinn. Er wollte die Eliten erreichen beziehungsweise meinte, die kämen schon von selbst dazu, das breitet sich aus in ihren Kreisen und das genügt.

Arthur Koestler, ein Freund von Huxley, hat sich einmal kritisch geäußert und LSD mit einem Skilift verglichen ...

Ja, die Geschichte mit dem Bergsteiger, der zu Fuß zum Gipfel aufsteigt, der den Berg erobert, und dem anderen, der einfach mit dem Lift hinauffährt.

Nach Koestlers Ansicht muss man alle die Qualen auf sich nehmen, um das richtige Gipfelerlebnis zu haben – aber Huxley erwiderte, dass die Aussicht dieselbe sei. Wie siehst du das?

Man muss schon wandern. Man muss sich innerlich vorbereiten und das allein ist oft schon schwer genug – viele Leute wissen ja gar nicht, was Meditation is . Aber jetzt sollten wir mal ums Haus wandern, in die herrliche Sonne draußen – und die Stille anhören.

Das Gespräch führten Mathias Bröckers und Roger Liggenstorfer im August 2005.

(2006)

Das Gedächtnis der Natur – Rupert Sheldrake

»Natur! Wir sind von ihr umgeben und umschlungen – unvermögend aus ihr herauszutreten, und unvermögend tiefer in sie hineinzukommen ... Sie schafft ewig neue Gestalten; was da ist, war noch nie, was war, kommt nicht wieder – alles ist neu, und doch immer das Alte. Wir leben mitten in ihr und sind ihr fremd. Sie spricht unaufhörlich zu uns und verrät uns ihr Geheimnis nicht. Wir wirken beständig auf sie und haben doch keine Gewalt über sie. Sie scheint alles auf Individualität angelegt zu haben und macht sich nichts aus den Individuen. Sie baut immer und zerstört immer, und ihre Werkstätte ist unzugänglich. Sie lebt in lauter Kindern, und die Mutter, wo ist sie? – Sie ist die einzige Künstlerin: aus dem simpelsten Stoff zu den größten Contrasten; ohne Schein der Anstrengung zu der größten Vollendung – zur genausten Bestimmtheit, immer mit etwas weichem überzogen. Jedes ihrer Werke hat ein eigenes Wesen, jede ihrer Erscheinungen den isoliertesten Begriff, und doch macht alles Eins aus. (...)

Gedacht hat sie und sinnt beständig; aber nicht als Mensch, sondern als Natur ... Sie liebt sich selber und haftet ewig mit Augen und Herzen ohne Zahl an sich selbst. Sie hat sich auseinander gesetzt, um sich selbst zu genießen. Immer läßt sie neue Genießer erwachsen, unersättlich, sich mitzuteilen ... Ihr Schauspiel ist immer neu, weil sie immer neue Zuschauer schafft. Leben ist ihre schönste Erfindung, und der Tod ist ihr Kunstgriff, viel Leben zu haben. (...)«[80]

Als die Zeitschrift *Nature* im Jahr 1876 mit ihrer ersten Ausgabe erschien, zierte dieser Text von Goethe das Editorial – heute jedoch hat der Geist Gaias, der aus diesen Zeilen atmet, im renommiertesten wissenschaftlichen Blatt der Welt nur noch wenig zu suchen. Als der englische Biologe Rupert Sheldrake 1981 für eines der großen Rätsel der Naturwissenschaft, die Entstehung der Formen (Morphogenese), ein revolutionäres Erklärungsmodell vorschlug – ein morphogenetisches Feld, das die Erinnerung jeder Spezies weitergibt –, hätte der Ahnherr Goethe wahrscheinlich bekundet, dass er so etwas ja schon immer geahnt habe. Der amtierende Herausgeber von *Nature* indessen verdammte Sheldrakes Arbeit nicht nur als »gefährliche Irrlehre«, sondern empfahl sie auch noch einer ziemlich unfeinen Spezialbehandlung: »Dieses ärgerliche Traktat ist ein Spitzenkandidat für eine Bücherverbrennung.« In der Tat rüttelte Sheldrakes Hypothese, dass die Formen in der Natur weder allein durch die Gene noch im darwinschen »Kampf ums Dasein«, sondern durch ein »morphogenetisches«, Form verursachendes Feld entstehen, an den Grundfesten heutiger naturwissenschaftlicher Glaubenssätze. Und die wüste Forderung einer Bücherverbrennung zeigte, dass ein wunder Punkt in der fundamentalen Weltanschauung des wissenschaftlichen Establishments berührt war. Das etwas moderater eingestellte Wissenschaftsblatt *New Scientist* schrieb denn auch: »Wenn Sheldrake recht hat, dann hat die westliche Wissenschaft die Welt ganz übel fehlgedeutet – und alles, was in ihr lebt, dazu.«

Das Herausfordernde an Sheldrake Buch »Das schöpferische Universum« war, dass er nicht einfach spekulierte, sondern seine Behauptungen anhand wiederholbarer Experimente aufstellte und die Ergebnisse einiger erster Versuche gleich vorlegte. In der Folgezeit fanden, gefördert durch Preisgelder einiger Universitäten und Institutionen, weitere Experimente zur Überprüfung der Hypothese statt. Die Ergebnisse waren positiv. 1988 ging der Streit um die morphogenetischen Felder in eine weitere Runde – es erschien ein neues Buch von Sheldrake – »Das Gedächtnis der

Natur«, in dem der Autor seine Hypothese in ihren historischen und philosophischen Gesamtzusammenhang stellt und verdeutlicht, dass sie auf ein vollkommen neues, durch und durch evolutionäres Verständnis der Welt hinausläuft: Nicht ewige, unverrückbare Naturgesetze regieren das Universum und das Leben, sondern ein sich durch die Gegenwart ständig veränderndes, evolutionierendes Gedächtnis der Vergangenheit. In der Einleitung schreibt Sheldrake:

> *»Dieses Buch erforscht die Möglichkeit, dass die Natur ein Gedächtnis besitzt. Es vertritt die Ansicht, dass natürliche Systeme wie Termitenkolonien, Tauben, Orchideen und Insulinmoleküle von allen früheren Exemplaren ihrer Art, wann und wo auch immer diese existiert haben mögen, eine kollektive Erinnerung übernehmen. Diese kollektive Erinnerung ist von kumulativem Charakter, wird also durch Wiederholung immer weiter ausgeprägt, so dass wir sagen können, die Natur oder Eigenart der Dinge sei Ergebnis eines Habitualisierungsprozesses, also Gewohnheit: Die Dinge sind so, wie sie sind, weil sie so waren, wie sie waren. Gewohnheiten könnten in der Natur aller lebenden Organismen, in der Natur der Kristalle, Moleküle und Atome, ja des ganzen Kosmos liegen. (...) Diese Möglichkeiten sind im Rahmen einer wissenschaftlichen Hypothese denkbar, die ich ›Hypothese der Formbildungsursachen‹ nenne. Nach dieser Hypothese hängen Gestalt und Art der Dinge von Feldern ab, die ich ›morphische Felder‹ nenne. Jedes natürliche System besitzt ein eigenes spezifisches Feld und so sprechen wir von einem Insulinfeld, einem Buchenfeld, einem Schwalbenfeld und so weiter. Alle Atome, Moleküle, Organismen, Gesellschaften, Konventionen und mentalen Gewohnheiten werden von solchen Feldern geformt. Morphische Felder sind, wie die bekannten Felder der Physik, nicht-materielle Kraftzonen, die sich im Raum ausbreiten und in der Zeit andauern. (...) Wenn solch ein organisiertes System*

aufhört zu existieren – etwa wenn ein Atom sich spaltet, eine Schneeflocke schmilzt, ein Tier stirbt –, so verschwindet das organisierende Feld von dem Ort, an dem das System sich befand. In einem anderen Sinne jedoch verschwinden morphische Felder nicht: Sie sind potentielle Organisationsmuster und können sich zu einer anderen Zeit und an einem anderen Ort wieder konkretisieren, wenn die entsprechenden physikalischen Bedingungen gegeben sind. Den Prozeß, durch den Vergangenheit innerhalb eines morphischen Felds zur Gegenwart wird, nenne ich ›morphische Resonanz‹.«

Warum sieht ein Kaninchen wie ein Kaninchen aus? Warum spinnt eine Spinne in Timbuktu ihr Netz exakt so wie ihre Artgenossin in Lappland? Warum ähneln sich Kleeblätter wie ein Ei dem anderen und sind doch, genau betrachtet, niemals identisch? Warum wächst eine Hand wie eine Hand und ein Fuß wie ein Fuß, obwohl doch die Zellen, aus deren Teilung die vielfältigen menschlichen Organe hervorgehen, absolut identisch sind? Was gibt einem Schneekristall, einem Insulinmolekül oder einem Termitenbau seine charakteristische Form?

Was die befruchteten Eier oder Zellen veranlasst, ihre typische Gestalt und Struktur anzunehmen, hat die Wissenschaftler seit der Antike beschäftigt; für Platon waren es transzendente Urbilder, die dafür sorgen, dass ein Esel mit grauem Fell und vier Beinen geboren wird oder ein Kristall harmonische Symmetrien aufweist. Ein Esel war für ihn die irdische Manifestation der metaphysischen »Esel-Idee«, eines ewigen Urbilds, das Platons Nachfolger mit der Ausbreitung des Christentums zu einer Idee im Geiste Gottes umdeuteten. Aristoteles, ein Schüler Platons, bestritt die Existenz einer solchen transzendentalen Ideen-Schmiede. Er glaubte, dass die Natur selbst beseelt sei und die Organisationsprinzipien in den Dingen selbst gegenwärtig wären, dass also das befruchtete Ei die Esel-Idee enthält, die das Tier zu seiner Form und seinem Verhalten hinstreben lässt. Das Zeitalter der Aufklärung brachte im 17. Jahrhundert die Vorstellung einer Präformation hervor, die den Bauplan des Lebens ebenfalls in den Samen oder Eizellen ansiedelte, allerdings nicht als platonische Idee und auch nicht als Seele, sondern als Miniaturorganismus, der schon alle charakteristischen Formen enthält. Unter dem Mikroskop glaubte man tatsächlich ein winziges Wesen mit Eselsohren zu erkennen oder, in menschlichem Sperma, einen kleinen Homunculus. Schon bald aber wurde entdeckt, dass das Wachstum epigenetisch, durch Neubildung vorher nicht vorhandener Strukturen verläuft – ein Begriff der Präformationsbiologen dieser Zeit allerdings hielt sich und wurde später berühmt: der Begriff »Evolution«.

Charles Darwin, mit dessen Name die Theorie der Evolution heute verbunden ist, hat diesen Begriff bei der ersten Formulierung seines Hauptwerks »Die Entstehung der Arten« bewusst nicht verwendet – von »Evolution des Lebens« zu sprechen, hätte im Kontext der damaligen Zeit bedeutet, dass man eine Schöpfung als sich entwickelnde, präexistierende Struktur voraussetzte, womöglich gar eine göttlichen Idee, und ebendies wollte Darwin vermeiden. Er gab seine Antwort auf die Frage, nach welchem Plan die Formen des Lebens entstehen, vielmehr in Begriffen, die dem von industriellem und ökonomischem Aufschwung geprägten 19. Jahrhundert entsprachen: Fortschritt, Innovation, Konkurrenz, Eliminierung des Untauglichen und Vererbung von Gütern. Organismen und ihre Formen entwickelten sich laut Darwin spontan und zufällig, neue Merkmale werden an die Nachkommen vererbt, deren Überlebensfähigkeit sich im Kampf ums Dasein entscheidet.

Mit der Entdeckung der DNS in den 50er-Jahren dieses Jahrhunderts glaubte man das Rätsel der genetischen Vererbung und damit auch das Rätsel der Formentstehung endgültig gelöst zu haben: Der Genotypus, die genetische Veranlagung, bestimmt den Phänotypus, das tatsächliche Erscheinungsbild des Organismus. Evolvieren kann aber nur der Geno-Typ, das Erscheinungsbild und Verhalten des Phänotyps wirkt sich nicht auf die Nachkommenschaft aus. Der blinde Zufall, so die heute herrschende neodarwinistische Lehrmeinung, lasse bestimmte Gene mutieren und neue Formen entstehen. Dass zum Beispiel Kamele mit einer dicken Hornhaut auf den Knien geboren werden, hat nach heutiger Vorstellung nichts mit dem häufigen Niederknien der Ur-Kamele zu tun, welches als erworbenes Merkmal im Laufe vieler Generationen erblich wurde – wie es noch Darwins Vorgänger Lamarck behauptet hatte –, sondern mit einer genetischen Mutation, die irgendwann zufällig Hornhaut an den Knien produzierte, was sich dann als vorteilhaft erwies, von der natürlichen Auslese begünstigt wurde und sich schließlich durchsetzte.

Auch die Schwierigkeit, dass etwa die Form eines Blumenkohls sich nicht aus den DNS- und Eiweißmolekülen ablesen lässt oder dass die von den Genen produzierten Proteine beim Schimpansen und beim Menschen zu 99 Prozent übereinstimmen, gilt mittlerweile als überbrückt: Dass sich aus nahezu identischen DNS-Molekülen verschiedene Formen entwickeln, liege, so die Molekularbiologen, an unterschiedlichen »genetischen Programmen« – doch ebendiesen, scheinbar so klaren Begriff weist Sheldrake als irreführend zurück:

> *»Vielleicht erhält die Morphogenese ihre Ordnung tatsächlich von einem solch zielgerichteten Lenkungsprinzip, doch dann wäre ›genetisches Programm‹ der falsche Name dafür: Es ist nicht genetisch, liegt nicht in den Genen und man kann die Morphogenese auch nicht als ›programmiert‹ bezeichnen. Wäre das Entwicklungsprogramm in den Genen enthalten, dann wären alle Körperzellen identisch programmiert, denn sie enthalten alle dieselben Gene. So sind beispielsweise die Zellen unserer Arme und Beine genetisch identisch. Diese Gliedmaßen enthalten überdies genau dieselben Arten von Eiweißmolekülen, chemisch identischer Knochen- und Knorpelsubstanz und so weiter. Aber sie sind von unterschiedlicher*

Gestalt. Mit den Genen alleine sind diese Unterschiede nicht zu erklären. (...) An dieser Stelle wird die Theorie der genetischen Programme denn auch fadenscheinig, und man behilft sich mit vagen Ausdrücken wie ›komplexe raumzeitliche Muster physikalisch-chemischer Aktivität, die noch nicht gänzlich erforscht sind‹ oder ›unaufgeklärte Mechanismen‹. Der Begriff der programmierten Entwicklung ist irreführend, denn wenn man ein Phänomen ›programmiert‹ nennen will, muß nachzuweisen sein, dass neben dem Phänomen selbst etwas Zweites besteht, das Programm ... Diese Voraussetzung ist tatsächlich gegeben bei der Abfolge der basischen Bausteine in DNS-Molekülen und der Abfolge der Aminosäuren in Peptiden. Hier aber hört das Programm schon auf. Für die Faltung der Peptidketten zu den charakteristischen dreidimensionalen Eiweißmolekülen ist keine Programmierung vorhanden (...). Zwar entwickelte sich die moderne Biologie in Opposition zum Vitalismus, also der Lehre, dass lebendige Organismen von zielgerichteten, geistähnlichen Prinzipien organisiert werden, und die Mechanisten verwarfen solche Gedanken. Aber mit den genetischen Programmen haben sich nun doch wieder zielgerichtete geistähnliche Organisationsprinzipien in die moderne Biologie eingeschlichen. (...) Die Mechanisten haben den Vitalisten stets vorgeworfen, sie versuchten, den Geheimnissen des Lebens mit leeren Worten wie ›Entelechie‹ – Zielgerichtetheit – beizukommen, die ›alles und gar nichts erklärten‹. Doch auch in ihrer mechanistischen Verkleidung haben die alten Vital-Faktoren genau diese Eigenschaft: Sie erklären nichts. Wie kann eine Ringelblume aus ihrem Samen herauswachsen? Weil sie genetisch programmiert ist. Wie kann eine Spinne ihr Netz spinnen? Weil der Instinkt dazu in ihren Genen kodiert ist. Und so weiter.«

Sheldrake zeigt an vielen Beispielen, wie alle Versuche, die Organisationsprinzipien des Lebens mit »genetischen Programmen«

zu erklären, fehlgeschlagen sind. Wie erinnert sich ein Strudelwurm, der in mehrere Teile geschnitten wird, an einen ganzen Wurm und regeneriert aus jedem Teil wieder einen solchen? Wird ein Seeigel im Zweizellenstadium geteilt, wächst aus jeder Hälfte ein kompletter Seeigel – auch Pflanzen und Wirbeltiere verfügen über so erstaunliche Regenerationsmöglichkeiten, dass man sich fragen muss, woher die einzelnen Teile ihr Wissen über die Form des Ganzen haben. Selbst Jacques Monod, einer der herausragendsten Vertreter des mechanistischen Prinzips von »Zufall und Notwendigkeit« (so der Titel von Monods bekanntestem Werk), musste zugestehen, dass die Molekularbiologie zur Frage der Morphogenese über ›keine wirkliche Theorie‹ verfügt. Ähnliches gilt auch für die um die Jahrhundertwende vor allem von Hans Driesch und Henri Bergson entwickelten Konzepte des »Vitalismus«, die als Kausalfaktor für die schöpferische Entwicklung alles Lebens und auch der Morphogenese einen nicht-physikalischen »elan vital« postulierten. Auch dieser Lebensgeist war alles andere als eine »harte« Theorie für das Rätsel der Formentstehung. Mit Sheldrakes Konzept zeichnet sich jedoch auf Basis der Theorien der Selbstorganisation und der Quantenmechanik eine Synthese der scheinbar unvereinbaren Konzepte von Mechanismus und Vitalismus in der Frage der Morphogenese ab.

Im Jahr 1920 startete W. McDougall an der Harvard-Universität ein Experiment mit einem reinrassigen Stamm weißer Wistar-Ratten ein Langzeit-Experiment, mit dem die Möglichkeit der Vererbung erworbenen Verhaltens, also Lamarcks Hypothese, getestet werden sollte. Die Tiere mussten lernen, aus einem speziell konstruierten Wasserbecken durch einen der beiden Durchgänge zu entkommen, wobei der falsche Ausweg erleuchtet war und mit einem Stromschlag bestraft wurde. Die Position der Ausgänge wurde dauernd gewechselt. Als Maß für die Lerngeschwindigkeit galt die Anzahl von Fehlversuchen einer Ratte, bis sie gelernt hatte, immer durch den richtigen, unbeleuchteten Ausgang zu entkommen. Das Experiment wurde über 32 Generationen fortgesetzt und dauerte bis zu seiner Beendigung 15 Jahre, wobei die Paare für die Weiterzucht nach dem Zufallsprinzip ausgesucht wurden. Das Ergebnis sorgte für einen Skandal, denn es schien die Lamarcksche Hypothese voll und ganz zu bestätigen: Während in den ersten acht Generationen die Fehlerquote bei über 56 lag, fiel sie in der 2., 3. und 4. Gruppe von jeweils acht Generationen von 41 auf 29 und schließlich 20 Fehlversuche. Kann also erlerntes Verhalten doch vererbt werden? McDougalls Experimente waren sehr sauber durchgeführt worden und ließen keinen anderen Schluss zu, allerdings hatte er nicht berücksichtigt, auch noch eine Kontrollgruppe zu führen, in der die Lerngeschwindigkeit von nicht-trainierten Ratten gemessen wurde. Andere Forscher führten diese Experimente später fort, bis sie 1954 in einer großen Kontroverse abgebrochen wurden. Es hatte sich nämlich gezeigt, dass sich die Lerngeschwindigkeit auch bei Ratten erhöhte, deren Vorfahren nicht im Labyrinth trainiert hatten. Damit war zwar Lamarck vom Tisch und McDougalls *Schlussfolgerungen* hatten sich als falsch erwiesen, seine *Ergebnisse* waren auf mehr als eindrucksvolle Weise bestätigt worden – mit dem Ergebnis, dass die ganze Sache nach mechanistischer Theorie nunmehr völlig unerklärlich war. Erst Sheldrakes Hypothese eines morphogenetischen Felds machte sich daran, dieses Paradox zu erklären.

Den Vorwurf, dass er mit seiner Theorie eines unsichtbaren, Zeit und Raum überwindenden Bewusstseinsfeldes als Träger biologischer Information dem Irrationalismus und der Mystik Vorschub leiste, erwidert Sheldrake, indem er aufzeigt, dass hinter den gegenwärtig anerkannten Theorien der Naturwissenschaft und der Evolution ebenfalls eine zutiefst metaphysische Annahme steckt: dass nämlich die Naturgesetze ewig und für alle Zeiten dieselben seien. Und dass die scheinbar überholten vitalistischen Prinzipien als Trojanische Pferde schon längst wieder Einzug in die neodarwinistische Biologie gehalten haben, etwa in Form der von ihrem Cheftheoretiker und Lautsprecher Richard Dawkins postulierten »egoistischen Gene«. Diese haben wenig gemein mit

»blinden« chemischen Molekülen der DNS: Sie können »Form erschaffen«, »Materie gestalten«, »evolutionäre Rüstungswettläufe« veranstalten und sind auf Vorherrschaft aus »wie erfolgreiche Chicago-Gangster«. In der Werkstatt des »blinden Uhrmachers« – so der Titel des populärsten Dawkins-Werks – werkeln insgeheim längst schon wieder vitalistische Wichtel.

Was aber ist biologische »Information«, wenn sie nicht allein aus dem Aufbau der Gene zu erklären ist? Platon hätte geantwortet, dass es sich um transzendentale Ideen handelt, Aristoteles hätte von der Seele der Natur gesprochen und die modernen Materialisten reden von einem »genetischen Programm«, das völlig ohne Gott, Geist oder Seele auskomme. Sheldrake hingegen zeigt, dass die materialistische Vorstellung einer ausschließlich von einem Zufallsgenerator und mechanischer Notwendigkeit gesteuerten Welt theoretisch nur überleben konnte, weil sie in gut platonischer Manier die Existenz nichtmaterieller Organisationsprinzipien, der ewigen Naturgesetze, a priori voraussetzte. Gesetzmäßigkeiten, die schon vor dem Anfang des Universums, also schon *vor dem Urknall*, da gewesen sein müssen und sich seither nicht verändert haben.

Sheldrake geht davon aus, dass die gesamte Natur einschließlich des Kosmos ein selbstorganisiertes System ist, dessen Baupläne nicht für alle Ewigkeiten fixiert sind, sondern sich mit den von ihnen organisierten Systemen entwickeln, da es sich also weniger um Gesetze als um Gewohnheiten handelt. Die biologische Information wird dabei nicht allein durch die Gene vererbt, sondern durch die »morphische Resonanz«, mit der sich der Organismus auf das Muster des morphischen Feldes seiner Spezies »einschwingt«. Wie haben wir uns das vorzustellen? Die Situation kann mit einem Fernsehapparat verglichen werden: Die Bilder auf dem Schirm entstehen im TV-Studio und werden durch ein elektromagnetisches Feld übertragen. Um das Bild erzeugen zu können, muss der Apparat mit den richtigen, verdrahteten Komponenten ausgestattet, mit elektrischer Energie versorgt und auf die Sender-Frequenz eingestellt sein. Veränderungen an der Ausstattung, etwa ein fehlerhafter Transistor, stören das Bild auf dem Schirm oder lassen es verschwinden – doch niemand käme auf die Idee, dass die Bilder aus den Transistoren und den anderen Komponenten bestehen und dem TV-Apparat einprogrammiert sind. Die herkömmliche Biologie aber tut genau dies: Sie wertet die Tatsache, dass Veränderungen an den genetischen Komponenten Form und Verhalten eines Organismus beeinflussen können, als Beweis dafür, dass Form und Verhalten in den Genen kodiert oder genetisch programmiert seien.

Die Natur hat also nicht nur ein Gedächtnis, dieses Gedächtnis existiert auch außerhalb der materiellen Körper und überbrückt Zeit und Raum. Es wundert nicht, dass diese große, universale Hypothese auf den Widerspruch der etablierten Wissenschaft gestoßen ist. Doch Sheldrakes Theorie kann einige Phänomene erklären, vor denen der Empirische Rationalismus schlichtweg ratlos ist. Für Chemiker beispielsweise ist es sehr schwierig, eine neue Kristallart herzustellen, oft müssen die Zutaten monatelang reagieren, bis sie kristallisieren – ist es aber einmal irgendwo auf der Welt gelungen, ein solches neues Kristall herzustellen, geht es fortan überall viel schneller. Erklärt wurde diese mysteriöse Fernwirkung bisher mit der wahrhaft haarsträubenden These, dass sich winzige Partikel in den Barthaaren reisender Chemiker festgesetzt und die anderen Experimente infiziert hätten. Sheldrakes Lösungsvorschlag: Das neue Kristall hat ein morphisches Feld aufgebaut, das als Sender wirkt.

Die erstaunliche Übertragung von Lernfähigkeit bei Ratten bestätigten auch die zahlreichen Experimente, die mittlerweile zur Überprüfung von Sheldrakes Hypothese durchgeführt wurden. Zwei englischsprachigen Versuchsgruppen in USA und England wurden zum Beispiel drei japanische Verse zum Auswendiglernen vorgelegt – ein bekannter Kindervers und zwei weitere von ähnlichem Aufbau, die ein Lyriker aber eigens für diesen Test verfasst hatte. Nach einer halben Stunde sollten die Versuchspersonen die Verse rezitieren: 62 Prozent statt der zu erwartenden 33 Prozent konnten sich an den echten Vers am besten erinnern. Nach Sheldrakes These ist dieses Ergebnis vollkommen logisch: Durch das tausendfache Wiederholen des echten Kinderverses wurde ein starkes morphisches Feld aufgebaut, dessen Resonanz das Lernen erleichtert, während das ganz schwache morphische Feld der neuen Verse kaum »angezapft« werden kann.

Ähnliche Ergebnisse brachte auch das von der Tarrytown-Conference, einer Vereinigung zur Förderung der Wissenschaften, mit 10 000 Dollar prämierte Experiment am Psychologiedepartment der Yale Universität. Dort wurden heräisch-unkundigen Studenten 96 hebräische Wörter, die Hälfte echt, die andere Hälfte sinnlos, vorgelegt, um sie die Bedeutung raten zu lassen und die Sicherheit ihrer Vermutung auf einer Skala von 0 bis 4 einzutragen. Wieder war das Ergebnis hochsignifikant: Das Vertrauen der hebräisch-unkundigen Studenten zu den echten Worten war doppelt so groß wie zu den neu erfundenen, nur hebräisch klingenden Worten.

Wenn morphogenetische Felder existieren, wären die Konsequenzen und Implikationen außerordentlich. Zwar hat auch Sheldrake noch keinen Beweis gefunden, wie und warum ein solches informationsübertragendes Kraftfeld entsteht – doch wird die Möglichkeit ihres Vorhandenseins nicht nur durch erste Experimente gestützt, sondern auch durch die neueren Erkenntnisse anderer Wissenschaftszweige: So findet die merkwürdige Fernwirkung der morphischen Resonanz eine Entsprechung in den Erkenntnissen der Quantenphysik, die in der subatomaren Welt der kleinsten Teilchen ebenfalls eine unerklärliche Resonanz – Informationsübertragung ohne Energie – festgestellt hat. Und dass, wie Sheldrake behauptet, das Gedächtnis der Natur nicht nur innerhalb, sondern auch außerhalb der Organismen, in einer Art von Bewusstseinsfeld lokalisiert ist, entspricht dem paradoxen Ergebnis der Neurologie, die bei ihren Versuchen, Erinnerung und Gedächtnis zu lokalisieren, zu dem paradoxen Schluss kam:

»Das Gedächtnis ist überall, aber nirgendwo im Besonderen.« Eine solche Nicht-Lokalität entspricht wiederum den Wahrscheinlichkeitswolken der Quantenwelt, die sich ebenfalls überall und nirgends aufhalten und erst einen Platz einnehmen, wenn ein beobachtendes Bewusstsein Maß nimmt. Mit den Gesetzen der quantenphysikalischen und der neurologischen Realität müsste ein morphogenetisches Feld also nicht zwangsläufig kollidieren, wobei Sheldrake betont, dass es sich nach seiner Vorstellung dabei nicht um materielle, elektromagnetische Felder handelt.

Sheldrakes These, welche die für den Mechanikerverstand unangenehmen Ergebnisse der Quantenphysik und der Neurowissenschaft von einer ganz anderen Seite bestätigte, stößt nach wie vor auf harsche Ablehnung. Begeisterung und teilweise Enthusiasmus hat das Konzept des morphogenetischen Feldes indessen bei den Vertretern eines ganzheitlichen, holistischen Weltbilds ausgelöst: Einen solch umfassenden, die Evolution des gesamten Kosmos sowie das individuelle Verhalten einbeziehenden Entwurf einer organischen Weltsicht hatte es bisher nicht gegeben. Und zum ersten Mal bahnte sich an, dass man sie nicht nur glauben, sondern experimentell überprüfen und wissenschaftlich »hart« machen konnte.

Mit der Fortsetzung seiner Arbeiten hat Sheldrake gezeigt, dass es sich bei den morphischen Feldern um weitaus mehr handelt als um eine fixe New-Age-Idee. Hier tritt kein schriller Außenseiter auf, der sich um jeden Preis profilieren will, sondern ein vorsichtiger, streng empirisch vorgehender Wissenschaftler, der die eklatanten Ungereimtheiten des vorherrschenden Naturverständnisses sichtbar macht und für ein neues Erklärungsmodell plädiert. Selbst wenn es die Zitadelle der akademischen Autoritäten noch eine Weile ignoriert, letztlich wird sie nicht daran vorbeikommen – wenn Sheldrake recht hat, verbreitet sich die Idee auch so: Die morphogenetische Feldpost geht nicht nur bei der natürlichen, sondern auch in der geistigen und gesellschaftlichen Formbildung unweigerlich ab!

Orthodoxen Naturwissenschaftlern graut vor der Einführung von neuen, hinter den physikalischen Kräften steckenden Feldern – dass der bis zur Jahrhundertwende allgemein angenommene »Äther« als Übertragungsfeld dieser Kräfte abgeschafft werden konnte, gilt zu Recht als eine der großen Leistungen Einsteins. Dennoch zeichneten sich mit den Anomalien der Quantenphysik bereits in den 20er-Jahren neue Ungereimtheiten ab, die sich seit den 70er-Jahren weiter verwickelt haben. Im Mikrokosmos, so haben die mathematischen Arbeiten von John Bell und die Experimente von Alan Aspect mittlerweile gezeigt, findet Informationsübertragung in Überlichtgeschwindigkeit statt – ein Tempo, das nach der Relativitätstheorie gar nicht möglich ist, weil die Geschwindigkeit des Lichts die einzige absolute Konstante im Einsteinschen Universum darstellt. Die Konsequenzen aus den Berechnungen Bells und Aspects experimentellen Beweisen sind außerordentlich: Entweder existiert das Universum wirklich in einem Äther, jenem von Einstein abgeschafften astralen, geistigen Fluidum, das als Medium dieser Übertragungen fungiert. Oder aber unser Ortssinn ist falsch, es existiert keine Lokalität im physikalischen Sinne – etwas, was an einem Ort ist, kann sehr wohl auch an einem anderen physikalisch präsent sein. Auf die Frage, welchen Aspekt seiner Ungleichung er lieber festhalten würde – an der Existenz einer Beobachter-abhängigen Realität oder an der Signalübertragung in Überlichtgeschwindigkeit, antwortete Bell: »Das kann ich wirklich nicht sagen. Ich habe hier keine Lösung anzubieten. Wir befinden uns in einem Dilemma, und, wie ich glaube, in einem grundlegenden Dilemma, das keine einfachen Lösungen zulässt; es verlangt nach einem grundlegenden Wandel unserer Vorstellung von der Wirklichkeit. Aber die billigste Lösung ist, meiner Meinung nach, zu einer Realität zurückzukehren, wie sie vor Einstein existierte, als Männer wie Lorentz und Poincare einen Äther postulierten.«[81]

Wenn aber kein »übernatürlicher« Äther, welches Medium sorgt dann für diese überlichtschnelle Informationsübertragung?

Die Physik hat darauf derzeit noch keine bündige Antwort, und wenn sich überhaupt eine solche abzeichnet, dann muss sie das Konzept einer klassischen, objektiven Realität überschreiten – zu einer simplen, newtonisch-mechanischen Bauklötzchen-Ordnung des Universums werden wir nicht mehr zurückfinden. Ebendiese grundsätzliche Unsicherheit über den »wirklichen« Aufbau der Welt sollte es auch erleichtern, neue Hypothesen wie die von Rupert Sheldrake anzunehmen, statt mit bornierter Arroganz gleich nach Bücherverbrennungen zu rufen. Auch wenn die vorliegenden experimentellen Beweise für die Existenz einer morphischen Resonanz noch bruchstückhaft sind – grundsätzlich wird Sheldrake mit seiner Annahme, dass hinter den bekannten physikalischen Kräften ein subtiles Bewusstseinsfeld agiert, durch die neueren Forschungsergebnisse der Naturwissenschaften bestätigt. Wenn man die von Manfred Eigen und Ilya Prigogine entdeckten Prinzipien der Selbstorganisation weiterdenkt, dann könnte die morphische Resonanz so etwas wie der Geist sein, der aus den selbstorganisatorischen Aktivitäten entsteht und diese steuert – eine Art Verbindungsglied zwischen den Teilen und dem Ganzen. Wenn das Ganze tatsächlich mehr ist als die Summe seiner Teile, dann muss die Information dieses »Mehr« irgendwo herkommen, irgendwie gespeichert sein. Auch wenn im Detail noch völlig unklar ist, wie die morphogenetischen Felder, die nach Sheldrake ja nicht-materiell sind, mit der Materie wechselwirken – Wenn sie Einfluss nehmen wollen auf die Formbildung eines Organismus oder eines Kristalls, auf das Verhalten und Lernen von Tieren und Menschen, müssen sie irgendwo »zupacken«. Das Geschehen an dieser Schnittstelle von Geist und Materie hält die Philosophen und Naturwissenschaftler seit Jahrtausenden in Atem – von den archaischen Schamanen, den ersten Bewusstseinsreisenden, über Pythagoras, Platon und die Anfänge der Philosophie bis zur Aufklärung und der modernen Naturwissenschaft ist die Beziehung zwischen den Welten des Bewusstseins und den Welten der Körper genau betrachtet *die* entscheidende Frage überhaupt – und sie muss trotz aller Fortschritte des Wissens bis heute als ungeklärt gelten. Sheldrakes Entwurf scheint uns vor dem Hintergrund einer selbstorganisierten Natur, die zudem auf der Quantenebene vollständig miteinander vernetzt ist, der Lösung des Rätsels ein Stück näherzubringen. Zumal in der jüngsten Zeit ein Phänomen experimentell nachgewiesen werden konnte, das so etwas wie einen Rezeptor für die morphische Resonanz darstellen könnte: die Biophotonenstrahlung.

Der russische Mediziner Alexander Gurwitsch hatte bereits im Jahre 1922 erstmals eine ultraschwache Lichtstrahlung an Zwiebelwurzeln festgestellt, die sich mit der Zellteilung veränderte, doch erst 1975 konnte der deutsche Biophysiker Fritz A. Popp an der Universität Marburg mit modernsten Messapparaturen den definitiven Nachweis dafür erbringen: Es ist tatsächlich Licht in unseren Zellen. Unzählige Forscher weltweit haben dies seither bestätigt, die anfangs eingewendete Kritik, dass es sich um die klassische auf chemische Reaktionen zurückzuführende »Bio-Luminiszenz« handelt, konnte widerlegt werden. Die Zellen aller Lebewesen strahlen danach hochkohärente, dem Laserstrahl ähnliche Lichtblitze aus, die sich aufgrund dieser besonderen Eigenschaften optimal zur Informationsübertragung eignen. Alles deutet darauf hin, dass über dieses sehr schwache, vom bloßen Auge nicht wahrnehmbare Licht die Kommunikation und Steuerungsprozesse in organischen Systemen ablaufen – es wird bei Schädigung der Zelle oder vor ihrem Tod verstärkt und ist in toten Zellen erloschen. Das Biophotonenfeld, in das nach Popp jeder biophysische Organismus eingebettet ist, ist ein rein elektromagnetisches Feld und darf nicht mit der esoterischen »Aura« verwechselt werden – auch wenn einige uralte Konzepte von »Lebensenergien« oder »Licht-« und »Energiekörpern«, die uns in den mystischen Lehren und in der östlichen Medizin gegenübertreten, durch diese revolutionäre Entdeckung eine im Wortsinn strahlende Bestätigung finden. Marco Bischof, der 1995 eine hervorragende Gesamtschau der Biophontonen-Forschung geliefert hat, schreibt über die Bedeutung dieser Entdeckung für die Wissenschaften vom Leben:

> *»Die Erkenntnis der Kooperatitvität der Materieteilchen, der kommunikativen Vernetztheit aller Teile in einem System und des kohärenten Verhaltens der Materie führte dazu, dass die Wissenschaft heute zunehmend vom ausschließlich molekularbiologischen Standpunkt wieder abrückt. Voraussetzung für Kooperativität und Kommunikation einer großen Zahl von Teilchen, Grundlage ihres ganzheitlichen Verhaltens, ist aber ein kohärentes Feld. Die geforderte ›nichtmolekulare Zellbiologie‹ erhält deshalb durch die Biophotonenforschung eine starke Grundlage. Als ›optische Biophysik‹ verkörpert sie eine neue Dimension biophysikalischer Forschung nach der elektronischen, molekularbiologischen Richtung. Unsere Epoche hat sich der Aufdeckung der Geheimnisse der Materie gewidmet; dieses Unternehmen tritt nun in eine neue Phase. Die Materie beginnt, ihren Schwingungsaspekt zu offenbaren; Teilchen erweisen sich als Produkt einer kohärenten Überlagerung von Wellen eines grundlegenden Feldes. Die hohe Sensitivität für feinste Reize und ganzheitliche Reaktionsfähigkeit lebender Organismen setzt ebenfalls ein kohärentes regulierendes Feld voraus. Feldorientierte Perspektiven hielten in den 20er Jahren Einzug in die Biologie durch die Arbeiten von Driesch, Gurwitsch, Spemann, Weiss. Die Biophotonenforschung verschafft nun diesem Ansatz erstmals eine solide Grundlage.«*[82]

Die ganze Tragweite des Konzepts wird deutlich, wenn wir uns an die von Lynn Margulis gezeigten Symbiosen bei der Entstehung komplexen Lebens erinnern – die Tatsache, dass sich ursprünglich separate Bestandteile zu kooperativen Gemeinschaften, Zellverbänden, zusammentaten. Insofern müssen wir uns auch den Menschen geradezu als eine symbiotische Orgie von

Zellverbänden vorstellen, die ebenso intelligent und eigenständig wie kopulations- und kooperationsverliebt sind. Und die Biophotonen stellen das Energiefeld, auf dem dieser Tanz des Lebens stattfindet.

Dass Biophotonen existieren, ist mittlerweile ebenso klar bewiesen wie die Tatsache, dass es sich dabei um ein universelles Phänomen handelt, das bei allen lebendigen Organismen auftritt. Klar ist auch, dass es sich dabei nicht um Photonen einer Wärmestrahlung oder chemische Luminiszenz handelt. Experimentell untermauert ist das Faktum, dass es sich um ein kohärentes Licht handelt, dessen außerordentlich hoher Ordnungsgrad weit über das hinausgeht, was aus der Laser-Physik bekannt ist. Diese experimentell bewiesenen Eigenschaften machen es mehr als wahrscheinlich, dass die biophotonische Strahlung tatsächlich das Energiefeld liefert, auf dem die Kommunikation im Inneren des Organismus und im Inneren der Zellen abläuft. Auch wenn diese Rolle des »Lebenslichts« als Steuerungsmedium sehr wahrscheinlich erscheint, ist noch völlig unklar, wie diese Steuerung funktioniert und welche Frequenzen oder Frequenzkombinationen mit welchen Funktionen zusammenhängen. Diese Sprache-Zellen zu entschlüsseln ist nach Fritz A. Popp eines der wichtigsten Forschungsgebiete der Zukunft und es muss auf dieselbe zeitaufwendige Methode zurückgreifen wie seinerzeit die Molekularbiologie, die ein Molekül nach dem anderen untersuchte. Entsprechend würde es ebenfalls etwa hundert Jahre dauern, bis alle biologisch wirksamen Frequenzen kartiert sind. Die Arbeiten auf diesem Gebiet haben gerade erst begonnen, unter anderem auch die Suche nach der eigentlichen Quelle der Biophotonenstrahlung. Hier gibt es einige signifikante Hinweise darauf, dass nichts anderes als das Riesenmolekül der DNS – der Träger der Erbinbformation – der Hauptspeicher der Biophotonenstrahlung ist, eine »Lichtpumpe«.

Während Sheldrakes morphisches Feld ausdrücklich als nichtmateriell und jenseits von Raum und Zeit agierend definiert ist, ist die Biophotonen-Energie dagegen ein eindeutig messbares elektromagnetisches Feld. Da es am unteren Ende des überhaupt Messbaren liegt, stellt es wahrscheinlich die Spitze dessen dar, was wir über die oben erwähnte Schnittstelle Geist/Materie mit physikalischen Methoden in Erfahrung bringen können – hier, in den Frequenzdialekten eines fantastisch geordneten Bio-Laserlichts, fließen Geist und Materie, Bewusstsein und Körper, Information und Energie zusammen. Auf frappierende Weise wird durch diese neuesten biophysikalischen Entdeckungen einmal mehr eine ganz alte und in allen Kulturkreisen verbreitete Vorstellung aktualisiert, die des Menschen als »Lichtwesen«. Was in den frühen Kulturen Indiens als »Prana«, in China als »Chi« bezeichnet worden ist, was nach dem Körperbild der Akupunktur in den Meridianen fließt, was nach Franz Anton Messmer als »animalischer Magnetismus«, nach dem Physiker von Reichenbach »Od«, nach Wilhelm Reich »Orgon« genannt wird – jene Energie also, die seit Urzeiten als Lebenskraft bezeichnet worden ist, wird mit der Entdeckung der Biophotonen nun endlich nicht mehr nur subjektiv und erfahrungswissenschaftlich, sondern auch objektiv erforschbar. Mit höchst aufregenden Konsequenzen – von der Lebensmittelkontrolle über die Krebsbehandlung bis hin zu ganzheitlichen, medizinisch-spirituellen Konzepten. Ob ein Gemüse biologisch oder in einem Düngersubstrat gewachsen ist, darüber gibt die Intensität der Biophotonenstrahlung ebenso Aufschluss wie über die Frage, ob ein Hühnerei tatsächlich unter Freilandbedingungen oder in einer Batterie entstand. Es mag immer noch aufgeklärte Hohlköpfe geben, denen derlei Fragen belanglos bzw. als Ausgeburt postmoderner Ökospintisierei erscheinen, de facto ernähren auch sie sich letztlich von nichts anderem als von dem Licht, das die Zellen der organischen Lebewesen, die auf unseren Speiseplänen stehen, gespeichert haben. Nach Popp besteht die Qualität eines Nahrungsmittels nicht allein aus seinem Energiegehalt (Kalorien), sondern vor allem aus ihrem Informationsgehalt an kohärenten Biophotonen. In diesem Zusammenhang ist es der Sinn der Nahrung, das Entropiewachstum des Organismus abzubauen und seinen Rückfall in ein thermisches Gleichgewicht zu verhindern – die in der Nahrung gespeicherten Photonen sorgen dafür, dass dissipative Strukturen aufrechterhalten werden. Ein Maß für den Nahrungswert wäre dann ihre Lichtspeicherfähigkeit, die unter anderem von der Anwesenheit spiraliger Makromoleküle beeinflusst wird. In grünen Blättern, Knospen und Sprossen, aber auch in Eidottern und Blütenpollen, in Einzellern und Embryonen – überall, wo intensive Lebensprozesse ablaufen, finden sich große Anteile solcher Spiralmoleküle. Die deutsche Forscherin Johanna Budwig hat bereits in den 50er-Jahren auf den Zusammenhang der Sättigung von Fetten und ihrer Photonenspeicherfähigkeit aufmerksam gemacht und darauf hingewiesen, dass die Umwandlung von Fetten durch moderne Veredelungsverfahren wie die Härtung bei der Margarine-Herstellung zerstörerisch wirkt. Frau Dr. Budwig dagegen propagiert hochungesättigte Fettsäuren wie Linol- und Linolensäure (die vor allem in Leinöl und Hanföl vorkommen) als optimale Photonenspeicher und behandelt Krebskranke seit Jahrzehnten mit einer entsprechenden Diät. Ihre Thesen werden von den Forschungen des kanadischen Wissenschaftlers Michel E. Bégin bestätigt, der herausfand, dass Fettsäuren im Reagenzglas bestimmte Tumorzellen töten, ohne gesunde Gewebe anzugreifen. Diese und viele andere bis dato schwer oder gar nicht direkt überprüfbaren Erkenntnisse und Verfahren können dank der Biophotonenmessung in Zukunft harten Tests unterzogen und bewertet werden. Auch wenn Kritiker zwar die Existenz der Zellstrahlung nolens volens akzeptieren müssen, gleichwohl die weitergehenden Vorstellungen eines biophotonischen Steuerungssystems ablehnen und auf dem klassischen biochemischen Stoffwechsel bestehen – nicht nur die von Popp und vielen anderen Forschern in den letzten zwanzig Jahren gesammelten Daten deuten im Gegensatz dazu darauf hin, sondern auch die vielen esoterischen Konzepte eines energetischen, feinstofflichen Körpers. Mit der weiteren Erforschung der Biophotonen-Strahlung können diese seit Jahrtausenden aus der inneren Erfahrung gewonnenen Erkenntnisse aus dem Dunkel des »Eso« in das Schweinwerferlicht des »Exo« treten und der orthodoxen Naturwissenschaft einen völlig neuen Blick auf die Ganzheit von Lebensprozessen eröffnen. Auch wenn die Grundlagenforschung, wie Professor Popp andeutet, die kommenden hundert Jahre in Anspruch nehmen könnte, die praktische Anwendung hat längst begonnen und liefert beispielsweise bei der Lebensmittelkontrolle hundertprozentige Ergebnisse; an medizinischen Diagnosesystemen wird bereits gearbeitet und sie könnten für die Ärzte der Zukunft ähnlich bedeutend werden wie die Röntgen-Revolution vor hundert Jahren. Verglichen mit diesen Konsequenzen und dem medizinischen Potenzial, das ein volles Verständnis des Lichtwesens Mensch mit sich bringt, wirkt die Kartierung des menschlichen Genoms wie ein grobklötziges Baukastenspiel: Die Gene liefern nur die Bauklötze für den Organismus, sagen aber überhaupt nichts über Aufbau, Form und Organisationsprinzipien. Sie definieren, aus welchen Bestandteilen die einzelnen Bauklötze – die Proteine – zusammengesetzt werden, sind also sozusagen der Baustofflieferant, aber sie sind nicht der Architekt, der die räumliche Struktur und Anordnung, eben die »Morphogenese«, festlegt.

Hier sind wir wieder an dem Punkt, an dem die Lehrbücher ausblenden und die neo-darwinistischen Präzisions-Uhrmacher ins Lallen kommen, um von »differenzierenden Genaktivitäten« und »egoistischen Genen« zu erzählen. Wirklich bekannt über die Protein-Fabrik in der DNS-Spirale ist nur ihre Matrizenfunktion: Sie schreibt die niedergelegte Gen-Information ab und übersetzt sie in die Sprache der Proteine. Wie diese Informationen dem Zellplasma übermittelt werden, ist bis heute ein Rätsel. Erstaunlich jedoch ist, dass nur zwei Prozent der DNS-Substanz an diesem so entscheidenden Prozess beteiligt sind, der ganze Rest ist genetisch inaktiv und eigentlich völlig überflüssig, ein in der stets nach größter Einfachheit und geringstem Aufwand strebenden Natur sehr ungewöhnlicher »Wurmfortsatz« an so zentraler

Stelle. Die Vorstellung von der »Lichtpumpe« DNS geht davon aus, dass die »überflüssige« Substanz als »Hohlraumresonator« eines Biophotonenfelds dient, welches die Informationsübermittlung bei der Proteinsynthese steuert. Ist das Medium der Formentstehung in der Natur ein Bio-Laser-Feld? Nach Ansicht von Fritz Popp und anderen Biophotonenforschern ist hiermit zumindest das Steuer- und Kommunikationsinstrument benannt, in dem die natürliche Morphogenese abläuft. Doch wird damit ein dahinter stehendes nicht-physikalisches Feld à la Sheldrake nicht automatisch überflüssig? Die merkwürdige Fernwirkung »morphischer Resonanz« – die Vernetzung – ist mit der internen, ultraschwachen Zellstrahlung organismischer Lasercomputer noch nicht erklärt. Zwar haben viele namhafte Forscher, darunter der geniale Erfinder Nicola Tesla, noch bis Mitte dieses Jahrhunderts an einem grundlegenden Ätherenergiefeld festgehalten und versucht, damit sowohl »feinelektrische« organische Vorgänge als auch Fernwirkungen wie Telepathie und Telekinese zu erklären, doch mit der Abschaffung des Äthers durch Einsteins Relativitätstheorie brach diese alte Verbindung von Elektromagnetismus, Licht und Lebensenergie ab.

Rupert Sheldrake wird unterdessen nicht müde, den Mechanikerverstand mit ausgefuchsten Experimenten zu überzeugen, dass die Existenz eines Raum und Zeit übergreifenden Funkverkehrs ganz alltäglich ist – zum Beispiel mit J. T., einem siebenjährigen Terrier, der mit seiner Besitzerin Pamela Smart in Ramsbotton (Lancashire) lebt. Im Rahmen einer Serie von Experimenten, bei denen die offenbar hellseherische Fähigkeit von Haustieren registriert worden war, die Heimkehr ihrer Bezugsperson schon zu bemerken, bevor Geräusche, Gerüche oder andere äußere Zeichen darauf hindeuten, hatte Sheldrake auch Kameras an J. T.s Wohnort installiert. Die Aktivitäten des Hundes während der Abwesenheit der Besitzerin wurden aufgenommen und diese nach einem Zufallsprinzip und mit stets anderen Verkehrsmitteln nach Hause gebracht. Bei 153 Versuchen beobachtete Sheldrake eine Trefferquote von 80 Prozent: In dem Moment, in dem Frauchen über einen Beeper das Signal zur Rückkehr erhalten hatte, zeigte J. T. deutliche Aktivitäten, indem er entweder zur Tür oder zu seinem Aussichtsplatz am Fenster lief. Bei vier Versuchen, die Psychologen der Universität Herfortshire mit dem telepathischen Terrier durchführten, war seine Fehlerquote aber deutlich höher, dreimal reagierte J. T. gar nicht und beim vierten Mal allenfalls vage. Sheldrake lässt sich davon allerdings nicht beirren, nach seiner Vorstellung bauen Haustiere, besonders stark Hunde, aber auch Katzen, Vögel oder Schlangen, einen engen Kontakt zum morphischen Feld ihres Besitzers auf. Und sie spüren, wenn sich dieses Feld auf sie richtet. Wenn Pam mit dem Entschluss zur Rückkehr ihre Aufmerksamkeit auf J. T. lenkt, empfängt der Hund offenbar ein Signal. Selbst wenn die Versuche, die Sheldrake mit Haustieren bisher durchgeführt hat, noch nicht unter harten Laborkriterien wiederholt worden sind – völlig falsch kann er mit seiner Hypothese nicht liegen. Für Menschen, die mit Tieren zusammenleben, ist der merkwürdige »siebte Sinn« ihrer Hausgenossen oft eine Selbstverständlichkeit, die sie täglich erfahren. Ähnliches gilt auch für ein weiteres Experiment, das Sheldrake angeregt hat und das die Fähigkeit des Bewusstseins, sich über den Körper hinaus zu erstrecken, testen kann: das Gefühl, angestarrt zu werden. Sei es aus einem benachbarten Auto an einer roten Ampel, von einem Fenster gegenüber oder aus einem hinter unserem Rücken liegenden Standort – das merkwürdige Gefühl fixiert zu werden ist vielen Menschen aus dem Alltag bekannt. Untersuchungen, die seit dem vorigen Jahrhundert zu diesem Phänomen durchgeführt wurden, belegen zwar durchweg eine Signifikanz, das heißt, Versuchspersonen registrierten »Treffer« über der Zufallsquote von 50 Prozent, doch da keine vernünftige Erklärung für diese Sensibilität vorhanden war, verlief die Erforschung mehr oder weniger im Sande. Sheldrake griff sie wieder auf und stieß bei vielen Versuchen mit Studenten auf eindeutige Ergebnisse, wobei sich herausstellte, dass manche Menschen hier ein unglaubliches Gespür entwickeln. Zwei von Sheldrakes Probanden kamen sogar auf »Trefferquoten« von 100 Prozent – wobei die eine angab, als Kind mit ihren Geschwistern regelmäßig geübt zu haben, auf Blicke in den Rücken zu reagieren und sich umzudrehen. Die andere Versuchsperson hatte während des Experiments unter dem Einfluss von MDMA (Ecstasy) gestanden und führte ihre hohe Sensibilität auf die Bewusstseinserweiterung durch die Droge zurück.

In seinem jüngsten Buch – »Sieben Experimente, die die Welt verändern können« – gibt Sheldrake weitere einfache, dem Alltagsverstand verständliche Versuchsbeispiele an, mit dem sich auch interessierte Laien an der Erforschung des größten Menschheitsrätsels überhaupt – der wunderbaren Kraft des Bewusstseins – beteiligen können. Und sei es dadurch, dass sie die merkwürdigen Verhaltensweisen ihrer »psychic pets« dem Forum für außersinnliche Wahrnehmung bei Haustieren melden, das der Forscher auf seiner Homepage im Internet (http://www.sheldrake.org) eingerichtet hat. Verglichen mit der »harten« Messung von Biophotonen an der Schnittstelle von Geist und Materie sind Experimente wie mit den telepathischen Terriern oder dem Gefühl, angestarrt zu werden, noch unscharf, gleichwohl zeigen sie deutlich, dass Bewusstsein kein Objekt ist, das irgendwo in einer abgeschlossenen Psycho-Kiste erforscht werden kann. Es ist nicht nur Menschen, sondern auch Pflanzen, Tieren und der gesamten Biosphäre zu eigen und es erstreckt sich weit über das hinaus, was wir Körper, Substanz oder Materie nennen.

Der gehorsame Gummibaum

> *»Irgendwie war das Ding stehen geblieben – ein kahler Gummibaum allein in der leeren Wohnung. Umzugswagen und Tochter waren weg und was sollte die Mutter machen: Sie nahm ihn mit nach Hause. Obwohl sie Gummibäume*

eigentlich nicht besonders mochte. Aber ihn einfach stehen lassen ging nicht, also bekam er einen Platz im Flur. Da stand er nun – zum wachsenden Ärger seiner neuen Besitzerin. Denn anstatt das schöne Plätzchen mit freudigem Wachstum zu begrüßen, sah er von Tag zu Tag kahler und hässlicher aus. Einige der ohnehin raren Blätter fielen ab, andere begannen zu schrumpeln und auch ein Standortwechsel wollte der kläglichen Kondition des Bäumchens nicht aufhelfen. Bis die Hausherrin irgendwann dazu überging, ihm zu ernsthaft zu drohen: ›Wenn du nicht wachsen willst, dann kommst du auf den Müll!‹ Täglich, im Vorübergehn und beim Gießen, wiederholte sie die Drohung und siehe da – der Gummibaum begann zu wachsen. Mittlerweile, so wird bezeugt, hat er den ganzen Flur in einen wahren Gummibaum-Dschungel verwandelt.

Wie kann ein Gummibaum gehorsam sein, wenn er gar nicht hören kann? Eben deshalb, meint die Wissenschaft, hat das Ganze nichts mit Gehorsam zu tun, sondern ausschließlich mit Zufall: Der Gummibaum wäre auch ohne die Drohung mit der Müllkippe gewachsen. Ich muß gestehen, dass ich an solche Zufälle nicht glaube. Genauso wenig wie an den Mechaniker, der meinte, mit meinem gerade für 300 Mark gekauften Mercedes 180, Baujahr '56, käme ich nicht einmal mehr bis ins nächste Dorf. Dank regelmäßiger Streicheleinheiten für jedes Anspringen und stetigem Zuspruch auf langen Strecken schnurrte der Wagen nicht nur über 50 000 Kilometer, sondern konnte danach, mit etwas Mechanikerhilfe, für 3 000 Mark verkauft werden. Ob dieser Gummibaum-Effekt auch mit der Drohung ›Wenn du jetzt stehn bleibst, dann kommst du auf den Schrott!‹ zu erzielen gewesen wäre, kann ich nicht beurteilen – klar scheint aber, dass es mit einer menschlichen Interspezies-Kommunikation, die nur Pflanzen und Tiere berücksichtigt, nicht getan ist. Verglichen mit einem rostigen alten Mercedes ist es geradezu eine Leichtigkeit mit einem kränkelnden Gummibaum in Kontakt zu kommen.

Dass in einem unlängst durchgeführten Experiment ›geliebte‹ Tomatenpflanzen 22 Prozent mehr Ertrag brachten als ihre bloß begossenen Nachbarn, kann allenfalls jene Zeitgenossen überraschen, die Biologie für so etwas wie die genetische Abteilung der Automechanik halten. Spätestens seit Cleve Backster, Amerikas führender Lügendetektor-Experte, in den 60er Jahren seinen Polygraphen an eine Zimmerpflanze anschloß und schon einen hektischen Ausschlag auf dem Diagramm registrierte, als er nur daran dachte eines ihrer Blätter mit einem Streichholz zu versengen, ist die sinnliche Wahrnehmungsfähigkeit von Pflanzen ein offenes Geheimnis. Das Dumme war nur, dass der in vielen Labors wiederholte Versuch bei einigen Forschern absolut nicht funktionieren wollte, was Backster auf eine fehlende Einfühlung zwischen Mensch und Pflanze zurückführte. Weil aber ›Empathie‹, ›Gefühl‹, ›Liebe‹ als Parameter physikalischer Versuche nicht zugelassen sind, ist der ›Backster-Effekt‹ bis heute kein Hauptfach der Botanik, sondern gilt als Parapsychologie. Und die Agrarindustrie produziert einfallslos weiter Kunstdünger, anstatt optimale Methoden der Pflanzen-Besprechung zu entwickeln.

Nun habe ich meinen 180er zwar nie an einen Lügendetektor angeschloßen – Laborversuche würden aber wahrscheinlich zu keinem anderen Ergebnis führen wie bei den Pflanzen: dass es nämlich auch bei der menschlichen Kommunikation mit anorganischen Verwandten zu allererst auf das Einfühlungsvermögen ankommt. Wo ein solcher Draht fehlt, nützt auch das beste Zureden nichts: Schlößer klemmen, Motoren springen nicht an, die Technik spinnt. Mein Computer-Drucker zum Beispiel ist so ein Fall – bleibe ich Zimmer, druckt er brav und in Schönschrift auch endlos lange Texte aus. Bin ich aber des nervigen Genadels überdrüssig und trinke den Kaffee nebenan, hört er nach spätestens fünf Minuten auf –

ohne irgendeinen Grund. ›Geben Sie Ja ein, wenn Sie weiterdrucken wollen‹ – verlangt der Kerl etwa, dass man ihm bei seiner Plackerei zuhört? Außer einer 220 Volt-Steckdose ist es mir bisher nicht gelungen, der blassen japanischen Plastik-Kiste irgendetwas entgegenzubringen. Vielleicht sollte ich damit drohen, sie beim nächsten Mal durch einen Gummibaum zu ersetzen.«

Dieser Text erschien 1992 im Rahmen einer Kolumne im Magazin der *Zeit*. Als Journalist habe ich seit Anfang 80er-Jahre einige Hundert Kolumnen zu den verschiedensten Themen verfasst, aber selten auf einen dieser kurzen Texte so viel Resonanz erhalten wie auf diesen. Und alle Erfahrungen, die die Leserinnen und Leser berichteten, bestätigten die merkwürdige »Beziehungskiste« zwischen Menschen und Pflanzen sowie, was erstaunlich war, auch die eher unernst gemeinte, aber dennoch wahre Begebenheit mit meinem alten Auto und dem Nadeldrucker. Der Bezirksleiter einer Versicherung, mit dem ich in einem Zugabteil wenige Tage nach Erscheinen des Artikels ins Gespräch kam, erzählte die halbe Strecke von Berlin nach Hamburg über seine magischen Rituale und psychologischen Tricks zur Beeinflussung von Technik und Maschinen. Unsere supergescheite Wissenschaft versteht es in der Regel, das alles gleich wieder wegzuerklären – die Bevölkerung blicke eben nicht richtig durch, einen Bodensatz von Aberglaube und Irrationalismus gebe es immer, und je härter die Zeiten und je komplexer die Welt wird, desto eher sublimiere der kleine Mann seinen Erklärungsnotstand mit simplen, magischen Lösungen. Mir scheint es eher, dass hier die Wissenschaft ihren Erklärungsnotstand sublimiert, indem sie ein Problem einfach nicht zur Kenntnis nimmt: dass nämlich bei diesen ganz alltäglichen Fällen übersinnlicher, übernatürlicher Wahrnehmung mehr als nur der Zufall im Spiel ist. Zum Beispiel bei den träumenden Tomaten. Können Tomaten träumen? Diese Frage muss mit einem »Ja« beantwortet werden. Wobei das

Träumen der Tomate nicht unbedingt mit der Tätigkeit identisch ist, die wir Tomatenesser darunter verstehen. Aber eine gewisse Vorstellungs- und Imaginationskraft kann unseren leckeren, rothäutigen Zeitgenossen nicht länger abgesprochen werden. Wenn Intelligenz in der Fähigkeit besteht, aus Vergangenheit und Gegenwart die Zukunft zu extrapolieren, das heißt vorauszuplanen, dann sind sie sogar intelligent: Drei Tage bevor sich ein meteorologisches Hochdruckgebiet in ein Tiefdruckgebiet verwandelt, fangen die Tomaten an, ihre Außenhaut zu verstärken. Keiner weiß, wie sie das machen. Weder verfügen sie über ein Thermometer, noch sind sie in der Lage, die Wettersatelliten anzuzapfen, und doch verstärken sie ihre dünne Haut rechtzeitig vor jedem Wetterumschwung und sind so gegen einen höheren Außendruck, der sie platzen ließe, gewappnet. Die Tomatenhaut scheint also offensichtlich über ein Resonanz-Organ zu verfügen, mit dem sie in die meteorologische Zukunft hineinhorchen und dem Prinzip der Kausalität, der zeitlichen Abfolge von Ursache und Wirkung, ein Schnippchen schlagen kann. Denn niemand wird behaupten, dass Wetterumschwünge auf einen Tomaten-Effekt zurückzuführen seien. Vielmehr scheint die Tomate auf eine noch gar nicht existente, in der Zukunft liegende Ursache zu reagieren, das heißt, sie zeigt Wirkung, bevor die Ursache überhaupt eingetreten ist. Sie erfüllt damit Wahrnehmungskriterien, die wir normalerweise als Hellsehen oder Präkognition bezeichnen, und verfügt über eine High-Tech-Sensibilität, die unseren herkömmlichen Barometern um mehr als nur drei Tage voraus ist.

Doch diese Sensibilität für das meteorologische Chaos der Zukunft – das sein Pendant in den Erdbebenvorhersagen vieler Insekten und anderer seismisch präkognitiver Tiere findet – ist nicht die einzige Leistung der Tomaten-Intelligenz: In einem zweijährigen, wissenschaftlich begleiteten Test der WDR-Redaktion »Hier und Heute« brachten Tomatenpflanzen, die täglich Zuspruch und liebevolle Zuwendung genießen durften, 22,2 Prozent mehr Ertrag als solche, die vom selben Betreuer lediglich mit Wasser und Dünger versorgt wurden. Der Verfahrenstechniker der Fachhochschule Weihenstephan, Manfred Hoffmann, der das Experiment überwachte, meinte: »Ich hätte so große Unterschiede nicht erwartet.« Er geht davon aus, dass sich ähnliche Ergebnisse auch mit Karotten, Erdbeeren und anderen Pflanzen erzielen lassen – was wahrscheinlich noch viel zu niedrig gegriffen ist, betrachtet man etwa, was Peter Tompkins und Christopher Bird in ihrem Klassiker (Das geheime Leben der Pflanzen, Fischer TB) über Intelligenz, Charakter und Seele der Pflanzen zusammengetragen haben. Im Unterschied zur englischen Ausgabe fehlt in der Übersetzung allerdings das Kapitel über das Findhorn-Wunder, das man den deutschen Skepsis-Gläubigen wohl nicht zumuten wollte: Im schottischen Findhorn erntete eine Kommune auf einem unfruchtbaren, sandigen Stück Land 40 Kilogramm schwere Kohlköpfe – ohne irgendwelche besonderen Anbaumethoden gedeihen dort auch alle anderen Pflanzen in unglaublicher Pracht. Die Findhorn-Leute erklären das Wunder damit, dass sie mit diversen »Naturgeistern« in Kontakt stehen, die als »Architekten« den Aufbau des Erdreichs, der Pflanzen- und Tierwelt überwachen und deren Anweisungen sie befolgten. Nun ist mir auf meiner Balkonplantage leider noch nie ein derartiges Wesen erschienen, und ich nehme an, dass es den meisten Zeitgenossen ebenso geht. Das Experiment des WDR allerdings deutet an, was es für erfolgreiches Basteln mit dem Naturbaukasten braucht: All you need ist love.

Wenn der Papst angesichts von Krieg und Leid urbi et orbi zum Gebet auffordert, bleibt dem aufgeklärten Zuschauer meist nur ein Kopfschütteln. Sich angesichts des herrschenden Elends in der Welt auf das Murmeln von Gebeten zurückzuziehen, statt aktiv, praktisch und politisch Maßnahmen zur Linderung und Abschaffung dieses Elends zu ergreifen – diese Haltung scheint im günstigen Falle als weltferne Naivität, ansonsten aber, wo Empfängnisverhütung praktisch verboten und dann zum Gebet für hungernde Kinder aufgerufen wird, als blanker Zynismus. Und doch ist es so einfach nicht, scheinbar bigotten Betbrüdern und -schwestern moralisch einen Strick zu drehen, denn: Gebete sind wirksam! Ja, sie sind wahrscheinlich effektiver als viele weltlich-praktische Methoden. Um die Wirksamkeit von Gebeten zu messen, führte der Arzt Randolph Bird an einem Krankenhaus in San Francisco 1985 eine Studie durch. Von 393 Patienten, die an einer Verengung der Herzkranzgefäße litten, legte er Krankenblätter mit Name, Diagnose und Allgemeinzustand an – davon wurde die Hälfte an christliche Glaubensheiler in ganz Amerika verschickt, mit der Bitte, zehn Monate lang »täglich dafür zu beten, dass dieser Patient genese, von Komplikationen oder gar dem Tod verschont bleibe«. Weder den Patienten noch Bird war bekannt, wen das Los getroffen hatte – beide Gruppen waren nach Durchschnittsalter und Schwere der Krankheit vergleichbar zusammengesetzt. Und siehe da, den Patienten, für die gebetet wurde, ging es deutlich besser: Nur bei dreien mussten Antibiotika eingesetzt werden (gegenüber 16 in der Kontrollgruppe), nur bei sechs der zusätzlich fernbehandelten Patienten kam es zu einem Lungenödem (gegenüber 18), nur bei dreien (gegenüber 12) setzte die Herz-Lungen-Tätigkeit kurzzeitig aus, und während 12 Patienten der Kontrollgruppe künstlich beatmet wurden, kam die Gruppe der ins Gebet Eingeschlossenen völlig ohne Atemhilfe aus.[83] Dass so etwas wie die Kraft des Gebets, eine Fernwirkung positiver, mitfühlender Gedanken, existiert, erbrachte auch eine Studie in England, die 130 Tests und Experimente zu »geistigem Heilen«, darunter auch Birds Experiment, auswertete und zu dem Schluss kam, dass etwa die Hälfte davon auf »paranormale« Wirkungen hindeutet. Nach diesen Befunden in Sachen Gebet hat künftig als abergläubischer Irrationalist zu gelten, wer die zwar noch unerklärte, aber faktische und überprüfbare Kraft des Bewusstseins ernsthaft leugnet.

(1998)

Paracelsus – »Leib und Geist sind ein Ding.«

Wie ein Geistheiler, Gottsucher, Alchemist und Doktor on the road *die ganzheitliche Medizin entdeckte*

Im September 1991 wurde seines 450. Todestages gedacht und dem 500. Geburtstag im Jahr 1993, vermutlich, denn das genaue Geburtsdatum des Theophrastus Bombastus von Hohenheim, genannt Paracelsus, ist unbekannt. Sein Vater Wilhelm, aus dem schwäbischen Geschlecht der Bombaste, hatte sich als Arzt im schweizerischen Einsiedeln niedergelassen, bei Ausbruch der Schwabenkriege 1499 verlässt er mit der Familie die Schweiz und wird im österreichischen Villach als Stadtarzt ansässig. Hier besucht Theophrast die Klosterschule, lernt in der väterlichen Praxis die »Materia Medica« und als Laborant in den örtlichen Bergwerken und Schmelzhütten Metalle und Legierungen kennen, und damit das, was später zu einer der Säulen seiner Wissenschaft werden sollte: die Alchemie. 1509 geht er als reisender Scholar an die Universität Wien und von dort nach Ferrara, wo er 1515 zum Doktor der Medizin promoviert. Hier nun beginnt für Paracelsus, was mit der Ausbildung in allen Wissenszweigen und dem Doktorhut doch eigentlich abgeschlossen sein sollte: die Lehr- und Wanderjahre. Nicht das Interesse an Land und Leuten, sondern Erfahrungshunger und Wissensdurst, die Armut des papiernen Heilwissens, das er sich angeeignet hat, treiben ihn durch ganz Europa. Als Militärarzt nimmt er am venezianischen Krieg teil, reist über Spanien nach Lissabon, von dort über Frankreich quer durch Deutschland, nach England, Schweden und Moskau, dann wieder über Polen, Ungarn und Kroatien bis nach Sizilien, Rhodos und Konstantinopel. Auf dieser unter damaligen Verkehrsverhältnissen kaum vorstellbaren Weltreise hat er »... in all den Enden und Orten fleißig und emsig nachgefragt, Erforschung gehabt der gewissen und wahrhaften Künste der Arznei. Nicht allein bei den Doktoren, sondern auch bei den Scherern, Badern, Wundärzten, Weibern, Schwarzkünstlern, bei den Alchemisten, bei den Klöstern, bei den Edlen und Unedlen, den Gescheiten und Einfältigen.«

Dass eine solche Reise, bei der Paracelsus die Volksheilkunde im wahren Sinne des Wortes erfährt, nicht ohne Ärger abgehen konnte, versteht sich von selbst: »Sie trieben mich aus Litauen, danach aus Preußen, danach aus Polen, war nicht genug — ich gefiel den Niederländern auch nicht, den Universitäten nicht, weder den Juden noch den Mönchen. Ich danke aber Gott, den Kranken gefiel ich ...«

Reformator und Rüpel

Im Jahr 1524, nach acht Jahren auf der Landstraße, kommt Paracelsus in die Heimat zurück und beschließt, wohl auf Anraten des Vaters, sich niederzulassen. Er eröffnet eine Praxis in Salzburg und beginnt sein Wissen in ersten Entwürfen zu Papier zu bringen, doch schon nach wenigen Monaten muss er Salzburg verlassen, angeklagt, mit den aufständischen Bauern zu sympathisieren. Er wandert durch Oberschwaben und lässt sich in Straßburg nieder, nicht im Stand der akademischen Doctoren, sondern in der Gilde der »Lutzernen«, denen neben den niederen Wundärzten und Chirurgen auch Bader, Schmiede, Henker und andere selbsternannte Therapeuten angehören. Dass er sich nicht standesgemäß etabliert, hat mit dem Ruf zu tun, der ihm vorauseilt — eines »Reformator medicinae«, der die Schulmedizin, etwa die scholastische Autorität Galen, mit so deftigen Worten angreift, wie Paracelsus es tat: »Ich hätt' nicht vermeint, dass der Fürst der Ärzte dem Teufel in den Arsch sollt gefahren sein, nämlich seine Diszipel fahren ihm nach oder mindestens seiner Mutter ins Futtloch!« – Einen solchen Rüpel wollen die Doctores in ihren Reihen nicht dulden. Nach kaum einem Jahr bricht er die Zelte in Straßburg wieder ab, der bekannte Baseler Verleger Frobenius, dessen schwere Beinaffektion die örtlichen Kapazitäten per Amputation kurieren wollen, verlangt nach dem Straßburger Medicus, und Paracelsus gelingt es in kürzester Zeit, den Schwerkranken wieder auf die Beine zu bringen. Frobenius kann sogar zur gerade stattfindenden Frankfurter Buchmesse reisen; diese Meisterleistung des jungen Doktors, der auch den Topautor des Verlags, Erasmus von Rotterdam, kuriert, bringt ihm den Ruf nach Basel ein: 1526 wird Paracelsus zum Stadtphysikus mit Lehrauftrag an der Universität ernannt. Dass er dort weiter auf die Autoritäten und ihre klassische Theorie der auf- und absteigenden Säfte schimpft, mag man ihm noch verziehen haben, dass er es aber statt im professoralen Ornat im Laborkittel und vor allem nicht im akademischen Latein, sondern auf Deutsch tat, muss zu viel gewesen sein.

Als er das Johannisfeuer im Sommer 1527 nutzt, um ein traditionelles Lehrbuch zu verbrennen, sind seine Professorentage gezählt. Wegen Beleidigung des Gerichts im Honorarprozess mit einem Domherrn droht dann auch noch die Verbannung und Paracelsus flieht aus Basel – nach kaum elf Monaten gutbürgerlicher Existenz ist der kleine bucklige Mann wieder und bis an sein Lebensende »on the road«.

Ur-Faust gegen Pharma-Riese

Schon in Basel hatte Theophrast die Apotheker mit seinem Plädoyer für möglichst einfache, reine Arzneisubstanzen gegen sich aufgebracht; mit seinem Buch über die Behandlung der Syphilis verschafft er sich bald einen weitaus mächtigeren Gegner, den Großkonzern der Fugger, der seine Pharma-Geschäfte gestört sieht. Die Fugger importieren das von Paracelsus zur Therapie der »Franzosenkrankheit« als nutzlos bezeichnete tropische Guajak-Holz — und sorgen mit Hilfe eines willfährigen Experten, des Dekans Auerbach, für ein Publikationsverbot seiner Arbeiten durch die Universität Leipzig. Wenn Goethe die Dispute seines *Faust* in »Auerbachs Keller« verlegt, ist das kein Zufall — eines der Vorbilder der *Faust*-Figur ist niemand anderes als Theophrast von Hohenheim, der sich jetzt, um der Verfolgung durch den Pharma-Riesen Fugger zu entgehen, das Pseudonym Paracelsus zulegt.

Von dem 16-bändigen Werk unter diesem Namen, einem Monolith der Medizingeschichte, erschien zu Lebzeiten nur das Wenigste, doch schon diese schmale Textbasis zeigt die umfassende Naturphilosophie, auf der die paracelsische Heilkunde und ihr Menschenbild basiert. Die Natur wird nicht statisch, sondern dynamisch gesehen, Mensch und Kosmos sind in einer *»creatio continua«*, einem permanenten Schöpfungsprozess verbunden, Mikro- und Makrokosmos einander verschränkt und der Körper ein »leiblich Firmament«. In diesem universalen Koordinatensystem hat auch die Krankheit ihren Ort, sie ist kein Fremdkörper, sondern das konstituierende Gegengewicht, ohne das Leben undenkbar ist: »Denn wo das Firmament ist und die Elemente wie im Mikrokosmos, da sind fürwahr Friede und Unfriede.«

Krankheit und Gesundheit entstammen der gleichen Wurzel. Um zu heilen, muss der Arzt den »inneren Himmel« des Patienten ebenso kennen wie den äußeren: »Der Befund des Urins muss an der äußeren Welt abgelesen werden, der Puls am Firmament begriffen, die Physiognomie am Gestirn ...« So kurios diese Anweisung klingt, sie bedeutet doch nichts anderes als die Einbeziehung von Umwelt und Psyche des Patienten in die medizinische Diagnose. »Wenn der Arzt aber die Welt nicht kennt, noch die Elemente und das Firmament, wie sollte er dann das Wesen des Menschen erkennen?«

Wie oben, so unten

Die im wunderlichen Deutsch-Latein verfassten Schriften des Paracelsus beziehen alle Lebens- und Wissensbereiche ein. Wie er in die konkrete Heilkunst auch das Wissen der Hebammen, Hexen und Schamanen aufnimmt, so speist sich seine Metaphysik aus der Magie, der Mystik und der Hermetik. Dieser merkwürdige Doktor, der auf Kräuterweiber und Zigeuner mehr gab als auf gelehrte Autoritäten, hält auch, was Geist und Seele betrifft, von der scholastischen Theologie nicht allzu viel. Zwar bleibt der »Luther der Medizin« merkwürdigerweise ein treuer Anhänger der katholischen Kirche, im Untergrund seines Werkes jedoch wimmelt es vor Ketzereien, gegen deren Tiefenpsychologie die des heutzutage mit Bann belegten Predigers Eugen Drewermann geradezu harmlos erscheint. Paracelsus erweist sich hier als Schüler des Hermes Trismegistos, jenes sagenhaften ägyptischen Weisheitslehrers und »Vaters der Magie«, dessen Schule schon viele Jahrhunderte vor Galilei von der Erdbewegung um die Sonne wusste und dieses Wissen und andere Erkenntnisse in »hermetischen Geheimnissen« verbarg.

Die fünf »Seinsweisen« des Körpers, mit denen Paracelsus Gesundheit und Krankheit erklärt — ein »grandios geschlossenes System«, das von der modernen Wissenschaftsgeschichte »in seiner Tragweite keineswegs gewürdigt worden ist«, so der Medizinhistoriker Heinrich Schipperges —, diese Lehre von den »Entien« geht zurück auf die drei Prinzipien der hermetischen Schule:

1. »Wie oben, so unten« — modern ausgedrückt: Die Bewegungen im atomaren Bereich entsprechen den Himmelsbewegungen.

2. »Jeder Mensch, jedes Wesen besitzt einen zweiten, feinstofflichen Körper.«
3. »Menschen sind sterbliche Götter, Götter sind unsterbliche Menschen.«

Ein weiteres Prinzip lässt sich in den aus dem zweiten Jahrhundert n. Chr. stammenden Hermes-Papyri, dem *corpus hermeticum*, finden, Aufzeichnungen der hermetischen Gemeinde von Alexandrien, die alle, so der Gnosis-Forscher Gilles Quispel, um ein Thema kreisen: »Wer sich selbst erkennt, erkennt das All.« Diese tiefenpsychologische Komponente durchzieht auch die Philosophie des Paracelsus, in der noch seine modernen Interpreten wie C. G. Jung »zukunftsträchtige Ansätze« erblicken »... zu philosophischen, psychologischen und religiösen Problemen, welche in unserer Epoche anfangen, deutlichere Gestalt anzunehmen«.

Der Alchemist als Chaos-Theoretiker

Paracelsus mag als Pionier der Mikrochemie, der Antisepsis, der Wundbehandlung, der Pharmakologie, der Psychosomatik und anderer Bereiche der Heilkunst gelten, überraschend aktuell scheint er heute nicht wegen seiner praktischen Impulse für die Medizin, sondern wegen des ganzheitlichen, tiefenökologischen Zusammenhangs, in den er diese Praxis gestellt hat. Dasselbe gilt für seine Rolle als erster moderner Naturwissenschaftler, als Mittler zwischen antiker *Alchimia* und moderner Chemie – so genial seine Übertragung des an Steinen und Metallen gewonnenen alchemistischen Wissens auf organische Lebensprozesse war. Interessanter für uns heute ist wiederum der Kontext, aus dem Paracelsus diese für seine Zeit revolutionären Erkenntnisse nur gewinnen konnte, jene auf den mythischen »Dreifachen Weisen« Hermes zurückgehende Kosmologie der Alchemie, der Kabbala, der Gnosis. Die paracelsischen Prinzipien der Konkordanz –

Entsprechung von innen und außen und der sich ergänzenden Gegensatzpaare – hat die Wissenschaft des 20. Jahrhunderts auf merkwürdige Weise bestätigt: Nicht nur erlaubten es die von der Quantenphysik gefundenen Bewegungsgesetze des Allerkleinsten, die Bewegungsgesetze des Universums von der ersten Millisekunde nach dem (hypothetischen) Big Bang zurückzurechnen – wie oben, so unten –, gleichzeitig entdeckten die Quantenphysiker auch, dass das Bewusstsein des Beobachters untrennbar verknüpft ist mit den Teilchen und/oder Wellen der Materie – wie innen, so außen; und die neue Biologie der »offenen Systeme« schließlich scheint mit ihren Theorien über die »Dynamik von Nicht-Gleichgewichtszuständen«, die »Selbstorganisation der Materie« und die »Ordnung durch Chaos« geradezu den alchemistischen Schriften des Paracelsus entsprungen: Für seine Entdeckung der »dissipativen Strukturen«, chemischen Reaktionen, die aus chaotischem Verhalten heraus in neue Ordnungszustände »springen«, erhielt der Chemiker Ilja Prigogine 1977 den Nobelpreis. »Dissipativ«, das heißt auseinanderstrebend, chaotisch, und »Struktur«, also zusammengehörend, geordnet – ein Paradox, mit dem die Alchemisten quasi auf du und du waren: *Transmutatio* nannten sie es, wenn der Abstieg ins Unbeständige und Chaotische wieder einmal in eine neue Ordnung mündete, und schrieben dieses Verwandlungswunder dem *spiritus vitae*, dem Lebensgeist, zu.

Der Geist der Natur als Quantenfeld

Diesen animistischen Glauben an eine höhere Intelligenz, eine Beseeltheit der Natur überwunden zu haben, ist die nachfolgenden Jahrhunderte zu früh gefeiert worden — spätestens seit Descartes lebten sie im Bann der machtvollen Illusion, die Natur sei vollkommen determiniert. Die Quantentheorie aber verschaffte dem Spiritus als Geist im Atom ein machtvolles Comeback: Alles Naturgeschehen unterliegt der »Unschärfe«, einem unberechenbaren Reservoir der Unbestimmtheit, Spontanität, Kreativität. »Gott würfelt doch!«, war die Antwort der Chaostheorie auf Einsteins Zweifel an dieser Unschärfe, wobei man mittlerweile hinzufügen darf: »Aber er lässt sich dabei in die Karten gucken!« – denn die Millionen Moleküle, die in Prigogines Schmelztiegeln aus heillosem Chaos plötzlich ein einheitliches Muster bilden, sind nicht einfach vom Zufall gesteuert: »Um alle auf einmal ihre Farbe zu ändern, müssen ja die Moleküle miteinander ›kommunizieren‹ können. Das System muss als Ganzes handeln können.« Es ist, so Prigogine, als wäre jedes Teilchen über den Zustand des ganzen Systems »informiert«.

Nun kommt heute zwar niemand auf die Idee, diese merkwürdige Steuerungsintelligenz mit Paracelsus »Vernunftlicht der Natur« zu nennen; und dass das chaosgesteuerte Naturprinzip Selbstorganisation von einer »Weltseele« oder allen Einzelseelen gesteuert wird, kommt für aufgeklärte Naturwissenschaftler ebenfalls nicht in Frage. Das universale »Gravitationsfeld« aber, in dem zahlreiche weitere Quantenfelder, Aktivitäts- und Schwingungsmuster aufgehoben sind, spielt in der modernen Physik eine ähnliche Rolle wie die Weltseele, das »Licht der Natur« bei Paracelsus. Die akkuraten Zahnrädchen, mit denen der Mechanismus das Uhrwerk Universum erklären wollte, haben sich in unserem Jahrhundert in diffuse Schwingungsfelder aufgelöst – und die geradlinig marschierende Evolution in einen vom Chaos gesteuerten Selbstorganisationsprozess, der mehr und mehr in seiner Ganzheit und nicht als Summe von Teilen betrachtet wird.

»Er ist noch ein Animist, entsprechend der Primitivität seines Geistes, und doch schon ein Materialist«, so C. G. Jung in einem jetzt wieder aufgelegten Auswahlband seiner Schülerin Jolande Jacobi (*Paracelsus — Arzt und Gottsucher an der Zeitenwende,* Walter-Verlag, Olten); und dieses primitive »noch« scheint heute mindestens ebenso modern wie das revolutionäre »schon«. Es mag in der Welt des Paracelsus von Hexen, Teufeln, Inkuben und Undinen gewimmelt haben, entscheidend aber ist: Die Natur, im Großen wie im Kleinen, bestand für ihn aus belebten Partikeln, aus *entia*. Und noch die Krankheiten sind für ihn solche entia, ein »spiritualistisch Wesen«, weshalb auch ihre Behandlung nicht am Körper, sondern am Geist anzusetzen habe: »Die Krankheiten sind nit corpora, drum Geist gegen Geist soll gebraucht werden.«

»Geist soll gegen Geist gebraucht werden«

Dieser Geistheiler, der gleichzeitig die Chirurgie in die Medizin einführte, setzte nicht nur auf das »wirksame Wort« des Arztes und gilt daher auch als Pionier der Psychotherapie, er war auch davon überzeugt, dass die Natur gegen jedes »ens morbi« ein »arcanum«, ein Heilmittel, bereithält – eine spezifische Pflanze oder ein Mineral, die zu finden und wirksam einzusetzen der Arzt sich auf die seelische und körperliche Gesamtpersönlichkeit des Patienten einlassen muss. Krankheit ist für Paracelsus »ein natürliches Wachstum, ein Geistiges«, mit dem die »arcana«, die geistigen Heilkräfte der Natur, korrespondieren. Dennoch war Paracelsus kein puristischer Kräuterdoktor, der sich einfach aus der »Apotheke Gottes« bediente. Als Aufgabe des Arztes sah er vielmehr die Kunst, aus diesem Kräutergarten durch Analyse und Synthese überhaupt erst herauszuholen, was in ihm steckt – nicht nur an stofflicher Wirkung zur schnellen Symptombeseitigung, sondern auch an geistmächtiger Substanz, zur ganzheitlichen Heilung. Was erstere Wirkung angeht, trug Paracelsus seine stärkste Arznei stets im Schwertknauf bei sich – das Opiumpräparat Laudanum, das den Schmerz »löscht wie Wasser das Feuer«.

Was die feinstoffliche Hochpotenz betrifft, wurde sein vielleicht direktester Nachfahre, Samuel Hahnemann, Ende des 18. Jahrhunderts fündig. Er entdeckte, dass die Verdünnung eines Arzneimittels, die seine Wirkung auf den materiellen Körper gegen null bringt, den Effekt auf den feinstofflichen Körper potenziert. Wie sein Vorbild Paracelsus hatte der Selbstdenker und Querkopf

Hahnemann, überworfen mit dem medizinischen Establishment seiner Zeit, dieses Paradox aus der Erfahrung gewonnen, den erstaunlichen Heilerfolgen, die er in der Praxis mit seinen »geistartigen Arzneien« erzielte, und eckte mit der von ihm konzipierten wissenschaftlichen Homöopathie bis heute bei der Schulmedizin an. Dass ihre Prinzipien »Ähnliches mit Ähnlichem heilen« und »Geist gegen Geist gebrauchen« schon bei Paracelsus stehen, half Hahnemann und seinen Nachfolgern wenig. Ihr Rezept, eine Krankheit immateriell zu simulieren und so die materiellen Symptome überflüssig zu machen, ist zwar anerkannt erfolgreich, doch mit der herkömmlichen Physik und Kausalitätslehre leider nicht erklärbar.

So fristen die Homöopathen weiter ihr Dasein als paracelsische Doctores der Landstraße, jenseits der Kassenzulassung und an den Universitäten fast ebenso unmöglich wie seinerzeit dieser schimpfende Theophrastus von Hohenheim.

»Das Wahre ist schon längst gefunden, hat edle Geisterschaft verbunden, das alte Wahre, fass es an.« Goethe hielt große Stücke auf seinen Zeitgenossen Hahnemann, diesen »wundersamen Arzt«, dessen merkwürdige Theorie ihn kaum überraschen konnte. Schon in jungen Jahren hatte sich der Dichter mit Paracelsus befasst, von dem er 1810 in der *Farbenlehre* schreibt: »Man ist gegen den Geist und die Talente dieses außerordentlichen Mannes in der neueren Zeit mehr als in einer früheren gerecht.«

Dennoch wird man auch zwei Jahrhunderte später diesem genialen Heilpraktiker und -theoretiker noch lange nicht völlig gerecht. Das aktuelle Berufsbild des Arztes fällt hinter die Standesethik eines Paracelsus ebenso weit zurück wie das der Pharma-Industrie, deren Geschäfte brummen wie zu Fuggers Zeiten. Wären die homöopathischen Arzneien nicht so spottbillig, man dürfte sicher sein, dass sich schon längst mehr als ein Universitätsdekan gefunden hätte, der ihre Verwendung propagiert, anstatt gegen ihre geisterhafte Wirkung zu polemisieren. Wollte man dem Heiler Paracelsus, der allenthalben im medizinischen Gewerbe als

Genius okkupiert ist, heute wirklich gerecht werden, würde dies einer Revolution gleichkommen: Die Physik müsste sich in eine der Metaphysik verwandeln und die Schulmedizin ihre materialistischen Grundlagen sowie die meisten ihrer Apparate verwerfen. Und die Geistheiler, vom klassischen Homöopathen bis zum hinterletzten Alternativ-Therapeuten, ernst nehmen. Es geht um nicht mehr, aber auch um nicht weniger als ein Nichts: die Anerkennung eines feinstofflichen Energiekörpers, der als Matrize des physikalischen Körpers fungiert und tiefgehende Auswirkungen auf ihn hat. Das ist von der Zitadelle der Wissenschaft nicht zu erwarten und so wird sie weiter marschieren, wie es der Physiker Robert Jastrow beschrieben hat: »Der Wissenschaftler die Berge der Unwissenheit mühsamst und fleißigst erklommen. Er ist dabei, den höchsten Gipfel zu erobern, doch als er sich über den letzten Grat hinwegzieht, wird er von einer Gruppe Mystiker und Religionsstifter begrüßt, die dort seit Jahrtausenden auf ihn warten.«[84]

Auch Paracelsus wartet dort und flucht über die lahmärschigen Pappnasen seiner Zunft, die auch nach 500 Jahren immer noch im Tal kraxeln.

(Sender Freies Berlin, Januar 1992/ taz 8.2.1992)

Jenseits von H_2O – Der Wasserforscher Viktor Schauberger

Das Wasser wirbelt. Es gurgelt, gluckst und rauscht den Bachlauf hinunter ins Tal. Vor Hindernissen macht es nicht halt, es umspült und überschwemmt sie und versetzt die Kiesel im Bachbett in eine rollende Bewegung. Über meterhohe Felsklippen stürzt es mit tosendem Strahl hinab, abgeschliffene Steine und Felsstücke bringt es zum Schwanken und lässt sie mit klackendem Geräusch aneinanderschlagen. Türmen sich schwerere Blöcke vor ihm auf, scheint es innezuhalten und für einen Moment eine rückwärtige Bewegung einzuschlagen, dann wallt es in die Höhe, der Strom teilt sich, umfließt das Hindernis und schlägt dahinter in einem Strudel wieder zusammen.

Mitten im reißenden Bachlauf schwamm eine Forelle. Den Kopf stromaufwärts gerichtet verharrte sie fast regungslos an ihrem Platz, nur ab und an korrigierte sie mit leichten Bewegungen ihre Position. Trotz der starken Strömung schien sie das nicht anzustrengen, fast schon eine halbe Stunde hielt sie ihre Stellung im Wasser – bis plötzlich irgendetwas am Bachufer plätscherte. Aufgeschreckt durch die Störung schwamm die Forelle jetzt ein Stück stromaufwärts und schien in die Enge getrieben, denn aus über einem Meter Höhe stürzte ihr hier ein Wasserfall entgegen. Aber sie bewegte sich direkt auf den tosenden Wasserstrahl zu und begann in seiner Gischt zu kreisen, immer schneller und enger wurden ihre Kreisbewegungen. Im Mondlicht dieser Frühlingsnacht glitzerten ihre Schuppen wie silbernes Metall und der wilde Tanz der Forelle war gut zu beobachten. Doch mit einem

Mal endete ihre kreisende Bewegung und wie ein Pfeil schoss die Forelle senkrecht nach oben. An der Kante des Wasserfalls überschlug sie sich mit einem Salto, landete im ruhigeren Wasser des oberen Bachlaufs und verschwand.

Seit seiner Kindheit war Viktor Schauberger mit diesem Phänomen vertraut. Er war als Sohn eines Forstmeisters in den Wäldern und an den Bachläufen groß geworden und hatte oft beobachtet, wie Forellen scheinbar ohne Anstrengung sehr große Höhenunterschiede überwanden – doch nie war ihm diese Leistung so deutlich geworden wie in dieser mondhellen Nacht:

»Ich machte an einem Wasserfall Rast und wurde dort Zeuge von etwas, was sich so schnell abspielte, dass meine Gedanken kaum folgen konnten. Im klaren Mondschein sah ich jede Bewegung, die die zahlreich versammelten Fische im Wasser machten. Plötzlich zerstreute sich der Fischhaufen hastig. Die Ursache dafür war das Erscheinen einer besonders großen Forelle, die in Richtung Wasserfall dahergeschwommen kam. Sie begann, in schaukelnden und tanzenden Schleifbewegungen um das herabstürzende Wasser zu schwimmen. Darauf verschwand sie in den metallisch glänzenden Wasserstrahlen. Bald darauf bekam ich sie wieder zu sehen. Sie stand nun beinahe senkrecht im Wasser und tanzte einen wilden Kreiseltanz inmitten der Strahlen, die konisch von oben nach unten immer schmaler wurden. Plötzlich hörte der Tanz auf und sie schwebte, ohne sich zu rühren, im freien Fall aufwärts einer Parabelbahn. Als sie den höchsten Punkt erreicht hatte, überschlug sie sich und landete mit einem kräftigen Platsch im Wasser oberhalb des Wasserfalls. Nach ein paar Schwanzschlägen war sie verschwunden. Tief in Gedanken stopfte ich meine Pfeife und rauchte sie auf meinem Heimweg zu Ende. Später durfte ich noch oft das gleiche Schauspiel sehen, wie Forellen spielend leicht hohe Wasserfälle emporschwebten. Aber erst nach Jahrzehnten ähnlicher Beobachtungen, die sich wie Perlen auf einer Kette reihten, konnte ich eine Erklärung dafür finden. Kein Wissenschaftler konnte mir das Phänomen erklären.«

Warum nimmt die Forelle den schwierigen Fluchtweg stromaufwärts und bewegt sich nicht, wie es natürlich und viel leichter wäre, den Weg stromabwärts? Wie ist es möglich, dass sie Höhenunterschiede, die ein Vielfaches ihrer Körperlänge betragen, so mühelos überwindet? Welche Rolle spielt dabei ihr kreisender Tanz um den Wasserstrahl? Welche Kraft nutzt sie, um gegen die Abwärtsbewegung des Wasserfalls und gegen die Erdanziehung nach oben zu kommen? Mit Fragen wie diesen, ausgelöst durch einfache Beobachtungen natürlicher Vorgänge, rührte Viktor Schauberger an einem der kompliziertesten Rätsel der Wissenschaft der damaligen (und heutigen) Zeit: dem Rätsel des Wassers und der Turbulenz. Von Werner Heisenberg, dem Quantenphysiker, der zusammen mit Max Planck und Albert Einstein die Physik dieses Jahrhunderts revolutionierte, geht die Anekdote, dass er auf dem Sterbebett erklärt haben soll, er habe zwei Fragen an Gott zu stellen: warum Relativität und warum Turbulenz? Er selber meinte dazu: »Ich glaube wirklich, dass er eine Antwort auf die erste Frage haben könnte.« Dass die Mysterien der Turbulenz im Himmel gelöst werden könnten, glaubte er nicht. Doch auf der Erde, genauer: an den Bergbächen um den Plockensteinsee in Österreich, war jemand dieser Lösung schon ganz nahe gekommen – kein Physiker oder Wissenschaftler, kein Nobelpreisträger oder Intellektueller, sondern ein einfacher Förster: Viktor Schauberger.

Viktor Schauberger wurde am 30. Juni 1885 als fünftes von neun Kindern eines Forstmeisters geboren, dessen Familie seit vier Generationen als Förster und Wildhüter am Plockensteinsee in Oberösterreich ansässig war. »Fidus in silvis silentibus« – Treue in die schweigenden Wälder – war das Motto der Schauberger-Familie, deren Wappen einen von Rosen umwundenen Baumstamm zeigt. Auch Viktor war ein echter »Sohn des Waldes«, und dass er in die Fußstapfen seiner Vorfahren treten und ebenfalls Förster werden würde, darüber gab es für ihn keinerlei Zweifel. Dem Wunsch seines Vaters, eine akademische Laufbahn einzuschlagen und Forstwissenschaft zu studieren, entsprach er nur kurz und brach das Studium bald wieder ab, um im Jahr 1903 an einer staatlichen Forstschule sein Försterexamen zu absolvieren. Danach begann er die Laufbahn bei einem alten Forstmeister und erhielt nach dem Ersten Weltkrieg, in dem er als Soldat eingezogen und verwundet wurde, seine erste Anstellung als verantwortlicher Forsthüter: Der deutsche Prinz Adolph zu Schaumburg-Lippe übertrug ihm die Verantwortung über sein Revier von 21 000 Hektar Wald in Steyerling.

Aufgrund besonders harter Winter war zu dieser Zeit in der Region und vor allem in der Stadt Linz das Brennholz knapp geworden. Zwar lagen auf den Höhen des dem Schauberger-Revier benachbarten Priel-Gebirges große Mengen Holz, zum Teil schon von Stürmen und Waldbränden gefällt, doch es bestand kaum eine Möglichkeit, diese wertvollen Rohstoffe zu bergen. Die vom Priel-Gebirge hinabkommenden Wasserläufe galten als zu klein, um die mächtigen Baumstämme auf diesem Weg ins Tal zu schwemmen. Für den adligen Waldbesitzer war dies ein besonderes Ärgernis, da er im Zuge des Krieges und der einsetzenden Inflation in finanzielle Probleme geraten war. Bei seinen Wanderungen im Revier hatte er sich mehrfach darüber beklagt, dass die hohen Transportkosten diesen Forst-Standort unrentabel machen würden. Um aber diese Besitztümer eventuell doch noch »flüssig« zu machen, schrieb er einen Wettbewerb zur Lösung des Transportproblems aus – doch die von Ingenieuren, Hydrologen und anderen akademischen Experten eingereichten Vorschläge konnten ihn nicht überzeugen. Ein Vorschlag indessen erreichte den Prinzen erst gar nicht, er war von einem seiner jungen Förster eingebracht worden und die Kommission hatte ihn als schlechten Scherz und Unverschämtheit postwendend zurückgewiesen. Die Schaumburg-Lippe'schen Finanzprobleme blieben somit ungelöst und als seine junge Gattin, Prinzessin Ellen, kurz darauf bei einem Jagdausflug in Schaubergers Revier über den bevorstehenden Bankrott klagte – was ihr wegen ihrer Roulette-

Leidenschaft, der sie vor allem in der Spielbank von Monte Carlo nachging, ganz besondere Sorgen machte –, brachte Schauberger die Sprache auf den Wettbewerb und die Ignoranz, mit der sein Vorschlag zur Lösung des Problems abgekanzelt worden war. Durch den Bau einer hölzernen Kanal-Konstruktion nach seinen Plänen, so erläuterte er der Prinzessin, könnte das Holz vom Berg abgeschwemmt werden – die Kosten würden statt der bisher erforderlichen 12 Schilling pro Kubikmeter nur 1 Schilling pro Kubikmeter betragen. Die begeisterte Prinzessin überredete ihren Mann, diese Idee aufzugreifen und dieser stimmte unter der Bedingung zu, dass Schauberger die Kosten für die Erstellung der Konstruktion selbst zu tragen hätte – nur im Erfolgsfalle würden sie ihm ersetzt werden. Nach einigen vergeblichen Mühen, einen Finanzier für die Sache zu finden, gelang es Schauberger, einen Bauunternehmer zu überzeugen, und die Arbeit begann. Nachdem schon sein eingereichter Plan von der Experten-Kommission als irrsinnig abgetan worden war, wurde mit dem Beginn des Baus die Kritik noch heftiger. Dass Schauberger eine hölzerne Halbröhre errichten ließ, war noch halbwegs akzeptabel, doch die Form dieses Kilometer langen Gebildes schien den Experten geradezu idiotisch: Statt gerade und auf direktem Weg bergab wand sich die Röhre wie eine Serpentine in Schlangenlinien entlang der Schluchten und Hochtäler.

Doch diese scheinbar unsinnige Form war noch nicht alles, denn zudem ließ Schauberger an einigen Stellen das Wasser aus der Röhre ablaufen, um sie mit frischem, kaltem Wasser aus Bächen entlang der Strecke wieder aufzufüllen. Kalt müsste das Wasser sein, so behauptete er, sonst könnte es die schweren Stämme nicht tragen. Einen solchen Unsinn hatten die Experten und Wassertechniker noch nie gehört – Wasser war Wasser – H_2O –, dass dieser junge Förster verrückt sein musste, lag auf der Hand. Und was er ihnen als Erklärung bot – dass Wasser seine höchste Dichte bei vier Grad besitzt, dass es an der Quelle, wo es mit dieser Temperatur austritt, die größte Lebendigkeit hat und für die beste

Vegetation sorgt, dass Forellen und Lachse eben deswegen stets der Quelle entgegenstreben und dass die Fähigkeit des Wassers, schwere Stämme zu tragen, ebenfalls temperaturabhängig sei und deshalb am allerbesten in klaren mondhellen Nächten vonstattengehe –, all das war für die Experten und Wissenschaftler ausgemachter Humbug. Die Selbstverständlichkeit und Sicherheit, mit der dieser akademisch ungebildete Förster solche Behauptungen von sich gab, hatte indessen wenig mit Selbstüberschätzung oder gar mit Verrücktheit zu tun, sie beruhte vielmehr auf den Beobachtungen des Waldes und vor allem des Wassers, die er von Kindesbeinen an gemacht hatte. Schon sein Vater und dessen Vater hatten die schwersten Holzstämme immer in der Nacht geschwemmt; dass kaltes Wasser eine höhere Tragkraft als warmes Wasser besitzt, hatte er oft genug erlebt. Ebenso wie die Bedeutung des Flussbetts und der mäandernden Fließbewegungen, der Strudel und Turbulenzen, der »inneren Bewegung« des Wassers und der Energie, die es daraus schöpfte. Deshalb war er als Einziger nicht überrascht, als sich beim offiziellen Probelauf unter Anwesenheit des Fürstenpaars und hochrangiger Forstbeamten und Experten herausstellte, dass Schaubergers Holzschwemmanlage perfekt funktionierte. In seiner Begeisterung ernannte der Fürst seinen Förster sogleich zum obersten »Wildmeister« des gesamten Reviers und in der Folgezeit kamen aus ganz Europa Fachleute, um das technische Wunderwerk zu begutachten, das schwere Buchenstämme, die wegen ihres höheren spezifischen Gewichts gar nicht oder nur sehr schlecht schwimmen, mit einem Viertel der »eigentlich« dazu benötigten Wassermenge zu Tal beförderte. Die Kunde über den Wasserzauberer Schauberger verbreitete sich wie ein Lauffeuer und bald darauf erhielt er ein Angebot vom Wiener Bundesministerium: Als Reichskonsultent für Holzschwemmanlagen sollte er – für ein doppelt so hohes Gehalt wie die Forstakademiker in einer gleichrangigen Position – in ganz Österreich solche Anlagen errichten. Dieses Angebot anzunehmen, fiel Schauberger leicht, denn sein adliger Arbeitgeber hatte inzwischen gegen die ausdrückliche Absprache mit seinem Wildmeister einen radikalen Kahlschlag des neu erschlossenen Waldbesitzes angeordnet. Dass nur eine nachhaltige Nutzung den Wert des Waldes und des Wassers erhalte, dass die durch Kahlschlag entstehenden schattenlosen Flächen zu einem Rückzug der Quellen und einer Minderung der Wasserqualität führen, dass damit das »Blut der Erde« und der ganze Organismus der Natur angegriffen und zerstört würde – von all dem wollte Fürst Schaumburg nichts mehr hören. Die geniale Erfindung Schaubergers hatte seinen wertlosen Wald in eine Goldgrube verwandelt und deren rasche Nutzung lag ihm näher als die langfristige Bewahrung der Schätze der Natur.

So begann 1923, schon mit dem ersten praktischen Erfolg des Naturforschers und »Wildmeisters« Viktor Schauberger zugleich auch jene tragische Entwicklung, die viele geniale Entdecker in der Geschichte schon gewärtigen mussten: dass ihre Ideen von den Zitadellen der Wissenschaft, der Macht und der Kirchen abgelehnt oder gegen ihre Intentionen ausgenutzt werden. Dass Letzteres bei seiner Methode der Wasserregulierung nicht ohne Weiteres möglich war, brachte Schauberger in seinem neuen Job als Consultant der Regierung neuen Ärger ein: Den studierten Ingenieuren und Wasserexperten gelang es nicht, funktionierende Kopien der Schwemmanlage nachzubauen. Stets musste der geniale Förster zu Hilfe gerufen werden, um den Anlagen ihren Feinschliff zu geben. Dass oft nur kleine Änderungen in der Strömungslinie und des Temperaturausgleichs nötig waren, um die Anlagen zum Funktionieren zu bringen, hinderte die Wissenschaftler und Experten nicht daran, Schaubergers Ausführungen dazu für Unsinn zu halten. Schaubergers Biograf Alexanderson zitiert den Hydrologen Professor Schaffernak: »Dieser Schauberger redet nur Dummheiten. Jedermann weiß ja, dass, was das Wasser angeht, erst die großen Temperaturunterschiede interessant sind.« Und als Schauberger antwortete, dass doch für den Menschen eine Veränderung der Körpertemperatur von ein paar

Zehntel Grad anzeigen kann, ob er gesund oder krank ist, antwortete man, dass man schon daran deutlich erkenne, dass Schauberger verrückt sein müsse, wenn er Parallelen zwischen Blut und Wasser aufzeige.

Doch die Anlage in Neuburg, die dieser Verrückte gerade konstruiert hatte, schwemmte 40 Prozent mehr als die geforderten 1000 Festmeter pro Stunde. Um diesem Schabernack ein Ende zu setzen, bestellte man den international renommierten Hydrologen-Professor Forchheimer von der Universität Wien als Gutachter. Als Schauberger diesem an einem Bergbach mit einem Thermometer demonstrieren konnte, dass das Wasser hinter einem eiförmig geformten Stein kälter ist als vor ihm – was allen bekannten Gesetzen der Thermodynamik widerspricht, denn Reibung erzeugt Wärme und deshalb müsste das Wasser hinter dem Stein wärmer sein –, war aus dem kritischen Skeptiker des Wasserzauberers endgültig ein Förderer und Bewunderer geworden. Forchheimer ermöglichte es Schauberger, seine Ideen und Vorschläge in der anerkannten Fachpublikation »Die Wasserwirtschaft« zu veröffentlichen. Als das Ministerium trotz (oder wegen) dieses wachsenden Renommees und der überall erfolgreichen Bauten dieses Försters unter Druck geriet, Schaubergers Honorare zu halbieren, und den Vorschlag machte, den Rest aus einem Krokodilfonds des Ministers schwarz zu zahlen, quittierte er den Staatsdienst. Von da an arbeitete er mehrere Jahre für den Unternehmer Steinhard, der eine der größten Baufirmen des Landes führte, an Schwemmanlagen in ganz Europa. Doch gingen seine Interessen weit über die profitablen Transportwege für Gebirgswälder hinaus – was Schauberger bei seiner Beobachtung und Arbeit mit dem Wasser entdeckt hatte, barg mehr als nur eine preiswerte Methode des Holztransports. In den Wirbeln des Wassers steckte eine Energie, deren Nutzung die gesamte auf Explosion beruhende Technik des Zeitalters revolutionieren würde. Obwohl die ersten technischen Versuche zur Energiegewinnung durch Verwirbelung von Luft und Wasser, die er 1931/32 startete, scheiterten, waren sie nicht erfolglos: Durch die Einrollbewegung wurde das Wasser wieder in seinen »juvenilen« Zustand versetzt, wie Schauberger es nannte, mit den Qualitäten und heilenden Eigenschaften frischen, klaren Quellwassers. Das Aufsehen, das er in dieser Zeit erregte – mit seinen erfolgreichen Großanlagen, einem mit seiner »Forellenturbine« produzierten Heilwasser und wüsten Beschimpfungen auf die herrschende, destruktive Technik –, und auch sein Buch »Unsere sinnlose Arbeit – die Quelle der Weltkrise« (1993) blieben nicht ungehört; 1934 wurde er auf Anraten des Bremer Industriellen Roselius, der an einer deutschen Lizenz von Schaubergers Patenten interessiert war, in die Berliner Reichskanzlei Hitlers geladen. Der Führer, so berichtet Schaubergers schwedischer Chronist, soll beeindruckt gewesen sein von seinen Vorschlägen – doch erst vier Jahre später, nach dem »Anschluss« Österreichs, wurde ihm mitgeteilt, dass ihm für seine Forschungen ein Etat bewilligt werde. Er rief seinen Sohn Walter, der zum Flugzeugingenieur ausgebildet war, nach Nürnberg und begann in einem neuen Forschungslabor mit Versuchen, Energie aus Wasserstrahlen zu gewinnen. Bei dicken Strahlen unter hohem Druck erzielten sie keinerlei Erfolg, bei sehr feinen Strahlen und niedrigem Druck traten aber bisweilen Spannungen von bis zu 50 000 Volt auf. Der fränkische Gauleiter Julius Streicher zeigte sich begeistert – ein gutachtender Physiker jedoch bezeichnete die Messungen als Humbug und suchte nach verborgenen (aber nicht vorhandenen) Stromquellen.

»Ob es nun die Missgunst und der Neid der Technikerkollegen waren oder seine Cholerik und sein eigenwilliger Charakter, die Viktor Schauberger immer wieder in Schwierigkeiten brachten, lässt sich heute«, so Petra Thorbrietz 1988, »nicht mehr überprüfen. Einmal wurde er sogar in eine psychiatrische Klinik eingewiesen, aber gleich wieder entlassen. Auch seine Haltung gegenüber dem Dritten Reich ist nur mangelhaft belegt. Seine schwedischen Chronisten, die seinem Beispiel folgend bioenergetische Forschungslabors gründeten und bis heute betreiben, schweigen sich darüber aus. Schauberger sei, so heißt es, in das Konzentrationslager Mauthausen beordert und dort mit der Todesstrafe bedroht worden, wenn er nicht die Leitung eines Forschungslabors mit gefangenen Technikern und Physikern übernehmen wolle. Er habe ›verständlicherweise‹ Letzteres vorgezogen. Fest steht nur, dass er mit den ihm unterstellten Gefangenen an einer fliegenden Untertasse arbeitete. Diese sollte durch in hochfrequente Schwingungen versetzte Luftwirbel vorwärtsgezogen werden. So wenig konkrete Belege es für diese Forschungsarbeiten gibt, so sehr interessierte sie doch immer noch die Politiker der jungen Bundesrepublik, zum Beispiel den damaligen Verteidigungsminister Franz Josef Strauß, dem Schauberger 1956 berichtete: ›Ein Jahr später stieg unsere fliegende Untertasse unerwartet, nämlich schon beim ersten Versuch, an die Decke der Werkstatthalle und zerbrach. Wenige Tage später tauchte eine amerikanische Abteilung auf und beschlagnahmte alles. Nach eingehendster Untersuchung durch einen amerikanischen Offizier wurde ich in Schutzhaft genommen und neun Monate von sechs Soldaten ständig bewacht. Einen wichtigen Teil meines Geräts fanden die Russen in meiner Wohnung in Wien.‹ Die fliegende Untertasse, die im Labor in Leonstein bei Linz verunglückte, hatte angeblich einen Durchmesser von eineinhalb Metern, ein Gewicht von 135 kg und soll von einem Elektromotor mit 0,05 PS angestartet worden sein.«

Konkreter sind die Belege über den erfolgreichen Betrieb einer Schauberger-Untertasse seitdem kaum geworden und über die Zeit seiner SS-Mitgliedschaft und die Arbeit im KZ Mauthausen kursieren widersprüchliche Angaben. Eine Recherche von Martin Weinmann ergibt laut Quellenlage bei der »Zentralstelle der Landesjustizverwaltungen zur Aufklärung von NS-Verbrechen« über die Tätigkeit des von Schauberger geführten Kommandos Folgendes:

Die Arbeitsgruppe war ein Außenkommando des KZ Mauthausen und existierte vom 28.9.1944 bis 29.4.1945. In den Akten wird es als »Außenkommando Wien-Schönbrunn«, als »Sonderkommando Wien« und später als »Kraftfahrtechnische Lehranstalt« (KTL) bezeichnet. Die Gruppe unter Leitung von »Hofrat Schauberger« bestand im Kern nur aus drei Häftlingen: Wolfgang Ganz Edler zu Pulitz (einem späteren *Spiegel*-Redakteur), Viktor Jezierski und Stanislav Reznicek. Drei weitere Häftlinge wurden nach einigen Wochen nach Mauthausen rücküberstellt. Darunter auch Anton Cerny, der bei einer Ermittlung der Wiener Staatsanwaltschaft »gegen unbekannte Täter im KZ Mauthausen, Außenkommando Wien-Schönbrunn« in den 60er-Jahren die folgende Aussage machte:

> *»Im Juni 1938 wurde ich in Wien verhaftet und in das KL Dachau eingeliefert, Verhaftungsgrund: Umerziehung. Glaublich im Herbst 1938 in das KL Mauthausen überstellt. In Mauthausen bekam ich die Häftlingsnummer zugewiesen. Ich trug einen grünen Wickel. Glaublich im Ende 1944 zirkulierte im KL Mauthausen ein Schreiben des Inhaltes, jeder Häftling, der glaube, er könne durch irgendeine Erfindung zum Endsieg beitragen, möge sich melden, damit diese Erfindung ausgewertet werden könne. Ich sah in diesem Rundschreiben eine Möglichkeit zu überleben, weshalb ich erklärte, ich hätte ein Verfahren zur Luftveredelung. Mit der so gewonnenen Luft könne man Fahrzeuge unabhängig von herkömmlichen Treibstoffen betreiben. Dieses Verfahren wurde in der Folgezeit Repulsine genannt.*
>
> *Aufgrund dieser meiner Meldung wurde ich glaublich am 29. Oktober 1944 als Einzeltransport von Mauthausen zum ›Sonderkommando Wien‹ überstellt. Dort waren bereits vier Mann unter der Leitung von Hofrat SCHAUBERGER mit der Auswertung irgendeines Verfahrens beschäftigt. Bei diesen Häftlingen, die ich beim Sonderkommando Wien antraf, handelte es sich um einen gewissen Putlitz, Götz und glaublich auf einen Polen oder Tschechen, auf dessen Namen ich*

mich aber nicht mehr erinnern kann. Die Unterbringung erfolgte in einem abgesonderten Raum in der damaligen SS-Kaserne am Rosenhügel, Wien 13. Die gesamte Leitung oblag dem Hofrat Schauberger, der teilweise eine SS-Uniform im Range eines Oberscharführers trug.

(…) Beim Sonderkommando Wien war die Behandlung sehr menschlich. Man trachtete uns nicht nach dem Leben und hat uns auch in keiner Weise schikaniert. Ich hatte in der SS-Kaserne die Möglichkeit, an meinen Modellen zu arbeiten. Sonntags kam es sogar vor, dass wir in Begleitung eines SS-Mannes die Kaserne verlassen durften, was eigentlich nicht vorgesehen war. Ich glaube, es war Anfang Jänner 1945, als ich vom ›Sonderkommando Wien‹ wieder nach Mauthausen rücküberstellt wurde.

Kurz vor mir wurde der bereits genannte Häftling GÖTZ nach Mauthuasen einrückend gemacht. Den eigentlichen Grund für diese Rückstellung weiß ich nicht, doch nehme ich an, dass Götz, der einige Tage vor mir nach Mauthausen kam, dort erzählt hatte, dass ich anläßlich meiner Rücküberstellung zum ›Sonderkommando Wien‹ dort zwei Tage in Wien bei meiner Frau gewohnt habe. Auch der SS-Mann, der meine Überstellung durchzuführen hatte, war damals bei mir in der Wohnung. Er wurde dann später dieser wegen von Mauthausen abgelöst und glaublich an die Front versetzt. An seinen Namen erinnere ich mich nicht.

In Mauthausen wurde mir in der Tischlerei ein separierter Raum zur Verfügung gestellt, wo ich nun bis zum 3. Mai an meiner Erfindung arbeitete. Ich war während dieser Zeit über einen SS-Kurier ständig in Verbindung mit Hofrat Schauberger, der nach der Bombardierung der SS-Kaserne mit den restlichen drei Mann irgendwo in Oberösterreich arbeitete.

Ich selbst bekam wegen des unerlaubten Besuches meiner Frau 30 Tage Bau (Bunker), musste aber trotzdem tagsüber an meiner Erfindung in der Tischlerei arbeiten. Mit Ver-

büßung von 30 Tagen Haft kam ich in Block 5. Seit dem Zeitpunkt, seitdem ich an der ›Erfindung‹ mitgearbeitet habe, war die Behandlung sehr korrekt und hat mir auch niemand nach dem Leben getrachtet. Ich glaube auch, dass den noch verblieben Häftlingen beim ›Sonderkommando Wien‹ nichts zugestoßen ist, da man gleichfalls an ihnen größtes Interesse hatte. (…)«

Der Bericht ist in vielerlei Hinsicht aufschlussreich, auch wenn er, was die technischen Angaben zu den Experimenten angeht, ebenfalls sehr wenig aussagt. Doch er verdeutlicht, dass der Mythos von den fliegenden Untertassen der Nazis, die bis heute in vielerlei Verschwörungstheorien und dubiosen UFO-Dokumentationen herumsegeln, sehr viel tiefer gehängt werden muss. Dass Schauberger an einer alternativen Energiegewinnung arbeitete und dabei auch erste, noch unsystematische Ergebnisse gewonnen hatte, dass sich ein derart angetriebenes Gerät tatsächlich einmal bis zur Werkstattdecke gehoben haben könnte – diese Angaben sind nach der gegebenen Quellenlage nicht zu bezweifeln. Dass er aber unter Hochdruck (und Androhung der Todesstrafe) sowie auf Weisung des Führers und der SS-Spitze an einer der Vergeltungswaffe V2 ähnlichen Wundertechnik gearbeitet hätte, lässt sich nach Cernys Aussage allerdings ebenfalls nicht mehr behaupten. Wenn Ende 1944, als die US-Truppen bereits Aachen erreicht hatte, an neuer Waffen- und Energietechnik gearbeitet wurde, dann unter größtem Druck und höchster Priorität – wie etwa im V-2-Werk in Peenemünde, wo zahlreiche Häftlingsarbeiter ihr Leben ließen. Eine Bastlertruppe wie Schaubergers Sonderkommando mit seinen sonntäglichen Café-Ausflügen macht dagegen eher den Eindruck, als hätte sich ein mittlerer SS-Charge den Luxus erlaubt, einem befreundeten Tüftler und Kameraden eine Experimentierwiese zuzuschanzen. Von einer Schuld und Verstrickung in NS-Verbrechen, wie sie einem Wernher von Braun und den anderen Leitern der Peenemünder Versuchsanstalt vorzuwerfen ist, kann in Sachen Schauberger nach Lage der Akten also keine Rede sein. Im Archiv von Ludwigsburg existiert eine Kopie der Liste der Effektenkammer, auf der Gegenstände vermerkt sind, die an die Mitarbeiter des Sonderkommandos ausgegeben wurden. Viktor Schauberger hat dort den Empfang von 25 Schuss Gewehrmunition quittiert. Ob er als SS-Oberscharführer jemals geschossen hat, ist nicht überliefert – angesichts von Cernys eher idyllischem Berichts von Modellbau und Damenbesuchen wäre das aber eher unwahrscheinlich.

Unwahrscheinlich scheint freilich auch die naive Opferrolle, in der ihn seine Biografen und er sich später wohl auch selbst gerne gestellt haben. Ohne eigenes Zutun stieg man nicht in einen solchen SS-Rang auf; wie zuvor mit dem Fürsten und später mit den Bauunternehmern hatte sich Schauberger um die Realisierung seiner Entdeckungen willen offenbar auch mit dem Nazi-Regime arrangiert. Ihm daraus heute einen Strick »politischer uncorrectness« zu drehen, wäre nicht nur selbstgerecht, sondern auch unsinnig, denn auch mit diesem »Partner« – immerhin waren seit der Audienz bei Hitler elf Jahre vergangen – war Schauberger nicht entscheidend vorangekommen. Nicht weil der Führer kein offenes Ohr gehabt hätte – die natur- und erdverbundenen Gedanken dieses Waldmenschen aus seiner Heimat mögen durchaus mit Hitlers vegetarischer Blut-und-Boden-Ideologie konveniert haben –, sondern weil sich die Zitadelle der Wissenschaft auch im Dritten Reich die ehernen Gesetze der Thermodynamik nicht einfach von einem hinterwäldlerischen Förster und seiner »Forellenturbine« widerlegen lassen wollte. Zumal dieser nicht müde wurde, gegen die »akademischen Todestechnik« und ihre fatalen umweltzerstörerischen Auswirkungen zu poltern – auch als die grün-romantische Schollen- und Natur-Ideologie der Braunen schon längst der irrwitzigen Rationalität einer industriellen Kriegsmaschinerie gewichen war.

Nach dem Tod seines Förderers Professor Forchheimer, der ihm den Zugang zum Fachorgan »Die Wasserwirtschaft« ermöglicht hatte, publizierte Schauberger vor allem in der aus der Schweizer Reformbewegung hervorgegangenen Zeitschrift *Tau*. Diese »Monatsblätter für Verinnerlichung und Selbstgestaltung, für Erkenntnis und Tat« , die über Themen wie vegetarische Ernährung, östliche Philosophie, Ökologie, zinsloses Geld, Biolandwirtschaft und dergleichen berichtete, räumte Schauberger von 1935 bis zu ihrer Einstellung Ende der 30er-Jahre ein regelmäßiges Forum ein. Größere Publizität in der Nachkriegszeit verschaffte ihm erst in den 50er-Jahren die Veröffentlichung »Implosion statt Explosion« des ebenfalls aus der esoterischen Ecke kommenden Autors Leopold Brandstätter. So gut gemeint dieses auf zahlreichen Gesprächen mit Schauberger beruhende Werk gewesen sein mag, erwies es mit seinen Übertreibungen und Spekulationen dem Erfinder eher einen Bärendienst. Denn das mit Wasser und Luft betriebene Heimkraftwerk, das Brandstetter als quasi serienreife Rettung vor den heraufkommenden Gefahren des Atomzeitalters beschrieb, war über zwei Experimental-Modelle nicht hinausgekommen. Eines davon hatte nie funktioniert und die positiven Versuchsergebnisse des anderen ließen sich nie zweifelsfrei reproduzieren. Zu wenig, um außer von Illustrierten und der Sensationspresse auch vom seriösen Fachpublikum wahr- und ernst genommen zu werden. Zu wenig auch, um davon Modellbau, Versuchskosten und Patentrechte zu finanzieren. Wäre Schauberger mit seinem Sonderkommando am Kriegsende der Konstruktion eines Wirbelenergie-Motors wirklich nahe gekommen, hätten ihm die Amerikaner oder Sowjets sogleich ein unwiderstehliches Angebot gemacht – so aber saß er ohne einen Penny da. Und gleichzeitig hatte in Hiroshima begonnen, was er mit der Gewinnung der Implosionskräfte der Natur unter allen Umständen abwenden und verhindern wollte: das Atomzeitalter. Dass mit der Atomspaltung die »feuerspeiende Todestechnik« ihren fatalen Gipfelpunkt erreicht, davor hat Schauberger in seinen Schriften in den 30er-Jahren sehr eindringlich gewarnt – und als Alternative das Zeitalter der Biotechnik und die Nutzung der den

Bewegungen des Wassers und der Luft innewohnenden Energie beschworen. Dass diese Energie vorhanden war – und angesichts der atomaren Katastrophe geradezu nach Erforschung und Benutzung schrie –, konnte man doch auf jeder Waldwiese sehen! Schauberger hat es in einer Betrachtung über den »Tautropfen« beschrieben:

> *»Manche Menschen dürften schon die Beobachtung gemacht haben, dass die vor Sonnenaufgang bestehende Wärme einer auffallenden Kühle weicht, wenn die ersten Sonnenstrahlen auf Waldblößen fallen, der Wind umschlägt und sofort ganz andere Richtungsverhältnisse herrschen als vordem.*
>
> *Kommt die Sonne, so hat es den Anschein, als würden die auf Kahlschlag wuchernden Gräser wie auf Kommando zu weinen beginnen.*
>
> *Zu Millionen stehen die Tautropfen wie Tränen auf den Spitzen der Gräser, die schon durch ihre Stellung allen bisher bekannten Schwerkraftgesetzen spotten, weil sie sich erst dann abwärts zu neigen beginnen, wenn diese Tautropfen warm, und dadurch, wie man allgemein annimmt, leichter werden.*
>
> *Ob die Natur wirklich so boshaft ist, alles genau umgekehrt zu machen, als es unsere Gelehrten anzunehmen belieben, oder die Menschen so dumm sind, jedes Ding wirklich verkehrt zu behandeln, wird sich wohl erst entscheiden, wenn unsere Sachverständigen, die ja alles vorher messen und wiegen müssen, aufmerksam werden, dass auch die scheinbar unumstößlichen Gewichts- und Messerscheinungen keine gleichbleibenden Fakten, sondern ewig wechselnde Funktionserscheinungen sind, die ständig nach Qualität ihre Quantitäten verändern.*
>
> *Wie werden unsere Gelehrten die Köpfe hängen lassen, wenn sie einmal erfahren werden, warum die in der Kühle scheinbar schweren Tautropfen wie Kerzenflammen aufrecht stehen und sich schwer abwärts neigen müssen, wenn sie die*

Sonne erwärmt und sie, wie man doch annimmt, leichter werdend, jeden Halt verlieren, abfallen müssten.

Jede Quelle zeugt uns doch an, dass das Wasser umso frischer und gesünder aus ihr sprudelt, je schwerer es wird, und so wirken diese und hundert andere Beispiele wie eine einzig große Anklage oder als Beweis für den Unverstand der sogenannt wissenden Menschen (...).

Streifen wir mit warmen und bloßen Füßen das durch levitierende und gravitierende Kräfte entstandene Wasser ab, so spüren wir ein angenehmes Prickeln, das alle Ermüdungserscheinungen in kürzester Zeit nimmt. Die sogenannte Kneipp- oder Prießnitz-Kur gibt uns doch den klarsten Beweis für die Heilkräfte des jungfräulichen Wassers, das keine abladenden Eisenleitungen berührt hat, den müden und kranken Körper gesünder macht als alle Medizinen zusammen.

Diese Tautropfen sind in Wirklichkeit unzählige Kraftquellen, die ihre organische Energie in die Luft oder in die Körper entladen, wenn sich Temperaturdifferenzen einstellen, die das Abfließen dieser Kräfte durch ein genau bestimmtes Gefälle ermöglichen (...)«[85]

Wärme dehnt die Körper aus, Kälte zieht sie zusammen. Bei seinen Beobachtungen der schwebenden Forelle im Wasserfall, des schwebenden Buchenholzes, der senkrecht nach oben schwebenden Tautropfen hatte Schauberger gelernt, dass Wasser von diesem Grundsatz der Physik in entscheidender Weise abweicht: Es ist nicht bei 0 Grad, sondern bei 4 Grad am schwersten. Und es entwickelt in der Bewegung nicht nur nach außen gerichtete, zentrifugale Kräfte, sondern auch zentripetale, nach innen gerichtete. Diese Kräfte sorgen für das Temperaturgefälle und hielten den schweren Tautropfen oben, oder sie sorgen für den Sog, der die Forelle levitierte und meterweit fliegen ließ – für den Seher und Naturmenschen Schauberger war diese Kraft klar, sichtbar und spürbar, der Praktiker und Naturwissenschaftler Schauberger aber, und dies mag seine Verbitterung mit zunehmendem Alter erklären, ist an der finalen Umsetzung und Übersetzung dieser Erkenntnisse gescheitert. Dies zuzugeben mindert seinen Rang als einer der größten Naturforscher dieses Jahrhunderts keineswegs. Die von Callum Coates 1999 vorgelegte Gesamtschau seiner Erkenntnisse und Forschungen belegt vielmehr, dass die Wissenschaft der Zukunft mit dem Werk dieses Weisen aus den Wäldern einen Schatz zu bergen hat. Und die Zeit scheint endlich reif dazu: das Denken in offenen Systemen, die Prinzipien der Selbstorganisation, die Erforschung des dynamischen Chaos und der Turbulenz, die Gaia-Theorie von der Erde als Super-Organismus – was dieser Förster zu Beginn des Jahrhunderts an den Bergbächen der Alpen beobachtet und in eigenwilliger Terminologie beschrieben hat, steht heute in vielen wissenschaftlichen Fachgebieten im Zentrum des Interesses:

- Die Lebensenergie, deren physikalische Auswirkungen Schauberger im Temperaturgefälle der Wasserwirbel entdeckt hatte, gilt längst nicht mehr als esoterisch-vitalistischer Hokuspokus, sondern findet auch in der westlichen Medizin, wo Akupunktur und Homöopathie selbstverständlich geworden sind, breite Anerkennung.
- Die physikalische Energie, deren Quelle Schauberger in der Einrollbewegung der Materiewirbel sah, ist mittlerweile als »kalte Kernfusion« ebenfalls vielfach reproduziert worden. Der Skandal, den zwei britische Forschung Anfang der 90er-Jahre damit machten, ist nur unter den Teppich gekehrt, aber längst nicht beigelegt. Zwar haben sich die wichtigsten Organe des wissenschaftlichen Mainstreams geeinigt, die kalte Fusion als Unsinn zu betrachten, die Forschung aber geht verstärkt und erfolgreich weiter und das Internet ist voll mit aktuellen Beiträgen zum Thema »cold fusion«.
- Die technische »Wasserbelebung«, die Schauberger erstmals praktizierte, wurde mittlerweile mit magnetischen Hochfre-

quenzspannungen optimiert. Die messbaren Erfolge dieses belebten Wassers (extreme Verbesserung des Korrosionsverhaltens und des mikrobakteriellen Klimas in Rohrsystemen), die heute schon in einigen großen Industriebetrieben Anwendung finden, bedeuten einen weiteren technischen Durchbruch seiner Ideen. Auch die erstaunlichen medizinischen Wirkungen »belebten Wassers« werden längst nicht mehr als Hokuspokus und Placebo-Effekt abgetan.

Die höhere Ordnung, die Schauberger in den scheinbar chaotischen Wasserbewegungen entdeckte, ist mittlerweile als »dissipative Struktur« allgemein anerkannt, obwohl auch sie gegen den zweiten Hauptsatz der Thermodynamik verstößt. Der Physiker und Chemiker Ilya Prigogine entdeckte in den 70er-Jahren, dass bestimmte Chemikalien, wenn sie vermischt werden, einen Zustand größerer Ordnung und nicht Unordnung hervorbringen. Er nannte diese aus stetigem Ungleichgewicht spontan hervortretenden neuen Ordnungszustände »dissipative Strukturen« und erhielt für ihre Erforschung den Nobelpreis für Chemie.

Ihm hätte eigentlich der Nobelpreis für Optimismus gebührt. Denn diese »dissipativen Strukturen« laufen dem Zweiten Hauptsatz der Thermodynamik zuwider, demzufolge alle Dinge zunehmender Unordnung zustreben. Diese Tendenz wird wissenschaftlich »Entropie« genannt. Wenn wir ein Radio aus dem Fenster schmeißen, verwandelt es sich auf dem Pflaster nicht in eine höhere Ordnung – etwa einen Fernseher –, sondern in einen Haufen Schrott. Prigogine nun konnte zeigen, dass dieses fundamentale Gesetz nicht immer und überall gilt: Offene stoffwechselnde Systemen im Zustand hohen Ungleichgewichts sind in der Lage, auch äußerst unwahrscheinliche, unstabile Zustände über lange Zeit aufrechtzuerhalten, und das vom Zweiten Hauptsatz treffend vorausgesagte Anwachsen von Chaos umzusetzen – nicht das Auseinanderfallen in totale Unordnung ist dann das Ergebnis, sondern die Herausbildung neuer Ordnungsstrukturen.

Prigogine und seine Kollegen sehen solche selbstorganisierten Strukturen überall: in der Biologie, in Fließbewegungen und Wirbeln, im Wachstum von Termitenbauten oder von Städten, bei der Bildung von Sternen und Galaxien oder der chemo-elektrischen Signalübertragung des menschlichen Gehirns. Das wundersame Wirken der Selbstorganisation lässt sich im Prinzip an jedem Wasserhahn beobachten: Beim ganz langsamen Öffnen geht das gleichmäßige Tropfen irgendwann in chaotisches Tröpfeln über, das an einem kritischen Punkt plötzlich wieder einem geordneten Zustand weicht. Dreht man etwas weiter auf, bilden sich Wirbel und bleiben stabil, um dann, wenn der Druck zu stark wird, wieder in eine Phase chaotischen Spritzens überzugehen. Ähnliches geschieht, wenn wir Wasser zum Kochen bringen: Chaotisches Brausen und Sprudeln gehen irgendwann in eine regelmäßige Blasenbildung über. Woher »weiß« das einzelne Wasserpartikel, wann es Zeit ist, aus einer individuellen in eine kollektive Fließbewegung überzugehen.?

Über das klotz-materialistische Weltbild und sein Billard-Modell der Atome, das zu Schaubergers Zeiten die physikalischen Lehrstühle dominierte, sind wir heute hinaus. Dass die Materie nicht fein säuberlich aus Quark-Legosteinchen aufgebaut ist, sondern aus chaotisch tanzenden Energiewirbeln; dass in diesem subatomaren Bereich eine (nach den Gesetzen der Relativitätstheorie unmögliche) Kommunikation in Überlichtgeschwindigkeit vonstattengeht; dass es ein solches vorauseilendes Medium sein muss, welches die Selbstorganisation von Wirbeln und Vogelformationen, von Termitenbauten und Blutkreisläufen sowie des gesamten Planeten ermöglicht – alle diese Erkenntnisse sind mittlerweile fester Bestandteil einer neuen Kosmologie. Da sie, wie zum Beispiel Prigogines »dissipative Strukturen«, eindeutig gegen den ehernen Zweiten Hauptsatz der Thermodynamik verstoßen, sollte es keinen Hinderungsgrund geben, Schaubergers »zykloide Raumkurvenbewegung« als legitimen Vorgänger anzuerkennen. Auch der Wirbel setzt den Zweiten Hauptsatz außer

Kraft und »springt« in eine höhere Ordnung – die im Falle des Wasserwirbels in einer niedrigeren Temperatur = höherer Dichte besteht. Dieses Prinzip nach dem Motto »Kapieren und kopieren« verstanden und mit seiner technischen Umsetzung begonnen zu haben, ist die fundamentale Pionierleistung des Viktor Schauberger. Er hat die »dissipativen Strukturen«, die magische selbstorganisierende Kraft der Natur, nicht nur erkannt, sondern auch erfolgreich angezapft. Doch seine großen Erfolge beim Holz-Transport, im Wasser- und Landbau und in vielen anderen Bereichen reichten nicht aus, seinen eigentlichen, revolutionären Entdeckungen zum Durchbruch zu verhelfen. Dieses Schicksal teilt Schauberger mit zwei weiteren Pionieren seiner Zeit: Wilhelm Reich und Nicola Tesla. Wie er hatten sie bei ihren Experimenten »physikalisch unmögliche« Energien entdeckt – der Physiker Tesla im Makro-Bereich der Erdschwingungen, der Arzt Reich im Mikro-Bereich der lebenden Zelle – und waren am wissenschaftlichen Establishment (und am militärisch industriellen Komplex) ihrer Zeit gescheitert. Reich wurde in den Fünfzigern in USA gar zum Opfer einer Bücherverbrennung, sein Labor wurde geschlossen, seine Bücher über »Orgon-Energie« verbrannt und er ins Gefängnis gesteckt, wo er an einem Herzanfall starb. Wenig später brach Viktor Schauberger zum letzten Abenteuer seines Lebens in die USA auf, wo er im Auftrag eines Industriellen und isoliert in einem texanischen Camp seine Implosionsmaschine bauen sollte. Das erste Kapitel dieses Buchs beschreibt das tragische Scheitern dieses Projekts erstmals im Detail – Schauberger überlebte es nach seiner Rückkehr nur wenige Tage. Verbittert und krank starb der Aquasoph und Wasserzauberer am 25. September 1958 in Linz.

Und spätestens seit den 90er-Jahren scheint die Zeit in der Tat reif, seine Erkenntnisse und Ergebnisse, vom Staub der Legende, des Mythos und der Verschwörungstheorien befreit, wieder zum Gegenstand ernsthafter Forschung zu machen. Auch nach seinem Tod hat diese nicht aufgehört, sein Sohn und viele andere von Schauberger inspirierte Geister haben sie fortgesetzt – doch über den Status einer Grenzwissenschaft ist diese Energieforschung bisher nicht hinausgekommen. Der Grund dafür liegt nicht darin, dass keine aufsehenerregenden und verblüffenden Resultate vorlägen, allein dieses Buch ist voll davon – sie geht vielmehr zurück auf ein Diktum der französischen »Akademie der Wissenschaften«, die im Jahre 1775 dekretierte, dass »die Konstruktion einer perpetuellen Bewegung absolut unmöglich sei« und sie sich fortan »mit diesen Dingen nicht mehr beschäftigen« würde. An diesen Grundsatz der Energieerhaltung, der später im Zweiten Hauptsatz der Thermodynamik zementiert wurde, halten sich bis heute alle Patentämter der Welt. Auch Schauberger ist mit dem Kernstück seines Heimkraftwerks, dem Doppeldrall – oder Wendel-Rohr – bei den Patentämtern stets auf Schwierigkeiten gestoßen: Wenn diese Energieerzeugung aus der einrollenden Bewegung funktionierte, so argumentierte man, dann sei dieses Prinzip keine Erfindung im Sinne des Patentgesetzes, sondern die Entdeckung eines Naturgesetzes.

Die Anerkennung der Energie des Wassers, die Schauberger in den Wirbeln der Bergbäche und den Tautropfen der Wiesen entdeckt hat, wäre für die herrschende Lehrmeinung der Physik insofern kein Dammbruch, weil sie nur nachvollzieht, was sich seit Heisenberg an ihren Grundlagen ohnehin schon vollzogen hat: ein Paradigmenwechsel. Die Bahn eines Teilchens entsteht erst dadurch, dass man nach ihr Ausschau hält – von diesem Skandal der Quantenphysik, dem »beobachtergeschaffenen Universum«, hat sich das Weltbild der Physik bis heute nicht erholt. Was unter dem Namen Schrödingers Katze und Einsteins Maus als Paradoxon durch die Literatur flitzt – eine Katze, über deren Vorhandensein erst Aussagen gemacht werden können, wenn ein Beobachter nachsieht, und eine Maus, die als einziger Beobachter den Mond dadurch schafft, dass sie hinguckt –, dieses an Tom & Jerry gemahnende Pärchen drückt auf seine verniedlichende Weise ein ernsthaftes Problem aus: Der Grundlagenwissenschaft Physik sind, spätestens seit 1927, die Grundlagen abhandengekommen, nämlich ihr Halt in der Realität. Drei Revolutionen – die Relativitätstheorie, die Entdeckungen der Quantenphysik und die in jüngster Zeit erforschten Prinzipien der Selbstorganisation und des dynamischen Chaos – haben zu einer Grundlagendebatte in den Naturwissenschaften geführt, die alle Anzeichen einer fundamentalen Wende trägt. Die konventionelle Grenze zwischen objektiv Nachvollziehbarem und subjektiver Empfindungswelt hat begonnen, durchlässig zu werden – und damit auch die Grenze von Geist und Materie, von Körper und Seele, von Naturwissenschaft und Religion, von Außen und Innen. Diese Grenzöffnung deutet – gegen die starren, objektivistischen Konzepte ewiger Naturgesetze – auf etwas Neues hin: die Dynamik eines Naturgeschehens, das von den Wirbeln der Galaxie bis in die Psyche des Einzelmenschen tief ineinander verschränkt ist. Ein Netz aus lebendig fließender Energie. In der modernen Wissenschaftssprache gibt es für diese Energie – die Chi-Kraft der Chinesen, das Prana der Inder, der elan vital Bergssons, das Orgon Wilhelm Reichs – noch keinen Namen. Schauberger ist dem Rätsel auf die Spur gekommen, woher die Natur dieses Reservoir an Energie schöpft. Es ist eine ganz bestimmte, nach innen gerichtete, spiralförmige Bewegung, die von der Gestaltung der Sternenhaufen über die Wasserläufe und Meere bis in den Teilchen-Tanz im subatomaren Bereich die dominierende Bewegungsform des Universums darstellt: der Wirbel.

»Zusammen gehören Ganzes und Nichtganzes, Übereinstimmendes und Verschiedenes, Einklang und Dissonanzen, und aus allem wird Eines und aus Einem alles«, schreibt Heraklit in »Über die Natur«. Von ihm stammt auch der Satz, der als Zen-Rätsel dieses Buchs über das Wasser-Rätsel gelten muss: »Man steigt nicht zwei Mal in denselben Fluss.« Warum? Weil der Fluss sich dauernd ändert? Weil er nicht mehr derselbe ist? Weil man selbst nicht mehr derselbe/dieselbe ist? »Alles fließt.«

(1999)

Fritz A. Popp – Biophotonen

Es ist Licht in unseren Zellen. Jede lebende Substanz, jede organische Zelle von Pflanzen, Menschen, Tieren strahlt ein äußerst schwaches, aber kohärentes, das heißt geordnetes, laserartiges Licht ab. Ein Licht, das sich wie Laserstrahlen hervorragend zur Signalübertragung eignet und vermutlich sämtliche Energiefelder des Organismus, der zellularen und interzellularen Kommunikation steuert. Zunächst in den 20er-Jahren in der Sowjetunion entdeckt, konnte die Strahlung erst 1975 von einer Gruppe deutscher Biophysiker unter Leitung von Professor Fritz A. Popp zweifelsfrei nachgewiesen werden. Doch mit diesen Messungen, die seitdem an vielen Universitäten der Welt bestätigt worden sind, wurde nicht nur eines der spannendsten Kapitel der heutigen Biophysik und »Life-Sciences« aufgeschlagen, sondern auch ein ziemlich düsterer Abschnitt der modernen Wissenschaftsgeschichte: Fritz Popp verlor seine Professur an der Uni Marburg und war in den folgenden zwei Jahrzehnten dem schikanösen Mobbing einer Lobby von Wissenschaftlern ausgesetzt, das in vielen Zügen Parallelen zu der Verfolgung von Wilhelm Reich in den 50er-Jahren trägt. Auch dieser war bekanntlich einer biologischen Strahlung auf der Spur, die er »Orgon« nannte und wurde trotz höchster Reputation vom akademischen Establishment als Scharlatan und Spinner denunziert. Popp und die von ihm »Biophotonen« genannte Lichtstrahlung haben eine ähnliche Odysee hinter sich – allerdings mit glücklicherem Ausgang als bei Reich, der in einem amerikanischen Gefängnis starb.

Die Existenz der Biophotonen-Strahlung ist mittlerweile international anerkannt und wird an vielen Hochschulen erforscht – und Fritz Popp hat die inquisitorischen Schikanen der Wissenschafts-Mafia dank privater Mäzene und der praktischen Umsetzung seiner Entdeckung für die Lebensmittelanalyse überlebt. So liefert die Biophotonen-Messung beispielsweise erstmals ein eindeutiges Kriterium dafür, ob ein Hühnerei unter Freilandbedingungen oder in einer Legebatterie erzeugt wurde. Gesunde, biologisch erzeugte Lebensmittel weisen deutlich höhere Biophotonen-Strahlung auf als Treibhausware – ein Ende des Etikettenschwindels mit »Bio« ist in Sicht.

Und gleichzeitig ein neuer Blick auf das organische Leben insgesamt und die Zukunft der medizinischen Diagnostik, für die die Biophotonen-Analyse im kommenden Jahrhundert einen ebenso großen Fortschritt bedeuten könnte wie für unser Jahrhundert die Entdeckung der Röntgen-Strahlen. Auch die antiken Vorstellungen der Lebenskraft, der energetischen Aura des »Lichtwesens« Mensch, das »Prana« der indischen und das »Chi« der chinesischen Medizin strahlen dank der Biophotonen-Entdeckung nunmehr in einem ganz neuen Licht. Ebendies, die Wiederbelebung der alten vitalistischen Konzepte durch eine nunmehr objektive Messung, ist der Grund für den Skandal, den Popps Entdeckung in der Schulwissenschaft macht – und für die Tatsache, dass hier das bedeutendste, zukunftsträchtigste Forschungsgebiet der Wissenschaften vom Leben liegt.

Herr Dr. Popp, wie sind Sie als Schüler oder Student zur Physik, Ihrem Studien- und Fachgebiet überhaupt, gekommen?

Eigentlich darf ich das gar nicht sagen: Ich wollte ursprünglich Philosoph werden. Und das ist schon ein Angriffspunkt für meine Theorien, denn heute macht man sich verächtlich, wenn man als Wissenschaftler Philosoph genannt wird. Mein Physiklehrer hat mich dann überzeugt, Physik zu studieren. Er sagte: Studier erstmal Physik, dann kannst du auch ein guter Philosoph werden. So fing ich dann an, Physik zu studieren, und hab das auch nie bereut. Die Physik ist so umfangreich, dass man keine Zeit mehr hat, Philosoph zu werden, wenn man sich damit beschäftigt.

Welchen Teilbereich der Physik haben Sie sich vorgenommen?

Ursprünglich war ich sehr an der Elektrodynamik interessiert, aber später hat mich dann die Quantentheorie fasziniert. Einfach deshalb, weil ich enorme Probleme hatte, die Quantentheorie zu verstehen. Und es lohnt sich, sich damit auseinanderzusetzen, weil im Laufe der Zeit eine Gewöhnung eintritt an eine Logik, die wesentlich logischer und wesentlich stringenter ist als unsere klassische Logik.

Ich habe dann in Mainz in Quantentheorie promoviert und später, als ich die Technik beherrschte, interessierten mich Anwendungsmöglichkeiten. Ich ahnte, dass das Bild weiter auszudehnen ist, dass man weitergehen kann, dass man nicht auf einzelne Moleküle zurückgreifen muss, um die Quantentheorie zu exerzieren, sondern dass man vorwiegend auch makroskopische Systeme besser versteht, wenn man die Gesetze der Quantentheorie einsetzt. Und so interessierte mich dann die Medizin; ich habe dann in Biophysik, einem medizinischen Fachbereich, habilitiert und begann in dieses Thema einzusteigen durch eine Frage, die von der Quantentheorie her lösbar erschien, nämlich die Frage, warum sind manche Moleküle, wie z. B. das Benzoapyren, das in unserem Tabakrauch vorkommt, karzinogen, sehr stark krebserregend, während andere Moleküle, die diesem Benzoapyren wie ein Zwilling dem anderen gleichen – sie unterscheiden sich nur durch die Anordnung eines Benzolrings –, völlig harmlos sind. Da die chemischen Eigenschaften relativ gleich sind, dachte ich, man müsste von der Physik her die Frage klären, in welcher Eigenschaft sich diese Moleküle so ganz grundlegend unterscheiden, dass das eine Krebs erregen kann und das andere nicht. Und wenn man diese grundlegenden Eigenschaften – es konnten nicht sehr viele sein –, über quantentheoretische Berechnungen, z. B. des Spektrums ihrer optischen Eigenschaften, wenn man diese grundlegenden Eigenschaften, in denen sie sich unterscheiden, erkannt hätte, dann wüsste man auch mehr über die Entstehung des Krebses. Das war eigentlich die Ausgangsfrage. Mich hat das sehr fasziniert, und da ich gelernt hatte, wie man die Wellenfunktion und die angeregten Zustände solcher Moleküle berechnet, habe ich das getan und dann einfach die Listen der Ergebnisse verglichen und versucht herauszufinden, in welchen Eigenschaften ergeben sich wirklich grundlegende Unterschiede in den molekularen quantentheoretischen Ergebnissen. Und ich fand, glücklicherweise, bei Benzoapyren und Benzoepyren – das Benzoapyren ist eine stark karzinogene Substanz, das Benzoepyren ist harmlos – einen einzigen Unterschied, in dem sie sich wirklich grundlegend unterscheiden, und das war eine optische Eigenschaft. Also keine chemische Eigenschaft, nicht etwa verschiedene chemische Reaktionen, auch nicht irgendwelche Verhalten in der Diskursität oder in anderen einfachen physikalischen Eigenschaften, sondern in einem optischen Parameter.

Wie sah dieser optische Parameter aus?

Vereinfacht ausgedrückt, ist das Benzoapyren für ultraviolettes Licht nicht durchlässig. Das ultraviolette Licht, bei etwa 380 Nanometer, wird von Benzoapyren absorbiert, aber dann im Molekül transformiert in andere Wellenlängen und wieder reemittiert, es wird also verfälscht. Während das Benzoepyren, das harmlose Molekül, dieses Licht bei 380 Nanometer einfach durchlässt, transparent ist.

Das »gefährliche« Benzol-Molekül spiegelt also ultraviolettes Licht zurück und verfälscht es dabei. Wie ist das zu erklären?

Es hat eine sehr seltsame optische Eigenschaft, die man in der Quantentheorie »Entartung« nennt, eine Entartung der entsprechenden Energieniveaus. Aber das wäre alles noch verkraftbar gewesen oder man hätte gesagt, na gut, warum nicht. Doch parallel dazu fiel mir auf, dass das Benzoapyren, diese stark krebserregende Substanz, in den 30er-Jahren dadurch als krebserregende Substanz erkannt worden ist, dass ein englischer Wissenschaftler einige Tonnen Steinkohlenteer gekauft hat und diesen Steinkohlenteer mit ultraviolettem Licht um 380 Nanometer belichtet, angestrahlt hat – und dann immer die Substanz isoliert, die sehr eindrucksvoll und sehr absonderlich reemittierte. Und auf diese Weise hat er das Benzoapyren gefunden. Und keine Statistik der Welt kann dieses Ergebnis übertreffen, das hier aus dem Experiment her darauf hindeutete, es muss eine optische Eigenschaft sein. Stellen Sie sich mal vor, wie viele verschiedene Moleküle, unter anderem natürlich auch das Benzoepyren, in diesem Steinkohlenteer vorkommen. Sie wenden eine Eigenschaft an, nämlich eine optische Eigenschaft, und finden die Stecknadel in diesem Heuhaufen genau durch diese optische Eigenschaft. Für mich war von diesem Zeitpunkt an glasklar, dass es einen Zusammenhang geben muss zwischen der karzinogenen Eigenschaft des Benzoapyren und seinen optischen Eigenschaften.

Dass Krebsentstehung etwas mit optischen Fragen, mit Licht zu tun haben könnte, klingt erst einmal ungewöhnlich. Kommt der Optik hier tatsächlich so eine wichtige Rolle zu?

Ja, bei der Tumorentstehung. Ich bin natürlich auch mit den anderen Tumorentstehungsmöglichkeiten beschäftigt und habe mich auch mit der chemischen Karzinogenese sehr intensiv befasst. Ich war damals Dozent an der Universität in Marburg, hatte also Zeit und konnte mich wissenschaftlich sehr gründlich mit diesen Dingen beschäftigen. Ich konnte Doktoranden auf verschiedene Themen ansetzen. Und im Laufe der Jahre wurde bei mir das

Bild, dass hier irgendwelche Lichteigenschaften für die Tumorentstehung verantwortlich sind, dieses Bild wurde immer klarer. Ich habe natürlich noch viele Anhaltspunkte gefunden, z. B. gibt es im Organismus einen sogenannten Fotorepaire, Fotoreparatur nennt man das. Das funktioniert so: Sie bestrahlen Zellen oder Zellverbände mit ultraviolettem Licht, um 380 Nanometer oder höher, und zerfetzen die dann zu einem solchen Anteil, dass vielleicht nur noch zwei, drei Prozent davon übrigbleiben. Wenn sie dieses Molekülgewirr anschließend mit dem gleichen Licht um 380 Nanometer auch, allerdings mit sehr schwacher Intensität wieder bestrahlen, dann werden diese Schäden innerhalb eines Tages wieder behoben. Man nennt das Fotoreparatur. Damals wusste man es noch nicht genau, aber heute weiß man, dass diese Fotoreparatur von der einzelnen Zelle bis zum Menschen in allen Organismen funktioniert.

Das hört sich an wie ein Wunder ...

Bis heute kennt man die Mechanismen nicht, man weiß nur, dass es geht. Dieser Effekt ist unbestritten. Natürlich habe ich dann Zusammenhänge dazu hergestellt und mir vorgestellt, nehmen wir mal an, dieses Molekül Benzoapyren taucht in den Zellen auf, es wird aufgenommen und es findet ständig vom Organismus her – die Strahlung muss ja nicht unbedingt von außen kommen – eine solche Fotoreparatur statt. Dann kann es sein, dass dieses Benzoapyren diese Reparatursignale verfälscht, und durch die Verfälschung dieser Signale wird die Reparatur der Zellen unterbunden und daraus entsteht Krebs. Das war natürlich nicht reine Spinnerei, denn man kennt Patienten, z. B. solche, die Xerodermapigmentose machen, das ist eine Hautkrebsart, bei denen dieses Reparatursystem nicht funktioniert. Und die Ursache für die Entstehung des Krebses ist genau das Ausfallen dieser Reparatur. Diese Patienten werden nicht älter als 20 Jahre, sie können nicht geheilt werden, weil man dieses Reparatursystem selbst nicht reparieren kann. Hier zeichneten sich sehr viele Zusammenhänge ab und mir wurde immer klarer, dass hier die wirkliche Ursache für die Tumorentstehung liegt. Ich habe das dann auch publiziert – damals noch ein anerkannter Wissenschaftler, der durchaus gelesen wurde. Meine Arbeiten wurden akzeptiert und diskutiert. Ich habe sogar eine Einladung bekommen vom Krebsforschungszentrum in Heidelberg zu einer Klausurtagung, bei der die 15 renommiertesten Krebsforscher der damaligen Zeit zugegen waren. Das war für mich ein großes Erlebnis, zwar hat man mich nicht als großen Krebsforscher eingeladen, sondern weil man meine Arbeiten für interessant und diskussionswürdig hielt und mir die Gelegenheit geben wollte, vor diesem Gremium darüber zu berichten. Ich kann mich heute noch erinnern, ich hatte den besten Anzug an, sprach allerdings das schlechteste Englisch von allen und brachte es immerhin fertig, dass eine der Teilnehmerinnen, eine französische Gelehrte, die damals sehr bekannt war durch ihre Untersuchungen an chemischer Karzinogenese, sie war die Päpstin auf diesem Gebiet, dass die das sehr ernst nahm, was ich gesagt habe. Und sie ist zu mir gekommen und hat gesagt, ich sollte diese Theorie nie aufgeben, sie sei überzeugt davon, dass ich recht habe. Das hat mich verblüfft, weil die anderen eher verhalten beziehungsweise zurückhaltend reagiert haben. Und am Schluss dieser Tagung hat man mir gesagt, also wenn diese Theorie richtig ist, dann muss es ja auch Licht in den Zellen geben, denn ohne Licht können diese Prozesse natürlich gar nicht stattfinden. Und ich habe geistesgegenwärtig reagiert und gesagt: »Warum eigentlich nicht?«

War das nur Geistesgegenwart oder hatten Sie sich da schon mit der Möglichkeit, dass Zellen Licht aussenden könnten, beschäftigt?

Ich hatte schon einmal etwas in der Richtung läuten hören, nicht allerdings etwas gewusst, und habe gesagt: »Wenn ihr mir die Gelegenheit gebt, Forschungsmittel von der Deutschen Forschungsgemeinschaft zu erhalten, dann baue ich so ein Gerät, untersuche das und weise das nach.« Und so ist es schließlich auch gekommen. Ich habe dann die Mittel bekommen. Ich habe einen tüchtigen Doktoranden gefunden, der die Untersuchungen machte und zwei Jahre später hatten wir dann das Gerät auch fertiggebaut. Es musste das empfindlichste Lichtmessgerät sein, das man bauen kann, denn der Doktorand meinte, es existiere Licht in Zellen und um nun zu beweisen, dass es kein Licht gibt – auch damit hätte er natürlich promovieren können –, musste er natürlich das empfindlichste Gerät bauen. Und zwei Jahre später hatte er das wirklich stehen, das Gerät ist heute noch das empfindlichste Gerät, es hat 10 hoch minus 17 Watt und zu seinem eigenen Erstaunen – ich muss ehrlich sagen, auch zu meinem Erstaunen, zeigte sich wirklich dieses Licht.

Welche Art von Zellen haben Sie bei den ersten Messungen benutzt?

Wir haben es zunächst an Gurkenkeimen gemessen und der Doktorand sagte dann, ja, das ist Chlorophyl, was da leuchtet – und hat schließlich Kartoffelkeime genommen, die völlig chlorophylfrei waren, und zu unserem Erstaunen haben die sogar noch stärker gestrahlt als die Gurkenkeime. Auf diese Weise haben wir uns dann selbst überzeugt, das Licht existiert. Auch um 380 Nanometer, es waren aber auch andere Wellenlängen dabei, nicht nur 380 Nanometer, sondern es ging letztlich über den gesamten Bereich von UV bis in den Nichtinfrarot-Bereich, bis etwa 800 Nanometer. Nach diesen Messungen im Jahr 1975 waren wir natürlich überzeugt, dass das Licht existiert, und es begannen dann gleichzeitig die Probleme, die heute, 25 Jahre später, in der Deutlichkeit zu sehen sind.

Schon Anfang 30er-Jahre gab es ja eine Forschung, vor allen Dingen in der Sowjetunion, die damals die von Ihnen jetzt Biophotonen genannte Strahlung schon entdeckt hatte. Verdanken wir die Entdeckung, die

Wiederentdeckung heute, dann letztlich dem ultrafeinen neuen Messgerät, das Ihr Doktorand mit Ihrer Hilfe konstruiert hat?

Ich habe in dieser Zeit, ich glaube, es war 1973, im *Bild der Wissenschaft* einen Artikel von einem neueren Experiment von Russen gelesen, die gezeigt hatten und vermuten ließen, dass Strahlen, Lichtwellen die Sprache der Zellen sind. Das stand in *Bild der Wissenschaft,* und während alle anderen das gleich zurückgelegt haben und von Wundern aus der UdSSR gesprochen haben, von Spinnereien usw., habe ich dieses Ergebnis natürlich sehr, sehr ernst genommen, einfach deswegen, weil es genau in die Richtung lief, in der wir selbst gedacht hatten. Und im Zuge der Nachforschungen sind wir auch auf die Arbeiten von Alexander Gurwitsch gestoßen, den eigentlichen Entdecker der Biophotonen. Ich kenne heute seinen Enkel, der Mitarbeiter in unserem Institut ist und einen Lehrstuhl für Entwicklungsbiologie an der Moskauer Staatsuniversität hat. Er hat mir sehr viel von seinem Großvater erzählt, sodass ich heute einiges über die damalige Entwicklung weiß. Und ich möchte aus der heutigen Sicht sogar sagen, dass ich Alexander Gurwitsch für das größte Genie des vergehenden Jahrhunderts halte. Er hat genau die richtige Frage gestellt, die letztlich mit dieser Lichtemission verbunden ist. Warum z. B. wächst eine Leber, wenn man sie in Stücke schneidet oder wenn man Teile davon entfernt, warum wächst die Leber wieder genau so nach, sodass die ursprüngliche Form wiederhergestellt wird? Woher weiß eine Zelle, dass sie aufzuhören hat zu wachsen oder dass sie zu wachsen hat, um eine ursprüngliche Form wiederherzustellen? Und genial wie er war, und das ist der entscheidende Punkt, damit hebt er sich ab von 99,999 Prozent seiner Kollegen, genial wie er war, hat er sofort gemerkt, durch Chemie ist so etwas nicht zu machen. Man kann nicht mit Chemie Informationen dieser Art übertragen, das ist unmöglich. Also ist er auch auf Felder gekommen, er ist der eigentliche Entdecker oder Erfinder dessen, was wir heute morphogenetisches Feld nennen. Und er hat in seiner

Genialität sogar vermutet, dass es Lichtwellen sein müssen, dass es Lichtstrahlen sein müssen. Und er hat dann entsprechende Versuche gemacht, den sogenannten Zwiebelversuch gemacht, bei dem er dem Schaft einer Zwiebel die Spitze einer zweiten Zwiebel genähert hat und dann die Zahl der Mitosen ausgezählt, die an der gegenüberliegenden Seite der Spitze auf dem Schaft entstehen. Und wenn er eine Glasplatte dazwischen brachte, eine normale Glasplatte, da verschwand der Effekt; nahm er aber eine Quarzglasplatte, dann konnte er den Effekt wieder neu erkennen. Und daraus zog er den Schluss, dass es UV-Licht ist, weil das UV-Licht durch Quarz hindurchgeht und durch normales Fensterglas abgehalten wird. Und er hat diese Strahlung auch in ihrer Bedeutung der zellteilungsauslösenden Wirkung mitogenetische Strahlung genannt. Er hätte in den 30er-Jahren fast den Nobelpreis bekommen, seine Versuche wurden damals wiederholt auch nachgemacht, zum größten Teil sogar mit Erfolg. Einige wenige konnten das Ergebnis nicht verifizieren und die haben ihn dann mehr oder weniger mundtot gemacht. Sie haben ihn schließlich so in die Enge getrieben mit ihrer Hetzpropaganda, man kann es wirklich sagen, es war Hetzpropaganda, dass keiner mehr an ihn glaubte, er sogar als falscher Prophet gebrandmarkt wurde. Er ist vor etwa 15 Jahren gestorben, aber er war nach wie vor von der Richtigkeit seiner Überlegungen überzeugt und ist guten Mutes gestorben, weil er wusste, dass sich das durchsetzen wird.

Diese Verfolgung und ungerechtfertigte, überzogene Kritik an dieser Entdeckung von Gurwitsch in den 20er-Jahren haben sicher nicht nur mit der Problematik der Messung einer ultraschwachen Strahlung zu tun, die damals ja noch viel schwieriger war als heute, sondern doch wohl auch mit der Diskussion des wissenschaftlichen Weltbildes, dem alten Streit, der zwischen Vitalismus und Mechanismus, also zwischen zwei Schulen des Erklärens von Lebensvorgängen, da ist. Glauben Sie, dass das Mobbing, was Gurwitsch damals mundtot machte, darauf zurückzuführen ist, dass das orthodoxe Weltbild der Wissenschaft, die mechanistische, molekularbiologische Baukasten-Sicht des Lebens, durch seine Entdeckung ernsthaft ins Wanken geraten wäre?

Dieser Streit spielt im Hintergrund natürlich eine große Rolle. Dazu kommt die Entwicklung, die immer den Mechanisten recht gibt, weil Mechanisten natürlich auch sehr stark positivistisch eingestellt sind. Sie haben immer ein Substrat, das den Nachweis für ihre Ideen liefert und sie sind immer in der glücklichen Lage, dass sie nicht auf Hypothesen oder Theorien zurückzugreifen brauchen, um etwas zu demonstrieren. Andererseits hätte Gurwitsch eigentlich einen guten Nährboden in Russland gehabt. In Russland hat sich der Vitalismus viel stärker erhalten als hier in den westlichen Ländern. Gurwitsch hat aus drei – meiner Meinung nach – vorwiegend aus drei Gründen diesen Kampf, wenn man das mal so bezeichnen will, verloren. Das erste war, die aufkommende Biochemie hat seine Ergebnisse überflüssig gemacht. Mit der Entdeckung des genetischen Codes, mit der Entdeckung der Molekularbiologie hat man geglaubt, man braucht keine elektromagnetischen Felder, um das Wachstum zu verstehen. Man hatte Wachstumshormone und viele Substanzen und auch heute noch glaubt man ja, dass es nur chemische Kommunikation gibt. Dieser Streit wurde von Anfang an gegen Gurwitsch entschieden, er hatte keine Chance. Zum Zweiten kam hinzu, dass Gurwitsch zwischen die Mühlsteine der Auseinandersetzung von Vitalisten und Mechanisten geraten ist. Gerade deswegen, weil er sich keiner dieser Seiten zugehörig fühlte. Gurwitsch war zu anständig und zu seriös, zu akkurat und zu sorgfältig, um sich von Ideologien leiten zu lassen. Er ist gerade deswegen, weil er nicht zu einer der beiden Gruppen gehörte, meiner Meinung nach das Opfer von beiden Seiten geworden. Und der dritte Punkt: Zu der damaligen Zeit hatte man auch die Physik viel zu wenig verstanden. Gurwitsch hat aus diesem Grunde sogar abgelehnt, diese mitogenetische Strahlung oder die morphogenetischen Felder als physikalische

Felder zu betrachten. Das ist meiner Meinung nach ein Fehler gewesen, aber dieser Fehler resultierte einfach aus der Enttäuschung heraus, dass die damalige Physik selbst keine Erklärung liefern konnte. Heute kann sie das viel eher. Zu der damaligen Zeit hat man z. B. von Lasern nie etwas gehört, sie wurden erst in den 50er Jahren entwickelt. Man konnte das auch physikalisch nicht verstehen. Die Zeit war weder technisch noch von den wissenschaftlichen Grundlagen her reif, um diese brillante geniale Idee Gurwitschs zu verifizieren.

Wir haben in der Wissenschaftsgeschichte und in der Geschichte der Entdeckungen oft solche Wellenbewegungen, dass bestimmte Sachen schon früh entdeckt werden und dann aufgrund bestimmter Zeitumstände oder fehlender Erkenntnisse und Grundlagen wieder völlig in der Versenkung verschwinden, um nach einem gewissen Zeitraum wieder aufzutauchen. Was jetzt die Biophotonen angeht, so sind sie in den 20er-, 30er-Jahren entdeckt und auch erforscht worden, dann aber, weil sich ein anderer Trend, eben der biochemische Erklärungsversuch, dominant durchgesetzt hat, dann fast 50 Jahre in der Versenkung verschwunden, bis Sie dann, Mitte der 70er in Marburg, dieses unmögliche Thema wieder auf die Tagesordnung gebracht haben, durch Ihre Messung.

Und unabhängig von Gurwitsch. Wäre ich nämlich über Gurwitsch darauf gestoßen, hätte ich wahrscheinlich genauso reagiert wie die Kollegen auch, ich hätte das für unmöglich gehalten. Aber dadurch, dass ich durch eine völlig andere Betrachtung in die gleiche Richtung gestoßen bin, freute ich mich natürlich dann enorm, als ich sah, dass ich nicht der Einzige bin, der solche »Schnapsideen« hat, sondern dass das von anderer Seite, und zwar von sehr seriöser Seite, auch schon so gesehen worden ist. Gurwitsch war für mich ein Halt, den ich brauchte, um mich gegen die Widerstände, die natürlich auch unmittelbar nach unserer Entdeckung auftraten, zur Wehr setzen zu können. Man hat dann zwar gesagt, ja, die Russen, das wissen wir ja, und man versuchte dann Gurwitsch niederzubügeln. Und zu unserer Entdeckung hat man gleich gesagt: Das ist Wärmestrahlung – und von da an ging es wie so oft bei Entdeckungen: Am Anfang sagt man, die Entdeckung gibt es gar nicht, wenn sich dann herausgestellt hat, dass es sie gibt, sagt man, ja, sie gibt es zwar, aber sie ist unwichtig. Wenn sich dann die Wichtigkeit erwiesen hat, sagt man, sie ist zwar wichtig, aber sie ist nicht mehr neu.

In Sachen Biophotonen sind wir jetzt wahrscheinlich schon beim Übergang von der zweiten in die dritte Phase. 1975, als Sie das erstmals messen konnten, ging aber ein ziemlich unrühmliches Kapitel unserer aktuellen Wissenschaftsgeschichte los: Sie verloren ihre Stelle an der Universität und hatten große Schwierigkeiten, Ihre Forschung überhaupt fortzusetzen. Die Schikanen, denen Sie durch eine, ja man kann schon sagen »Wissenschaftsmafia« ausgesetzt waren, zogen sich über Jahre hin. Welcher Lehrmeinung oder welchen Lehrkörpern traten Biophotonen so auf den Fuß, dass sie von der Universität entfernt werden mussten? Die Geschichte dieses Mobbings füllt mittlerweile ganze Dossiers und ist gerichtsnotorisch – was waren die Hauptgründe, dass Ihnen so viele Hindernisse in den Weg gelegt wurden?

Ich wäre froh, wenn ich alle diese Gründe kennte. Ich bin einfach in eine Geschichte hineingeraten, in der ich viel zu naiv war, um die Gründe zu erkennen. Ich war an einem Institut, in dem vorwiegend die Medizin natürlich das Sagen hatte und ich war Physiker, ein Fremdkörper in gewisser Weise. 1972 hatte mich der Senat einstimmig zum Professor nominiert. Und ich wunderte mich dann, dass ich nur Dozent auf Zeit geworden bin. Ich bin der Sache dann nicht nachgegangen, erst später ist mir klargeworden, dass man mit allen Mitteln verhindern musste, dass eine Planstelle in einem solchen Institut an einen Physiker vergeben wird. Ein zweiter Punkt war, dass ich Strahlenschutzbevollmächtigter war – und viel zu naiv, um zu sehen, dass auch ein Bevollmächtigter sich gefälligst der Institutsleitung zu unterstellen hat, selbst wenn er Kontrollinstanz ist. Ich glaubte immer, ich würde meine Aufgabe besonders sorgfältig wahrnehmen, wenn ich eben mal dem einen oder anderen auch auf die Füße trete, und damit habe ich mich einfach bei der Leitung dieses Instituts sehr unbeliebt gemacht. Und von da gingen dann die Wellen aus nach außen. Und wenn man mal jemand, der wie ich damals schon einen bestimmten Bekanntheitsgrad hatte und einige Mittel bekommt und eine Arbeitsgruppe mit 15 Leuten, dann hat man Schwierigkeiten, einen Menschen wie mich wieder loszuwerden. Und da werden dann natürlich alle Register gezogen, die an einer Universität möglich sind. Da verbrüdert man sich dann mit anderen Fakultäten usw. und die Schwierigkeiten wurden immer größer, so dass dann, als sich die glückliche Chance ergab, 1980, Dozenten von der Universität zu entfernen, man diese Gelegenheit auch bei mir genutzt hat. Heute bin ich froh darüber, dass es so gekommen ist, denn ich kann mir gar nicht vorstellen, wenn ich da geblieben wäre, dass ich wirklich so intensiv an diesem Thema weitergearbeitet hätte.

Ich hätte mich möglicherweise früher oder später dann einfach geschlagen gegeben und hätte gesagt, warum soll ich mir das Leben schwermachen? So aber hat dieser Schlag, es war ein Schicksalsschlag auch, vor allem ja für meine Familie, wir saßen auf der Straße, dazu geführt, dass ich mich natürlich völlig ungerecht behandelt fühlte und dachte: jetzt erst recht!

Ich bin nicht irgendeiner Karriere hinterhergelaufen, sondern ich habe gesagt, ich muss jetzt alles in meinen Kräften Stehende tun, um die Dinge aufzuhellen und diese Theorie oder diese Ideen zu überprüfen und weiterzuentwickeln. Man hat gerade das Gegenteil von dem erreicht, was man eigentlich wollte. Man wollte mich letztlich, das ist ganz klar, da gibt es genügend Belege dafür, auch existenziell vernichten. Und hat dadurch das Gegenteil erreicht und mich erst richtig zur Aktivität gezwungen.

Sie haben dann private Mäzene oder andere Möglichkeiten gefunden, Ihre Forschungen zu finanzieren?

Ich hatte ein großes Glück gehabt, dass die Dinge damals schon so bekannt waren und so leicht eingesehen werden konnten in ihrer Bedeutung, dass es immer wieder – gerade auch von privater Seite – Menschen gegeben hat, die gesagt haben, wir müssen das unterstützen, wir müssen ihm weiterhelfen. Und ich habe auch Wissenschaftler gefunden, die mir geholfen haben. An erster Stelle möchte ich Professor Nagl erwähnen, mit dem ich lange Zeit zusammengearbeitet habe, der hat mich an die Universität in Kaiserslautern geholt, er wollte mir auch einen Lehrstuhl für Biophysik dort verschaffen, konnte sich aber auch letztlich nicht gegen diese Lehrmeinung, gegen diese innere Überzeugung der heutigen Wissenschaftler durchsetzen, die eben vor allen Dingen das mechanistische Weltbild in Gefahr sehen, wenn die Dinge, die durch diese Biophotonik proklamiert werden, wirklich richtig sind. Das sind keine rationalen Auseinandersetzungen, das sind regelrechte Angstreaktionen.

Ja, es hat in Ihrem Fall ja fast schon inquisitorische Züge angenommen, Ihre Glaubwürdigkeit in der Öffentlichkeit zu untergraben und zu behaupten: Der Popp spinnt ...

... der spinnt oder der ist verrückt geworden. Das Kultusministerium in Hessen wurde zum Beispiel darauf hingewiesen, dass Gutachten gegen mich vorlägen, die es doch ratsam erscheinen lassen würden, mich in eine Irrenanstalt einzuweisen. Ich habe dann den Dekan, der das geschrieben hat, angeschrieben und gesagt, ich als Opfer müsse doch am ehesten etwas davon hören, damit ich mir eine solche Pflege angedeihen lassen könnte. Ich habe nie eine Antwort darauf bekommen. Denn es gab natürlich keine solchen Testate. Aber allein, dass so etwas irgendwo steht und behauptet wird, reicht aus, um Sie natürlich an allen Ecken und Enden unmöglich zu machen.

Was macht es lehrbuchgläubigen Physikern so schwer anzuerkennen, dass die an vielen unabhängigen Instituten und Universitäten nachgewiesene Biophotonen-Strahlung ein wissenschaftliches Faktum ist. Müssen sie da über ihren Schatten springen oder ihr Weltbild aus dem Fenster werfen? Oder braucht es erst die biologische Lösung, das heißt das Aussterben einer ganzen Wissenschaftsgeneration, um neuen Ideen zum Durchbruch zu verhelfen?

Schauen Sie sich doch mal die Landschaft an. Wenn heute jemand irgendwo als Physiker arbeitet, dann hat er ein spezielles Gebiet. Und dann wird er als Techniker verwendet oder er repariert Computer oder er beschäftigt sich mit Internet, der andere baut Laser usw. Jeder hat so sein Spezialgebiet und 99 Prozent der Kollegen wären gar nicht in der Lage, die ganze Problematik zu erfassen, die ja von interdisziplinärer Natur ist. Man muss ja auch wissen, was ist eine DNA, wie ist die DNA aufgebaut, wie funktioniert die Biochemie? Man muss ja nicht nur die Physik beherrschen, und zwar sehr gut beherrschen, sondern muss sich auch in den biologischen Phänomenen auskennen. Man darf keine Fachdisziplin in den Vordergrund stellen, sondern man muss die Fragestellung in den Vordergrund stellen. Es ist von dieser Seite her gar nicht möglich, dass ein Physiker aufsteht und sagt, ich weiß, der hat recht. Der kann das gar nicht beurteilen. Und selbst wenn noch so viel Sympathie für solche Ideen vorhanden ist, er wird stets in Argumentationsnot sein. Damit will ich nicht sagen, dass diese Physiker alle dumm sind, sondern sie sind spezialisiert, sie kennen sich auf ihren Gebieten möglicherweise hervorragend aus, aber sie haben nicht die Möglichkeit, nicht die Zeit, nicht die Ausbildung, um solche Fragen dann wirklich verantwortungsvoll zu beurteilen. Und die wenigen, die das tun, oder glauben, sie tun es, sind wirklich echte Scharlatane. Ich kenne einige von diesen Experten, die sich hinstellen und sagen, sie beherrschen das ganze Gebiet. Wenn man sie aber nach Einzelheiten fragt, dann stehen sie da und wissen nichts oder geben Antworten, da kann man nur mit dem Kopf schütteln. Das ist eine Art von Negativauslese in der Beurteilung eines Phänomens, das automatisch zustande kommt. Diejenigen, die am wenigsten in der Lage sind, das zu beurteilen, die reißen den Mund am weitesten auf.

Sie haben dann im Zusammenhang mit Ihrer Untersuchung von Tumorzellen und der biophotonischen Strahlung dort auch eine Theorie der Krebsentstehung oder des Krebses aufgestellt und an einer Stelle in Ihrem Buch habe ich gelesen, vom Krebs leben ja mehr Leute, als daran sterben. Eine kleine Spitze gegen die überkommene traditionelle Krebsforschung, die sich tunnelartig auf ein Bild dieser Krankheit fixiert und über den Tellerrand nicht hinausschauen will. Das hat es für Sie sehr schwierig gemacht im Bereich der Krebsforschung weitere Mittel für die Biophotonik zu akquirieren. Was unterscheidet Ihre Theorie von Krebs von der herkömmlichen und was führte dazu, dass Ihre Hypothesen bisher so wenig ernstgenommen worden sind in der Krebsforschung?

Das ist ja der Dreh- und Angelpunkt und der Anfang der ganzen Geschichte gewesen: Dass mir klar wurde, nachdem ich mich einige Jahre intensiv mit den herkömmlichen Anschauungen der Krebstheorie beschäftigt hatte – diese Denkweise, dieser Denkansatz ist falsch. Der Denkansatz beginnt falsch zu werden von dem Punkt an, von dem ich von einer Tumorzelle spreche. Die Tumorzelle gibt es nicht. Das ist genauso falsch, wie wenn ich sage, jemand ist asozial. Er kann sich in der einen Situation sozial, in einer anderen asozial verhalten. Das hängt nicht von ihm als Person ab, sondern es hängt von seiner Wechselwirkung mit der Umgebung ab. Das ist der entscheidende Ansatz. Aber wenn Sie sich die Tumorforschung ansehen bis heute, es erscheinen ja täglich tausende von neuen Arbeiten und Aufsätzen darüber, wird immer so getan, als ob die Eigenschaft Krebs zu erzeugen oder Krebs zu sein, eine Individualeigenschaft der Zelle sei. Das kann natürlich so weit kommen mit dem Fortschritt einer Erkrankung, aber das A und O der Fragestellung beginnt, muss da beginnen: Gibt es überhaupt eine Eigenschaft in einem Individuum, sich als sozial oder nichtsozial zu verhalten, ohne dass ich die Wechselwirkungen mit der Umgebung berücksichtige? Ein Beispiel: Während meiner Doktorarbeit habe ich Unterricht in der Schule gegeben, da war einer in der Klasse, der war in der ganzen Schule verschrien, man sagte, das sei der Schlimmste, mit dem kommt niemand aus usw., der muss von der Schule entfernt werden. Ich wurde vor ihm gewarnt, und gerade aufgrund meines Denkansatzes, weil ich mir klar war, diese Eigenschaften sind nicht in einer Persönlichkeit, sondern sie hängen von der Wechselwirkung mit der Umgebung ab, habe ich ihn ganz anders behandelt, als er normalerweise behandelt wird. Ich habe ihm Verantwortung übertragen, habe gesagt, er solle die Versuche vorbereiten usw., am Anfang sehr unwillig, aber später ist er hineingewachsen in diese Aufgabe, er hat sich gerade gegenteilig verhalten, als es normalerweise von ihm gesagt worden ist. Ähnlich ist es auch in einem Gewebeverband. Ich habe manchmal den Eindruck, wenn man z. B. nach Krebseigenschaften fragt, dann läuft das physikalisch betrachtet oft darauf hinaus zum Beispiel zu fragen, welche Temperatur ist jetzt in diesem Raum und dann fängt man an die einzelnen Moleküle einzufangen und sie unters Mikroskop zu legen. Da wird man nie herausfinden, wie hoch die Temperatur ist. Oder in einer Bevölkerung kann man nicht dadurch, dass man Frauen biochemisch untersucht, herausfinden, wie groß die Bevölkerungsaktivität ist oder wie viele Kinder auf die Welt kommen. Das sind Eigenschaften, die sich in den Wechselwirkungen mit den anderen Zellen zeigen. Das gilt auch für die Frage des Wachstums von Zellverbändnen und die Wachstumsregulation.

Und da bin ich wieder bei Alexander Gurwitsch, diesem sehr genialen Denker, der eben z. B. in Lichtwechselwirkungen die Ursache für eine solche Regulation gesehen hat, und ich folge ihm hier hundertprozentig. Ich glaube, es muss nicht unbedingt allein nur Licht sein, es können auch andere elektromagnetische Wellen sein, aber die Frage, wer oder was steuert das Wachstum, kann nicht im molekularen Bereich beantwortet werden, nicht dadurch, dass man die Moleküle unters Mikroskop legt und irgendwelche Defekte in den Molekülen erkennt. Sie kann nur beantwortet werden, wenn ich das Gesamtspiel, wenn ich mir das Konzert anhöre und nicht die Musikinstrumente in Teile zerlege. Und die Theorie, die ich dann darauf gebaut habe, ist sehr einfach. Ich sage einfach, solange eine Verständigung im Organismus möglich ist, wird es auch keinen Krebs geben, das heißt, Krebs ist immer eine Störung dieser Verständigung zwischen den Zellen, in denen eben das Wachstum genau bestimmt wird. Und die elementare Verständigungsbasis von Lichtwellen ist von der Physik her betrachtet die Kohärenz, also die Fähigkeit, Informationen mit elektromagnetischen Wellen zu übertragen. Krebs ist also eine Kohärenzstörung, die in der Kommunikation über Licht stattfindet. Und diese Kohärenzstörung kann auch messtechnisch nachgewiesen werden. Wir haben das getan in den letzten Jahren. Es hat sich immer wieder gezeigt im Experiment, dass Tumorzellen eben so reagieren, dass diese Kohärenz, die wir messen können, über eine bestimmte Schwelle hinweg gestört wird. Die Kohärenz geht verloren, die Zelle kann nicht mehr mit der anderen kommunizieren, und sobald dieser Kontakt abgeschnitten ist, sobald durch die Hinzunahme einer weiteren Zelle die Kommunikation nicht verbessert wird, entsteht ein Tumor.

Das heißt, ohne die über die Lichtinformation stattfindende Zellkommunikation wächst es nicht mehr geordnet, in Absprache mit den Nachbarn, sondern »wild« …

Die Philosophie geht noch ein bisschen weiter. Das können Sie auch im täglichen Leben erleben. Wenn Sie z. B. eine Gesellschaft betrachten, die sich bildet, einen Verein oder eine Ehe oder was immer auch, es kommt darauf an, dass durch die Hinzunahme eines neuen Gruppenmitglieds die Informationsfähigkeit, die Informationskapazität des Gesamten nicht vermindert, sondern erhöht wird. Solange das funktioniert, funktioniert auch die Gruppe. Sobald aber durch die Hinzunahme eines neuen Mitglieds die Informationsbasis verschlechtert wird, bricht das Gesamtsystem auseinander, dann funktioniert es nicht mehr. Das heißt, die Vergesellschaftung erfolgt über den Wert der Informationsfähigkeit im System. Und das ist in einem Organismus das Gleiche wie in jeder Gesellschaft. Und die Basis dafür ist die Verständigungsbasis, die Verständigungsmöglichkeit, die Transparenz, die Möglichkeit sich zu äußern, Informationsübertragung. Es ist nicht der Zwang miteinander zu reden, sondern es ist die Fähigkeit, alles zu artikulieren, was man dem anderen mitteilen möchte. Und so ist es auch im Gewebeverband und die physikalische Basis dafür ist die Kohärenz dieser Biophotonen bzw. elektromagnetischer Wellen, mit denen dieser Informationsaustausch stattfindet.

Das heißt, wir haben hier in der üblichen Betrachtung des Krebses wieder jenen detaillistischen Blick, der das Geschehen in immer kleinere Einzelteile zu zerlegen versucht, in der Hoffnung, wenn ich erst mal die kleinsten Einzelbausteine gefunden habe, dann kann ich alles erklären, auch die Krankheit Krebs. Das ist ja das Credo der gesamten Molekularbiologie: Wir müssen nur noch die Gene mal richtig ausgezählt haben, das dauert noch ein paar Jahre, dann können wir, dann haben wir jeden einzelnen Baustein identifiziert und können das Leben insgesamt erklären. Ist das nicht dasselbe wie der untaugliche Versuch, ein Haus zu bauen aus einem Riesenberg von Einzelbausteinen, ohne dass ein Bauplan, eine Architektur, eine Vorstellung vom Ganzen da ist?

In der Biologie ist alles miteinander verbunden. Wenn ich sage, wir dürfen nicht die Moleküle zum entscheidenden Kriterium für das Verständnis machen, dann heißt das nicht, dass die Moleküle unbedeutend sind. Worauf ich hinausmöchte: Wir müssen verstehen, wie in diesem Wechselspiel aus Materie und elektromagnetischem Feld sich etwas aufbaut, dem man dann die Eigenschaft der Kohärenz zusprechen kann. Das Interessante ist Folgendes und das ist gleichzeitig das Fatale: Je besser meine Theorie stimmen sollte – ich drücke mich mal ganz bewusst im Konjunktiv aus –, umso mehr wird der mechanistische Denker bei seinen Experimenten überzeugt davon sein, dass er recht hat, so paradox das klingt. Und zwar aus folgendem Grund: Wenn diese Eigenschaft der Kohärenz die entscheidende Eigenschaft ist, dann heißt das gleichzeitig, dass jedes Teilchen mit jedem anderen Teilchen in einem solchen Verband miteinander über dieses Feld verbunden ist. Und jeder, der jetzt nachweisen möchte, dass ein ganz bestimmtes Molekül Krebs auslöst, wird natürlich zum Erfolg kommen, weil egal, wo er hineinsticht, er immer wieder ein Argument für seine falsche Theorie findet.

Weil eben alle Moleküle miteinander vernetzt sind ...

Ja. Wenn ich in ein Stimmgabelkonzert hineingehe und nun an einer ganz bestimmten Stimmgabel etwas drehe, dann wird natürlich was passieren, ich werde, wenn ich so falsch denke, überzeugt davon sein, das kann jetzt nur die Stimmgabel gewesen sein. Der eine findet Kalzium, der andere findet die DNAs, der andere findet Viren, der Vierte Proteine, der Fünfte die Membran und alle glauben, sie seien im Recht. Aber sie sind nur deshalb im Recht, weil eben alle Dinge miteinander über solche Wechselwirkungen verbunden sind, und weil letztlich die integrative, integrale Funktion aller Teile darüber bestimmt, ob eine Kommunikationsbasis aufrechterhalten bleibt oder zusammenbricht. Deswegen ist es auch sehr schwer im Einzelfall jetzt genau zu sagen, der Patient hat den Tumor aus dem und dem Grund bekommen. Es gibt nur selten monokausale Ursachen dafür. Da baut sich irgendetwas auf, das beginnt mit irgendeinem Schicksalsschlag und führt dann dazu, dass der sich unvernünftig ernährt und dann kommt er in einen Circulus Vitiosus ... wo ist da die Ursache? Irgendwann konzentriert sich das auf die schwächste Stelle im Organismus und das System sagt, was soll ich in dieser schrecklichen Welt, es ist ja viel besser, ich gehe zugrunde. Dann entsteht ein vorgeplanter Selbstmord. Und auch aus dieser Sicht, aus dieser ethischen Sicht, ist natürlich die Behandlung heute völlig falsch.

Man nimmt sich detaillistisch den einzelnen Tumor vor und lasert oder strahlt ihn weg oder bringt ihn mit chemotherapeutischen Medikamenten zum Verschwinden an einer Stelle, das heißt, man versucht, die Symptome zu beseitigen. Doch die Ursache der Krankheit liegt ganz woanders und wenn wir Ihrer Hypothese folgen, dann liegt sie in einer Kommunikationsstörung des organischen Systems, des Zellverbands untereinander, wo kohärente, geordnete Kommunikation nicht stattfinden kann ...

Kohärent muss nicht geordnet heißen. Geordnet ist etwas anderes als kohärent. Kohärent heißt im Grunde genommen ... schauen Sie, ein Beispiel: Wenn alle Menschen die Nase in eine Richtung halten, dann würde man sagen, sie sind kohärent oder man würde sagen, es ist geordnet und man würde den Schluss daraus ziehen, die wissen etwas voneinander. Aber wichtig ist nicht, dass sie die Nase in einer Ordnung halten ... sondern wichtig ist, dass sie etwas voneinander wissen. Und wenn sie etwas voneinander wissen, müssen sie die Nase nicht in eine Richtung halten. Das ist nur eine Möglichkeit davon. So ist es auch mit der Kohärenz. Kohärenz heißt nicht, dass das jetzt geordnete Laserbeams sind, die nur in eine Richtung gehen können. Geordnet heißt, dass die Fähigkeit besteht, eine Wechselwirkung durchzuführen, in der jeder Teil mit jedem anderen Teil kommunizieren kann.

Ein Vogelschwarm wäre kohärent, weil er in eine bestimmte Richtung fliegt und eine bestimmte Form auch einnimmt und ...

Muss aber nicht. Und wahrscheinlich kommunizieren sie auch

dann, wenn sie nicht in eine Richtung fliegen. Oder sie können es zumindest machen.

Was könnte die Biophotonik in Sachen Krebsdiagnostik in Zukunft beitragen und wie könnten biophotonische Messungen uns auch in der Behandlung dann der Krebsursachen, die ja nach wie vor, selbst wenn wir jetzt allgemein eine Kommunikationsstörung da annehmen, noch rätselhaft sind, wie könnte die Biophotonik da in Zukunft weiterhelfen?

Wir sind im Moment dabei und machen Messungen des Lichtfeldes vom Menschen. Und wir haben im Moment bisher etwa zweihundert Menschen untersucht, auch Tumorpatienten, und haben – das ist das Negative daran – nie ein verändertes Lichtfeld gesehen, wenn jemand an einer ganz bestimmten Stelle einen Tumor hat. Also wenn z. B. jemand einen Lebertumor hat, brauche ich mir gar nicht einzubilden, dass an der Stelle, an der die Leber sitzt, ein verändertes Lichtfeld zu messen ist, interessanterweise. Wir haben es jedenfalls bisher noch nicht gefunden. Sondern in all den Fällen fällt auf, dass Asymmetrien da sind und dass die Patienten, die Tumorpatienten, ihr Lichtfeld relativ niedrig halten und sehr wenig verändern. Es ist eine gewisse Erstarrung in der Lichtemission. Es ist kaum noch eine Ankopplungsszene z. B. an biologische Rhythmen. Wir sehen bei gesunden Menschen auch niedrige Werte, aber die verändern sich im Rhythmus äußerer Vorgänge, z. B. Tag/Nacht-, Monatsrhythmus. Bei Tumorpatienten sind diese Rhythmen sehr stark verlorengegangen. Und ich würde heute aus dieser Sicht glauben, dass eine mögliche Therapie für Tumorpatienten im Wesentlichen darin besteht, dafür zu sorgen, dass ihr gesamtes Regulationssystem nicht nur die Stelle, an der der Tumor sitzt, sondern der gesamte Mensch sich irgendwie in natürliche Rhythmen wieder einjustieren, eintunen muss, wie der Engländer oder Amerikaner sagt. Darin sähe ich eine Möglichkeit. Z. B. immer mit Sonnenaufgang zu meditieren, das soll es schon geben, scheint mir recht sinnvoll zu sein, und bei Sonnenuntergang wieder zu meditieren, also eine Ankopplung an die natürlichen Rhythmen zu gewinnen, natürlich mit anderen, mit vielen anderen Maßnahmen. Aber ich würde beispielsweise nie dazu raten, das Gewebe zu zerstören. Vielleicht mit Ausnahme von Operationen. Operationen sind in Ordnung, aber das normale Gewebe, das Bindegewebe sollte nicht vernichtet werden. Das kann man beispielsweise erkennen an den vielen Spontanheilungen, die es gibt. Vielleicht noch die Bemerkung: Ich kann natürlich – und es ist immer gefährlich, jetzt allgemeine Ratschläge zu geben – Hinweise geben oder man sollte in Richtungen denken, wie man Spontanheilungen verbessern, die Ursachen für Spontanheilungen herausfinden, den gesamten Organismus einschließlich natürlich seiner psychischen Situation zu betreuen, und möglichst wenig zu schaden. Dem Patienten wirklich die Möglichkeit zu geben, geheilt zu werden und nicht aus der Gewissheit heraus, das Leben für eine ganz bestimmte Frist zu verlängern, möglicherweise diese Chance zu vernichten. Das scheint mir das Wichtigste zu sein. Wobei der Einzelne vielleicht auch die Chance haben sollte, selbst darüber zu befinden, ob er sich lieber mit Chemikalien behandeln lässt und damit eine gewisse Garantie bekommt, noch eine bestimmte Zeit zu leben, aber möglicherweise dadurch eben die Chance verliert, überhaupt geheilt zu werden. Oder ob er das Risiko auf sich nehmen will, ohne Chemotherapie mit alternativen komplementären Methoden möglicherweise eine größere Heilungschance zu bekommen.

Könnte die Biophotonik auch Aufschluss darüber geben, für Krankheiten wie Krebs, aber auch andere, wo beispielsweise das Immunsystem geschwächt ist und es schwierig ist, für den Patienten die richtige Arznei zu finden ... dass da eben durch die Messungen der Lichtintensität jetzt vielleicht nicht das Arzneimittel, aber Tendenzen erkannt werden können, welche Therapieform dem Patienten am besten hilft?

Ja. Ich denke, dass hier eine Zukunftsaussicht besteht. Ich darf darauf hinweisen, dass ja heute bereits in der Diagnostik Methoden eingesetzt werden, die von uns zum ersten Mal überhaupt erkannt wurden, nämlich dass z. B. mit Laser das Gewebe belichtet wird und man aus der erhöhten Lichtintensität der reflektierten Lichtsignale heute bereits recht erfolgreich Tumoren diagnostizieren kann im Inneren des Organismus. Wir waren die Ersten, die diesen Effekt erkannt und auch publiziert haben.

Der Terminus dafür ist die verspätete Luminiszenz.

Delayed Luminescence. Man kann die Technik sehr stark in eine relativ schadlose Diagnose umsetzen. Und wenn man eine nichtinvasive Diagnose hat, ist es nicht sehr schwer, auch eine gute Therapie zu finden. Wenn man den Patienten immer wieder beobachten kann, ohne dass man ihm schadet, hat man die Möglichkeit, Therapieverläufe zu verfolgen. Das kann man ja heute leider nicht, weil die einzige Möglichkeit darin besteht, dass man eben z. B. durch Röntgenstrahlung oder durch invasive Methoden dem Patienten schaden muss, um zu erkennen, wie sein Tumor weiterwächst. Und auf lange Sicht ist das keine Methode.

Könnte man sich vorstellen, dass, wenn wir das Frequenzgeschehen im Zellverband im Körper letztlich entschlüsselt haben, wenn wir also das Alphabet oder die Sprache der Frequenzen kennen, mit der die Zellen untereinander kommunizieren, was ja jetzt erst ansatzweise geschehen ist – könnten dann Biophotonenmessungen in 50, 100 Jahren einen ähnlichen Schritt bedeuten wie vor hundert Jahren eben Röntgen und seine Methode der Diagnose?

Das ist jetzt natürlich sehr spekulativ, was ich sage, ich kann aus unseren bisherigen Erfahrungen Schlüsse ziehen. Wir haben alle technischen Möglichkeiten, die es gibt, noch bei weitem nicht genutzt. Das ist auch sehr schwer, das technisch weiterzuentwickeln. Wir sind selbst gar nicht in der Lage dazu, aber wenn ich mal die Mission artikulieren kann: Ich glaube, dass z. B. durch die Beobachtung der Änderung der Frequenzen durch eine Ganzkörperanalyse des gesamten Lichtspektrums, was aus dem Organismus kommt, vielleicht noch auch Infrarot miteinbezogen, Mikrowellen usw., dass die technische Analyse einer solchen Emission die Zukunft der medizinischen Diagnostik überhaupt ist. Davon bin ich überzeugt. Man wird aus solchen Bildern vielleicht in 50, 100 Jahren letztlich alles erkennen können, was man wissen will.

Ein Biophotonenscanner sozusagen, wie man das heute nennt, der völlig ungefährlich im Unterschied zu Röntgenstrahlen ein Bild aufnimmt und uns sehr genaue Auskunft geben kann, über den lebensnahen oder lebensfernen Zustand der jeweiligen …

Ja. Ich habe mit Japanern darüber gesprochen, die ja jährlich an die hundert Millionen US-Dollar in diese Entwicklung stecken. Der Japaner hat mir im Vertrauen gesagt, dass man darüber nachdenkt, in Japan eine Kathode zu entwickeln, die über dem gesamten Menschen liegt und damit also eine Momentaufnahme oder auch Zeitaufnahmen des Lichtfeldes machen kann. Das ist furchtbar teuer, sowas kostet heute an die 30 Millionen Mark vielleicht. Aber am Anfang war alles teuer. Und wenn man dann, nehmen wir mal an, Sie könnten mit einem solchen Gerät am Tag 50 Menschen diagnostizieren, dann macht sich das auf die Dauer bezahlt.

Sie haben mit den Biophotonenmessungen auch Forschungen zur Wirkungsweise der Homöopathie und zu der Wirkung homöopathischer Präparate gemacht. Die Homöopathie hat ja unbestritten große Heilerfolge. Umstritten ist nach wie vor nur, wie diese Heilerfolge zustande kommen, ob es eine nachzuweisende Wirkung dieser Verschüttelungen der homöopathischen Arzneien gibt oder ob das Ganze auf einer Selbstheilung, dem Glauben des Patienten, also auf dem berühmten Placeboeffekt, nur beruht. Sie haben dazu Forschungen angefangen, dann aber wieder aufgegeben nach einer gewissen Zeit, weil Sie sich da auch zwischen beide Stühle sozusagen gesetzt haben und es keinem so richtig recht machen konnten ... weder den Schulmedizinern, die sagen, die Homöopathie ist Mumpitz, noch den Homöopathen, die sagen, sie ist das einzig Wahre.

Ich habe diese Forschungen nicht aufgegeben, weil ich unter Druck geraten bin. Es ist richtig, dass ich wegen der Homöopathie die Universität Kaiserslautern verlassen musste. Ich habe Vorlesungsverbot bekommen, weil ich einen Forschungsauftrag über Homöopathie angenommen haben. Und ich habe den Ärger der Homöopathen heraufbeschworen, weil diese Forschung zu keinem Ergebnis führte.

Welche Experimente haben Sie in diesem Zusammenhang gemacht?

Ich habe Pflanzen vergiftet, dann die gleichen Pflanzen mit einem homöopathischen Präparat aus diesem Giftstoff behandelt und wollte Unterschiede sehen zwischen den behandelten und den unbehandelten oder denen mit dem Placebo behandelten Pflanzen. Und mit meiner Methode sah ich Unterschiede nur bis zur D6, vielleicht bis zur D12, aber auf keinen Fall bis in den Bereich der Hochpotenzen, von wo aus die ganze Geschichte erst interessant geworden wäre. Und zu meinem Unglück nahmen die Effekte auch mit höherer Potenz ab, statt zuzunehmen, und ich wusste einfach nicht mehr, wie komme ich weiter, und ich sah auch ehrlich gesagt überhaupt keine Möglichkeit, mit unseren Methoden einen Beweis zu führen. Ich habe aber – das muss ich dazu sagen – mich nie dazu durchringen können zu sagen, die Homöopathie kann nicht wirken. Innerlich habe ich irgendwie das Gefühl, dass da was dran ist, habe auch Vorstellungen dazu. Ich weiß nicht, ob Sie wissen, dass ich 1978 vom Bundesgesundheitsamt aufgefordert wurde, ein Gutachten zu schreiben. Ich habe damals in diesem Gutachten bereits argumentiert: Wir haben zwar keinen Beweis für die Wirksamkeit der Homöopathie, wir haben aber auch keinen Beweis dafür, dass sie unwirksam sein muss. Man muss dieser Frage offen gegenüberstehen, auch wenn man zunächst glaubt, das sei unmöglich. Aber warum ist das unmöglich? Es ist unmöglich im Rahmen eines chemischen Modells – in den homöopathischen Arzneien sind sicher keine Moleküle mehr drin. Es wäre auch Unsinn, wenn man sagen würde, Verunreinigungen sind immer da, da müsste auch das Leitungswasser homöopathische Substanz sein. Oder der Rhein, der von BASF ständig mit einer Urtinktur versorgt wird (lacht), der müsste dann in Antwerpen ein hervorragendes Homöopathikum sein. Warum ich glaube, dass es möglich ist, ist, weil der Hahnemann mit seinen beiden Prinzipien, nämlich dem Simile-Prinzip und Potenzierungsprinzip, letztlich etwas bringt, was von der Physik her sehr gut verständlich ist, nämlich das Resonanz-Prinzip. Die Resonanz ist nichts anderes, als dass sie eine Ähnlichkeit hervorrufen müssen. Sie müssen beispielsweise, wenn Sie eine Stimmgabel anschlagen und von der Stimmgabel die Energie wegnehmen wollen, die gleiche Stimmgabel damit in Resonanz bringen und die zweite Stimmgabel, mit der Sie die Energie entziehen, darf selbst nicht schwingen, das sind genau die beiden Prinzipien, auf die Hahnemann gekommen ist. Und es gibt in der Biologie tatsächlich einen Effekt. Ich habe vorhin von diesem Fotorepair gesprochen. Das ist genau das. Beim Fotorepair schädigen Sie mit UV-Strahlung bei 380 Nanometern meinetwegen, und die heilende Wirkung kommt durch die gleiche Strahlung zustande, nur in sehr niedriger Dosis. Sie haben also hier etwas in der Biologie, was genau diesen Regeln folgt. Ich kann mir vorstellen, dass das eine grundlegende Bedeutung in der Biologie hat, und ich habe auch Vorstellungen als Physiker, wie so etwas wirken könnte. Es ist zwar sehr, sehr vage, ich habe keinen Beweis dafür, aber ich kann mir vorstellen, dass es geht. Nehmen wir mal an, ich schüttele Wasser. Durch das Verschütteln von Wasser verändere ich das Wasser. Das ist nicht das Gleiche, als wenn es unverschüttelt ist. Gut, der Physiker sagt, nach 10 hoch minus 9 Sekunden sind die beiden wieder gleich, weil die Verschüttelung dann ausgedämpft ist. Das stimmt nur bedingt. Es kann sein, dass Mikrooszillationen übrig bleiben im Wasser, die, wie man sagt, kohärente Zustände sind, die nicht nach dem Exponentialgesetz abfallen, sondern nach einem hyperbolischen Gesetz, das heißt, sie bleiben über lange Zeit unter Umständen erhalten. Man spricht hier von Solitonen.

Man kann sich vorstellen, wenn man das beliebig oft macht, also solche Verschüttelungen mit dem Arzneimittel zu modulieren, dass das genau die gleiche Wirkung hat wie eine Stimmgabel, die jetzt in den Organismus hineingebracht wird, in der bereits das Gift mit hoher Oszillation schwingt, und dann wird diese Energie entzogen. Das ist vorstellbar. Und natürlich wird das ein Chemiker oder Biochemiker nie akzeptieren, weil für ihn diese Vorstellung völlig fremd ist. Sie ist fremd, aber sie ist richtig. Und wir müssen an solche Möglichkeiten denken. Und ich glaube auch nicht, dass alle Homöopathen Spinner sind. Die haben ihre Erfolge. Und jetzt kommt der entscheidende Punkt für mich: Ich sehe ehrlich gesagt, und damit habe ich bei den Homöopathen natürlich wenig Zustimmung gefunden, ich sehe keinen Unterschied zwischen dem Placebo-Effekt und einer homöopathischen Wirkung. Der Placebo-Effekt wird immer als etwas minderwertiger abgetan. Aber es ist ein Effekt. An den auch die Schulmediziner glauben. Was wäre denn, wenn ich z. B. durch solche Präparate, nach den Regeln von Hahnemann, eine Umstimmung im Organismus herbeiführen könnte, eine Umstimmung im Befinden des Patienten, sodass der plötzlich an seine Heilung nicht nur glaubt, sondern überzeugt davon ist, dass diese Umstimmung zu einer echten Überzeugung führt.

Und ich frage mich sogar, ob das nicht sowieso notwendig wäre und ist, und zwar bei jeder Heilung – diese innere Überzeugung. Und wenn eine solche Überzeugung geschaffen wird, dann ist der Glaube an die Heilung und die Heilung selbst, das sind völlig identische Dinge. Also von der Seite her ist mir das alles nicht so absurd. Aber es wird durch Ideologien innerhalb der verschiedenen Gruppen verhindert, sowohl bei den Homöopathen als auch bei den Nichthomöopathen darf man über so etwas gar nicht diskutieren. Die haben ihre bestimmten Vorstellungen. Die einen sagen, Placebo-Effekt ist minderwertig, hat mit der Homöopathie nichts zu tun. Und die anderen, die Homöopathen, haben Angst davor, dass sie in die Richtung von solchen Effekten gedrängt werden. Dabei können sie froh sein, der Placebo-Effekt ist schulwissenschaftlich anerkannt, das müsste eigentlich von der Krankenkasse bezahlt werden.

Placebo ist die beste und auch die nicht-invasivste, schonendste Methode, wieder gesund zu werden. Es heilt, wie wir wissen, auch die allerschwersten, unheilbaren Krankheiten.

Ja, natürlich. Es wird nicht einfach sein, aber ich meine, wenn man das erst mal gesehen hat, diese Zusammenhänge, und akzeptiert oder zumindest für möglich hält, dann wird man auch in die richtige Richtung marschieren. Stattdessen wird eine Forschungspolitik heute betrieben, sowohl bei den Nichthomöopathen als auch bei den Homöopathen, die, das kann ich Ihnen versichern, noch tausend Jahre so betrieben werden kann, ohne Ergebnis. Weil sie in völlig falsche Richtungen laufen.

Sie haben zwar keine »mechanische« Wirkung der Homöopathie nachweisen können, aber was sich doch gezeigt hat, ist, dass das berühmte Gedächtnis des Wassers in gewisser Weise doch existiert. Dass Wasser jenseits von H_2O in der Lage ist, bestimmte Informationen zu transportieren, weiterzutragen, und dass deshalb viele der homöopathischen Vorstellungen, selbst wenn man sie jetzt noch nicht nachweisen kann, durchaus auf dieses »informierte« Wasser zurückzuführen sein könnten?

Zumindest sehe ich keinen Grund, warum so etwas unmöglich sein sollte. Gedächtnis ist natürlich auch eine Frage der Zeit, in der ein solches Gedächtnis wirksam ist. Wenn ich einen Sensor habe, der völlig unempfindlich ist, oder wenn ich jemand habe, der sein Gedächtnis verloren hat, dann können sich bei dem natürlich bestimmte Mechanismen abspielen und ich kann nicht von Gedächtnis reden. Wenn ich aber umgekehrt, nehmen wir mal an, einen Sensor habe, der noch auf Aktivitäten reagiert, die man normalerweise nicht mehr nachweisen kann, dann misst dieser Sensor eine ganz andere Gedächtniszeit als ein grobes Detektorsystem. Das heißt also, das Gedächtnis ist nicht nur eine Frage des Objekts, das Sie untersuchen, sondern auch eine Frage des Detektors, der ein Urteil über das Objekt abgibt. Und wenn ich jetzt also beispielsweise Wasser verschütte und mir einen Sensor nehme, der diese Mikrovibrationen nicht mehr messen kann, dann ist das Gedächtnis für ihn 10 hoch minus 9 Sekunden. Dann ist Schluss. Wenn aber dieser Sensor noch auf Mikrovibrationen reagiert, z. B. ein biologischer Sensor, der ja wesentlich empfindlicher ist als ein physikalisches Detektorsystem, dann kann dieser biologische Sensor vielleicht noch nach Stunden, nach Wochen, nach Monaten etwas registrieren, der wird eine ganz andere Gedächtniszeit feststellen als der physikalische Sensor. Das sind alles Dinge, die nicht berücksichtigt werden bei diesen lapidaren Diskussionen um Gedächtnis. Die einen sagen, Wasser hat ein Gedächtnis, die anderen sagen, Wasser hat kein Gedächtnis. Doch sie wissen gar nicht, dass das abhängig davon ist, was sie unter Gedächtnis verstehen, wie sie das definieren.

Das Beispiel Homöopathie – Schulmedizin, wo Sie es mit der Biophotonik keinem so richtig recht machen konnten, das haben wir dann ja in einer ähnlichen Variante auch in der Lebensmittelanalyse. Sie haben ja das Glück gehabt, dass Sie über Biophotonen-Messapparaturen, die eben herstellbar sind und auch vermarktbar, diese Behinderungen und das Mobbing des Wissenschaftsestablishments umgehen konnten.

Ich habe mich, als ich Ihre Geschichte gelesen habe, manchmal an Wilhelm Reich erinnert gefühlt, der ja auch einer biologischen Strahlung auf der Spur war, dann auch, weil man ihn nicht ernstgenommen hat, seine Orgon-Kisten verkaufen musste, weswegen er' dann letztlich ins Gefängnis kam …

Das Letzte fehlt noch bei mir. Aber die Kisten, die mysteriösen Kisten, verkaufe ich schon.

Wilhelm Reich ist dann trotz hoher Reputation und Anerkennung ziemlich elendig zugrunde gegangen. Letztlich hat er seine Forschungen nur retten können, weil er versucht hat, sie einfach umzusetzen in Apparaturen, die verkaufbar sind. Ihm hat es nichts genützt. Aber Ihnen hat es am Ende geholfen, sodass Sie jetzt in der Lage sind, für die Lebensmittelanalyse mit der Biophotonik Geräte zu liefern, die etwas können, was die normale Lebensmittelanalyse nicht kann. Doch damit sind Sie auch wieder zwischen zwei Stühlen gelandet, denn Sie konnten es weder den konventionellen Landwirten noch den Biobauern richtig recht machen …

Ja, es scheint so zu sein, dass eine Polarität in der Gesellschaft aufgetreten ist, in der die Wahrheit in gewisser Weise in der Mitte liegt und man sie trotzdem nicht als einen Kompromiss bezeichnen kann. Auch hier in der Lebensmittelanalytik zeigt sich plötzlich ein ganz neues Fenster der Qualitätseigenschaften, durch das man bisher nicht geschaut hat. Der chemische Analytiker wird Ihnen kaum etwas darüber sagen können, was z. B. die Frische ist, wie der Frischezustand gemessen werden kann. Oder er kann Ihnen kaum etwas dazu sagen, was Keimfähigkeit ist, Keimfähigkeit von Getreide beispielsweise, das ist eine der wichtigsten, elementaren biologischen Eigenschaften überhaupt, ohne die Keimfähigkeit könnten wir nicht existieren. Und die herkömmliche Analytik kann Ihnen dazu überhaupt nichts sagen. Denn wenn ich ein Weizenkorn zermahle, sind die Moleküle nach wie vor die gleichen. Die Analytik wird keine Aussage darüber machen können, was die Keimfähigkeit ist, weil die Moleküle oder die Analyse nicht ausreicht, um diese Gesamteigenschaft zu beschreiben. Auf der anderen Seite, der Biobauer orientiert sich zwangsläufig nicht an wissenschaftlichen Erkenntnissen, sondern an seinem Gefühl, an seiner Einstellung zur Natur, die richtig sein kann, die aber auch verfälscht werden kann durch Ideologien. Da werden dann mehr Zauberformeln beschrieben, als dass man an die wirklichen Probleme denkt. Ich weiß z. B. aus unseren Erfahrungen, dass das Problem heute eigentlich gar nicht ist: biologischer Anbau, ja oder nein? Auf das wird das reduziert. Das Problem besteht im Grunde genommen darin, dass unsere Äcker, Böden einfach überdüngt werden, dass die Bauern dazu gezwungen werden, viel zu viel zu produzieren, weil sie das billig machen müssen usw. Und darunter leiden natürlich beide Seiten, wenn man das zu reduzieren versucht auf plötzlich besondere Qualitäten von biologisch angebauter Ware, die durch den biologischen Anbau gar nicht so erheblich verbessert werden müssen, weil nämlich noch viele andere Faktoren dazukommen. Da kommt der Sonneneinfluss dazu, die Bodenbeschaffenheit, es kommen dazu die richtige Sortenauswahl an der richtigen Stelle, die Fertigung usw., diese Dinge spielen oft eine wesentlich größere Rolle als die Düngervariante, freilich unter der Voraussetzung, dass man vernünftig düngt. Das heißt also, auch hier erleben Sie die seltsame Situation, dass es nicht zugelassen wird, dass die richtigen Fragen gestellt werden.

Und die lauten bei einem Lebensmittel?

Zuerst einmal herauszufinden, was ist überhaupt Qualität? Auf die richtige Spur hat uns da auch jemand gesetzt, der heute verstorben ist, aber ähnlich genial war wie Gurwitsch, nämlich der Quantenphysiker Erwin Schrödinger. Schrödinger hat die richtige Frage gestellt, indem er darauf hingewiesen hat, dass es bei

Lebensmittelqualität überhaupt nicht darauf ankommt, dass der Verbraucher mit Energie versorgt wird. Wenn das der Fall wäre, könnte er ja z.B. Nitroglyzerin in Unmengen zu sich nehmen. Sondern es kommt darauf an, dass er richtig informiert wird von der Nahrung, dass seine Ordnung stabilisiert, aufgebaut wird, dass sie erhalten bleibt. Und diese Ordnung, von der Schrödinger spricht, ist zwar bei ihm nicht exakt definiert, aber wir müssen dieser Frage nachgehen. Wir müssen herausfinden, was ist diese Ordnung? Wie gewinnt der Verbraucher Ordnungen? In dem Sinne ist natürlich die Lebensmittelqualität von der Frage der medizinischen Versorgung nicht so verschieden, sodass es sich anbietet, von den Fragen der Medizin eben auf die Frage der Lebensmittel zu gehen. Ich habe da ein interessantes Erlebnis gehabt: Ich war von einem Max-Planck-Institut für Lebensmittel eingeladen und dort wurde über die DNA gesprochen und ob DNA Licht speichern kann, warum nicht usw., es wurde über alle molekularen Dinge gesprochen. Und als ich dann angefangen habe zu sagen, dass man mit dieser Methode unter Umständen auch Lebensmittel analysieren kann, da hat man gesagt, wie ich überhaupt auf solche idiotischen Themen käme, das würde vielleicht Marktfrauen interessieren, aber keine wissenschaftliche Institution. So weit ist man heute.

Sie schreiben an einer Stelle, dass wir uns letztlich von Licht ernähren. Schrödinger sagt, wir nehmen über die Nahrung sozusagen Ordnungszustände auf, mit denen wir die Entropie, also die Unordnung in unserem Körper, ständig bekämpfen, wir informieren uns mit kosmischer Ordnung, indem wir gesunde Nahrung zu uns nehmen. Das erinnert an die archaische Vorstellung des Menschen als ein Lichtwesen, und was die Ernährung betrifft, bedeutet es, dass Fragen der Materie, der Kalorien nicht das Entscheidende sind, sondern die der kohärenten Lichtinformationen, die wir aufnehmen. Wenn ich nun ein Lichtwesen bin und wissen will, welche Pflanze, welches Gemüse, welches Ei, welche Nahrung ist für mich optimal? Kann ich mir da vorstellen, dass hier um die Ecke in diesem tollen Biolebensmittelsupermarkt in 20 Jahren an der Kasse so ein Gerät steht, wo mein Salat und mein Gemüse und meine Butter und alles vorbeifahren, und ich krieg jedes Mal einen Lichtwert angegeben, der mir sagt, jawoll, das ist ordentlich, das ist eine gesunde Nahrung?

Also vom Ansatz ist es zunächst sicher richtig, lieber eine objektive Testung der Qualität durchzuführen, als die Qualität über den Ursprung definieren zu wollen. Weil der Ursprung nicht eine eineindeutige Einflussnahme auf die Qualität nimmt. Wie gesagt, das Klima spielt eine Rolle, Sonneneinfluss usw., das kann man nicht daraus erkennen, dass man sagt, das war jetzt Bioanbau oder nicht Bioanbau. Wir haben vor Kurzem ein sehr deutliches Beispiel gehabt mit einer Getreidesorte Dinkel. Und da wurde verglichen Dinkel aus biologischem Anbau mit Dinkel aus konventionellem Anbau, aber in einer Gegend, in der Dinkel hervorragend gedeiht, während die Gegend, in der er biologisch angebaut wurde, völlig ungeeignet war. Und es stellte sich auch tatsächlich heraus, dass der Dinkel aus konventionellem Anbau bei vernünftiger Düngung qualitätsmäßig wesentlich besser war, das wurde durch verschiedene Verfahren eindeutig belegt, einschließlich der Biophotonik. Und dann nützt es nichts zu sagen, das ist jetzt biologisch angebauter Dinkel. Ich denke, viel besser als diese Biophotonik wäre, wenn wir unser eigenes Gespür, das wir ja haben, unseren eigenen Appetit, unsere Fähigkeiten, die Nahrung richtig zu beurteilen, wenn wir das wieder verbessern könnten, wenn wir wüssten, was wir brauchen, was wir wollen. Ich habe das gemerkt, als ich in China war, ich lebte eine Weile in China, da fand ich für kurze Zeit wieder zurück zu meinem ursprünglichen Empfinden. Ich habe also dort gelebt wie der Herrgott in Frankreich, kann man sagen, und habe fünf Kilo abgenommen in dieser Zeit. Ich habe das nicht für möglich gehalten. Warum? Weil die Nahrung gesund war und weil ich wusste, was mir guttut und was mir nicht guttut. Und es war eine enorme Diversität da. Das Gegenteil passiert Ihnen, wenn Sie in die USA reisen und keine Zeit haben, wenn man Zeit hat, geht's einem dort auch besser. Aber diese Art von Esskultur, die bei uns herrscht, die bringt uns um. Wir leben zwar länger, aber im Grunde genommen leben wir gar nicht länger, sondern wir werden mitkonserviert. Wir sterben langsamer. Das ist die Situation.

Das heißt, wir müssen, wenn wir jetzt die Lebensmittel untersuchen, ähnlich wie beim Thema Krebs, den Gesamtverband betrachten. Es kommt auch darauf an, welcher Bauer hat es angebaut, sondern eben die Gesamtfaktoren einzubeziehen, wie viel Sonne hat es abgekriegt …

Nein, das ist zwar wichtig für den Hersteller, aber wichtiger wäre es, wenn man wirklich Methoden hätte, mit denen man die Qualität im ganzheitlichen Sinne überprüfen könnte. Deswegen ist eben die Biophotonik in meinen Augen sehr wichtig. Ich kann mir überhaupt nicht vorstellen, dass das später an der Ladenkasse geschieht, sondern ich kann mir vorstellen, dass der Erzeuger, und teilweise geschieht das ja heute schon, sich selbst und seine Ware mit solchen Methoden überprüft und optimiert.

Sie haben mit der Biophotonik eine Methode gefunden, Freilandeier zu unterscheiden von Batterieeiern. Es gibt nach biochemischer Vorstellung ja dann überhaupt keinen Unterschied, Ei ist Ei und die biochemischen Zusammensetzungen dieser beiden Sorten Eier, die mögen, wenn die Ernährung der beiden Hühner auch gleich war, gar nicht so …

Wir haben Beispiele, wo eben alles gleich war. Die Ernährung war gleich, die Hühner waren gleich, mit einer Ausnahme, die einen konnten rausgehen, wann sie wollten, die anderen wurden im Stall gehalten, das war der einzige Unterschied. Und da zeigten sich dramatische Unterschiede in der Biophotonenemission, und zwar hundert Prozent. Die Freilandeier hatten doppelt so hohe

Speicherwerte wie die Batterieeier. Das heißt also, die hätten dann durchaus doppelt so teuer sein können.

Das heißt, diese Eier sind doppelt so gut oder doppelt so gesund, weil sie die doppelte Menge an geordneten kohärenten Lichtinformationen mit sich bringen.

Ja. Gut, ich meine, wir sagen jetzt doppelt, das kann auch zehnmal so gut sein. Wir wissen es nicht. Diese starke Veränderung kann ernährungsphysiologisch zu einer dramatischen Verbesserung der Qualität führen. Wir haben keine direkte quantitative Zuordnung, aber ich meine, der Verbraucher spürt das ja auch glücklicherweise, und solange die Menschheit ihre Grundrationalität und ihr Grundgefühl in diesen Situationen nicht verloren hat, kann man sich ja noch darauf verlassen und kann guten Mutes sein, dass sich das Bessere dann durchsetzt. Letztlich leben wir von diesen Reserven des gesunden Menschenverstands in der Bevölkerung.

Ich würde gerne noch einmal auf die Grundlagen der Biophotonik kommen, die quantenphysikalischen und auch die »weltbildlichen«. Wir haben ja zum einen in den alten medizinischen Vorstellungen oder überhaupt von den Vorstellungen vom Menschen schon immer die Idee einer Lebenskraft, die als Brahma oder als Chi auftaucht in den asiatischen Medizinsystemen. Wir haben die Vorstellung der Aura, dass jeder Mensch über eine Aura verfügt, in verschiedenen esoterischen Anschauungen steht das im Zentrum des Interesses. Die Biophotonen scheinen mir so etwas zu sein wie die letztendlich feststoffliche Materialisierung dieser bisher nur feinstofflich bezeichneten Dinge. Gurwitsch hatte damals noch Probleme, weil die quantenphysikalischen Vorstellungen, wie sie heute da sind, damals erst formuliert wurden. Würden Sie dem zustimmen, dass wir heute mit der Biophotonik eigentlich jetzt den materiellen Beweis dieser alten, vitalistischen Lebenskraftvorstellungen haben?

Also, dass solche Vorstellungen existieren und dass sie dann als Esoterik oder wie auch immer bezeichnet werden, ist natürlich überhaupt kein Argument dafür, dass sie falsch sein müssen. Das ist schon mal von Anfang an ... und ich würde auch als Physiker sagen, wenn solche Vorstellungen schon immer existiert haben, dann ist vermutlich auch etwas dran. Die Leute haben ja früher auch denken können und die Denkkapazität hat sich nicht merklich verbessert, sie ist nur etwas ineffektiver geworden, glaube ich. Aber wenn man dann wissenschaftliche Grundlagen für die, sagen wir, prinzipielle Richtigkeit solcher Überlegungen findet, dann ist zunächst mal für mich gar nicht so wesentlich, mit wem man sich dann anlegt, sondern entscheidend für mich ist, ob man das auch wirklich belegen kann mit den wissenschaftlichen Methoden, die zur Verfügung stehen. Und man hat umso mehr Probleme, wissenschaftliche Beweise zu führen, je weniger lokal die Ereignisse sind, mit denen man sich beschäftigt. Wenn Sie alles an einem Substrat aufhängen können, wenn Sie irgendein Molekül identifizieren können, ein lokales Ereignis mit einem Detektorsystem im positivistischen Sinne, dann ist das überhaupt kein Problem. Aber wie will man nicht-lokale Wechselwirkungen über lokale Ereignisse dokumentieren? Und hier hat die Quantentheorie enorm weitergeholfen, weil die Quantentheorie sich im Grunde genommen genau mit diesem Problem beschäftigt. Die Quantentheorie lokalisiert Felder, lokalisiert Erscheinungen, von denen sie gar nicht weiß, was diese Erscheinungen sind. Sie weiß nur, dass, wenn sie ganz bestimmte experimentelle Anordnungen trifft, ganz bestimmte Antworten dieser Erscheinungen bekommt. Das beginnt schon bei dem Begriff Photon. Ich betrachte ein Photon nicht als Teilchen, obwohl es auch von Quantentheoretikern immer als Teilchen betrachtet wird. Photon ist eigentlich ein Prozess. Photon ist ein Wechselwirkungsprozess eines elektromagnetischen Feldes mit einem Detektorsystem, sodass lokal eine bestimmte Energie übertragen wird in einer ganz bestimmten Zeit. Wenn dann das Produkt aus dieser übertragenen Energie multipliziert mit der Zeit, die notwendig ist, eine ganz bestimmte Grenze, nämlich das Plancksche Wirkungsquantum, überschreitet, dann macht es klick, und dann sagt man, aha, jetzt habe ich ein Photon gelöst/gelöscht? Das ist ein Photon, das ist ein Prozess. Und was sich abspielt hinter diesem Ereignis, ist und bleibt für alle Zeiten nicht erkennbar. Und allein die Einsicht, dass es eben Dinge gibt, die wir grundsätzlich nicht erkennen können, hat zu einer Veränderung unseres Weltbildes geführt, die uns dann auch die Möglichkeit gibt, über z. B. biologische Systeme in einem ganz anderen Sinne zu sprechen, wir sind nicht gezwungen jetzt im biologischen System jedes einzelne Molekül an der richtigen Stelle zum richtigen Zeitpunkt richtig zuzuordnen, das ist völlig unmöglich, um Biologie zu verstehen. Sondern wir müssen uns auf das konzentrieren, was wichtig ist zum Verständnis und was wir auch wirklich verstehen können. Und wichtig ist es z. B. überhaupt nicht oder nicht so wichtig, welche Reaktion im Organismus stattfindet, die vielen Moleküle, die da ständig herumschwirren und die irgendetwas miteinander machen, sind nicht so entscheidend für das, was geschieht. Wichtig ist herauszufinden, warum geschieht eine Reaktion zu einem ganz bestimmten Zeitpunkt an einer ganz bestimmten Stelle. Darauf gibt uns die Biochemie keine Antwort. Darauf kann uns aber die Quantentheorie eine Antwort geben. Sie kann uns auch eine Antwort geben z. B. auf die wichtige Frage, warum laufen wir nicht als Molekülhaufen durch die Tür? Wenn ich durch die Tür gehe, bin ich kein Nebel als Molekül, sondern ich bin eine Ganzheit, ich fühle mich als eine Ganzheit, die kompakt zusammen ist und bei der mein Fußzeh genauso wichtig ist wie mein rechtes Ohr, und die beiden gehören in diesem Zustand zusammen. Wie entsteht dieses Gefühl der Ganzheitlichkeit? Das kann ich nicht dadurch beantworten, dass ich sage, da in jeder Zelle ist ein A und da ist ein RNA und da entstehen Enzyme usw., das kann ich nur beantworten über die Felder, die das Ganze zusammenhalten, die irgendwie dahinterstehen hinter dem, was wir messen. Und das, was dahintersteht, ist ja ein komplexes Feld mit einer Unmenge von Informationen, die wir uns überhaupt nicht vorstellen können. Und dieses Gefühl der Ganzheitlichkeit, das entsteht nicht aus dem Feld des Wissens, sondern es entsteht eben aus diesem Feld der vielen Möglichkeiten, die sich dahinter verbergen. Das heißt, es ist ein Potenzialfeld im Grunde genommen, das uns zusammenhält. Die Erwartung, dass irgendetwas geschehen könnte, verbindet all diese Teilchen in diesem engen Informationsfeld wie ein Leim, der das Ganze nicht auseinanderfallen lässt. Das sind Vakuumkräfte im Grunde genommen, das sind Kräfte, die dadurch entstehen, dass hier unendlich viele Möglichkeiten so miteinander verzahnt werden, dass sie das Gefühl eines ganzheitlichen Bewusstseins ergeben. Das ist nicht das Wissen über etwas, sondern es ist das gemeinsame Unwissen, das die Dinge zu dem zusammenbringt, was wir Bewusstsein nennen, und das ist für das Verständnis von Leben von ganz grundlegender Bedeutung. Das ist auch im Mittelpunkt unseres Erfahrungsschatzes.

Der Frage, die Schrödinger gestellt hat – »Was ist Leben?« –, sind wir ja auch in den 70er Jahren ein Stück nähergekommen. Sie hatten die Gelegenheit mit dem Nobelpreisträger Ilya Prigogine zu diskutieren und zu arbeiten – und dieser hat ja eigentlich uns ein Modell geliefert dafür, wie Systeme funktionieren, die einerseits als ganze Systeme funktionieren, andererseits aber offen sein müssen, nach außen und gleichzeitig in der Lage ständig auf der Kippe zu stehen. Und dass dieses Auf-der-Kippe-Stehen eigentlich der ganz entscheidende Punkt ist, an dem sich die wichtigsten Ereignisse abspielen und wo vielleicht auch Bewusstsein erst entsteht.

Prigogine hat für nichtlebende Systeme zunächst mal, und das ist eine herausragende Erkenntnis gewesen, die fast die Bedeutung hat wie die Entdeckung Amerikas – er hat erkannt, dass es außerhalb des thermischen Gleichgewichtes stabile, sich selbst stabilisierende Strukturen gibt. Das hat man vor Prigogine gar nicht für möglich gehalten, weil man gesagt hat, wenn etwas erwärmt wird, dann wird es immer formloser und chaotischer und hier zeigt sich plötzlich, wenn ich etwas erwärme, dann treten plötzlich völlig neue Strukturen auf …

Ordnungen, geordnete Strukturen …

Ordnungen, er hat sie dissipative Strukturen genannt, später hat er dann auch kohärente Strukturen dazu gesagt. Das war ein wichtiger Gedankenschritt in der Naturwissenschaft, weil man plötzlich erkannte, dass es eben außerhalb des thermischen Gleichgewichtes Systeme gibt, die sich stabilisieren können. Heute, lange Zeit nach dieser Entdeckung von Prigogine, geht das sogar so weit, dass man auch versteht, was »weit weg vom thermischen Gleichgewicht« bedeutet. Weit weg vom thermischen Gleichgewicht kann sein ganz nahe am thermischen Gleichgewicht und trotzdem weit weg. Es kann sein, dass z. B. keine dramatische Temperaturänderung auftreten muss, sondern dass in unmittelbarer Nachbarschaft der herkömmlichen Temperaturen Zustände entstehen können, die sich weit weg vom thermischen Gleichgewicht befinden, weil sie autokatalytische Funktionen haben, weil sie nicht miteinander wechselwirken. Und biologische Systeme scheinen ganz besondere Systeme zu sein, die aus meiner Sicht jetzt, ich denke da etwas darwinistisch, es als einzige per definitionem wohlgemerkt, aber darin unterscheide ich mich von Darwin, per definitionem als einzig biologische Systeme, Lebewesen es geschafft haben, sich physikalisch in der Nähe des thermischen Gleichgewichts, weit weg autokatalytisch zu organisieren und dabei gegen den zweiten Absatz der Wärmelehre, Negentropie, das heißt Ordnung, zu kumulieren. Das ist jetzt zunächst mal die Definition. Und man kann jetzt fragen, warum schaffen die das überhaupt? Was ist die Ursache dafür?

Eigentlich geht so etwas doch gar nicht, es stellt die Physik, den berühmten zweiten Hauptsatz der Thermodynamik, auf den Kopf?

Der zweite Hauptsatz wird überhaupt nicht verletzt. Der zweite Hauptsatz gilt ja nur für abgeschlossene Systeme. Und ein biologisches System ... allein schon aus diesem Grunde kann es nicht abgeschlossen sein. Doch jetzt kommt die entscheidende Frage: Wie kann man das physikalisch erklären? Und meine Antwort ist eine sehr profane Antwort, die auch noch nicht in letzter Konsequenz durchdacht worden ist. Aber ich weiß, der Weg führt nur über diese Antwort: Wir haben eine wahnsinnig hohe Informationsdichte in der DNA. Die DNA hat eine um milliardenfach höhere Informationsdichte, als das technisch heute überhaupt möglich ist. Sie haben ein Volumen von 10 hoch minus 9 Kubikzentimeter pro Zelle. In diesem Volumen haben Sie ein Molekül, das ist zwei Meter lang und das wird dort nach raffiniertester Weise aufgeknäult, und über diese zwei Meter haben Sie 10 hoch 10 Basenbare. Für den gesamten Menschen ist, wenn Sie das auf einem Faden aufwickeln, kommt dabei eine Strecke von 10 hoch 13 Kilometer heraus, das entspricht dem Durchmesser unseres Planetensystems. Und dieser, auch von der molekularen Seite her, ungewöhnliche Aufwand, diese extreme Informationsdichte führt auch physikalisch zu einem Phänomen, das man in der täglichen Physik nicht kennt und auch in der Technik nicht, dieses Phänomen heißt Bosekondensation. Bosekondensation heißt, z. B. Photonen werden dort, wie in einer Falle, einer Kühlfalle, regelrecht kondensiert und eingefroren. Sie haben einen völlig neuen Aggregatszustand, der von der Technik her nicht bekannt ist. Und in diesem Aggregratzustand lässt sich also das Licht regelrecht einfrieren, speichern, wie in einer Kühlfalle aufzusaugen. Und sorgt für diese elementare Stabilität.

Sie haben die DNA eben als dieses endlos lange Molekül beschrieben, sodass jeder Mensch oder die Kette des Seins letztlich aus einer endlos großen Schlange besteht. Doch die menschliche DNA ist inaktiv zu 97, 98 Prozent ... eigentlich also überflüssig. Die Evolution neigt aber zur Effizienz, wie wir wissen, und es ist sehr unwahrscheinlich, dass so ein Molekül sich über die Milliarden Jahre der Entwicklung des Lebens gehalten hat, entwickelt hat, ausgebildet hat in solcher Länge, ohne einen besonderen Grund. Ihre Hypothese dazu ist, dass die DNA eigentlich eine Lichtpumpe, ein Lichtspeicher ist, die dazu dient, eben das Informationssystem – und nicht nur den genetischen Bauplan sozusagen, der da einmal abgelegt ist – aufrechtzuerhalten.

Zum Beispiel über die Lichtkopplungen den einzelnen Molekülen im Zellverband mitzuteilen, an welcher Stelle zu welchem Zeitpunkt sie aktiv werden müssen. Die Frage der Organisation wird von dieser Informationsdichte aus überhaupt beantwortbar. Das heißt also, diese 98 Prozent spielen eben die Rolle einer Organisationseinheit. Es gibt ja mehr und mehr Molekularbiologen, die das auch glauben, die aber dann sagen, na gut, das sind die Bürokraten in der Zelle.

Es gibt ja Hypothesen, die postulieren, dass Morphogenese, die Formbildung, über eine Fernwirkung stattfindet. Die Biophotonen sind ja nun das Gegenteil von Fernwirkung, sie sind ultraschwach und kurz und sozusagen für die Nähe gedacht. Glauben Sie, dass, wenn wir jetzt das Biophotonenfeld, so wie wir das hier dargestellt haben, letztendlich in seinen Details, auch in seinen ganzen Frequenzdialekten gefunden haben, wir dann keine weiteren physikalischen oder nichtphysikalischen Felder mehr brauchen, dass wir dann sozusagen die Lebensphänomene insgesamt in der Lage sind zu erklären? Die Frage der Formbildung, so wie sie jetzt der klassische Neodarwinismus uns präsentiert, ist ja sehr unbefriedigend, wo gesagt wird, ja, da gibt's die DNA, das ist der genetische Bauplan. Doch die DNA in meinem Knie ist ja identisch mit der in meiner Nase und trotzdem wächst die Nase ganz anders als das Knie. Woher weiß die Zelle im Knie, was ein Knie ist? Diese Fragen kann ja die klassische Lehre uns im

Moment noch nicht beantworten. Glauben Sie, dass wir über das Biophotonenfeld hinaus noch weitere Felder brauchen, wie es zum Beispiel Rupert Sheldrake sagt, der meint, jede Spezies baut ein Feld auf, was sich nicht-lokal überträgt?

Es ist sehr schwer, da endgültige Aussagen zu machen. Also anfänglich dachte ich, elektromagnetische Felder müssten eigentlich ausreichen, weil wir die Möglichkeiten, die wir damit haben, noch bei Weitem nicht ausgeschöpft haben und gar nicht wissen, was es da noch für Möglichkeiten gibt. Es ist sehr schwer, die Möglichkeiten elektromagnetischer Felder auch für biologische Organisationen aus der heutigen Sicht überhaupt vollständig zu verstehen. Aber trotzdem neige ich in letzter Zeit mehr und mehr dazu, auch Sheldrakes und ähnlichen Überlegungen mehr Raum zu geben, und zwar aus folgendem Grund: Es gibt auch in der Quantentheorie nichtelektromagnetische Wechselwirkungen, die von großer Bedeutung sind und die genau auch in diese Richtung von Sheldrake hingehen. Ich denke hier z. B. an Austauschwechselwirkungen oder an Casimirkräfte. Casimirkräfte sind nichtelektromagnetischer Art. Casimirkräfte sind einfach Kräfte, die dadurch entstehen, dass ein Teil des Phasenraums abgeschnitten wird. Es ist keine elektrische Kraft in dem Sinne. Ähnlich kann man sich auch Austauschkräfte vorstellen, die einfach dadurch zustande kommen, dass die Teilchen identisch sind. Das führt zu einer sehr interessanten Vorstellung. Wenn Sie zwei identische Teilchen zu einem Zeitpunkt miteinander vertauschen, wissen sie natürlich nicht, dass sie vertauscht sind. Es gibt keine Information darüber, wenn zwei Zwillinge völlig identisch sind, dann können sie, wenn Sie nicht hingucken, ihre Plätze vertauschen und Sie haben keine Möglichkeit herauszufinden, ob sie es getan haben oder nicht. Diese Vertauschbarkeit führt zu einem neuen Zustand, der aber vom alten Zustand nicht unterscheidbar ist, und dadurch entstehen Wechselwirkungskräfte, die auch wirklich nachweisbar sind, diese Kräfte treten auf, ihre Ursache ist nicht irgendwie eine elektrische Kraft, sondern einfach nur die Ununterscheidbarkeit identischer Teilchen, es sind sozusagen statistische Kräfte, die auftreten. Und das hat zu der absurden Situation geführt, dass Demokritos, der die Welt in immer kleinere Teilchen geteilt und letztlich sie in nichtidentische subatomare Einheiten unterteilt hat, die nicht mehr unterscheidbar sind, dazu geführt hat, dass wir zum gleichen Zeitpunkt denken müssen, dass jedes dieser Teilchen zu jedem Augenblick in der Welt mit jedem anderen Teilchen seine Plätze tauscht und damit einen intelligenten, logischen Zusammenhang hergestellt hat, der letztlich alles mit jedem verbindet. Er hat also genau das Gegenteil von dem erreicht, was er wollte. Heute müssen wir von einem universalen globalen intelligenten Netzwerk von Wechselwirkungen ausgehen, die alle Teilchen mit jedem zu jedem Zeitpunkt verbindet. Und diese Kräfte sind vorhanden und sie spielen meiner Meinung nach auch in einem Organismus eine ganz entscheidende Rolle.

Gerade in der vorigen Woche stand im *New Scientist* eine Titelgeschichte, dass die Unschärferelation jetzt mittlerweile nicht widerlegt, aber überflüssig geworden ist, wenn man die Quantenverwickeltheit berücksichtigt. Also die Tatsache, die Einstein damals so verrückt gemacht hat, dass diese beiden Teilchen, die man in die entgegengesetzte Richtung schickt, dennoch in Verbindung bleiben, auch wenn sie nicht in der Lage sind, zu kommunizieren – es sei denn, in Überlichtgeschwindigkeit. Das einen Schritt weitergedacht, führt uns dahin, dass wir quantenphysikalisch gar nichts mehr anderes annehmen können als eine Ganzheit. Das Interessante ist jetzt, dass wir bei den Biophotonen letztlich ja auch diesen Doppelzustand, das Teilchen-Welle-Paradoxon haben, das heißt, dass etwas durchaus lokalisierbar, also als Individuum, hier an einem Ort, vorstellbar ist, als auch als eine Ganzheit, also eine Frequenz oder Welle, die über den ganzen Organismus verbreitet ist.

Man spricht hier von gequetschten Zuständen, von nicht klassischen Zuständen. Und es ist sicher hochinteressant, dass man heute weiß, was man zu der Zeit, als ich angefangen habe, noch nicht wusste, dass solche gequetschten Zustände nur dann auftreten können, wenn die Lichtintensität äußerst schwach ist. Wenn wir also in diesem Bereich sind, in dem Lebewesen Licht emittieren. Wäre die Intensität höher, ginge das nicht. Und erst von diesem Bereich an, von etwa hundert Quanten im Feld, treten solche Phänomene wie die Unschärferelation auf, sie wird nicht ungültig, sondern sie kann flexibler sein. Sie müssen Orts- und Unschärfe nicht mehr festhalten, sondern sie können die Ortsunschärfe auf Kosten der Frequenzunschärfe und umgekehrt variieren. Sie haben dann plötzlich die Möglichkeit, das Feld auf einen Punkt zu lokalisieren, also ein einzelnes Molekül zu treffen mit dem Photon, oder aber das Gesamtsystem als Ganzes mit diesem Photon zu erfassen. Dazu brauchen Sie allerdings ein breites Frequenzspektrum und das ist auch wahrscheinlich der Grund, dass wir wirklich in dem Biophotonenspektrum ein sehr breites Frequenzspektrum haben. Wir haben nicht monochromatische Wellen wie beim Laser, wir haben ein breites Frequenzspektrum, das kann in diesem Bereich dann dazu führen, dass Sie lokalisieren können und dass Sie delokalisieren können, dass Sie wie so eine Ziehharmonika die Teile miteinander verbinden oder separieren können.

Es scheint ja in Ihrem Fall wieder einmal so zu sein, dass der Prophet im eigenen Land nichts Rechtes gilt, während Ihre Arbeiten mittlerweile in China und weit weg vom Schuss sehr ernst genommen und mit viel Geld gefördert werden. Wie ist der aktuelle Stand der Biophotonenforschung heute, was passiert im Moment im Ausland, was geschieht hier und womit können wir in naher Zukunft rechnen?

Im Moment haben wir etwa vierzig Arbeitsgruppen weltweit, die sich mit Biophotonen beschäftigen, und die Literatur auf diesem Gebiet steigt exponentiell an. Die Leute kennen sich noch untereinander. Und es ist eine erstaunlich große Harmonie zwischen den verschiedenen weltweit tätigen Gruppen vorhanden, die sich gegenseitig informieren, die sich respektieren, die nicht alle die gleiche Meinung haben, aber die voneinander wissen und auch voneinander profitieren. Die Tagungen, die stattfinden, in diesem Jahr wird sie wieder an der Moskauer Staatsuniversität sein, werden fast von allen besucht. Alle bemühen sich, gemeinsam zu publizieren. Und das Meinungsspektrum wird nicht von mir beherrscht, sondern das Meinungsspektrum wird von unabhängigen Wissenschaftlern beherrscht, die in vieler Hinsicht auch völlig verschiedene Auffassungen haben. Aber man respektiert sich, weil man weiß, dass eben der Weisheit letzter Schluss noch nicht gefunden worden ist. Und es sind technische Entwicklungen da, die vor einigen Jahren undenkbar waren. Man macht jetzt Ganzkörperanalyse, man macht Lebensmittelqualitätsanalytik, nicht nur bei uns. Man findet verschiedene Anwendungen in der Medizin, in der Umweltthematik, also es fächert sich auf, es werden verschiedene Teile behandelt. Z. B. der größte Anwender in der Lebensmittelindustrie sind die Japaner im Moment. Das japanische Landwirtschaftsministerium fördert solche Methoden. Und die Technik wird auch verbessert, die Theorie wird verbessert. Ich habe einen indischen Kollegen, Quantentheoretiker an einer der Eliteuniversitäten in Indien, Kernphysiker, der sich speziell mit diesem Gebiet beschäftigt und der sich auch mit den gequetschten Zuständen beschäftigt, weil er überzeugt davon ist, dass ebendiese nichtklassischen gequetschten Zustände von der Biologie genutzt werden. Es gibt Verbindungen zu amerikanischen Universitäten, z. B. zur Boston-Universität, wo ein gestandener Kernphysiker, der die meiste Zeit auch bei CERN verbringt, sich jetzt verstärkt der Biophotonik zuwenden möchte. Wir haben Konktate zum Nachfolger von Herbert Fröhlich, der immerhin die Supraleitung aufgedeckt hat, der zu den bekanntesten Nestoren dieses Gebietes gehört. Dieser Nachfolger hat gesagt, er möchte sich uns anschließen, weil er dort die Ideen Fröhlichs am besten aufgehoben sieht. Es ist also eine Vielfalt von positiven Strömungen erkennbar. Die Entwicklung ist nicht mehr totzuschlagen, und auch wenn in Deutschland immer noch ein kaum übersehbarer Gegenwind vorhanden ist, wird man die Entwicklung nicht aufhalten können, sondern ganz im Gegenteil, die Entwicklung wird, wenn es so weitergeht, an den Deutschen vorbeigehen.

Das Gespräch wurde im März 1999 in München geführt.

(1999)

Mehr Licht – Newtons Gespenst und Goethes Polaroid

Mehr Licht! – Um die berühmten letzten Worte Goethes vor seinem Tod am 22. März 1832 herrscht seit jeher ein Meinungsstreit. Sein Arzt Carl Vogel, der den an einer Lungenentzündung erkrankten Dichter behandelte und diese Worte der Nachwelt überlieferte, hatte sich nicht im Sterbezimmer befunden, als der 82-Jährige Abschied nahm. Doch »Mehr Licht!« scheint durchaus angemessen für einen Aufklärer und Farbenlehrer, denn kaum etwas hat Goethe nachhaltiger interessiert als die Fragen und Rätsel des Lichts und der Farbe. Mehr als sein halbes Leben hat er sich damit beschäftigt und mehr als 1000 Seiten in der 1810 erschienenen *Farbenlehre* dazu veröffentlicht – nicht als Dichter, sondern als Forscher und Experimentator, als Wissenschaftler. Dass ihm die Mehrheit seiner Zeitgenossen und das wissenschaftliche Establishment die Anerkennung für diese Arbeit verwehrten, traf Goethe tiefer als jede andere Kritik an seinen Werken oder seiner Person. Denn anders als die oft mit genialischer Leichtigkeit hingeworfenen Gedichte und Stücke hatte er sich um die Fragen des Lichts und der Farben jahrzehntelang bemüht, mit umfangreicher Lektüre der Fachliteratur von der Antike bis in die Gegenwart und mit unermüdlichen Experimenten und Versuchen.

Was bringt einen etablierten Schriftsteller und Minister, dem es weder an literarischen Stoffen noch an sonstiger Arbeit mangelt, zu derart akribischen Recherchen und Veröffentlichungen, mit denen er sich gegen das gesamte etablierte Wissen stellt und sogar behauptet, »als Einziger« in dieser Sache recht zu haben?

Was treibt einen autodidaktischen Amateur dazu, sich mit der gesamten professionellen Zunft der Physiker und Wissenschaftler anzulegen und ihren genialen Großmeister – Isaac Newton – als Betrüger, Täuscher und Irrlehrer zu beschimpfen? Woher der Ehrgeiz, es der gesamten gelehrten Welt zeigen zu wollen, woher das Beharren auf der Richtigkeit der eigenen Erkenntnisse und Meinungen, woher die Ignoranz selbst gegenüber wohlmeinender Kritik?

Goethes Verhalten in Sachen Farbenlehre war einerseits so untypisch, dass es Zeitgenossen und Nachwelt viele Rätsel aufgab, andererseits aber ist sein massives Engagement durchaus nachvollziehbar, denn hier war ein Kern seines »holistischen« Naturverständnisses berührt. Und einmal mehr stand ein »Aperçu«, wie er plötzliche, aus konkreter Anschauung gewonnene Offenbarungen nannte, am Anfang. Von der Jenaer Universität hatte er sich im Jahr 1790 eine Kiste mit optischen Geräten ausgeliehen, die aber noch nicht zum Einsatz gekommen waren, als ein Bote sie nach einigen Wochen vereinbarungsgemäß wieder abholen wollte. Dann erst öffnete Goethe die Kiste, entnahm sich ein Prisma, entließ den Transporteur mit der Ansage, dass er dieses noch ein wenig länger brauche, und schaute durch das Prisma an eine weiße Wand. Die aber nun nicht in den Spektralfarben des Regenbogens erschien, wie er es nach dem Schulwissen von Newtons *Opticks* (1704) erwartete, sondern durchaus weiß blieb; nur am Rand zeigten sich Farben. Erst als Schatten ins Spiel kam, wurde es bunt. Das »Aperçu«-Erlebnis, das Goethe in diesem Moment hatte – dass weißes Licht nicht, wie Newton behauptete, aus farbigen Lichtteilchen zusammengesetzt sei, sondern Farbe erst dort entsteht, wo das Licht auf Schatten stößt –, löste den scheinbar eklatanten, jeder Anschauung hohnsprechenden Widerspruch, dass das helle Sonnenlicht aus den dunkleren Farben zusammengesetzt sein soll, unmittelbar auf.

»Es bedurfte keiner langen Überlegung, so erkannte ich, dass eine Grenze notwendig sei, um Farben hervorzubringen, und ich sprach wie durch einen Instinkt sogleich vor mich laut aus, dass die Newtonische Lehre falsch sei.«

Licht war Licht, Finsternis war Finsternis und erst da, wo sie zusammentreffen, entstehen Farben. Hier haben wir sie wieder, Polarität und Steigerung, die Kräfte der webenden und lebenden Natur und »das Sonnenkind in der Mitte«: »Am farbigen Abglanz haben wir das Leben.«

Dass das farbige Licht, das Goethe nur an den Rändern sah, auch auf der ganzen weißen Wand vorhanden ist, sich aber überlagert und zu Weiß zurückmischt, konnte mit Newtons Theorie sehr gut erklärt werden, von der Goethe zu diesem Zeitpunkt freilich nur rudimentäre Kenntnisse hatte – und das war gut so. Denn sonst hätte er das Prisma zur Seite gelegt und seine Forschungen über die Farben wären nie in Gang gekommen.

Dass sich das Leben nicht aus der Zerlegung in Einzelteile verstehen, die Natur nicht allein aus ihren Bausteinen erklären lässt, gehörte schon zu Goethes Grundeinsichten, bevor er den »dreieckigen Glasprügel des Satansengels« (wie der Philosoph Hegel das Prisma und seinen Besitzer Newton in einem Brief an Goethe einmal nannte) erstmals zur Hand nahm – um Newton dann nicht nur als ein Paradebeispiel für die abgelehnte Form des Denkens zu finden, sondern auch noch als unangefochtene Autorität, die mit einer solchen Halbwahrheit das gesamte Phänomen der Farben, des Sehens und des Lichts, die Essenz allen Lebens, zu erklären suchte.

»Das Auge hat sein Dasein dem Licht zu danken. Aus gleichgültigen tierischen Hilfsorganen ruft sich das Licht ein Organ hervor, das seinesgleichen werde, und so bildet sich das Auge am Lichte fürs Lichte, damit das innere Licht dem äußeren entgegentrete [...] Das Licht überliefert das Sichtbare dem Auge; das Auge überliefert's dem ganzen Menschen. Das Ohr ist stumm, der Mund ist taub; aber das Auge vernimmt und spricht. In ihm spiegelt sich von außen die Welt, von innen der Mensch. Die Totalität des Innern und Äußern wird durchs Auge vollendet.«

Diese Totalität – des Inneren und Äußeren, des Psychischen und des Physiologischen, des Beobachters und des Beobachteten, der Materie und des Geistes – ignoriert und missachtet zu haben, provoziert Goethes heiligen Zorn auf Newtons Lehre, die er wie die meisten Zeitgenossen bis dahin einfach akzeptiert hatte. Nun aber, dank der profanen Erleuchtung bei dem Blick durch das Prisma, fühlt er sich von einem »originalen Wahrheitsgefühl« ergriffen: »Ich erkannte das Licht in seiner Reinheit und Wahrheit und ich hielt es meines Amtes, dafür zu streiten.«

Äußerungen wie diese und der missionarische Eifer, mit dem Goethe diesen Streit dann vier Jahrzehnte lang pflegte, führten dazu, dass dieses »Aperçu« als »primäres Wahnerlebnis« und Auslöser einer partiellen »paranoiden Psychose« diagnostiziert wurde. So sieht etwa der Psychoanalytiker Kurt Eissler in einer Studie von 1986 Goethe auf unbewussten ödipalen Pfaden wandeln, im Kampf gegen die Vaterfigur Newton, die der Mutter in Form des reinen, jungfräulichen Lichts Gewalt angetan hat.[86] Solche bizarren Pathologisierungen des Goethe'schen Farbenkampfs scheinen freilich völlig unnötig, wenn man die »Totalität«, die Goethe einfordert, als das sieht, was sie ist: die Grundlage seines Weltbilds. Eben deshalb nimmt sein Zorn diese theologische, religiöse Form an und steigert sich zu jenem beinahe heiligen Eifer, die den Quantenphysiker Wolfgang Pauli an den Disput zwischen Kepler und Fludd erinnerte. Wie der Alchemist Robert Fludd in Keplers simpler Mathematik das »Quaternarium«, den »Quell der Seele« und damit die »Vollständigkeit des Erlebens« vermisste, so fehlte sie auch 200 Jahre später für Goethe in Newtons simpler Zerlegung der Lichtstrahlen – und noch einmal ein gutes Jahrhundert später dem Physiker Wolfgang Pauli, der mit seinem Kollegen Werner Heisenberg die mathematische Wahrheit der absurden Quantenwelt beweisen konnte. Und damit auch den jahrhundertealten Streit um die Beschaffenheit des Lichts gelöst hatte – mit der paradoxen Konklusion, dass es sowohl aus Teilchen als auch aus Wellen bestehen kann, also aus Zuständen, die sich gegenseitig ausschließen und ihre jeweilige Gestalt erst im Beisein eines Betrachters annehmen.

Weil hier die Rolle des Beobachters – sprich: des Bewusstseins – wieder entscheidend ins Spiel kam, hatte sich Pauli so sehr für den Streit zwischen Kepler und Fludd und den historischen Punkt interessiert, an dem diese Rolle ins Subjektive, Unwissenschaftliche, Irrelevante abgedrängt wurde. Aus dem gleichen Grund beschäftigte er sich intensiv mit Goethe, dessen einseitiger Disput mit Newton vor einem ähnlichen Hintergrund stand: Er hatte das Untersuchungsobjekt »Farbe« verwissenschaftlicht und den Vorgang des Sehens, die Beteiligung des menschlichen Sinnesorgans »vom Menschen abgesondert«.

So ist es kein Zufall, dass es ausgerechnet Heisenberg und Pauli waren – die beiden Physiker und Nobelpreisträger, welche die mathematische Wahrheit der Paradoxien und Unschärfen der mikrokosmischen Quantenwelt aufzeigten –, die später eine Lanze für Goethes Naturauffassung brechen sollten. Sie wussten, dass auch ihr preisgekrönter Beweis noch immer nicht die ganze Wahrheit war, und ahnten, welche Schatten der Triumph der Atomphysik und deren technischer Fortschritt werfen würden. Es habe, schreibt Heisenberg 1932, deshalb durchaus »seinen guten Sinn, dass einer der bedeutendsten Menschen alle Kraft daransetzte, die Fortschritte der Newton'schen Optik zu bekämpfen: Wenn man hier Goethe etwas vorwerfen kann, dann nur einen Mangel an letzter Konsequenz; er hätte nicht die Ansichten Newtons bekämpfen, sondern sagen müssen, dass die ganze Physik Newtons: Optik, Mechanik und Gravitationsgesetz, »vom Teufel stammt«.

Also von demjenigen, den auch schon Heisenbergs Kollege Albert Einstein im Verdacht hatte, aus den heiligen Hallen der Physik und ihren relativ verlässlichen Fakten ein Spielcasino gemacht zu haben: »Gott würfelt nicht!« Das tut er aber sehr wohl – und weil wir dank Heisenberg, Pauli und ihren Kollegen gelernt haben, wie sich die paradoxe mikrokosmische Wahrscheinlichkeitswolke in handfeste makrokosmische Realität umrechnen lässt, hantieren wir heute mit Atombomben, Digitalfotografie und Internet. Sowie mit einer Wissenschaft, welche die »sinnlich-sittliche« Qualität der Natur aus dem Blick verloren hat. Diese war es, die Goethe mit der »Revolution« seiner Farbenlehre retten wollte. Es ging ihm, schreibt Albrecht Schöne im Jahr 1987, »um den Versuch zu einem großen (gleichsam konter-revolutionären) ›Paradigmenwechsel‹: dem Versuch, dieser ganzen vom Glasprügel des Satansengels vorwärtsgetriebenen Naturwissenschaft eine andere Richtung zu geben – sie nämlich zu orientieren am sinnenhaft Begreifbaren, sie zu binden an das sinnvoll Zusammenhängende, sie zu verpflichten auf das sittlich Verantwortbare, und den Menschen auf diese Weise heimisch zu halten in der Welt, in der ›allein wir leben, weben und sind‹«.[87]

Das macht Goethes Haltung zur Natur und zur Wissenschaft auch nach 200 Jahren noch so interessant, denn der »(konter-) revolutionäre« Paradigmenwechsel steht nach wie vor aus und es lohnt sich deshalb bis heute, sich an Goethes naturwissenschaftlichen Forschungen ein Beispiel zu nehmen – auch und gerade an seinem vermeintlich größten Irrtum und Fehler, der Farbenlehre.

Die Farberscheinungen, die Newton in seiner dunklen Kammer entdeckt hatte, als er durch ein Loch im Fensterladen Licht durch ein Prisma fallen ließ, benannte er mit dem Begriff »Spectre«, dem englischen Wort für »Erscheinung«, »Phantom« oder »Gespenst«. Erst mit dem Siegeszug von Newtons Theorie bekam das Wort auch die Bedeutung »Spektrum«, wie es bis heute in Begriffen wie »Spektralanalyse« in Gebrauch ist. Auch wenn Goethes Missverständnis bei seinem »Aperçu« mit dem Prisma nicht zu entschuldigen ist: Dass er dem Gespenst dann über Jahrzehnte auf die Spur zu kommen suchte und dafür ein Höchstmaß an kriminalistischem Eifer und experimenteller Ermittlungsarbeit aufwandte, hat ihn keineswegs in Sackgassen geführt. Die Existenz der Erscheinung in Newtons dunkler Kammer bestritt er nie, nur sprach er ihr die allgemeingültige Beweiskraft ab, die

Newton behauptete. Und auch wenn Goethes Forschung keine wissenschaftliche Schule begründen konnte, gab sie vielen Naturwissenschaftlern ebenso neue Impulse und Perspektiven wie auch zahlreichen Psychologen, Kognitionsforschern und Erkenntnistheoretikern. Und auch für die Physik, deren Newton'sche Zitadelle er erfolglos zu stürmen versuchte, hatte Goethes Forschung Probleme aufgezeigt, die von der amtierenden Burgherrin der Optik – der »Young-Helmholtz«-Theorie der Farbwahrnehmung – bis heute nicht erklärt werden können. Dieser Theorie zufolge ist die Farbwahrnehmung allein auf die Wellenlänge des Lichts zurückzuführen, die auf bestimmte Stellen der Netzhaut trifft. Goethe freilich hatte schon beobachtet, dass farbig wahrgenommene Gegenstände ihre Farbe behalten, selbst wenn das Licht abgedunkelt oder verändert wird. Diese sogenannte »Farbkonstanz« lässt sich mit der Wellenlänge der auf das Auge treffenden Lichtstrahlen nicht erklären, denn auch wenn diese sich mit der Änderung der Beleuchtung stark ändert, bleibt die Farbe des Gegenstands relativ konstant. Auch bei weiteren von Goethe beobachteten und beschriebenen Phänomenen, wie etwa farbigen Schatten, stoßen die physikalischen Theorien bis heute an ihre Grenzen – und die modernen Kognitionswissenschaftler und Wahrnehmungsphysiologen stehen mit ihren Auffassungen mittlerweile weniger bei Young und Helmholtz als eher bei Goethe, für den das Sehen »eine Totalität hervorbringende Lebendigkeit der ganzen Netzhaut« darstellte.

»Das Phänomen der Farbkonstanz zeigt also, dass der Farbeindruck nicht ausschließlich durch die Wellenlängenzusammensetzung des zum Auge kommenden Lichtes bestimmt wird, sondern vielmehr auf einer globalen ›Verrechnung‹ der gesamten Szene beruht. [...] Die Sinne sind eben nicht [...] gleichsam sensorische Messinstrumente, die Punkt-für-Punkt und gleichsam atomistisch den lokal auf die Rezeptoren treffenden sensorischen Input auswerten und sodann das Gehirn darüber unterrichten. Heute wissen wir, dass dieses theoretische Bild, sosehr es auch bis in jüngere Zeit unsere Vorstellungen über Wahrnehmungsprozesse bestimmt hat, unangemessen und falsch ist. Es ist nämlich das gesamte perzeptuell-kognitive System, das aktiv und global […] den Wahrnehmungseindruck konstituiert. Der lokale Sinnesreiz ist dabei nicht mehr als eine Art Stichwortgeber […].«[88]

So die Worte des Kognitionsforschers Rainer Mausfeld, die verdeutlichen, dass »Goethe […] dieses Wechselverhältnis von Innen und Außen ebenso wie den globalen Charakter der Wahrnehmung früher als jeder andere erfasst [hatte]«.

Diese Pionierleistung inspirierte dann einen Physiker der Harvard-Universität, Edwin Land, der die Sofortbildfotografie erfand und seine »Polaroid«-Kameras millionenfach in alle Welt verkaufte. Jahrzehntelang führte er Farbexperimente durch, wie sie auch schon Goethe in der *Farbenlehre* beschrieben hatte – und stellte in den 50er-Jahren eine neue Hypothese über das Farbsehen auf, die »Retinex-Theorie«. Wie der Name schon sagt, spielte auch für Land die Goethe'sche »Lebendigkeit der ganzen Netzhaut«, also die produktive Aktivität der Retina bei der Wahrnehmung von Farben, eine entscheidende Rolle.

In einem hochinteressanten Experiment nahm er zwei Schwarz-Weiß-Dias einer farbigen Szene, die jeweils mit Filtern für langwelliges und kurzwelliges Licht aufgenommen worden waren. Diese Schwarz-Weiß-Dias projizierte er nun übereinander, wobei für das langwellige Dia ein Projektor mit rotem Licht und für das kurzwellige einer mit weißem Licht verwendet wurde. Nach der klassischen, auf Newton basierenden Theorie hätte das Bild auf der Leinwand jetzt nur einige rosa Schatten zeigen dürfen. Doch was die Beobachter stattdessen sahen, war ein Bild in den verschiedensten brillanten Farben, fast so farbig wie in der Originalszene.

In einem weiteren Versuch nahm Land drei dieser Schwarz-Weiß-Dias und projizierte sie mit blauem, rotem und grünem Filter genau übereinander an die Leinwand. Wie zu erwarten, war nun das farbige Original der Schwarz-Weiß-Dias in seiner ganzen Pracht zu sehen. Doch dann hielt er einen Finger über den Blau-Projektor und wunderte sich, warum auf der Leinwand immer noch Blau zu sehen war; er nahm auch den Grünfilter ab, doch die Projektion auf der Leinwand blieb unverändert. Auch als nur noch ein rot erleuchtetes und ein weiß erleuchtetes Schwarz-Weiß-Bild übereinander projiziert waren, strahlte das Bild naturgetreu in sämtlichen Farben. Spontan führte Land das auf einen Trägheitseffekt des Auges zurück, das entsprechend der Farbkonstante die durch Beleuchtung veränderten Farben unabhängig von der Wellenlänge weiter in der Wahrnehmung hält. Doch das konnte es nicht sein, denn die blauen und grünen Lichter waren komplett ausgeschaltet, aber das Gespenst – das »spectre« – blieb in allen Regenbogenfarben auf der Leinwand. Um dem Spuk ein Ende zu bereiten, griff Land zu einer Kamera, in die ein Farbfilm eingelegt war, und fotografierte das Schauspiel. Auch das entwickelte Bild zeigte sämtliche Farben.

Neil Ribe und Friedrich Steinle untersuchten später die Experimente des »Polaroid«-Erfinders und fassten zusammen: »Die ›Retinex‹-Theorie des Farbsehens, die Land auf Basis seiner Experimente entwickelte, hat zwei entscheidende Elemente: Sie erkennt die Helligkeit als fundamentalen Stimulus für Farben an und betont die Wichtigkeit von Grenzen, die dem Auge die Einschätzung der Helligkeit erlauben [...] Die Parallelen zu Goethes Theorie, welche die entscheidende Bedeutung der Rolle des Lichts und der Grenzen betont, sind überzeugend.«[89]

Und als Edwin Land schließlich 1955 von der »Society of Photographic Engineers« für seine Entdeckungen ausgezeichnet wurde, sagte er: »Ich bin überzeugt, dass eine Art kindlicher und direkter Beziehung des Experimentators zur Natur ein wesentlicher Teil dieser wissenschaftlichen Entwicklung ist. [...] Es sind die visuellen Erfahrungen [...] die zu Überzeugungen führen, die zu Hypothesen führen, die zur Wissenschaft führen.« *Der Fall einer schlafenden Schönheit* war der Titel seines Vortrags, in dem er auch darüber sprach, dass das Auge dafür geschaffen sein könnte, um natürliche Objekte zu betrachten, und dass deshalb die Feinheiten seiner Operationen völlig verloren gehen, wenn man es rigorosen analytischen Experimenten mit Spektroskopen unterzieht, bei denen keine Bilder im Spiel sind.[90]

»Natur verstummt auf der Folter«, hatte Goethe behauptet, als er gegen die Experimente in Newtons Dunkelkammer und ihre Allgemeingültigkeit polemisierte – und nichts anderes sagt hier der Physiker Edwin Land, der mit seinen Experimenten »Newtons Theorie zertrümmerte«, wie eine amerikanische Zeitung dazu schrieb. Was so aber nicht der Wahrheit entspricht, denn die Behauptung in Newtons »Opticks«, dass weißes Licht aus diversen, unterschiedlich brechenden Strahlen in allen Regenbogenfarben besteht, ist nach wie vor richtig. Definitiv falsch aber ist die Behauptung, dass damit bewiesen sei, wie Farben entstehen. Goethe hatte dazu eine ganze Batterie von Einwänden und Experimenten aufgefahren, die auf dem Theorem basieren, dass Farben nicht von weißem Licht, sondern in der Polarität von Licht und Schatten geschaffen werden. Und dass die Netzhaut dabei nicht nur eine empfangende, sondern auch eine aktive Rolle spielt: »Das Auge vernimmt und spricht.« Und erst dieses aktive »Sprechen« erweckt die schlafende Schönheit der Farben, die Edwin Land entdeckte, dadurch – mit neuzeitlicher »Chymie« von Geist und Materie – die Sofort-Farbfotografie erfand und 1973 auf den Markt brachte.

Goethe indessen hätte seinerzeit eine andere Erfindung gebraucht, um anhand seiner Farbenlehre definitiv zu beweisen, dass es sich bei Newtons Theorie nur um eine Halbwahrheit handelt – nämlich eine Art »Dunkelbirne«! Mit einem solchen, an Daniel Düsentrieb aus Entenhausen erinnernden Gerät nebst »Finsternisstrahlen« konnte der Wissenschaftsphilosoph Olaf L. Müller von der Berliner Humboldt-Universität der Goethe'schen Theorie in jüngster Zeit zur Hilfe eilen. In seiner ebenso detaillierten wie scharfsinnigen Untersuchung versucht er, Goethes zentrale Behauptung der Gleichberechtigung von Licht und Finsternis bei der Hervorbringung von Farben zu verteidigen – und das gelingt! Mit einer einfachen Umkehrung der Newton'schen Versuche.

Daran hatte sich schon Goethe selbst versucht und dabei ebenfalls ein Farbspektrum hervorgebracht. Newton sah das »Gespenst« beim Blick durch sein Prisma auf einen weißen Fleck auf dunklem Hintergrund in der bekannten Farbreihe »Rot, Gelb, Grün, Türkis, Blau«; Goethe nun blickt auf einen schwarzen Fleck auf weißem Hintergrund, und es erscheint ein anderes Spektrum: »Türkis, Blau, Purpur, Rot, Gelb«. Der Heterogenität des weißen Lichts, das laut Newton aus »Rot, Gelb, Grün, Türkis, Blau« besteht, steht offenbar eine Heterogenität der Finsternis entgegen, die genau die Komplementärfarben des Newton'schen Spektrums, nämlich »Türkis, Blau, Purpur, Rot, Gelb«, enthalt. Rein empirisch steht es also, wie Olaf Müller feststellt, zwischen Newton und Goethe »unentschieden«. Und er zeigt, dass sich auch die klassische Erklärung für das Goethe-Spektrum – dass sich an dem schwarzen Fleck die Newton'schen Farben überlagern und deshalb als ihr komplementäres Gegenstück erscheinen – einfach umdrehen lässt. Goethe hätte für ein solches Experiment, das Newtons »experimentum crucis« exakt ins Gegenteil kehrt, eine ultrahelle Streulichtkammer und eine »Dunkelbirne« gebraucht, die durch ein Loch im Fensterladen einen Schattenstrahl durch ein Prisma wirft. Ein solches Equipment stand ihm nicht zur Verfügung, doch 200 Jahre später wurde es trickreich installiert und zeigte genau das Ergebnis, das Goethe in der Farbenlehre prognostiziert hatte.[91]

Dass der Ästhet und Schöngeist Goethe mit seiner Farbenlehre physikalisch schwer danebenlag und nur phänomenologisch Großartiges geleistet habe, lautet ein häufig vorgetragener Versöhnungsversuch des angeblich lausigen Naturwissenschaftlers mit dem großen Künstler Goethe. In diese Richtung argumentierte etwa Werner Heisenberg, als er sagte, dass Goethe und Newton »verschiedene Wirklichkeitsebenen« untersucht hätten, oder Ludwig Wittgenstein, der in seinen *Bemerkungen über die Farben* schrieb: »Die phänomenologische Analyse (wie sie z. B. Goethe wollte) ist eine Begriffsanalyse und kann der Physik weder beistimmen noch widersprechen.« Dem kann aber nun entgegengehalten werden: Nicht nur zum Phänomen und zur Psychologie der Farben, auch zu ihrer Physik hat Goethe durchaus Sinnvolles beigetragen. Zum einen mit seiner leider erst 200 Jahre später bewiesenen Umkehr des Newton'schen Experiments, mit der er das Denkmal des als »Moses der Wissenschaft« gepriesenen Newton schon früh hätte ins Wanken bringen können. Denn was ist ein Beweis für im Licht enthaltene Farben wert, wenn auch sein Gegenteil richtig ist? Allenfalls die Hälfte. Zum anderen aber macht vor allem Goethes »exploratorische« Experimentierweise, an der sich der Physiker Edwin Land ein Beispiel nahm, naturwissenschaftlichen Sinn. Die bunten Farbtafeln, mit denen der »Polaroid«-Erfinder jahrelang experimentierte, weil er mit Physik und Mathematik in Sachen Farben nicht weiterkam, nannte er »Mondrians«; sie sahen fast genauso aus wie die bunten Farbtafeln Goethes, der für seine Versuche auch ein »Bild eines Mädchens in umgekehrten Farben« malte. Beide verwendeten Ästhetisches nicht als Schöngeister, sondern als Erforscher der physikalischen Wirklichkeit, als Physiker, und beide kamen jenseits aller orthodoxen Theorie zu erstaunlichen und äußerst relevanten Ergebnissen. Nicht für die Kunst – auch wenn dank Andy Warhol Polaroid-Fotos zum Kultobjekt wurden und schon damals Maler, Färber und Drucker mit Goethes Farbspektrum besser arbeiten konnten als mit Newtons –, sondern für die Wissenschaft.

Goethe hätte das Ergebnis der exakten Umkehrung der Newton'schen Theorie – nämlich dass die Farben in »Finsternisstrahlen« enthalten sind – als genauso unsinnig zurückgewiesen wie die Behauptung, dass sie ausschließlich in Lichtstrahlen enthalten sind. Darauf weist Olaf Müller eindrücklich hin und macht somit klar, dass es nicht darum geht, auf Goethes *Farbenlehre* eine neue physikalische Optik aufzubauen. Dass aus Newtons RGB-

Spektrum (»Red-Green-Blue«) sämtliche Farben gemischt werden können, beweist ja schon der Bildschirm, auf dem dieser Text geschrieben wird – wozu sich dann also über »Finsternisstrahlen« und das Goethe'sche CMY-Spektrum (»Cyan-Magenta-Yellow«), mit dem bis heute alle Druckereien arbeiten, weiter den Kopf zerbrechen?

Weil sich so zeigen lässt, dass der Streit Goethes gegen Newton, der seit Jahrhunderten in einer Vielzahl von mehr oder weniger gelehrten Büchern ausgetragen wird, beigelegt werden kann. Mit seinen Experimenten zu farbigen Schatten, zu Nachbildern und »Gegenfarben«, die wir heute »komplementär« nennen, mit seinen Hinweisen auf die Symmetrie der Farben und die entscheidende Grenze zwischen Licht und Schatten, hatte Goethe seine Nemesis Newton nicht widerlegt, aber die Unvollständigkeit der optischen Theorie seines Gegenspielers bewiesen. Er tat damit nicht mehr, aber auch nicht weniger als Einstein, der die Unvollständigkeit der Newton'schen Himmelsmechanik nachweisen konnte. Und der sich mit den Folgen seiner Arbeit – der Entdeckung der Quantenwelt und ihrer Paradoxien – zeit seines Lebens nicht wirklich anfreunden wollte. So wie Goethe sich auch nicht mit der Heterogenität der Finsternis angefreundet hätte, wenn er – ausgestattet mit Dunkelbirne und Schattenwerfern – schlagkräftig hätte beweisen können, dass Newtons Theorie von der Heterogenität des Lichts nicht in vollem Umfang wahr sein kann, wenn auch ihr Gegenteil der Fall ist.

Goethes Entdeckung hatte keine praktischen Folgen, nicht weil sie falsch war, sondern weil die wissenschaftliche Welt sie ignorierte. Es dauerte fast 200 Jahre, bis Edwin Land in Goethes Stil experimentierte und die »Non Newton-Colors«, wie er sie nannte, entdeckte – indem er Farben eben nicht in ihre physikalischen Einzelteile zerlegte und versuchte, sie additiv wieder zusammenzusetzen, sondern die Farbwahrnehmung als aktiven, ganzheitlichen Prozess auffasste. Und damit zeigte, dass wir trotz Newtons Theorie der Farben und trotz Goethes Nachweis ihrer Unvollständigkeit bis heute nur eine annäherungsweise Ahnung davon haben, was das Farbensehen eigentlich ist. Da wir aber seit Goethe definitiv wissen, dass wir mit rein physikalischen und mechanischen Methoden hier nicht weiterkommen, markiert die *Farbenlehre* einen wichtigen Meilenstein in der Geschichte des Wissens – und einen Wegweiser. Nicht für das Zählen, Messen und Zerlegen, das seit Goethes Zeiten exponentiell fortgeschritten ist, sondern für eine Haltung, eine Herangehensweise, eine Methode des »Naturbetrachtens«, die heute notwendiger erscheint denn je.

Wenn die Genforscher bekennen müssen, dass sie allein mit den molekularen Bausteinen Leben und Evolution nicht erklären können, und wenn sich die Physiker eingestehen, dass sie das Phänomen der Farbwahrnehmung nicht vollständig verstehen, wenn also grundsätzliche Fragen des Lebens und des Lichts trotz aller wissenschaftlichen und technischen Fortschritte nach wie vor ungeklärt sind, scheint offensichtlich ein ähnliches Problem vorzuliegen wie damals, als Goethe an den Datensammler Humboldt schrieb: »Da Ihre Beobachtungen vom *Element*, die meinigen aber von der *Gestalt* ausgehen, so können wir nicht genug eilen, uns in der Mitte zu begegnen.« Eine Rückbesinnung auf die »Totalität« von Innen und Außen, wie Goethe sie in seinem Hymnus über die Natur und seiner gesamten wissenschaftlichen Arbeit immer wieder einforderte, scheint mehr denn je ein Gebot der Stunde. Von dieser Mitte hat sich eine Biologie, die das Leben allein in den Molekülen erforscht und deren Naturbetrachtung sich zunehmend von ihrem tatsächlichen Kern entfremdet – so wie etwa die Freie Universität Berlin ihren botanischen Garten loswerden möchte, weil lebende Pflanzen kein Studienobjekt für Biologen mehr sind –, gar gefährlich weit entfernt, ebenso wie eine Physik, die immer gigantischere Beschleuniger braucht, um immer kleinere hypothetische Teilchen zu suchen. Kurzum: Die moderne Naturwissenschaft nimmt Leben und Natur als Ganzes kaum noch wahr.

(»Newtons Gespenst und Goethes Polaroid«, Westend 2019)

Legenden – Der Mythos 9/11

»Rovin' gambler, he was very bored
Tryin' to create a next world war
He found a promoter who nearly fell off the floor
I never engaged in this kind of thing before
But yes, I think it can be very easily done
»We'll just put some bleachers out in the sun
And have it on Highway 61«
Bob Dylan, »Highway 61 revisited« (1965)

Die Terroranschläge des 11. September 2001 sind das »crime of the century«, das schrecklichste Verbrechen des Jahrhunderts. Nicht nur wegen der 3000 Menschen, die in den Flugzeugen und durch den Einsturz des World Trade Center ums Leben kamen, nicht nur wegen der Hunderttausenden Opfer, die in der Folge im sogenannten War on Terror getötet, und den Millionen, die in die Flucht getrieben wurden, und auch nicht nur wegen der Einschränkung bürgerlicher Freiheiten durch eine Flut von »Anti-Terror-« und »Sicherheitsgesetzen«. Sondern vor allem weil dieses Verbrechen bis heute nicht aufgeklärt ist und seine Hintermänner auf freiem Fuß sind.

Dass der arabische Agent mit dem CIA-Namen Tim Osman, der 1986 in den USA Stinger-Raketen eingekauft, Schulungen erhalten hatte und später als »Osama Bin Laden« bekannt wurde, als Haupttäter die Angriffe aus einer Höhle in Afghanistan organisiert und gesteuert hat – diese schrecklich-schaurige Geschichte entspricht zwar der offiziellen Legende und dem Abschlussbericht der Untersuchungskommission (dem 9/11-Report), hat aber mit den Tatsachen wenig zu tun. Kein Gericht der Welt hätte die zentrale Aussage zur Täterschaft Osama Bin Ladens und der 19 »Hijacker«, die von dem in Guantanamo einsitzenden Kronzeugen Khalid Scheich Mohamed (KSM) in 182 Foltersitzungen durch Waterboarding gewonnen wurde, als beweiskräftig akzeptiert. Die von Präsident George W. Bush erst nach über einem Jahr und massiven Protesten von Opferangehörigen eingesetzte Untersuchungskommission durfte den Kronzeugen nicht persönlich befragen, auch seine Verhörer, denen gegenüber er seine Aussagen gemacht haben soll, durften nicht aussagen. Den Ermittlern wurden die Aussagen des Zeugen nur schriftlich zur Verfügung gestellt und auf Basis dieser Folterprotokolle, aus denen dann dutzendfach zitiert wird, erstellten sie den abschließenden 9/11-Report. Dass sich der Vorsitzende des Ausschusses, Thomas Kean, danach bitter beklagte, dass ihnen zentrale Beweisstücke aus Gründen der »nationalen Sicherheit« vorenthalten worden sind und ihre Ermittlung »zum Scheitern verurteilt« war, nahm dann kaum noch jemand zur Kenntnis. Mit dem Erscheinen des 9/11-Reports, der 2004 in Massenauflage und in Dutzende Sprachen übersetzt in die Buchläden der Welt und in die Wiederholungsschleifen der Medien gedrückt wurde, war das Narrativ von Osama und den 19 Teppichmessern – die Erzählung, dass 9/11 die Tat von 19 Einzeltätern war, die von Bin Laden aus einer afghanischen Höhle gesteuert wurden – als wahre, realitätsgerechte Beschreibung der Ereignisse zementiert. So wurde die offizielle Legende zum Fanal einer Serie von Kriegen, dem »Great War on Terror«, der nach Aussage des damaligen Vizepräsidenten Dick Cheney »länger als eine Generation« dauern wird und der von langer Hand geplant war. Dem gerade pensionierten Vier-Sterne-General Wesley Clark, der bis 2000 die NATO-Streitkräfte in Europa befehligt hatte, blieb die Spucke weg, als er kurz nach den Anschlägen das Pentagon besuchte und ein alter Kollege aus dem

»Joint Chiefs Of Staff« ihn in sein Zimmer zog: »Ich habe gerade diesen Merkzettel aus dem Büro des Verteidigungsministers bekommen, und hier steht, wir werden sieben Länder angreifen und deren Regierungen innerhalb von fünf Jahren stürzen. Wir werden mit dem Irak beginnen und dann nehmen wir uns Syrien, Libanon, Libyen, Somalia, den Sudan und den Iran, sieben Länder in fünf Jahren.«

Als er sechs Jahre später eine Rede dazu hielt, sagte General Clark: »Ich habe diese Information für lange Zeit für mich behalten. Ich habe darüber etwa sechs oder acht Monate mit niemandem gesprochen. Ich war wie gelähmt darüber, ich konnte darüber mit niemandem sprechen. Und ich konnte nicht glauben, dass das die Wahrheit sein kann, aber es ist Wirklichkeit. (…) Dieses Land wurde von einer Gruppe von Leuten durch einen politischen Staatsstreich übernommen! Das waren Wolfowitz und Cheney und Rumsfeld und man kann ein halbes Dutzend anderer Kollaborateure nennen von dem ›Projekt für das neue amerikanische Jahrhundert‹ (*PNAC – US-Denkfabrik in Washington*). Sie wollten den Nahen Osten destabilisieren, ihn auf den Kopf stellen, ihn unter unsere Kontrolle bringen.«[92]

Dass sich diese Erkenntnis schon in den ersten Tagen und Wochen nach den Anschlägen gewinnen ließ und die verschleppten und verhinderten Ermittlungen in den Monaten und Jahren darauf die Hinweise auf einen »Staatsstreich« noch erhärteten, all das kann in meinen Büchern aus den Jahren 2002, 2003 und 2011 bis ins Detail nachgelesen werden. Sie erscheinen im Sommer 2021 in einem Sammelband (*11.9. – 20 Jahre danach – Einsturz einer Legende*, Westend Verlag) noch einmal. Ungekürzt, unkommentiert und genau so, wie sie im Original erschienen sind und in viele Sprachen übersetzt wurden. Mit allen Fehlern und Falscheinschätzungen, aber auch mit all den Fakten und Informationen, die in der offiziellen Darstellung unterdrückt und ausgeblendet wurden. Die aber gleichwohl jedem ordentlichen Kriminalisten oder auch Journalisten, der die Täter und Hintermänner dieses Massenmords wirklich finden will, hätten auffallen und zu denken geben müssen.

Die drei grundlegenden Kategorien zur Überführung eines Täters – Motiv, Mittel und Möglichkeit – scheinen bei Osama Bin Laden auf den ersten Blick vorzuliegen. Als terroristischer Warlord und fanatischer Anhänger des »Heiligen Kriegs« (Jihad) hatte er fraglos ein Motiv, die »gottlose« Moderne und ihr Symbol, das World Trade Center in New York, anzugreifen. Als Sohn eines milliardenschweren Bauunternehmers und erfolgreicher Spendensammler für den »Jihad« verfügte er wohl auch über die notwendigen Finanzmittel, die Anschläge durchzuführen – die 9/11-Kommission, die die Finanzierung der Attacken merkwürdigerweise gar nicht untersucht hat, schätzte den Bedarf auf 500 000 Dollar.

Die Möglichkeit, dass 19 »Hijacker« mit Teppichmessern in vier Flugzeuge einsteigen, war wegen mangelnder Sicherheitschecks an Flughäfen ebenfalls gegeben. Da es aber sehr viele Verdächtige geben kann, die über diese drei großen »M« verfügen, reichen diese Kategorien nicht aus. Zur Überführung des Täters müssen Beweise hinzukommen. Die wurden dann gleich nach den Anschlägen am Flughafen gefunden: Im hängen gebliebenen Koffer des vermeintlichen Rädelsführers Mohamed Atta entdeckte man ein Koran-Gebetbuch und sein Testament und in einem der Mietwagen, mit dem seine Komplizen gekommen waren, einen Zettel mit der Handynummer von Osama Bin Laden. Also eindeutige Spuren auf »islamistische« Täter. Bingo!

»Alles klar, Herr Kommissar!«, konnte da freilich nur sagen, wer als Kriminalassistent nicht genauer hinschaute und auf gar keinen Fall fragte, wie es kommt, dass die supersmarten Täter einer derart komplexen Attacke derart trottelhafte Elefantenspuren am Tatort hinterlassen. Und ob derlei Vergesslichkeit damit zu tun hat, dass auch dem »Rädelsführer« Mohamed Atta offenbar erst am Vorabend der präzise geplanten Operation einfiel, dass er noch gar keine Tatwaffe hatte. »Ist das nicht merkwürdig, Chef?«, fragt der Assistent, »ein gigantischer, mit militärischer Strategie geplanter Terroranschlag und der Anführer lässt sich quasi fünf Minuten vorher beim Kauf des Teppichmessers im Supermarkt fotografieren. Und gibt sein Testament als Gepäck für den Flug auf, mit dem er sich eine Stunde später selbst in die Luft jagen will. Zwei Wochen vorher hat er ja noch ein Miles-und-More-Konto eröffnet, um mit dem Flug Meilen zu sammeln. Und die anderen ›Hijacker‹ haben ein paar Tage vor der Tat noch ihre Tickets wegen Falschparkens überwiesen und Miete im Voraus bezahlt – das passt doch nicht zu todesmutigen Selbstmordattentätern. Das müssen wir noch genauer ermitteln.« Worauf der Kommissar nur sagt: »Hör auf damit, Harry. Generalstaatsanwalt und Regierung haben schon gratuliert, dass wir die Täter so schnell identifizieren konnten. Da werden wir den Teufel tun und weiter ermitteln. Hol schon mal den Wagen.«

***

Dass ich selbst schon in der Nacht nach den Anschlägen skeptisch geworden war, lag eigentlich nur an einem unglücklichen Zufall. Zwei Jahre zuvor hatte ich mit Robert Anton Wilson die deutsche Ausgabe seines *Lexikons der Verschwörungstheorien*[93] herausgegeben, der Verlag wünschte sich ein weiteres Buch zu diesem Thema, doch Robert war schwer erkrankt und konnte nicht schreiben. So hatte ich mich allein ans Werk gemacht, mit dem Plan einer Art »Meta-Theorie« der Verschwörungstheorien – also anhand des historischen Materials ihre allgemeinen Merkmale, Strukturen, Muster und Verwendungsweisen herauszufinden und aufzuzeigen.

Weil Verschwörungen – A und B verabreden sich hinter dem Rücken von C, um sich einen Vorteil zu verschaffen – dauernd und überall vorkommen, sind Spekulationen, Hypothesen, Vermutungen über mögliche Verschwörungen – also Verschwörungstheorien – eine ganz selbstverständliche und vollkommen rationale Angelegenheit. Irrational und verrückt – oder im klinischen Sinne paranoid – werden solche Hypothesenbildungen und Theorien erst, wenn dort Zusammenhänge, Indizien oder Beweise gesehen werden, wo gar keine sind.

Als nach dem Mord an Präsident John F. Kennedy im November 1963 immer mehr Zweifel an der Einzeltäter-These der offiziellen Untersuchung auftauchten und 1966 ein Staatsanwalt in New Orleans, Jim Garrison, mit Ermittlungen über CIA-Mitarbeiter aus dem Umfeld des angeblichen Einzelschützen Lee Harvey Oswald begann, schickte die Abteilung für »Psychological Warfare« der Central Intelligence Agency (CIA) im Januar 1967 ein Memo an alle Dienststellen und verdeckten Mitarbeiter, wie mit der großen These des Warren-Reports umzugehen und »Verschwörungstheorien« zu kontern seien. Mit diesem erst sehr viel später öffentlich bekannt gewordenen Memo der CIA wird der neutrale Ausdruck »Verschwörungstheorie« erstmals zu einem Kampfbegriff der psychologischen Kriegsführung und des Managements der öffentlichen Wahrnehmung gemünzt – und werden Kritiker der offiziellen Version als »Verschwörungstheoretiker« und grundsätzlich als unseriös, staatsfeindlich und nur kommerziellen Interessen folgend stigmatisiert. Um »den Behauptungen von Verschwörungstheoretikern entgegenzutreten und sie zu diskreditieren« und ihre Verbreitung zu verhindern, empfahlen die CIA-Strategen ihren Agenten, »freundliche Kontakte in der Elite (vor allem zu Politikern und Redakteuren)« zu pflegen und sie an die »Integrität der Warren-Kommission« zu erinnern. »Die Vorwürfe der Kritiker sind ohne seriöse Begründung«, heißt es in dem Papier, und: »Weitere spekulative Diskussionen spielen nur in die Hände der (kommunistischen) Opposition.«

Um jede Kritik zurückzuweisen, empfiehlt das Hauptquartier seinen Stationen, »Propagandamitarbeiter zu beschäftigen«, und setzt hinzu, dass zu diesem Zweck »Buchbesprechungen und Hintergrundartikel besonders hilfreich seien«. Es erläutert im Folgenden, welche Punkte dort zu setzen sind: dass es keine neuen Beweise gäbe, die die Kommission nicht berücksichtigt hätte, dass die Kritiker nur bestimmte Punkte überbewerteten und andere außer Acht ließen, dass große Verschwörungen nie geheim zu halten seien und dass Kritiker oft zu »intellektueller Überheblichkeit« neigten und dazu, sich in ihre eigenen Theorien zu verlieben.[94]

Seit über 50 Jahren nunmehr wird dieses unschuldige Wort – es bedeutet im Kern nichts anderes als die vernünftige Hypothese, die jeder Kriminalist aufstellt, wenn er an die Aufklärung eines Verbrechens geht, an dem mehr als eine Person beteiligt gewesen sein könnte – als Kampfbegriff in der psychologischen Kriegsführung verwendet. Das war mir zwar bekannt, als ich im Frühjahr 2001 mit der Arbeit an meinem Buch begann – die Dimensionen und die Inflation aber, die der Begriff dann nach den 9/11-Attacken erfahren sollte, seine Evolution zur Diffamierungsvokabel und Diskurskeule schlechthin, war so nicht abzusehen.

Am Morgen des 11. September 2001 hatte ich mir auf einem Notizzettel eine These notiert: »Verschwörungstheorien haben eine besondere Eigenschaft: Sie reduzieren Komplexität. Komplexe Ursachen von Ereignissen werden auf einen einfachen Sündenbock reduziert. Das macht sie zu einem idealen Werkzeug der Agitation und Propaganda.« Ich hatte gerade begonnen, über diese Zusammenhänge zu schreiben, als mein Telefon klingelte: »Mach mal den Fernseher an. Da ist in New York etwas passiert«, sagte ein Freund und wie der Rest der Welt sah ich, welches Drama sich da vor aller Augen abspielte: DAS Verbrechen des 21. Jahrhunderts live im TV. Nach etwa einer Stunde vor dem Fernseher – die beiden großen Türme standen noch – hörte ich zum ersten Mal, dass ein gewisser Osama Bin Laden der Tat verdächtigt wurde. Da diesem auch schon Anschläge auf US-Botschaften in Afrika zur Last gelegt wurden, galt er als islamistischer Terrorist und schien als Verdächtiger insofern infrage zu kommen. Beim Verfolgen verschiedener Nachrichtenkanäle im TV und im Internet im Laufe des Nachmittags und der Nacht wunderte ich mich zunehmend, dass dieser Verdächtige immer öfter und als Einziger genannt wurde. Irgendwann schlug meine am Vormittag auf diese These ein gestellte Optik Alarm: einerseits ein völlig überraschender, nie dagewesener, gigantischer Terroranschlag – aber andererseits steht der einzige Täter schon nach wenigen Stunden mehr oder weniger fest. Wird hier gerade ein hochkomplexes Ereignis auf einen simplen Sündenbock reduziert? Haben wir es nicht nur mit einem live übertragenen Verbrechen, sondern auch mit dem medialen »Making-of« einer Verschwörungstheorie zu tun? Schon nach einem Tag schien mir eine Antwort auf diese Fragen deutlich zu werden und ich schrieb einige »Verschwörungstheoretische Anmerkungen«, die am 13. September 2001 in der *taz* und auf dem Online-Magazin *Telepolis* erschienen.

Dass daraus dann in den folgenden Monaten eine 60-teilige Serie werden sollte,[95] war nicht geplant. Ich hatte ja einen Abgabetermin für das Buchmanuskript. Der damalige Verlag bekam allerdings schon bei der Konzeptänderung, die ich jetzt aus aktuellem Anlass vorschlug – nämlich im zweiten Teil des Buches die Live-Entstehung einer offiziellen Verschwörungstheorie zu dokumentieren –, kalte Füße. Ich aber wollte jetzt kein Buch mit historischen Beispielen aus dem Archiv schreiben, über Illuminaten, Tempelritter oder die »Weisen von Zion«, wo doch mein Forschungsgegenstand – Verschwörungen und Verschwörungstheorien – als welterschütterndes Ereignis gerade live und gleichsam auf freier Wildbahn zu beobachten war. Zum Glück fand ich mit Lutz Kroth von Zweitausendeins schnell einen mutigeren Verleger, sodass das Buch im Sommer 2002 erscheinen konnte und in kürzester Zeit eine Auflage von mehr als 100 000 Exemplaren erreichte. Wobei der Grund für diesen Erfolg weniger in irgendeiner außergewöhnlichen Beobachtungsgabe meinerseits zu suchen ist, sondern schlicht darin, dass die gesamte journalistische Branche nach 9/11 einfach gar nicht hin- oder sogar wegschaute. Denn sonst hätte jedem zweiten Kollegen auffallen müssen, dass hier eine lupenreine, vor haarsträubenden

Ungereimtheiten, unbewiesenen Behauptungen und irrsinnigen Zufällen nur so strotzende Verschwörungstheorie als offizielle Wahrheit entfaltet wurde. Schon die Elefantenspuren, die die »Hijacker« am Flughafen hinterlassen hatten – die zufällig entdeckte Handynummer Osama Bin Ladens in einem ihrer Mietwagen, der zufällig hängen gebliebene Koffer des Anführers Mohamed Atta inklusive Koran, Boeing-747-Handbuch und seinem Testament –, wären einem Drehbuchautor von jedem »Tatort«-Praktikanten als platt und plump um die Ohren gehauen worden. Im Reality-TV nach 9/11 aber kam man mit diesen »islamistischen« Elefantenspuren durch, die Argusaugen des investigativen, kritischen Journalismus waren über Nacht erblindet, nachdem George W. Bush verkündet hatte, dass man sich jetzt positionieren muss: »Mit uns oder mit den Terroristen!«, und vor der UN-Vollversammlung gefordert hatte: »Wir müssen die Wahrheit über den Terror aussprechen. Lasst uns niemals frevelhafte Verschwörungstheorien im Zusammenhang mit dem 11. September tolerieren, boshafte Lügen, die bezwecken, die Schuld von den Terroristen abzulenken, weg von den Schuldigen.«

Die »Wahrheit über den Terror« war zu diesem Zeitpunkt noch unbekannt, nicht einmal die Identitäten der 19 »Hijacker« waren eindeutig geklärt (und sind es bis heute nicht!), geschweige denn die Frage, wie sie mit *zwei* Flugzeugen *drei* Wolkenkratzer pulverisieren konnten, denn die Bush-Regierung hatte die Einsetzung einer staatlichen Untersuchungskommission standhaft verweigert, weil dies »die Bekämpfung weiterer Terroranschläge« behindern würde. Und stattdessen den »War on Terror« ausgerufen. Wer noch Fragen stellte, war auf der Seite der »Terroristen«, wo niemand gerne steht, der noch einen Job und gewisse Karriereaussichten in der Medienbranche hatte. Die Reporterlegende Dan Rather, Nachrichtenchef des Senders CBS, brachte es auf den Punkt: »George Bush ist der Präsident. Er trifft die Entscheidungen. Und wie es sich für einen Amerikaner gehört: Wo immer man mich haben will, ich reihe mich ein.«

So kam es, dass die Berichterstattung über die Anschläge des 11. September und ihre direkten Folgen, die Kriege in Afghanistan und im Irak, von einer Einheitlichkeit geprägt war, die kaum noch etwas mit Journalismus zu tun hatte: Die »freie Presse«, die Wachhunde der Demokratie, waren zu Stenografen und Lautsprechern der US-Regierung mutiert. Und reagierten auf Gegenstimmen genauso, wie es die CIA ihren Pressekontakten 1967 für Kritiker der offiziellen Einzeltäter-Version des Kennedy-Mords geraten und George W. Bush es gerade noch einmal bekräftigt hatte: Sie wurden als frevelhafte Verschwörungstheoretiker und boshafte Lügner durchs mediale Dorf getrieben.

Auch wenn sie, wie yours truly, gar keine Verschwörungstheorie aufgestellt und verbreitet hatten, sondern nur auf die Lücken, Löcher und Widersprüche der offiziell verkündeten »Wahrheit« hinwiesen und anhand von zahlreichen Belegen wichtige Hintergründe und Fakten ans Licht gebracht hatten, die bei den Ermittlungen einfach ausgeblendet worden waren. Und die *in summa* deutlich machten, dass es sich bei der offiziellen Version der Ereignisse um nichts anderes handelt als um eine Verschwörungstheorie: eine Hypothese, die sich zwar auf einige Indizien stützen kann, aber nicht auf Beweise.

Ich hatte eigentlich nichts anderes getan als das, was US-Präsident Bush gerade gefordert hatte, nämlich mich geweigert, »frevelhafte Verschwörungstheorien« zu tolerieren, die von den »wahren Schuldigen« ablenken. Denn die waren ja noch gar nicht entdeckt. Was aber auf allen Kanälen verbreitet wurde, war die große Erzählung von Osama und den 19 Räubern. Wie dieses Narrativ nach den Anschlägen daherkam, sei hier zur Erinnerung und für die Nachgeborenen zitiert:

Die große Erzählung von Osama und den 19 Räubern

»Die Türme des World Trade Center waren noch nicht eingestürzt, da tauchte in den CNN-Berichten über die Terroranschläge erstmals der Name des Hauptverdächtigen auf: Osama Bin Laden. Zwar hatten sich die Flugzeugentführer weder über Funk noch mit einem Bekennerschreiben in irgendeiner Weise zu erkennen gegeben; zwar hatten Offizielle in den Stunden, Wochen, Monaten danach immer wieder betont, wie sehr man von dieser unvorhersehbaren Attacke überrascht worden war; zwar konnte zu diesem Zeitpunkt über die Hintergründe und Hintermänner der Tat noch nichts ermittelt worden sein, doch Bin Laden schien als Oberschurke und ›Mastermind‹ festzustehen, andere infrage kommende Verdächtige wurden erst gar nicht benannt. Als Reaktion auf die Anschläge hatte Präsident Bush an einer Grundschule in Florida zuerst noch 25 Minuten Kindergeschichten angehört, bevor er in der Air Force One zu einem längeren Rundflug aufbrach und gegen 10 Uhr 37 am Telefon erfuhr, ›dass seine Frau Laura und seine beiden Töchter in Sicherheit sind. Scherzhaft fragt er, was mit Barney, dem Hund der Familie, sei. Andy Card, sein Stabschef, witzelt, der sei inzwischen Osama Bin Laden auf den Fersen‹. Man hat zwar bis vor Kurzem noch Zweitklässlern gelauscht und wusste von gar nichts, doch kaum eine Stunde später jagt die Präsidententöle schon den Täter. ›Das riecht nach Al-Qaida‹, soll CIA-Chef Tenet am Abend des 11.9. der um Präsident Bush versammelten Beraterrunde gesagt haben – und definierte damit den nächsten Baustein der großen Erzählung, das mysteriöse ›Netzwerk‹ des Terrorchefs. Bis dahin war der Begriff ›Al-Qaida‹ in der Öffentlichkeit nahezu unbekannt, nun machte er in Windeseile Furore: als heimtückisches, um die ganze Welt gespanntes Netzwerk von ›Schläfern‹.

Unterfüttert wurde dieser Baustein dann durch das ganze Arsenal von eindeutigen Hinweisen, die die ›Hijacker‹ netterweise in Mietwagen und Koffern zurückgelassen hatten. Damit waren alle Ingredienzien beisammen, um einen neuen Typus von Terroristen zu definieren: den islamistischen Terrorpiloten. Keine 48 Stunden nach der Tat wurden 19 von ihnen auf einer Fahndungsliste des FBI präsentiert. Dass sich in den Tagen danach sechs der als ›Hijacker‹ benannten Personen lebend meldeten – und sich beschwerten, dass sie fälschlich auf diese Liste gelangt waren, half ihnen wenig. Sie stehen dort bis heute. Auch Osama Bin Laden, der sich kurz darauf in einem von Al Jazeera gesendeten Video zu Wort meldete und jede Beteiligung an den Anschlägen abstritt, wurde wegen dieses Dementis nicht entlastet. Sechs Wochen später reichten die USA ein von der CIA gefundenes Home-Video nach, in dem der ›Terrorfürst‹ angeblich seine Mitwisserschaft kundtut. Trotz der zweifelhaften Übersetzung, der fragwürdigen Bildqualität und der insgesamt dubiosen Herkunft ersetzt nun dieses Video als Baustein der Erzählung das erste. Bei den Medien-Rückblicken zum Jahrestag der Ereignisse im September 2002 wird das erste, authentische Video mit dem Dementi Bin Ladens schon kaum noch erwähnt – in die Geschichte geht das verwackelte Home-Video mit dem angeblichen Bekenntnis ein.

Ein weiterer Baustein der großen Erzählung ist die Höhle Tora Bora im Norden Afghanistans, der vermeintliche Stützpunkt der Übeltäter. Dieser wird nun bald, wie auch ihre Helfershelfer, die Taliban, mit Bombenhagel eindeckt: Wir werden sie ›jagen‹, wir werden sie in ihren Löchern ›ausräuchern‹, wir werden sie kriegen, ›tot oder lebendig‹, verkündet Präsident Bush.

Tot freilich, oder zur Strecke gebracht, wären Osama und die Al-Qaida-Räuber zu nichts mehr nutze, noch könnten sie den Anlass liefern, den ›War on terror‹ fortzusetzen und auf andere Regionen auszudehnen. Deshalb wird der großen Erzählung jetzt ein weiterer Baustein zugefügt: dass nämlich der ›Terrorfürst‹ Osama Unterstützung von einem anderen bösen Herrscher, Saddam Hussein, erhielt. Dies wird von den Märchenerzählern so oft wiederholt, dass am Ende alle Zuhörer glauben, die 19 Räuber aus der Tora-Bora-Höhle seien eigentlich Iraker gewesen und man deshalb nun gegen Bagdad in den Krieg ziehen müsse. Und auch wenn Osama längst gestorben ist, leben er und sein heimtückisches Netz von ›Schläfern‹ bis heute weiter – und werden nach Bedarf wachgeküsst. Demnächst in Syrien, im Iran, im Libanon? Wie auch immer – dank des Phantomteufels Osama lauert das Böse nun immer und überall.« (Oktober 2002)

Eine gewisse prognostische Qualität lässt sich dieser Einschätzung aus dem Jahr 2002 nicht absprechen: Wenig später platzierte die *New York Times* auf ihrer Titelseite einen Haufen Aluminiumröhren, die als Saddam Husseins Massenvernichtungswaffen ausgegeben wurden. Daraufhin wurde Bagdad bombardiert. Laut Umfragen hielten zu diesem Zeitpunkt 69 Prozent aller Amerikaner Saddam Hussein für den 9/11-Schuldigen – willkommen in Brainwashington DC und den angeschlossenen Rundfunkanstalten.[96] Und bei der erfolgreichsten Propaganda-Operation der Neuzeit: der Kunst, einen teuflischen Massenmord einem Phantomteufel in die Schuhe zu schieben, eine Serie von Kriegen damit zu begründen und ein Jahr lang zu verhindern, dass eine Ermittlungskommission das Verbrechen untersucht und die wahren Täter ermittelt.

Als nach massivem Druck der Opferangehörigen die von der Regierung handverlesene Kommission nach 15 Monaten endlich zustande kam, wurde sie mit einem Budget ausgestattet, das ziemlich genau ein Zehntel (3 Millionen Dollar) dessen betrug, was für die Untersuchung der Sex-Affäre von Präsident Clinton mit der Praktikantin Monica Lewinsky (30 Millionen Dollar) angesetzt worden war. Dass der Etat nach Protesten noch auf 15 Millionen Dollar erhöht wurde, änderte nichts mehr an der Tatsache, dass die mit geringen Befugnissen ausgestattete Kommission von Beginn an zum Scheitern verurteilt war und nicht einmal den entscheidenden Zeugen für die Täterschaft von Osama Bin Laden und seiner »Al-Qaida«-Kameraden vernehmen durfte. »We were setup to fail«, überschrieben Thomas Kean und Lee Hamilton das erste Kapitel ihres Buchs über ihre Arbeit in der »9/11-commission«, behaupten aber gegen Ende dann, dass mit ihrem Abschlussbericht ein Report veröffentlicht werde, »den die große Mehrheit der Amerikaner akzeptieren kann«.

Selbst wenn diese Mehrheit, sofern sie überhaupt existiert, tatsächlich so groß nicht sein dürfte, gilt festzuhalten: Eine halbwegs akzeptable Story ist keine Verbrechensaufklärung, eine von den Mainstreammedien verbreitete Geschichte keine Dokumentation der Ereignisse und ein aus Fakten und Fiktionen zusammengeschustertes Narrativ nicht die Aufdeckung einer mörderischen Verschwörung. Es ist nichts anderes als eine weitere Verschwörungstheorie. Dass sie als »wahr«, von einer hochmögenden Kommission aufgestellt, von sämtlichen »Qualitätsmedien« und vielen Historikern übernommen wurde, seit fast 20 Jahren in den Geschichtsbüchern steht, ändert an dieser Tatsache nichts. Vor jedem halbwegs ordentlichen Gericht wären Osama und seine Bande, angeklagt wegen der Anschläge des 11. September, mit einem Freispruch »mangels Beweisen« davongekommen. Doch vor solch einem halbwegs ordentlichen Gericht wurde die Anklage – der 580-seitige Abschlussbericht der 9/11-Kommission – nie verhandelt. Das Verbrechen des Jahrhunderts ist bis heute nicht aufgeklärt.

Ein Blick in den Abgrund

»Wer mit Ungeheuern kämpft, mag zusehn, dass er nicht dabei zum Ungeheuer wird. Und wenn du lange in einen Abgrund blickst, blickt der Abgrund auch in dich hinein.«

Diese Erkenntnis von Friedrich Nietzsche kam mir in den Jahren der Beschäftigung mit dem Jahrhundertverbrechen öfter in den Sinn, in zweifacher Hinsicht. Zum einen, weil sich die »leuchtende Stadt auf dem Hügel«, der Hort von Freiheit und Demokratie, die Vereinigten Staaten von Amerika, im Kampf mit der Ungeheuerlichkeit von 9/11 in nichts anderes als ein Ungeheuer mit mörderischen und totalitären Krallen zu verwandeln schien. Und zum anderen, weil der Blick in diesen Abgrund, die Recherchen zu den Hintergründen und Zusammenhängen dieser Ungeheuerlichkeiten, einen selbst tatsächlich ziemlich runterzogen. Denn was diese Hölle der Finsternis, Täuschung, Lüge und Grausamkeit »in dich hinein« spiegelte, konnte wahrlich keine positiven Empfindungen wecken, sondern nur Entsetzen, Traurigkeit und Verzweiflung. Zumal wenn man als Späher ziemlich allein stand in diesem finsteren Dickicht, dem Wald, den die anderen professionellen Beobachter nicht sehen wollten, weil sie nur auf die von der Regierung aufgestellten Baumreihen achteten. Und einfach abstritten, dass sich dahinter irgendetwas verbirgt, und jeden beschimpften, der auf das unübersehbare Dickicht aufmerksam macht. Und steif und fest behaupteten, dass außer der von Mythengärtner Philip Zelikow und der CIA sauber eingepflanzten 9/11-Allee hier absolut nichts zu sehen war und ist. Schon gar nicht, dass die Regierung höchstselbst in irgendeiner Weise in das Jahrhundertverbrechen verwickelt war, außer mit ihrer Serie von Pleiten, Pech und Pannen. Also weitergehen, hier ist nichts zu sehen.

Man konnte (und kann), wenn man doch etwas sah, schon depressiv werden bei diesem Thema, was mir Gott sei Dank erspart blieb. Ich wurde eher wütend, dass sich nahezu die gesamte Medienbranche blind und taub stellte, das offensichtliche Propagandamärchen der Regierung ungeniert nachbetete und damit für den Krieg trommelte. Unlängst fragte mich ein Filmemacher beim Essen nach einem Interview, warum ich nach 20 Jahren noch immer so wütend bin in Sachen 9/11: »Kurze Antwort.« Ich schaffte es in einem Satz: »Ich lasse mich ungern verarschen.« Und die offizielle 9/11-Story ist nun mal die Mutter aller Fake News. Und die gefährlichste überhaupt, denn sie hat Berge von Leichen und Massen von Flüchtlingen produziert und die Welt ins Chaos gestürzt. Wer eine derart große und gefährliche Lüge einfach akzeptiert und weiterverbreitet als Publizist, Journalist, Medienmensch, ist mitverantwortlich für ihre schrecklichen Folgen. Auch wenn er oder sie teilnahmslos und zynisch nach dem Motto »Quod Licet Jovi Non Licet Bovi« einfach nur die Schulter zuckt, weil große Imperien eben so agieren und das auch dürfen, weil sie so groß und mächtig sind. Und dass es keinen Zweck hat, sich als kleines Rindvieh darüber aufzuregen, denn so ist es nun mal. Und schließlich sind ja die Russen und die Chinesen auch keine Waisenknaben ...

Abwimmeleien dieser Art werden wir zum Jahrestag wieder geballt zu hören bekommen, die ehemaligen Nachrichtenmagazine werden immer noch so tun, als wüssten sie, »was wirklich geschah« am 11. September 2001, die Regierungen werden der 3000 Opfer an Ground Zero gedenken und die über 800 000, die ihnen folgten, tunlichst ignorieren und die 9/11-Wahrheitsbewegung als unbelehrbare Verschwörungstheoretiker abtun – nunmehr in einem Topf mit »Querdenkern« und »Corona-Leugnern«, den Aussätzigen der Pandemie-Politik.

So wie seinerzeit das »Mit uns oder mit den Terroristen« jeden, der an den Verkündigungen des Weißen Hauses zweifelte, als Terror-Sympathisant abstempelte, wurden beim Schüren der Angst vor dem Virus 2020 Kritiker und Skeptiker als »Lebensgefährder« ausgegrenzt. Wenn die Alarmglocken der Kirche der Angst läuten und drohende Gefahr beschwören, lässt sich auch in der widerborstigsten Herde rasch Konsens (»Sanktionen!«/»Krieg!«/»Lockdown!«) herstellen. Wer da noch zweifelt oder widerspricht, muss sich nicht nur den Vorwurf gefallen lassen, das Löschen eines Brands (»Saddams Massenvernichtungswaffen!«) mit Hinweisen auf den Wasserschaden (»Völkerrechtswidrige Invasion!«) zu verhindern, sondern stellt eine konkrete Gefahr für die »Sicherheit«/»Wehrkraft«/»Volksgesundheit« dar, die bekämpft werden muss. Im Ausnahmezustand gilt: »Wer nicht für uns ist, ist gegen uns.« Also ein Gegner/Gefährder/Feind, und das auch dann, wenn seine Hinweise der Wahrheit entsprechen. Dass im Notfall »durchregiert« werden muss und keine langwierigen demokratischen Debatten geführt werden können, versteht sich von selbst, ebenso wie die Tatsache, dass mit solchen Notstandsverordnungen starke Einschränkungen der allgemeinen Grundrechte und Freiheiten verbunden sein können. Gegen eine solche Außerkraftsetzung der Gewaltenteilung ist überhaupt nichts einzuwenden, solange eine Gefahrenlage gegeben ist, gefährlich und undemokratisch aber wird sie dann, wenn die Ausnahme zur Regel wird und die eigentlich eng befristeten Notstandsmaßnahmen immer wieder verlängert werden. So haben es die Regierungen mit ihren »Sicherheits-« und »Anti-Terror«-Verordnungen nach dem 11. September 2001 getan, und im Zuge der Pandemie lässt sich bereits Ähnliches beobachten. Weil mit dem Phantomteufel Virus noch viel mehr Angst gemacht werden kann als mit Terror – 500 000 Covid-Tote wurden im Februar 2020 allein für Deutschland angedroht –, greifen die neuen »Gesundheits-« und »Infektionsschutz«-Verordnungen auch sehr viel brachialer in die Grundrechte ein. Nach 9/11 durfte man mit Nagelfeile oder Haarshampoo nicht mehr ins Flugzeug, nach Corona läuft alles auf eine Zweiteilung der Grundrechte hinaus: Geimpfte sollen Zugang zu Reisen, Kinos, Hotels und Weiterem erhalten, Nichtgeimpfte sollen draußen bleiben oder sich einem Test unterziehen. Der »digitale Impfpass« wird allenthalben schon als Garant einer

»neuen Freiheit« gefeiert, nachdem die alte mit den Pandemie-Maßnahmen beseitigt wurde.

Die Wahnvorstellung eines Bill Gates, sieben Milliarden Menschen zu impfen, muss dabei genauso beschwiegen werden wie das Recht jedes Betroffenen, ein solches Impf-Abonnement – mit einem Mal ist es wegen immer wiederkehrender »Mutanten« selbstverständlich nicht getan, wie früher bei »Microsoft« braucht es auch in Bills neuem Geschäftsfeld permanente Updates – zu verweigern. Skepsis und Widerspruch werden tabuisiert, Impfgegner werden als »Lebensgefährder« zu asozialen, unsolidarischen Volksfeinden, die Proteste gegen die Pandemie-Maßnahmen als Aktionen von Nazis, Rechtsradikalen und »frevelhaften Verschwörungstheoretikern« erklärt. Dies umso stärker, je deutlicher sich herausstellte, dass 95 Prozent der »Infizierten« gar keine oder nur sehr milde Symptome haben, von den restlichen fünf Prozent nur Hochbetagte und Vorerkrankte schwer oder schwerer erkranken und insgesamt 2020 in Deutschland sogar weniger Menschen gestorben sind als in den Jahren zuvor. Doch weiterhin durften die extreme Gefährlichkeit des Killervirus Sars-Cov-2 und die absolute Angemessenheit sämtlicher Regierungsmaßnahmen nicht bestritten werden, wobei von »Zensur« natürlich keine Rede sein konnte. Das ist das Schöne an der »neuen« Normalität unserer Tech-Oligarchie: Die Datenkanäle sind privatisiert, und wenn da etwas aus dem Verkehr gezogen wird, hat das nichts mit staatlicher Zensur zu tun. Die grundgesetzlich verbürgte Pressefreiheit ist ja weiter garantiert (Zwinkersmiley) und jeder kann seine Meinung frei äußern ... in seinem Garten. So kamen sich im Zuge der Pandemie ja nicht von ungefähr viele Ossis medienmäßig wie in einer DDR 2.0 vor, mit den Beschlüssen eines CDSPU-Politbüros auf allen Kanälen – und einem Corona-Clown Karl wie seinerzeit Karl-Eduard im »Schwarzen Kanal«, mit Warnungen vor der drohenden antidesinfektionistischen Konterrevolution. Das alte Comedy-Format »Drei Stühle eine Meinung« wurde gleichsam zur Dauersendung der Großmedien, und wie weiland die Ost-Dissidenten ins Kirchenasyl mussten Gegenrede, Widerspruch und Kritik ins Internet flüchten, wo aber nunmehr die Silicon-Valley-Stasi und das Wahrheitsministerium von Google für Ordnung sorgten. Was kein einfacher Job war, denn man musste den Massen ja eintrichtern, um Gottes und der Gesundheit aller willen »auf die Wissenschaft« zu hören, aber gleichzeitig sämtliche wissenschaftliche Kriterien zur Prüfdauer und Effektivität von Impfstoffen über Bord zu werfen.

Dass eine mit allen Bürgerrechten behaftete ID nur noch mit DI (Digitalem Impfpass) zu haben sein wird, ist der feuchte Traum im Silicon Surveillance Valley: Kontrolle der Körper. Zwar gibt es zurzeit noch keine »Soma«-Ausgabestellen, die wie in Aldous Huxleys Dystopie *Schöne Neue Welt* stimmungsaufhellende Beruhigungsmedikamente an die Massen verteilen, aber vorstellbar wird das schon, wenn man sich anschaut, wie derzeit Euphorie und Hoffnungen auf nahezu ungeprüfte Vakzine geschürt werden. Die Inbrunst, mit der die Impfung als Königsweg und Endlösung der Pandemie herbeigebetet wird, die schizoide Propaganda, einerseits auf »die Wissenschaft« und die Regierung zu hören, gleichzeitig aber alle wissenschaftlichen Kriterien der Zulassung eines Impfstoffs sofort zu vergessen – auch wenn der Stoff nicht psychoaktiv wie das »Soma« im Roman wirkt, driftet das Ganze doch stark in Richtung Huxley. Dass dort alle Krankheiten durch pränatale Impfungen ausgemerzt sind, muss heute den Massen, die vor Angst maskiert an den Fernsehern sitzen und auf die erlösende Spritze warten, geradezu paradiesisch vorkommen. Was das Motto betrifft, mit dem unwilligen Kritikern und zögernden Skeptikern im Roman das Soma nahegebracht wurde – »Ein Gramm versuchen ist besser als fluchen« –, wird derzeit zwar noch mit etwas brachialeren Methoden (Polizei, Gerichte, Zensur et cetera) gearbeitet, aber die ersten Politiker, die fordern, Kritiker der Pandemiepolitik mit einer »psychiatrischen Behandlung« zum Schweigen zu bringen, sind ja durchaus schon da. Und wenn dann noch ein Impfstoff kommt, mit der Wirkung,

»alle Vorzüge des Christentums und des Alkohols ohne deren Nachteile« zu verbinden, können Dissidenten – also »Corona-Leugner«, »Nazis«, »Esoteriker«, »Aluhüte« und »Querdenker« jeder Richtung – mit einem Piks geheilt werden von ihrem falschen Denken. Vor ein paar Jahren hätten solche Szenarien noch wie aus einem B-Picture geklungen, doch mittlerweile scheinen sie durchaus realistisch. Die neue »EU-Beobachtungsstelle gegen Desinformation«, die falsches Denken nicht-medikamentös behandeln soll, heißt übrigens SOMA (Social Oberservatory und Media Analysis).[97]

Dass auch einem US-Präsidenten mit 70 Millionen Followern der Twitter-Kanal einfach abgeschaltet und gelöscht werden kann, zeigt deutlich, wo die eigentliche Macht mittlerweile beheimatet ist. Tech-Oligarchen und ihre »Faktenchecker« entscheiden, was in den Medien als Realität simuliert werden darf und Reichweite erhält. Vor 20 Jahren reichte es zur Durchsetzung eines Narrativs noch aus, wenn die Konzernmedien es in ihre Wiederholungsschleifen aufnahmen und eine Handvoll Dissidenten als »Verschwörungstheoretiker« abwatschten, mittlerweile müssen auch die sozialen Medien überwacht und kontrolliert werden, denn jeder mit einem Handy ist ja prinzipiell auch ein »TV-Sender«, kann große Reichweiten erzielen und die Durchsetzung der offiziellen Deutung von Ereignissen unterlaufen.

Wenn man den Kommandeur der größten Weltmacht ungestraft von der Kommunikation abschneiden kann, ist auf dieser nach oben offenen Trump-Skala alles möglich und kein kleinerer Akteur muss sich mehr wundern, wenn ihm der Saft abgedreht wird. Presse- und Meinungsfreiheit sind natürlich weiterhin gegeben, doch wer gehört werden darf und wer nicht, entscheidet kein ordentliches Gericht, sondern eine unsichtbare Instanz von Tech-Oligarchen, die über den Gesetzen steht und auch einen gewählten Präsidenten einfach abschalten kann. Da müssen sich dann im Netz erfolgreiche Journalisten, Blogger oder YouTuber nicht wundern.

Mit der Pandemie hat die Desinfektion des Meinungsspektrums geradezu groteske Formen angenommen, und wie die Rodelpolizei im Winter Kinder jagte, die mit dem Schlitten absurde Ausgangssperren ignorierten, wurde nun multimedial an hundertprozentiger Diskurshygiene gearbeitet. Wer die Unfehlbarkeit der neuen Dreifaltigkeit aus Regierung, Robert Koch-Institut und Professor Drosten bezweifelte und ihre Behauptungen und Maßnahmen in Frage stellte, musste umgehend mit Sanktionen rechnen, nicht nur in der Öffentlichkeit, sondern auch am Arbeitsplatz und privat. Die erzeugte Panik vor dem unsichtbaren Schrecken, von dessen Existenz die Weltöffentlichkeit ohne PCR-Tests nie erfahren hätte und dessen Tödlichkeit dann je nach Region als normale oder schwere Grippewelle in die globale Sterbestatistik eingegangen wäre, übertraf die Angst vor dem Terror nach dem sichtbaren Schrecken von 9/11 bei Weitem. Und entsprechend auch die Bereitschaft, als Antwort und Lösung dieser apokalyptischen Bedrohung sofort in einen Krieg, nunmehr »gegen das Virus«, zu ziehen. Doch eine solche desinfektionistische Kriegshaltung, ein »Krieg gegen Viren«, ist noch absurder als ein »Krieg gegen Terror«. Als Nicht-Lebewesen haben Viren und ihre Informationen ganz entscheidend zur Entwicklung höherer Lebewesen beigetragen. Als frei umherschweifende Informationseinheiten und Meister der Mutationen gehören sie seit 3,5 Milliarden Jahren dazu und sind für das Leben auf der Erde ebenso unverzichtbar wie die Bakterien. Das erste Biomolekül – die Ribonukleinsäure (RNA) – wurde von seinen Entdeckern »viroid« genannt, weshalb es keine haltlose Spekulation ist, die Viren als den Ursprung des Lebens und der Evolution anzusehen. Sie sind, wie die Virenforscherin Karin Mölling 2015 ihr Buch genannt hat, eine »Supermacht des Lebens«. Wer dagegen mit Frühwarnsystemen, Dauer-»Testemie« und Impf-Abos angehen will, begeht einen ähnlichen Fehler im Zeitraffer, wie er über Jahrzehnte mit der massenhaften Anwendung von Antibiotika begangen wurde, der lebensgefährliche »multiresistente« Keime geschaffen hat, an denen sehr viele Menschen sterben. Da Viren als Verwandlungsweltmeister noch viel schneller mutieren als Bakterien, ist es wie beim Rennen zwischen Hase und Igel sinnlos, dagegen mit globalen Impfaktionen vorzugehen. Das Einzige, was gegen die Supermacht der Viren ankommen kann, sind intakte, intelligente Immunsysteme.

Doch selbst leise Zweifel an der Pandemie-Politik und der Hinweis, dass es darauf ankommt, den Schaden, den »Sars-Cov-2« anrichtet, auf ein Minimum zu reduzieren, und dass die Therapie niemals mehr Schaden anrichten sollte als die Krankheit selbst – jede Infragestellung der drakonischen Maßnahmen der Kriegsführung wurde den durch gleichgeschaltete Wachturm-Medien zu verängstigten »Zeugen Coronas« missionierten Massen als lebensgefährlicher Verrat eingebläut. Auf andere Wissenschaftler als auf die Titanen der Drostology-Sekte zu hören, die über die Volksempfänger zwar nicht mehr vorkamen, auf »Feindsendern« im Internet aber trotz der Silicon-Valley-Stasi noch erreichbar blieben, war fortan verboten. Auch wenn die Pandemie so überraschend kam wie die Attacken des 11. September, die »Wahrheit« wurde dann sehr schnell aufgedeckt und steht seitdem unverrückbar fest: ein tödliches Killervirus, dem nur mit Krieg (Maskenzwang/Lockdown, Versammlungsverbot/Ausgangssperren et cetera) begegnet werden kann, bis die Bevölkerung durchgeimpft ist und sich dann auch regelmäßig ein Update spritzen lässt. Und selbst wenn »Sars-Cov-2« eher harmlos ist, weil 99,9 Prozent der Bevölkerung eine Infektion überleben, sollten wir uns nicht in Sicherheit wiegen, sondern das jetzt als »gute Übung« nehmen, meint Bill Gates, »für Pandemie 2«. Geübt hatten bisher nur die Johns-Hopkins-Universität und das »Word Economic Forum«. Sie haben 2017 und 2019 die Pandemie schon einmal durchgespielt,[98] inklusive »Aufstandsbekämpfung« in den Echokammern der Medien – und jetzt üben alle, willkommen in der neuen Normalität. Willkommen in der schönen neuen Welt, in der uns Pandemien wie diese nichts mehr anhaben können, weil wir eine »mega-diagnostische Plattform« haben und dann »jede Woche bis zu 20 Prozent der Weltbevölkerung testen«. Und wer, wenn nicht Bill, kann das schaffen?

»Wir brauchen ein ›globales Frühwarnsystem‹, allzeit bereite Kommandos von ›Infektionskrankheiten-Ersthelfern‹, eine ›Pandemiefeuerwehr‹ und Kriegsübungen gegen Bazillen, Bakterien und Keime. Bill hat diese Übungen selbst *Germ Games* genannt, aber das richtet sich nicht gegen uns Deutsche. ›Germ‹ heißt nun mal Keim und die Germs sind ab jetzt der unsichtbare Feind der ganzen Welt in allen Übungen und Manövern. All diese Einrichtungen, neuen Vernetzungen und paramilitärischen Strukturen zu schaffen, das wird natürlich teuer (›tons of billions per year‹), ist aber die günstigste Versicherung, die die Welt sich zulegen kann. Nur so können wir unseren Untergang verhindern. Das bedeutet natürlich aber auch, dass niemand mehr sich der vollständigen Überwachung entziehen darf. Logisch. Denn wenn sich auch nur wenige Millionen entziehen, ist unser Seuchenradar nutzlos. Verweigerer gefährden mit ihrer Haltung das Überleben aller.«

Weiteres zu den Weltrettungsideen von »Team Bill« und was das »Team Mensch« noch dagegen tun kann, sollte unbedingt in Sven Boettchers *Wer, wenn nicht Wir / Bill?* (2021) nachgelesen werden. Hier mögen diese Hinweise genügen, wie weitgehend und tiefgreifend die Pläne sind, die mit der Pandemie-Politik jetzt ausgerollt werden. Und ein Klima der Angst, der Einschüchterung und der Zuspitzung autoritärer, totalitärer Politik geschaffen haben.

Während sich der auf dem Mythos 9/11 gründende Krieg auf Beherrschung und Kontrolle des geopolitischen »Herzlands« richtete, richtet sich der auf einer zum apokalyptischen Mythos aufgeblasenen Corona-Epidemie gründende »Krieg gegen Viren« nach innen, auf die Konditionierung und Beherrschung der Bevölkerung. Nicht nur ihrer Äußerungen, ihrer Meinungen, ihres Denkens, sondern ihrer Körper, Bewegungen, Kontakte, also restlos auf alles, was man in früheren Jahrhunderten Privatheit oder Intimsphäre nannte. Dass dies alles nur zu ihrem Guten geschieht und zum Wohle der gesamten Menschheit und des Planeten absolut alternativlos ist, dazu braucht es eine gute Begründung, ein wirksames Narrativ. Und am besten einen Experten, der sich auf das »Einbrennen« und »Formen« von Ereignissen spezialisiert hat, »die eine ›transzendente‹ Rolle einnehmen und deshalb ihre Kraft behalten, auch wenn die Generation, die sie erlebt hat, schon vergangen ist«.

Wenn Ihnen das bekannt vorkommt, hat das mit einem alten Bekannten zu tun, denn niemand anderes als Professor Philip Zelikow, der Autor des 9/11-Reports und Kunstschmied des 9/11-Mythos, leitet die im März 2021 etablierte »COVID Commission Planning Group«, die den Weg für die »National COVID Commission« bereiten soll.[99] Dass der kommende »COVID-Report« für das Team Bill und Biden ein Verkaufsprospekt für den »Krieg gegen Viren« wird, wie der 9/11-Report für das Team Bush und Cheney für den Krieg gegen Terror, davon darf ausgegangen werden. Ebenso wie davon, dass Meister Zelikow seine beiden Fachgebiete kombiniert und haarsträubend ausmalen wird, welcher Bio-Terror uns blüht, wenn sich ein künftiger Osama statt 19 Studenten mit Teppichmessern ein paar Viren verschafft und auf die Menschheit loslässt. Dass gegen einen solchen Horror mit allen Mitteln vorgegangen werden muss, notfalls – der »Feind« verfügt über Maskenvernichtungswaffen! – auch präventiv, versteht sich dann von selbst. Auf Fakten kommt es dabei, wie der 9/11-Report gezeigt hat, nicht wirklich an, sondern allein auf eine prosaische Erzählung, die autoritativ verkündet, massenhaft eingetrichtert und als Dogma betoniert wird. So kann sie ihre »transzendente Rolle« dann über Jahrzehnte spielen, wie das Märchen von Osama, der Mythos 9/11.

(2021)

Nachweise

Die Beiträge dieses Buchs stammen aus Büchern, Radiosendungen, Zeitungsartikeln und Vorträgen. Im Folgenden Ort und Datum der Ersterscheinung:

Bio-Konspiration – Wie alles anfing
Mathias Bröckers: »Verschwörungen, Verschwörungstheorien und die Geheimnisse des 11.9.«, Zweitausendeins 2002

Gaia – Die Intelligenz der Erde
Mathias Bröckers: »Das sogenannte Übernatürliche – Aufbruch zu einem neuen Naturverständnis«, Eichborn-Verlag 1998

Eleusis – Über die Geburt der Philosophie aus dem Geist des Mutterkorns
Mathias Bröckers: »Das sogenannte Übernatürliche – Aufbruch zu einem neuen Naturverständnis«, Eichborn-Verlag 1998

Bewusstseinsantennen –Die »Satellitenschüsseln« des spitzkegeligen Kahlkopfs
Mathias Bröckers/Roger Liggenstorfer (Hrsg.): Albert Hofmann und die Entdeckung des LSD – Auf dem Weg nach Eleusis, AT-Verlag Olten, 2006

Die Computerrevolution – Von »open mind« zu »open source«
Vortrag auf dem Symposium »LSD – Sorgenkind und Wunderdroge«, Basel 13.–15.1.2006

Cannabis – Die Wiederentdeckung der Nutzpflanze Hanf
Vortrag auf der »Cannatrade«-Konferenz, Zürich, Mai 2010

Wundersam erleuchtete Amphitheater –Über eine unheimliche Begegnung
Mathias Bröckers: »Das sogenannte Übernatürliche – Aufbruch zu einem neuen Naturverständnis«, Eichborn-Verlag 1998

Bob Dylan – Like a rolling stone
Erschienen im »Tagesspiegel«, 20.5. 2005

JFK – »Die Göttin hinter dem Thron«
»JFK – Staatsstreich in Amerika«, Westend Verlag 2013/2017

Bobby Fischer – Schach und Paranoia
Vortrag bei der Veranstaltungsreihe »Hinter den Spiegeln – Zur Kultur des Spiels und der Schönheit des tiefen Denkens«, Kunsthalle der Bundesrepublik Deutschland, Bonn 30.11.2006

Robert Anton Wilson – Alles unter Kontrolle
R. A. Wilson, M. Hill, M. Bröckers (Hrsg.): Lexikon der Verschwörungstheorien, Eichborn-Verlag 2000

Neuss Deutschland – Wolfgang Neuss
www.broeckers.com/NeussDeutschland.htm (1993/2003)

Jack Herer –After Sunset
Hanf!-Magazin, November 1999

»Wenn man im Paradies lebt« – Albert Hofmann
Mathias Bröckers/Roger Liggenstorfer (Hrsg.): Albert Hofmann und die Entdeckung des LSD – Auf dem Weg nach Eleusis , AT-Verlag, 2006

Das Gedächtnis der Natur – Rupert Sheldrake
Mathias Bröckers: »Das sogenannte Übernatürliche – Aufbruch zu einem neuen Naturverständnis«, Eichborn-Verlag 1998

Paracelsus –»Leib und Geist sind ein Ding«
Radiofeature Sender Freies Berlin (SFB), Januar 1992, erschienen in der *taz*, 2.1992

Jenseits von H_2O – Der Wasserforscher Viktor Schauberger
In: Martina Rodier: Viktor Schauberger: Naturforscher und Erfinder, Zweitausendeins 1999

Fritz A.Popp – Biophotonen
In: F. A. Popp: Die Botschaft der Nahrung, Zweitausendeins, Frankfurt 1999

Mehr Licht – Newtons Gespenst und Goethes Polaroid
Mathias Bröckers: »Newtons Gespenst und Goethes Polaroid«, Westend Verlag 2019

Legenden – Der Mythos 9/11
Mathias Bröckers: »Mythos 9/11 – Die Bilanz des Jahrhundertverbrechens – 20 Jahre danach«, Westend Verlag 2021

Die Bücher von und mit Mathias Bröckers

- mit Wolfgang Neuss (Hrsg.): *Der gesunde Menschenverstand ist reines Gift.* Heyne, München 1985
- Jack Herer/ Mathias Bröckers (Hrsg.): *Die Wiederentdeckung der Nutzpflanze Hanf.* Zweitausendeins, Frankfurt am Main 1993, 45. Auflage 2023 Nachtschatten Verlag, Solothurn
- mit Gerhard Seyfried: *Hanf im Glück. Das Hohe Lied vom Hehren Hanf.* Zweitausendeins, Frankfurt am Main 1996 / Nachtschatten Verlag, Solothurn 2004
- *Das sogenannte Übernatürliche. Von der Intelligenz der Erde, Aufbruch zu einem neuen Naturverständnis.* Eichborn, Frankfurt am Main 1998
- *Verschwörungen, Verschwörungstheorien und die Geheimnisse des 11.9.* Zweitausendeins, Frankfurt am Main 2002
- *Cannabis. Hanf, Hemp, Chanvre, Canamo*. AT Verlag, Aarau 2002 (Bildband)
- *Trans-Psychedelischer-Express, Eleusis – Basel – Babylon – und weiter.* Nachtschatten Verlag, Solothurn 2002
- mit Andreas Hauß: *Fakten, Fälschungen und die unterdrückten Beweise des 11.9.* Zweitausendeins, Frankfurt am Main 2003
- mit Lynn Zimmer, John P. Morgan: Cannabis Mythen – *Cannabis Fakten. Eine Analyse der wissenschaftlichen Diskussion.* Nachtschatten Verlag, Solothurn 2004
- mit Roger Liggenstorfer: *Albert Hofmann und die Entdeckung des LSD. Auf dem Weg nach Eleusis.* AT Verlag – AZ Fachverlage, Aarau 2006
- mit Chris Heidrich, Roger Liggenstorfer: *Absinthe – Die Wiederkehr der Grünen Fee. Geschichten und Legenden eines Kultgetränkes.* Nachtschatten Verlag, Solothurn 2007
- *Cogito ergo bum und 49 weitere Beweise für die Unausweichlichkeit des Scheiterns.* Westend Verlag, Frankfurt am Main 2007
- mit Sven Böttcher als John S. Cooper (Pseud.): *Das fünfte Flugzeug* (Thriller). Kiepenheuer & Witsch 2007
- mit Sven Böttcher als John S. Cooper (Pseud.): *Zero* (Thriller). Kiepenheuer & Witsch 2008
- *Die Drogenlüge – Warum Drogenverbote den Terrorismus fördern und Ihrer Gesundheit schaden.* Westend Verlag, Frankfurt am Main 2010

- mit Christian C. Walther: *11.9. – zehn Jahre danach. Der Einsturz eines Lügengebäudes.* Westend Verlag, Frankfurt am Main 2011
- *JFK – Staatsstreich in Amerika.* Westend Verlag, Frankfurt am Main 2013
- mit Paul Schreyer: *Wir sind die Guten. Ansichten eines Putinverstehers oder wie uns die Medien manipulieren.* Westend Verlag, Frankfurt am Main 2014
- *Der Fall Ken Jebsen oder Wie Journalismus im Netz seine Unabhängigkeit zurückgewinnen kann.* Westend Verlag, Frankfurt am Main 2016
- mit Sven Böttcher: *Die ganze Wahrheit über alles – Wie wir unsere Zukunft doch noch retten können.* Westend Verlag, Frankfurt am Main 2016
- *König Donald, die unsichtbaren Meister und der Kampf um den Thron. Aus den Chroniken eines Real Game of Thrones.* Westend Verlag, Frankfurt am Main 2017
- *Newtons Gespenst und Goethes Polaroid. Über die Natur.* Westend Verlag, Frankfurt am Main 2019
- *Freiheit für Julian Assange! Don't kill the messenger!* Westend Verlag, Frankfurt am Main 2019
- *Klimalügner: Vom Ende des Kaputtalismus und der Zuvielisation.* Westend Verlag, Frankfurt am Main 2020
- *Die Rückkehr nach Eleusis.* Nachtschatten Verlag, Solothurn, 2021
- *Mythos 9/11 – Die Bilanz des Jahrhundertverbrechens – 20 Jahre danach.* Westend Verlag, 2021
- *Vom Ende der unipolaren Welt. Warum ich gegen Krieg, aber noch immer »Putinversteher« bin.* Fifty-Fifty, Frankfurt am Main 2022
- Der Blog von Mathias Bröckers erscheint seit 2004 auf broeckers.com

Anmerkungen

»Schreib doch nicht immer so schlimme Sachen!«

1. »Alles Antisemiten außer Mutti«, Telepolis 24.10.2009, http://www.heise.de/tp/features/Alles-Antisemiten-ausser-Mutti-3383115.html, zuletzt abgerufen am 21.03.2024

Gaia – Die Intelligenz der Erde

2. Vgl. *James Lovelock: Das Gaia-Prinzip – Die Biographie unseres Planeten (1991)*. Alle nicht weiter ausgewiesenen Zitate Lovelocks stammen aus diesem Buch.
3. Vgl. *Ilya Prigogine: Vom Sein zum Werden (1988)*. Zur Theorie der Selbstorganisation im Allgemeinen vgl. *Erich Jantsch: Die Selbstorganisation des Universums – Vom Urknall zum menschlichen Geist (1992)*
4. Vgl. Lovelock (1991), S. 22. Hervorragend dargestellt werden diese Zusammenhänge auch von der Mikrobiologin Lynn Margulis, die mit Lovelock zusammengearbeitet hat. Auch wenn Margulis die Personalisierung der Erde als »Gaia« als zu romantisierend ablehnt, hat sie ihren organischen Gesamtzusammenhang auf beeindruckende Weise nachgewiesen. Vgl. *Lynn Margulis, Dorion Sagan: »Leben – Vom Ursprung zur Vielfalt« (1997)*. Die naturphilosophischen Zusammenhänge der Gaia-Theorie erläutert *Elisabet Sahtouris; Gaia – Vergangenheit und Zukunft der Erde (1993)*.
5. Vgl. u. a. Niles Eldredge: Wendezeiten des Lebens (1994)
6. Peter Kropotkin: *»Gegenseitige Hilfe in der Tier- und Menschenwelt« (1908/1977)*: »Der Kampf aller gegen aller ist nicht *das* Naturgesetz. Gegenseitige Hilfe ist eben sowohl ein Naturgesetz wie gegenseitiger Kampf ...« (S. 27) Kroptokins Buch ist ein Paradebeispiel

dafür, wie eine veränderte Wahrnehmung zu einem anderen Bild führt – er zog aus, die Kooperations- und Symbiose-Leistungen der Lebewesen zu beobachten, und wurde überwältigt, ebenso wie Darwin, der nach Belegen für Konkurrenz und den stetigen Kampf suchte.

7. Pers. Mitteilung in einem Interview für den Sender Freies Berlin 1993. Vgl. auch *Günter Altner: Naturvergessenheit – Grundlagen einer umfassenden Bioethik (1991)*
8. J. Lovelock (1988), S. 236
9. Ebenda, S. 299
10. Freeman Dyson: *Zeit ohne Ende – Physik und Biologie in einem offenen Universum (1989)*
11. Der Quantenphysiker und Nobelpreisträger Erwin Schrödinger inspirierte mit seinem Essay *»Was ist Leben?«(1944/1987)* die moderne Molekularbiologie. Ebenso wie neue ganzheitliche Vorstellungen des Organismus. Vgl. auch Evelyn Keller Fox: *Das Leben neu denken – Metaphern der Biologie im 20. Jahrhundert (1998)*

Eleusis – Über die Geburt der Metaphysik aus dem Geist des Mutterkorns

12. Vgl. zum *Beispiel* U. v. Wilamowitz-Moellendorf: *Der Glaube der Helenen (1931/1932)*, E. R. Doods: *The Greeks and the Irrational (1951)*, K. Kerény: *Die Mysterien von Eleusis (1962)*, ders.: *Die Mythen der Griechen (1969)*
13. Albert Hofmann/Gordon Wasson/Carl A. P. Ruck: *Der Weg nach Eleusis – Das Geheimnis der Mysterien (1984)*. Die folgenden Zitate zu Eleusis stammen, wenn nicht anders belegt, aus diesem Buch. Gordon Wasson und seine Frau Valentina haben seit den 50er Jahren die »magischen Pilze« erforscht und sorgten mit ihrer Veröffentlichung im *Life-Magazin* (*Seeking the Magic Mushroom*, 13. Mai 1957) für die Popularisierung des Themas. In weiteren Arbeiten haben die Wassons u. a. den schamanischen Pilzgebrauch in Sibirien, *»Mushrooms, Russia, History« (1957)*, und Indien untersucht, *»Soma, the divine mushroom of Immortality (1968) Persephones Quest-Entheogens and the origins of religion« (1986)*. Neben den Wassons ist es vor allem der Harvardbotaniker Richard Evan Schultes, dessen beispielhafte Feldforschungen im Amazonasgebiet, bei de-

nen er den Peyote-Kaktus und den heiligen Pilz der Azteken erforschte, eine ganze Generation von Ethnobtonaikern inspirierte. Vgl. R. E. Schultes/A. Hofmann: *»Pflanzen der Götter« (1980).*

14. Schon Kerény (1962) gesteht dem heiligen Trank zwar eine gewisse berauschende Wirkung zu, sieht im Zentrum des Ereignisses aber immer noch eine Art Schauspiel, das im Vorzeigen einer Getreideähre gipfelte. Auch der Ethnologe Hans Peter Duerr, dessen *»Traumzeit« (1978)* einen Meilenstein für die Wiederentdeckung der erkenntnis-theoretischen Bedeutung des archaischen Halluzinogen-Gebrauchs darstellte, sieht hier keinen Zusammenhang mit Eleusis. In seiner Studie *»Sedna – oder die Liebe zum Leben«* (1984) belegt er zwar die weiblichen, ur-matriarchalen Elemente des Mysteriums, kann aber nicht erklären, was abgeklärte Intellektuelle wie Platon oder Cicero an dieser Show so beeindruckt haben soll. Duerr sieht sehr richtig, dass die Mysterien »ein Wiedergeburtsritual im strengen Sinne waren«. Dass eine solche »Strenge« aber nur durch ein brachiales inneres Erleben zu erreichen ist und nicht durch das Vorzeigen »einer Vulva, die in einer mystischen Kiste lag« (S. 203), sollte ein alter Hippie wie Professor Duerr eigentlich wissen. *W. Burkert, »Antike Mysterien«(1990)* stellt zusammenfassend fest: »Wir können solche Erfahrung nicht zurückgewinnen und nicht rekonstruieren, dass sie möglich war, ist anzuerkennen. (...) Sehr viel weiter einzudringen, wird sachlicher Wissenschaft kaum gelingen.« Eben dies wird aber mit der Entdeckung von Wasson/Hofmann/Ruck, dass im Zentrum der griechischen Mysterien eine psychedelische Erfahrung stand, jetzt möglich: Die Erfahrungen von Eleusis sind rekonstruierbar und können zurückgewonnen werden – freilich mit einer »neuen Sachlichkeit« der Wissenschaft, die den Beobachter miteinschließt.

15. Vgl. Völker/von Welck/Legnaro *(Hrsg.): Rausch und Realität, Köln 1981.* Das ethnobotanische Standardwerk von Jonathan Ott: *»Pharmacotheon – Entheogenic drugs, Their plant sources and history«(1993)* listet in seiner Bibliographie 2 400 Titel zum Thema auf. Einen guten botanischen Überblick (mit vielen Abbildungen) geben auch R. E. Schultes/A. Hofmann: *Pflanzen der Götter (1980*) sowie P. T. Furst: *Flesh of the Gods – The ritual use of hallucinogens (1972*) und Paul Devereux: *The long trip – The Prehistory of Psychedelia*

(1997). Dass es sich bei diesem magischen Pflanzengebrauch keineswegs um eine »exotische« Angelegenheit handelt, zeigt ein 3500 Jahre altes Fundstück aus Bayern, das E. Probst: *Deutschland in der Bronzezeit (1996)* dokumentiert: ein hölzerne Pfeife mit Tonkopf, in der Spuren von Hanf und Mohn entdeckt wurden. Die zusammen mit der »vermutliche ältesten Haschischpfeife der Welt« ausgegrabenen Feuersteine mit Gebrauchspuren zeigen, dass das Rauchen schon einige Jahrtausende vor dem (Re-?)Import durch Columbus auf dem europäischen Kontinent verbreitet war. Auf diesem Hintergrund entfaltet die vor allem von bayerischen Drogen-Hardlinern gegen eine Legalisierung von Hanf gern vorgebrachte These, es handele sich bei Cannabis im Unterschied zum Alkohol um eine »kulturfremde Droge«, ihre ganz besondere Komik.

16. Gottfried Benn, *Essays und Reden, Frankfurt 1989, S. 369 ff.* Hier höre ich meinen Freund, den Historiker, Donald-Duck- und Faschismus-Experten H.D. Heilmann, dazwischenfunken: »Wie kannst du dich nur auf so ein Arschloch berufen!« Nicht erst durch sein kurzes Geplänkel mit der Hitlerei Anfang 1933, sondern durch die Teilnahmslosigkeit, mit der Benn als Sanitätsarzt im 1915 der Erschießung der als Spionin verdächtigten Krankenschwester Edith Clavell beiwohnte, ist er für Heilmann als »Charakterschwein« disqualifiziert *(vgl. taz, 2.11.1985)*. Nach diesem hohen moralischen Maßstab der Zitierfähigkeit müssten wir aber mehr als die Hälfte aller Genies aus den Bücherregalen entfernen – Klaus Theweleit ist in seinem *Buch der Könige 2 (1994)* der Frage dezidiert nachgegangen, warum ausgerechnet Dichterkönige wie Benn und die Spitzen der literarischen Avantgarde (Gertrude Stein, Ezra Pound, Knut Hamsun) dem Nazi-Machtpol verfallen konnten.

17. Benns Essay erscheint erstmals 1949. Es ist bedauerlich, dass der ungesellige Doktor den Kontakt zu den Mutterkorn-Alkaloiden und Albert Hofmann nie gefunden hat, wie zum Beispiel Ernst Jünger, der in *»Annäherungen – Drogen und Rausch«(1970)* ausführlich darüber berichtet. So bewundernswert es sein mag, wie der Herrenreiter Jünger sich in die Wildnis des Seelenweltraums stürzt, als Protokollant wäre ein Präzisionsdenker wie Benn allemal besser geeignet gewesen. »Provoziertes Leben« fasst 1943 auf sieben

Schreibmaschinenseiten schon all das zusammen, was in den 50er und 60er Jahren durch Aldous Huxleys *»Die Pforten der Wahrnehmung«, (1954)* und Timothy Leary *»Die Politik der Ekstase«(1965)* zum Manifest einer kulturellen Revolution wird.
Albert Hofmann, der über die Begegnungen mit Jünger, Huxley, Leary und anderen, die mit seinem Wunderkind auf Reisen gingen, in *»LSD – mein Sorgenkind« (1979)* berichtet, ist als mittlerweile 91-Jähriger immer noch mit Vorträgen und auf wissenschaftlichen Symposien aktiv. Ein strahlender Greis und Weiser, der nicht müde wird, für den verantwortungsvollen Gebrauch dieses Alkaloid-Wunders zu werben, das auch ihm einst die Augen geöffnet hatte.

18. 1. Mose 3
19. Benns Essay erscheint erstmals 1949. Es ist bedauerlich, dass der ungesellige Doktor den Kontakt zu den Mutterkorn-Alkaloiden und Albert Hofmann nie gefunden hat, wie zum Beispiel Ernst Jünger, der in *»Annäherungen – Drogen und Rausch«(1970)* ausführlich darüber berichtet. So bewundernswert es sein mag, wie der Herrenreiter Jünger sich in die Wildnis des Seelenweltraums stürzt, als Protokollant wäre ein Präzisionsdenker wie Benn allemal besser geeignet gewesen. »Provoziertes Leben« fasst 1943 auf sieben Schreibmaschinenseiten schon all das zusammen, was in den 50er und 60er Jahren durch Aldous Huxleys *»Die Pforten der Wahrnehmung«, (1954)* und Timothy Leary *»Die Politik der Ekstase«(1965)* zum Manifest einer kulturellen Revolution wird.
Albert Hofmann, der über die Begegnungen mit Jünger, Huxley, Leary und anderen, die mit seinem Wunderkind auf Reisen gingen, in *»LSD – mein Sorgenkind« (1979)* berichtet, ist als mittlerweile 91-Jähriger immer noch mit Vorträgen und auf wissenschaftlichen Symposien aktiv. Ein strahlender Greis und Weiser, der nicht müde wird, für den verantwortungsvollen Gebrauch dieses Alkaloid-Wunders zu werben, das auch ihm einst die Augen geöffnet hatte.
20. 1. Mose 3
21. Mose 3,22
22. Robert von Ranke Graves: *Hebräische Mythen (1986)* weist auf Elemente der Paradies-Geschichte hin, die älteren Mythen entstam-

men, u. a. dem Gilgamesch-Epos, in dem Gilgamesch ein Kraut der Unsterblichkeit sucht. In Folge von Gordon Wasson kam auch Ranke-Graves zu dem Schluss, dass magische Pilze im Zentrum der frühen Religionen standen: »Rauscherzeugende Pilze kommen in ganz Europa und Asien vor. (...) Die Tatsache, dass es zwischen dem indischen und anderen Paradiesen große Ähnlichkeiten gibt, legt den Gedanken nahe, dass es sich bei Soma um einen heiligen Pilz handelt, der in Gestalt von Speise und Trank dargereicht wurde (...). Ambrosia-Esser erfreuen sich oftmals eines Gefühls vollkommener Weisheit, das sich aus der scharfen Bündelungen ihrer geistigen Kräfte ergibt. Da ›Erkenntnis des Guten und des Bösen‹ im Hebräischen so viel heißt wie ›Erkenntnis aller Dinge, sowohl der guten als auch der bösen‹ und sich nicht auf die Gabe der sittlichen Entscheidungsfähigkeit bezieht, war der ›Baum des Lebens‹ vielleicht einmal der Wirtsbaum eines bestimmten halluzinogenen Pilzes. So stellt sich beispielsweise die Birke der *Amanita muscaria* (dem Fliegenpilz, M. B.) als Wirt zur Verfügung, die von einige paläo-sibirschen und mongolischen Stämmen im Verlauf von Kulthandlungen verzehrt wird.« (S. 101 f.) In *»Die weiße Göttin« (1985)* hat Ranke-Graves nicht nur den matriarchalen Zusammenhang der griechischen Mysterien verdeutlicht, sondern ebenfalls darauf hingewiesen, dass psychoaktive Pilze in Eleusis mehr als eine Nebenrolle spielten.

23. Ronald Siegel*: Intoxination: Life in Persuit of Artificial Paradise (1989)*
24. Vgl. Richard Leaky*: »Die ersten Spuren – Über den Ursprung des Menschen« (1997)*. Leaky geht davon aus, dass die Sprache und das schnelle Hirnwachstum zusammenhängen. In jüngster Zeit hat Robin Dunbar, ein Primatenforscher am University College in London, dieses Modell folgendermaßen beschrieben: »Die konventionelle Hypothese lautet, dass Primaten große Gehirne benötigen, um sich in der Welt zurechtzufinden und die bei der täglichen Nahrungssuche auftretenden Probleme zu lösen. Die Alternativhypothese lautet, dass die komplexe soziale Wirklichkeit, in der Primaten leben, den Impuls zur Evolution großer Gehirne gaben.« (...) Nach diesem Szenario ist Sprache »stimmliche Körperpflege«

und Dunbar geht davon aus, »dass sie erst mit dem homo sapiens« entstand. Vgl. Robin Dunbar: *Klatsch und Tratsch (1998)*

25. Terrence Mc Kenna: *Wahre Halluzinationen (1989), S. 254 f.* Die Hypothese vom Pilz als Kulturbringer ist im Wesentlichen in McKennas *»Speisen der Götter« (1996)* dargelegt, des Weiteren in ders. *»The archaic revival« (1993).*
26. Henry Munn: *»The Mushrooms of Language, in Michael Harner (Ed.) Hallucinogens and Shamanism« (1973)* Der von Psylocibin und verwandten Alkaloiden ausgelöste »Rededrang« ist auch der Notfallmedizin von entsprechenden Vergiftungen bekannt. Vgl. Martin Haseneiner: *»Der Kahlkopf und das kollektive Unbewußte – Einige Anmerkungen zur archetypischen Dimension des Pilzes«*, in: *integration – zeitschrift für geistbewegende Pflanzen und kultur (2/3 – 1992).* Diese sehr lesenswerte, materialreiche Arbeit ist (ohne den umfangreichen Quellenapparat) auch abgedruckt in: R. Rippchen *(Hrsg.) Zauberpilze (o.J., 1995).*
27. Terrence Mc Kenna: *Wahre Halluzinationen (1989), S. 254 f.*
28. Zit. nach Leaky (1997) S. 162 f., siehe *auch* J. D. Lewis-Williams/ Thomas A. Dowson: *The signs of all time,* in Current Anthropology 29 *(1988)* und dies. *»Stoneage Psychedelia«*, in: *New Scientist, 8. Juni 1991, »On vision and power in the Neolithic«* Current Anthropology, 34 (Februar 1993)
29. McKenna: *Speisen der Götter* (1996), S. 109
30. Ebenda
31. Auch die neuere Primatenforschung sieht den evolutionären Vorteil von Primaten mittlerweile weniger im aufrechten Gang oder in besonderem Jagdgeschick, sondern in ihrer »sozialen Intelligenz« und der Fähigkeit zur »Kooperation«, vgl Leaky *(1997)* und F. d. Waal: *Wilde Diplomaten – Versöhnungs- und Entspannungspolitik bei Affen und Menschen (1993)*
32. Vgl. Riane Eisler: *Kelch und Schwert (1993), Marija Gimbutas: The Civilization of the Goddess(1991), James de Meo: »Entstehung und Ausbreitung des Patriarchats«*, in J. de Meo/B. Senf (Hrsg.): *»Nach Reich – neue Forschungen zur Orgnonomie« (1998)* Die Existenz matrilinearer kooperativer Strukturen in den nacheiszeitlichen Gesellschaften ab 50 000 v. Chr. ist durch archäologische Funde mittlerweile vielfach bestätigt. Das Auftauchen aggressiverer, »emotional

gepanzerter« Kulturen wird durch die verheerenden klimatischen Folgen eines Kometeneinschlags, der ca. 7500 v. Chr die Sintflut auslöst, erklärbar.

33. Zit. nach Leaky (1997), S. 152
34. H. P. Duerr weist auf die Intentionen des unbekannten Malers hin, der die Höhlenzeichnungen wie den berühmten Zauberer von Les Trois Fréres einst erschuf: »Er wollte eben *nicht* einen verkleideten Mann darstellen, sondern offenbar einen tanzenden, in ein tierisches Mischwesen verwandelten Schamanen.« *(*Sedna*, 1984, S. 75)* Nicht der Bann eines Tieres, nicht die Verkleidung eines Mannes, nicht ein Tanz im Büffelgewand steht im Zentrum der Darstellung der nacheiszeitlichen Tier-Menschen, sondern die nur als Bewusstseinsreise vorstellbare Verwandlung. Vgl. dazu, sowie grundsätzlich zum Thema »Götterspeise«, Paul Devereux*, »The long Trip – A prehistory of psychedelia«(1997)*. Devereux gibt auch eine ausführliche Darstellung der Arbeiten von J. D. Lewis-Williams/Thomas A. Dowson*: The signs of all time, in Current Anthropology 29 (1988) und dies. »Stoneage Psychedelia«, in : New Scientist, 8. Juni 1991, »On vision and power in the Neolithic*« Current Anthropology, 34 (Februar 1993).
35. *John Allegro: The sacred mushroom and the Cross (1970)*. Das Buch erschien auch in einer deutschen Ausgabe »*Der Geheimkult der heiligen Pilze: Rauschgift als Ursprung unserer Religionen*« (1972). Weil es sich bei Allegro um einen renommierten Bibelforscher und Hebräisch-Spezialisten handelte, erregte sein Buch, das zuvor als Serie in einem englischen Magazin erschienen war, kurzzeitig einiges Aufsehen, hielt einer kritischen Prüfung aber weder von sprachhistorischer noch von halluzinogen-historischer Seite stand. Es stellte sich heraus, dass Allegro die Veröffentlichungen von Wasson über den archaischen Fliegenpilz-Gebrauch in Sibirien und Indien einfach ausgeschlachtet, sie in ein nahöstliches Ambiente verpackt und aus Geldmangel zu einem Sensationsbericht verarbeitet hatte.
36. Dies gilt auch für die späteren Lehren der jüdisch-christlich-islamischen Gnosis, die wir als »ernüchterte« Nachfolger der archaischen Pilzreligion sehen können. Hans Jonas*: Gnosis und spätantiker Geist (1934)* hat als Grundbefindlichkeit der Gnosis »Weltangst«

und »Entweltlichungstendenz« diagnostiziert – ziemlich das Gegenteil dessen, was die Kinder Israels bei ihrer (Vollmond?)-Party um das Kalb der Großen Mutter zelebrierten. Wahrscheinlich sind sie die weltverneinenden, erdabgewandten Aspekte der Gnosis ebenso ein Produkt der Sintflut-Katastrophe wie die »emotionalen Panzer« der patriarchalen Eroberervölker. Ohne den »Kontaktkleber« der Pflanzenintelligenz laufen die Menschen Gefahr, in ihrer Gnosis (= Erkenntnis) der Ganzheit im Dualismus von Geist und Materie (*Licht und Finsternis*) steckenzubleiben. Ob da die von Prof. Sloterdijk empfohlene Dosis »Weltfremdheit« *vgl.* P. Sloterdijk: *Eurotaoismus (1989)*, ders./T. Macho: *Weltrevolution der Seele (1991)* als Remedium der abendländischen Neurosen wirklich heraushilft, ist fraglich.– es sei denn, sie wird mikrogrammweise verordnet!

37. Rick Doblin, *Journal of Transpersonal Psychology, 1991, Vol. 23., No. 1.*, Walter Pahnke: *»Drugs and mystizism« Diss. (1963)*. Pahnke setzte seine Forschungen bis zu seinem Unfalltod 1971 fort, zuletzt arbeitete er mit sterbenden Krebspatienten, ders.: *»The psychedelic mystical experience and the human encounter with death«, Psychedelic Review, 1971, Nr. 11, 4–13.* Die Polemiken von christlichen Theologen wie Ernst Benz, die drogeninduzierte Gotteserfahrung als »unverdient« und »unwürdig« abqualifizieren, dürften sich spätestens mit Doblins Untersuchung der Langzeitfolgen erledigt haben.
38. H. P. Duerr *(1984)* zeigt, dass als Vorgänger des eleusischen Demeter-Tempels tatsächlich eine Höhle fungierte, die als ein Kulturort der Geburts- und Unterweltgöttin Eleutho gewidmet war. Zu Platon bemerkt er: »Es scheint kein Zufall zu sein, wenn gerade in dieser klassischen Zeit Plato seine Ideenlehre formulierte: Ist auch das *Seiende* dem Werden und damit der Vergänglichkeit unterworfen, so wurzelt es doch im Zeitlosen, dem alles *Sein* eignet. Wer also in den Eleusinen initiiert war, der wusste, dass sein überindividuelles Wesen unsterblich war, und dieses Wissen entschärfte die Angst vor dem Tode und damit die Lebensangst.« (S. 198) Warum aber war Platons Lehre kein Zufall und warum *wussten* die Initiierten von der Unsterblichkeit? Weil sie in eine Höhle krochen und ihnen dort eine wie immer »mystische« oder fleischliche Vulva ge-

zeigt wurde? Als Experte für den Mythos des Zivilisationsprozesses, vgl. Duerr: *»Nacktheit und Scham« (1988)*, ders.: *»Intimität« (1990)*, sollte der Autor die sog. Naturvölker eigentlich besser kennen, als dass er ihnen eine Affektstruktur unterstellt, die durch eine derartige Peepshow so nachhaltig zu beeindrucken gewesen wäre. Auch wenn die ollen Griechen den Naturzustand des Paradieses schon gut 10000 Jahre hinter sich hatten, waren sie doch noch keine teutonisch verklemmten Oberstudienräte.

39. Aldous Huxley, *»Die Pforten der Wahrnehmung«(1954)*. Huxley, seit »Brave New World« (1932) ein weltberühmter Autor, hatte sich über 20 Jahre mit kontemplativen buddhistischen Techniken beschäftigt, bevor ihm kurz vor seinem 60. Geburtstag von »vier zehntel Gramm Meskalin in einem Wasserglas aufgelöst« die Doors of perception geöffnet wurden. Mit diesem Buch sowie mit *»Himmel und Hölle« (1957)* und *»Mokhsa – Writings in Psychedelics and visionary experience« (1963 dt. 1983)* wurde Huxley zu einem der wichtigsten Wegbereiter der kurzen Wiederkehr von Eleusis im Summer of Love 1967. Warum »Love« zur zentralen Message der Bewegung wurde, wusste schon Huxleys Lieblingsautor Meister Eckhart: »Was aber in der Kontemplation empfangen wird, muss in der Liebe wieder abstrahlen.«
Was Huxelys Einschätzung Platons angeht, dass dieser das Sein vom Werden getrennt und zur Idee abstrahiert habe, trifft diese so nicht zu. Vielmehr findet das »Alles fließt« Heraklits – die Natur als sich ständig selbst erschaffende, das evolutionäre Denken der Vorsokratiker – in Platons Kosmologie ihren letzten Niederschlag. Der eigentliche Schnitt erfolgt erst bei Aristoteles, dessen Vorstellung einer starren und mechanistischen Natur als »unbewegt Bewegendes« dann zu einem mächtigen Paradigma wird. Noch die heutigen Vertreter eines szientistischen Wissenschaftsbildes wie Kannitschneider geißeln Platons Kosmologie deshalb als »animistischen Hylozoismus«, vgl. Gernot Böhme (Hrsg.), *Klassiker der Naturphilosphie (1989)* – was insofern korrekt ist, als *hyle* im Griechischen nichts anderes ist als die personifizierte Mutter Erde und »zoe« »lebendig« – die indogermanische Wurzel von *hyle* bedeutet so viel wie »Zeugung, Schwangerschaft, Gebären« – sowie *vgl* J. Po-

korny, *Indogermanisches Wörterbuch (1989), S. 912,* »berauschender Trank«!

Für Nietzsche, der sich zugutehält, der Erste gewesen zu sein, der »jenes Phänomen ernst nahm, das den Name Dionysos trägt«, geht »das in der Tiefe fortwirkende metaphysische Mysterienwesen« *(Werke Bd. IX, S. 173)* schon mit Anaxagoras zu Ende, Platon ist für ihn bereits eine Ausgeburt des »Sokratismus«, der rein intellektualistischen Verstandeskultur. Wir sehen Platon hingegen noch an der Grenze stehen: schon der Botschafter des »reinen« idealistischen Aufstiegs, aber noch verwurzelt im Bauch der Erde und angeschlossen an den phytopharmakologsichen Informationstransfer – der letzte Schamane und ersten Philosophen des Abendlands.

40. Antonin Artaud*: Frühe Schriften (1983)* »Was schwatzest du von Gott, wo doch alles, was du sagst, falsch ist«, hat der Mystiker des deutschen Mittelalters, Meister Eckhart, es ausgedrückt – ganz auf einer Linie mit Laotse: »Das Tao, über das man sprechen kann, ist nicht das eigentliche Tao.«
41. Gottfried Benn: *Gesänge*, in: Sämtliche Gedichte, 1998
42. Vgl. *T. Leary: Flashbacks – »Denn sie wußten, was sie tun« (1987).* Martin A. Lee/Bruce Shlain »*Acid Dreams – The complete social history of LSD: The CIA, the sixties and beyond«(1992*), Paul Devereux*: The long trip (1997)*
43. Wer's nicht glaubt, lese heute noch einmal die Polit-Pamphlete von 1967 ff. – ein grauenhaft dogmatischer Murks zwischen Marx und Mao. Geblieben, und für die heutige Zeit wichtig, ist davon wenig bis nichts. Damit soll die Bedeutung der sozialen Bewegung von '68 nicht heruntergespielt werden, überlebt haben aber letztlich nur die kulturellen Impulse. Die »Kommune 1« war insofern wichtiger als der ganze SDS, eine Handvoll Haschrebellen und Spaßguerilleros wirksamer als das ganze Wahnnsinnskommando RAF, die »Körnerfresser« und »Müslifreaks« – und nicht die KPDML/AO und andere Politsekten – die eigentliche Avantgarde. (Das aus den »Grünen« mittlerweile eine führende Kriegspartei geworden ist, ist eine andere, traurige Geschichte.)
44. Vgl. F. Grothenhermen*: Cannabis als Medizin (1996), L. Grinspoon »Marihuana, die verbotene Medizin« (1994).* Hanf ist eine der ältes-

ten Heilpflanzen der Menschheit, das Aspirin der Antike, und war noch um die Jahrhundertwende eine der meistverordneten Arzneien in Europa. Abgelöst wurde die krampflösende und entspannende Universalmedizin vom Acker erst durch ein Stöffchen, das als Bestseller die kleine Farbenklitsche Bayer zum Weltkonzern machte – Heroin. *Vgl.* Mathias Bröckers (Hrsg.), Jack Herer: *»Die Wiederentdeckung der Nutzpflanze Hanf«(1993)*

Bewusstseinsantennen – Die »Satellitenschüsseln« des spitzkegeligen Kahlkopfs

45. G. de Maupassant: *Träume*, in: *Vater Millon und andere Erzählungen*, 2012

Die Computerrevolution – Von »open mind« zur »open source«.

46. Mathias Broeckers/Roger Liggenstorfer: *Albert Hofmann und die Entdeckung des LSD – Der Weg nach Eleusis*, 2006

Wundersam erleuchtete Amphitheater – Über eine unheimliche Begegnung im Jahr 1768

47. Johann Wolfgang von Goethe: *Dichtung und Wahrheit*, Weimarer Ausgabe, Bd. I, 72, S 45 f.
48. Budd Hopkins: *Eindringlinge* (1991) machte Mite der 80er Jahre die amerikanische Öffentlichkeit erstmals auf das Phänomen der »UFO-Abductions« aufmerksam. Sein Buch stand zusammen mit Communion (dtsch: Die Besucher, 1990) von Whitley Strieber 1987 monatelang auf der Bestsellerliste der *New York Times*. Der Horror- und Science-Fiction-Autor Strieber behauptet, mehrfach von kleinen Wesen entführt worden zu sein. Vgl. Ed Conroy: Communion – *Thefacts behind the most controversal true story of our time* (1990). Skeptiker halten die meist unter Hypnose geschilderten Erlebnisse der Patienten – Entführungen durch kleine graue Wesen, medizinische Untersuchungen und Operationen an Bord eines Raumschiffs – für Selbst- oder Fremd-Suggestionen durch die Therapeuten. Vgl. auch Ulrich Margin: *Von Ufos entführe* (191), John. E. Mack: *Entführt von Außerirdischen* (1995). Zur Ufo-Thematik überhaupt: Eberhard Sens: *UFOs in der Dämmerung*, in: Der Freibeuter, Nr. 43/Nr. 44 (1990), Timothy Good: *Jenseits von Top-Secret* (1989),

Illobrand von Ludwiger: *Stand der UFO-Forschung* (1992). Zur aktuellen Einführung in den Zirkus der Absurditäten, Verschwörungen, Fakes (und echten Rätseln), einschließlich praktischer Ratschläge für »Ufo-Jäger«: Michael Hesemann: *UFOs über Deutschland* (1997).

49. A. Koestler: *Der Mensch – Irrläufer der Evolution* (1989), S 343 f. Arthur Koestler (1905–1983), einer der großen Journalisten und Wissenschaftsautoren des Jahrhunderts, hat sich auf vorbildliche Weise mit paranormalen Erscheinungen beschäftigt. Vgl. *Der göttliche Funke (*1966*), Das Gespenstin der Maschine (*1968*), Der Krötenküsser (1972), Die Wurzeln des Zufalls (*1972*), Der Yogi und der Kommissar* (1980).
50. Vgl. Robert Temple: *The SiriusMystery* (1976/1998) (dtsch. Das Sirius-Rätsel, 1987). Das Rätsel hat sich seit dem ersten Erscheinen des Buchs nicht aufgelöst, sondern weiter verschärft: Die von Temple nach der Dogon-Astronomie vorhergesagte Existenz eines dritten Sterns mi Sirius-System wurde 1995 bestätigt. Die französischen Astronomen Benest und Duvent hatten das Sirius-System jahrelang beobachtet und vermessen und kamen zu dem Schluss, dass seine Bewegungen eindeutig auf einen dritten Stern deuten. Dieser kleine »rote Zwerg« kann wegen seiner Lichtschwäche ebenfalls kaum beobachtet werden. D. Benett/L. Duvent: *Is Sirius a Triple-Star*?, in: Astronomy & Astrophysics, Vol. 295, 1995, S. 621 f.
51. C. G. Jung: *Ein moderner Mythus – Von Dingen die am Himmel gesehen werden* (1958). Wilhelm Reichs Spätwerk ist erst in allerjüngster Zeit erschienen (Werkausgabe bei Zweitausendeins, 1994 ft.), die Auseinandersetzung um das Verbot seiner Schriften schildert Jerome Greenfield: *USA gegen Wilhelm Reich* (1995).
52. Vgl. J. Valée: *Dimensionen – Begegnungen mit Außerirdischen von unserem eigenen Planeten* (1994*), Konfrontationen – Begegnungen mit Außerirdischen und wissenschaftlichen Beweisen* (1994). Vallée hat es sich mit beiden Lagern der Ufo-Forschung – dem esoterischen und dem materialistischen – verdorben, weil er einerseits auf die lange Geschichte der Menschheitskontakte mit höheren Sphären verweist, andererseits aber nicht bereit ist, sie deshalb einfach dem Bereich der Märchen, Mythen, subjektiven Phantasien zuzuschlagen.
53. Vgl W. Evans-Wentz: *The Fairy-Faith in Celtic Countries* (1909/1990).

J. Valée: *Dimensionen*, S. 57. Zu den aktuellen »Elfenringen« vgl. Par Delgado & Colin Andrews: *Kreise im Kornfeld*(1990). »These circles are clearly no hoaxes«, schrieb der New Scientist, eine der angesehensten Wissenschaftszeitschriften der Welt, am 29. Juli 1989. Seit Anfang der 90er ein Kneipenwirt Medien und Forscher mit einigen nachgemachten Kornkreisen foppte, sind die Elfenringe wieder zum Un-Thema der Wissenschaft geworden – und zu einem Eldorado esoterischer Phantasten. Die Fragen von Darwin senior harren nach wie vor der Beantwortung ...

54. Jacques Valle: *Dimensionen. Begegnungen mit Außerirdischen von unserem eigenen Planeten*, 1994
55. Vgl. Erlendeur Haraldsson: *Sai Baba – Ein modernes Wunder* (1988). David Ash & Peter Hewitt: *Wissenschaft der Göter – Zur Physik des Übernatürlichen* (1991). Das Hervorbringen von Vibuti, »heiliger Asche«, und Leckereien gehört zu den kleineren Wundern, zu denen Sai Baba nach A-ussagen seiner Anhänger fähig ist. Ram Das, der ehemalige Harvard-Professor für Psychologie Richard Alpert, hat ähnliche Berichte über den spirituellen Meister Neem Karoli Baba veröffentlicht. Vgl. Ram Das: Subril ist der Pfad der Liebe (1983). Vorführungen ihrer übernatürlichen Kräfte in Labors zum Zwecke der Bekehrung von Skeptikern lehnten diese Meister stets ab, was es in den Augen der Wissenschaft automatisch als unseriös abstempelt. Sie weisen darauf hin, dass es ihre geistigen Kräfte etwa zur Hervorbringung von Lebensmitteln nur nutzen dürfen, wenn sie dem Guten, der Liebe dienen – und nicht zur bloßen Demonstration ihrer Macht. Das große Geheimnis der spirituellen Lehren ist ja gerade, dass ab einer gewissen Stufe der Versenkung das Bewusstsein in der Lage ist, das Raum-Zeit-Kontinuum zu manipulieren, das heißt Wunder zu vollbringen, doch dass diese Kräfte nicht den Höhepunkt der Bewusstseinsentwicklung darstellen. »Sitzt der goldene Buddha auf dem Weg – geh weiter!«, heißt ein Zen-Koan – die Beherrschung der Materie ist es nicht. Dennoch hat, wie Edward Conze, *Buddhistisches Denken (1988)* gezeigt hat, auch eine an sich gott- und wunderlose Religionspraxis wie der Buddhismus seine ersten Anhänger hauptsächlich durch Wunder rekrutiert. Insofern sind den heutigen indischen Babas ihre Verstöße gegen die Naturgesetze nachzusehen.

56. J. Vallée: *Dimensionen*, S. 332 f.

57. Terrence Mc Kenna: *Speisen der Götter* (1995), S. 319. Vgl. auch ders., *Wahre Halluzinationen* (1989). In den 50er Jahren hielt man DMT für einen möglichen Auslöser von Schizophrenie und stellte damit als »Schizotoin« erfolglose medizinische Forschungen an. In den 60er Jahren geriet es, trotz nicht vorhandener körperlicher Schädigungen oder Nebenwirkungen, wie alles, was »Halluzinationen« verursacht, auf den internationalen Betäubungsmittelindex. Da es wegen seiner extremen Wirkung auf die Wahrnehmung als Party- oder Entspannungsdroge ungeeignet ist, spielte DMT auf den Schwarzmärkten und in der Szene nie eine größere Role. Vgl. Jonathan Ott: *Pharmacotheon* (1993), S 163 f: Für Theoretiker/innen der Erkenntnis und des Bewusstseins indessen, für Philosophie und Naturwissenschaften schlechthin ist die Analyse der von DMT erschlossenen Hyperräume die ultimative Herausforderung der Zukunft.

58. Vgl. Peter Meyer: Apparent Communication with Disacarnate Entities. Induced by Dimethyltryptamine (DMT), Terrence McKenna: *Tryptamine Hallucinogens and Consciousness*, in: Jahrbuch für Ethnomedizin und Bewusstseinsforschung, Nr. 1 (1992)

59. Vgl. u.a. Fred Aaln Wolf: *Parallel Universes – The search for other worlds* (1988)

JFK – »Die Göttin hinter dem Thron«

60. Kessler, The Sins of the Father, *Joseph P. Kennedy and the Dynasty He Founded,* 1996, S. 381 f.

61. Talbot, David, *Brothers*, 2008, S. 196

62. Constantine, *Mockingbird*; https://ia800502.us.archive.org/33/items/FamilyJewelsFullDOCUMENTSOFOPERATIONMOCKINGBIRD703/MOCKINGBIRDTheSubversionOfTheFreePressByTheCIA-WhatReallyHappened-22.pdf, zuletzt abgerufen am 21.03.2024 ,
Bernstein, Carl: *The CIA and the Media*, Rolling Stone, Oktober 1977;
https://www.carlbernstein.com/the-cia-and-the-media-rolling-stone-10-20-1977, zuletzt abgerufen am 21.03.2024

63. Leary, Tomothy: *Denn sie wußten, was sie tun*, 1983, S. 153 f.

64. Ebd., S. 154 f.
65. Janney, Peter: Mary's Mosaic: *The CIA Conspiracy to Murder John F. Kennedy*, 2012
66. *taz* 13.2.1987
67. Janney, *Mary's Mosaic*, S. 207
68. Ebd., S. 230
69. Burleigh, Nina: *A Very Private Woman. The Life and Unsolved Murder of Presidential Mistress Mary Meyer*, 1998, S. 194
70. Zit. n. Janney, *Mary's Mosaic*, S. 228
71. Prouty Fletcher L., *The Secret Team*, und ders., *JFK – The CIA, Vietnam and the Plot to Kill John F. Kennedy*, New York 1996
72. Janney, *Mary's Mosaic*, S. 391
73. Janney, *Mary's Mosaic*, S. 63 ff.
74. Ebd., S. 327
75. Ebd., S. 341
76. Heymann, C. David: *The Georgetown Ladies' Social Club. Power, Passion, and Politics in the Nation's Capital*, New York 2003, S. 375
77. Morrow, Robert D.: *First Hand Knowledge. How I Participated in the CIA-Mafia Murder of President Kennedy*, 1992 S. 274 ff.
78. Ebd., S. 279
79. Zit. n. Janney, *Mary's Mosaic*, S. 315

Das Gedächtnis der Natur – Rupert Sheldrake

80. Erstveröffentlicht 1782 im Tiefurter Journal, J. W. v. Goethe, *Naturwissenschaftliche Schriften*, Bd.1
81. P. C. W. Davies/J. R. Brown: *Der Geist im Atom*, 1988
82. Marco Bischoff: *Biophotonen – Das Licht in unseren Zellen*, Frankfurt am Main 1995, S. 37 f.
83. *Bild der Wissenschaft, Nr. 6/1994*

Paracelsus – »Leib und Geist sind ein Ding.« Wie ein Geistheiler, Gottsucher, Alchemist und Doktor on the road die ganzheitliche Medizin entdeckte

84. Robert Jastrow, *God and the Astronomers*, 1978/2000

Jenseits von H2O – Der Wasserforscher Viktor Schauberger

85. *Von den Tautropfen (Tau,* Nr. 151, 1936*)*

Mehr Licht – Newtons Gespenst und Goethes Polaroid

86. Kurt R. Eissler: *Goethe – Eine psychoanalytische Studie,* 1987
87. Schöne, Albrecht: *Goethes Farbentheologie,* S. 131
88. Rainer Mausfeld: *»Wär' nicht das Auge sonnenhaft ...« – Goethes Farbenlehre: Nur eine Poesie des Chromatischen oder Beitrag zu einer naturwissenschaftlichen Psychologie?,* in: ZiF-Mitteilungen 4/1996
89. Neil Ribe, Friedrich Steinle: *Exploratory Experimentation: Goethe, Land, and the Color Theory,* in: *Physics Today* 55 (7), 2002, S. 47
90. Francis Bello: *An Astonishing New Theory of Color,* in: *Fortune Magazine* 59, 1959
91. Matthias Rang, Olaf L. Müller: *Newton in Grönland – Das umgestülpte experimentum crucis in der Streulichtkammer,* in: *Philosophia Naturalis* 46 (1), 2009, S. 61–114

Legenden – Der Mythos 9/11

92. Rede von Wesley Clark, 3. Oktober 2007, Commonwealth Club of California, San Francisco, https://www.youtube.com/watch?v=S2u-zUephyc; Transkript: www.nachdenkseiten.de/wp-print.php?p=47919, zuletzt abgerufen am 21.03.2024
93. Robert Anton Wilson, Mathias Bröckers (Hrsg.): *Lexikon der Verschwörungstheorien,* 2000/2016. Siehe dazu auch den wohl berühmtesten und lustigsten Verschwörungsroman aller Zeiten: R. A. Wilson/R. Shea: *Illuminatus!*, 3 Bände, deutsch 1977/78
94. CIA-Dokument 1035-960: https://archive.org/stream/CIADOC1035960/CIA%20DOC%201035-960_djvu.txt, zuletzt abgerufen am 21.03.2024
95. Immer noch abrufbar: *The WTC Conspiracy,* https://www.telepolis.de/thema/the-wtc-conspiracy , zuletzt abgerufen am 21.03.2024
96. Außer Massenvernichtungswaffen waren Saddam Hussein auch die Anthrax-Attacken nach 9/11 zugeschrieben worden, bis sich herausstellte, dass das in Briefen versendete Gift aus US-Militärlabors stammt. Dass der dafür verurteilte (und merkwürdig verstorbene) Mitarbeiter unschuldig sein und der gesamte Fall neu untersucht werden muss, fordert jetzt eine Petition des Lawyers Committee 911: https://www.lawyerscommitteefor9-11inquiry.org/lawyers-committee-anthrax-petition/, zuletzt abgerufen am 21.03.2024
97. https://www.disinfobservatory.org/, zuletzt abgerufen am 21.03.2024

98. Siehe dazu den Vortrag des Kollegen Paul Schreyer: *Pandemie-Planspiele – Vorbereitung einer neuen Ära?*, https://www.youtube.com/watch?v=SSnJhHOU_28, zuletzt abgerufen am 21.03.2024
Das 2017 für 2025–2028 entworfene Szenario zeigt ein »Drehbuch«, das 2020 ff. real wurde: *The Spars Pandemic 2025–2028 – A Futuristic Scenario for public Health communciations*, jhsphcenterforhealthsecurity.s3.amazonaws.com/spars-pandemic-scenario.pdf, zuletzt abgerufen am 21.03.2024
99. Philip Zelikow: *9/11 Commission Leader, to Take Stock of COVID Lessons*: https://news.virginia.edu/content/qa-philip-zelikow-911-commission-leader-take-stock-covid-lessons, zuletzt abgerufen am 21.03.2024

Mathias Bröckers ist Autor und freier Journalist. Seine Werke »Verschwörungen, Verschwörungstheorien und die Geheimnisse des 11.9.« (2002) sowie das mit Paul Schreyer verfasste »Wir sind die Guten – Ansichten eines Putinverstehers« (2014) wurden internationale Bestseller. Zuletzt erschien »Mythos 9/11 – Die Bilanz eines Jahrhundertverbrechens« (2021) im Westend Verlag. Er lebt in Berlin und Zürich und bloggt auf broeckers.com.